# Phänomenologische Metaethik

## Torsten Pietrek

# Abstract

Im Zentrum der Arbeit steht das problematische Verhältnis von Werten und Fakten im Hinblick auf ontologischen Status, Objektivierbarkeit und Logik. Im ersten Teil wird diese hauptsächlich in der analytischen Tradition diskutierte Problematik für die phänomenologische Behandlung reformuliert und die phänomenologische Methode in der Auseinandersetzung mit Husserls Untersuchungen zur ethischen Theorie rekonstruiert. Im zweiten Teil wird eine genetische Phänomenologie des Wertbewußtseins systematisch entwickelt. Die deskriptiven Ergebnisse zu Möglichkeit und Grenzen der Erreichbarkeit objektiver Wertevidenz werden abschließend normativ gewendet. Die Arbeit liefert in dieser Weise einen neuen Forschungsansatz für die Metaethik und zugleich einen Beitrag zu einem wenig bearbeiteten Gebiet der Phänomenologie. Dabei steht stets die eigene systematische phänomenologische Untersuchung gegenüber der philologischen Auslegung phänomenologischer Texte im Vordergrund.

Die Phänomenologie des Wertbewußtseins gliedert sich in aufeinander aufbauende Untersuchungen zur Differenz von Innen und Außen in Bezug auf den Leib, zur Struktur von Emotionserlebnissen, zur Differenz der Intersubjektivität von Emotionen und äußerer Wahrnehmung, zur lebensweltlichen Objektivierung von Werten und Fakten und den Ebenen des Verstehens fremder Wertungen, zur ethischen Überlegung und den Grenzen rationaler Entscheidung. Ontologische, epistemologische und logische Thematik sind dabei stets eng miteinander verflochten. Zur Beschreibung der aufgewiesenen Strukturen werden Konzepte der ökologischen Ontologie und ökologischen Psychologie herangezogen.

Im Rahmen eines an der Struktur evolutionärer Optimierung orientierten Modells der ethischen Normentwicklung läßt sich angeben, wie Objektivität im ethischen Breich angestrebt werden kann. Das Resultat ist ein Pluralismus, der universalistisch begrenzt ist. Die Begrenzung liegt in Bezug auf individuelle Entscheidungen in einer These über transkulturell moralisch falsche Handlungen, die als Selektionskriterium für ethische Normentwicklung fungiert. Im Bereich der gesamtkulturellen Entwicklung besteht die Begrenzung darin, ob die in einer Kultur wirksamen Generierungs- und Evaluationsverfahren für Normen der erarbeiteten phänomenologischen Kritik der Wertevidenz standhalten; Selbstbestimmung resp. Gerechtigkeit erweisen sich hier als kritikbeständig.

# Vorbemerkung

Ich veröffentliche mit diesem Buch meine Dissertation aus dem Jahre 2001 als für alle zugängliches, preiswertes und leicht zu findendes Buch, da ich denke, dass die darin dargelegten Untersuchungen und Ergebnisse immer noch von Interesse sind. Der Text ist inhaltlich unverändert wiedergegeben.

# Phänomenologische Metaethik

Inauguraldissertation

zur Erlangung des Akademischen Grades

eines Dr. phil.

vorgelegt dem Fachbereich 11 Philosophie / Pädagogik

der Johannes Gutenberg-Universität

Mainz

von

Torsten Pietrek

aus Alzey

2001

# Danksagung

Mein Dank gilt besonders Herrn Prof. Dr. phil. Thomas M. Seebohm für die Betreuung der Arbeit und für die philosophischen Kenntnisse, die ich durch seine Vermittlung erwerben konnte.

Herrn Dr. phil. habil. Olav Wiegand möchte ich für die Übernahme des Korreferats, sowie für den ersten Hinweis in Richtung Phänomenologie und ethische Theorie als relativ unbearbeitetem Gebiet danken.

Ich möchte meiner Frau Carmen Bietz für die ständige erste Lektüre und Kritik danken. Ebenso gilt mein Dank Herrn Stefan Kappner und Herrn Christoph Klafki für die Diskussion verschiedener Teile des Manuskripts sowie meinem Vater Horst Pietrek für seine Hinweise zum Layout.

Ich danke der Johannes Gutenberg-Universität Mainz und dem Land Rheinland-Pfalz für die Gewährung von Stipiendien. Ohne finanzielle Unterstützung hätte ich diese Arbeit nicht schreiben können. In diesem Zusammenhang danke ich auch Herrn Prof. Dr. phil. Karl Anton Sprengard und Herrn Prof. Dr. phil. Ernst Wolfgang Orth für die Übernahme von Zweitgutachten sowie Frau Johanna Ehlers für ihre Hinweise zur Antragsgestaltung.

Nicht zuletzt danke ich meinen Eltern Horst Pietrek und Cornelia Jungrichter, die mir immer guten Rat, Aufmunterung und sonstige Unterstützung gegeben haben, wenn es schwierig war.

Viele Menschen, die ebenfalls dazu beigetragen haben, daß es zumeist eine Freude war, für diese Arbeit zu forschen, bleiben unerwähnt; auch ihnen möchte ich danken.

# Siglenverzeichnis

| | |
|---|---|
| EoPhil: | Encyclopaedia of Philosophy (Routledge 1998) |
| EoPhen: | Encyclopaedia of Phenomenology |
| Hua: | Husserliana |
| ApS: | Analysen zur passiven Synthesis (Hua XI) |
| CM: | Cartesianische Meditationen (Hua I) |
| EU: | Erfahrung und Urteil |
| FtL: | Formale und transzendentale Logik (Hua XVII) |
| Ideen I: | Ideen zu einer reinen Phänomenologie und phänomenologischen Philosophie, Erstes Buch (Hua III) |
| Ideen II: | Ideen zu einer reinen Phänomenologie und phänomenologischen Philosophie, Zweites Buch (Hua IV) |
| LU 1: | Logische Untersuchungen, Erster Band (Hua XVIII) |
| LU 2: | Logische Untersuchungen, Zweiter Band (Hua XIX) |
| VEW: | Vorlesungen über Ethik und Wertlehre 1908 - 1914 (Hua XXVIII) |
| ViZ: | Vorlesungen zur Phänomenologie des inneren Zeitbewußtseins (Hua X) |

# Inhalt

EINLEITUNG                                                                  1

TEIL I   PROBLEM UND METHODE                                                7

1        Die metaethische Fragestellung                                     8
1.1        Vorgeschichte                                                    8
1.2        Überblick                                                       11
1.3        Fazit                                                           34

2        Rekonstruktion der phänomenologischen Methode für die
         Metaethik                                                         36
2.1        Husserls metaethische Untersuchungen                           36
2.2        Übergang zur genetischen Phänomenologie angesichts der
           bleibenden Probleme in Husserls Ethikvorlesungen               64
2.3        Rekonstruktion                                                  77
2.4        Zur Reformulierung der metaethischen Fragestellung             96

TEIL II   PHÄNOMENOLOGIE DES WERTBEWUßTSEINS                               101

1        Statische Vorklärung                                             102
1.1        Formale Ontologie und Variation                               102
1.2        Bemerkung zur Intentionalität I                               105
1.3        Synthesis                                                      107
1.4        Regionen                                                       121
1.5        Exposition des problematischen Verhältnisses von Sachen,
           Dingen und Werten im subjektiven Erleben                       123

2        Konstitution von Sachen, Dingen und Werten                       127
2.1        Passive Synthesis                                              128
2.2        Lebensweltliche Objektivierung von Werten                      190
2.3        Aktive Synthesis                                               220

3        Theorie der ethischen Wertevidenz                                271

4.       Normative Wendung                                                278
4.1.       Genetische Phänomenologie und Kritik normativer Systeme        278
4.2.       Klärung der Entwicklungskonzepte Teleologie und Evolution      281
4.3.       Modell der ethischen Normenentwicklung                         292
4.4.       Universalismus, Pluralismus, Relativismus                      298

BIBLIOGRAPHIE                                                              310

# Einleitung

In der Metaethik geht es um Fragen, die auch von der alltäglichen Reflexion her leicht drängend werden können: Worauf können wir letzten Endes verweisen, wenn wir versuchen, unsere Handlungen zu begründen? Wie objektiv können unsere Urteile über Werte sein? Im Vergleich zu unseren Urteilen über Fakten scheinen unsere Werturteile leichter bezweifelbar zu sein und es scheint auch recht unklar zu sein, was überhaupt ein Wert ist. Ein Stück Brot kann wertvoll sein, aber auch Freiheit, Selbstbestimmung usw. Werte manifestieren sich anscheinend sowohl dinglich als auch in abstrakteren Verhältnissen wie z.B. Rechtsstaatlichkeit. Aber auch Fakten können unterschiedliche Gegenstände im allgemeinsten Sinn betreffen; es gibt Fakten über Dinge, soziale Verhältnisse, mathematische Gegenstände usw. Im Bereich der Fakten ist aber im alltäglichen Urteilen nur eine relativ geringe Neigung zum prinzipiellen Zweifel festzustellen, was vermutlich daran liegt, daß auf viele Fakten des Alltags (z.B. den Ort an dem sich etwas befindet) schlicht hingewiesen werden kann. Auf Werte kann man offensichtlich nicht so einfach hinweisen; es scheint ihnen eine für alle zugängliche Basis zu fehlen. So führt bereits eine erste Reflexion auf die für die Metaethik zentrale Frage nach dem Verhältnis von Werten und Fakten.

Der Verdacht, daß eine für alle zugängliche Basis bei Werten im Gegensatz zu Fakten fehlt, legt es nahe, Werte als soziale Konstrukte zu betrachten. Sie wären damit relativ auf ein Rahmensystem der Kultur und Tradition, also nicht objektiv in dem Sinn, wie wir es üblicherweise zumindest von natürlichen Fakten annehmen. Aber andererseits ist zumindest mit einem gewissen Bereich von ethischen Werten (z.B. Menschenrechte) ein Anspruch universeller Gültigkeit verbunden. Sind solche Ansprüche verfehlt? Müssen wir bei jeder ethischen Begründung unserer Handlungen letzten Endes auf unsere Sozialisation verweisen? Ist mit der Auflösung von Traditionen auch jede moralische Verbindlichkeit beseitigt?

Ein Versuch, aus dieser Begründungsproblematik herauszukommen, ist, ein abstraktes aus der Vernunft gewonnenes Prinzip als universell gültiges Kriterium für moralische Handlungen anzusetzen, wie es Kant mit seinem berühmten Kategorischen Imperativ getan hat. Aber dann stellt sich die Frage, wie das Prinzip selbst zu begründen ist und auch dieses Problem scheint, wie die

1

philosophische Diskussion zeigt, kaum zu allgemeiner Zufriedenheit lösbar zu sein.

Bereits dieser kurze Blick auf das Problem der Objektivität und Begründbarkeit im Bereich der Ethik und der Werte zeigt, wie verschachtelt und vielfältig die metaethische Thematik ist. Ich werde zu Beginn dieser Arbeit versuchen, einen Überblick über die verschiedenen Diskussionspunkte und ihren Zusammenhang zu geben. Das übergreifende Ziel dieser Arbeit ist es, diesen Problemkomplex unter einem bisher nicht gewählten methodischen Blickwinkel zu betrachten, nämlich dem der Husserlschen Phänomenologie. Davon verspreche ich mir Lösungen zu Problemen, die mit der analytische geprägten Herangehensweise, die in der Metaethik vorherrscht, nicht erreicht werden konnten. Diesen Ansatz will ich nun etwas genauer erläutern:

Metaethik - die Theorie normativer Ethik - erfährt seit ca. 1980 eine Wiederbelebung in der angelsächsischen Philosophie. Der Begriff von Metaethik als rein sprachlich-logischer Analyse des moralischen Diskurses, wie er in der Hochphase der Analytischen Philosophie geprägt wurde, hat sich aufgeweitet zu dem Versuch, unter Heranziehung allgemeiner erkenntnistheoretischer, ontologischer und logischer Ergebnisse die problematische Objektivität der Ethik zu untersuchen. Es gibt hier eine Vielfalt von Ansätzen, denen aber insgesamt eine im weitesten Sinne naturalistische Grundorientierung gemein ist. Edmund Husserl nun hat seine Phänomenologie als philosophische Methode gerade in der Zurückweisung des Naturalismus in der Erkenntnistheorie, wie er im deutschen Psychologismusstreit um 1900 Thema war, entwickelt. Betrachtet man Husserls eigene metaethische Untersuchungen, so ist eine starke Parallele zu den Grundthemen der aktuellen Diskussion festzustellen. Soweit diese Untersuchungen veröffentlicht sind (bis 1914) scheitert Husserl (auch nach eigenem Bekunden) in der Lösung dieser Probleme. Zwischen 1917 und 1921 hat Husserl seine Methode jedoch entscheidend weiterentwickelt. Wendet man die voll entwickelte phänomenologische Methode auf Husserls Schwierigkeiten bis 1914 an, so erweisen sich diese als lösbar.[1] Der Erfolg dieser Anwendung

---

[1] Folgt man dem Herausgeber von Husserls ethischen Schriften Ullrich Melle, so hat Husserl nach dem Ersten Weltkrieg (und durch diesen) vor allem an normativen Fragen gearbeitet, so daß auch in den unveröffentlichten späteren Schriften keine systematische Metaethik von Husserl selbst vorliegt. Auch in der an Husserl orientierten Forschung liegt eine solche nicht vor, wie überhaupt dieser Bereich ein weitgehend "weißer Fleck" auf der Landkarte der phänomenologischen Arbeitsphilosophie ist; die Tendenz geht auch hier zum normativen. Innerhalb der

und die Parallele in den behandelten Problemen legen es nahe, die phänomenologische Methode auf die zentralen Fragestellungen der aktuellen Metaethikdiskussion anzuwenden. Dieses Vorgehen stellt gegenüber der Metaethikdiskussion einen Wechsel der philosophischen Grundposition bei Beibehaltung der Fragen dar; das Anliegen, Philosophie wissenschaftlich zu betreiben ist jedoch beiden gemein. Es liegt nicht in der Absicht dieser Arbeit, diese Grundpositionen selbst zu diskutieren. Vielmehr ist das vergleichsweise konkrete Ziel die Erarbeitung einer Phänomenologie des Wertbewußtseins, auf deren Grundlage die Streitpunkte der unter naturalistischen Vorzeichen geführten aktuellen Metaethikdiskussion gelöst werden können. Die phänomenologische Methode wird also durch bisherige Erfolge motiviert angesetzt und soll sich in der Durchführung bewähren.

Die phänomenologische Methode soll auf die Fragestellungen der aktuellen Metaethikdiskussion angewendet werden. Hierzu ist es zunächst erforderlich, daß aus dieser komplexen und z.T. unübersichtlichen Diskussion diejenigen Problembereiche herausgearbeitet werden, die positionenübergreifend behandelt werden und von daher als zentrale Fragestellungen gelten können. Auch hinsichtlich der Methode sind Vorklärungen nötig, da selbst bei Beschränkung auf Husserlsche Phänomenologie in der Literatur keineswegs Einigkeit über die voll entwickelte Methode besteht. Die Methode bedarf von daher einer rekonstruierenden Präzisierung, die selbst an den vorläufigen Ergebnissen dieser Methode zu orientieren ist - der sogenannten "Kritik der Kritik". Auf der Grundlage dieser rekonstruierten Methode sind dann die zentralen Fragestellungen so zu reformulieren, daß ein Plan der Phänomenologie des Wertbewußtseins entworfen werden kann. Diesen Aufgaben ist Teil I "Problem und Methode" der Arbeit gewidmet. Teil II "Phänomenologie des Wertbewußtseins" besteht dann in der Durchführung dieses Plans.

Im Hinblick auf die gesamte metaethische Thematik findet mit der Festlegung auf Werte, genauer Werterkenntnis, eine gewisse Beschränkung statt: Ich werde keine Handlungstheorie vorlegen, vielmehr werde ich erst am Schluß der Arbeit im Rahmen einer normativen Wendung der deskriptiven Ergebnisse auf Handlungen zu sprechen kommen. Damit ist der gesamte Problemkreis von Verantwortung und Willensfreiheit aus der Untersuchung ausgeklammert. Diese Beschränkung ist gerechtfertigt, da die Frage

---

Phänomenologischen Bewegung gibt es freilich ethische Arbeiten, die aber ebenfalls normativ ausgerichtet sind und zumeist nicht mehr der strengen Husserlschen Methode genügen.

nach dem Wert eines Geschehens unabhängig von der Frage nach der Verantwortung für dieses Geschehen ist.

Phänomenologie im Husserlschen Sinn ist Beschreibung von Bewußtseinsstrukturen und ihnen korrelierenden Gegenstandsstrukturen, d.h. nicht von konkreten Bewußtseinsinhalten, sondern von dem, was sich im Wechsel dieser Inhalte als abstraktes Moment durchhält. Damit diese Strukturen zur Auffassung gelangen können, sind bestimmte methodische Vorkehrungen und Verfahrensweisen zu beachten: Grundlegend ist das "Prinzip der Prinzipien", „daß jede originär gebende Anschauung eine Rechtsquelle der Erkenntnis sei, daß alles, was sich uns in der "Intuition" originär, (sozusagen in seiner leibhaften Wirklichkeit) darbietet, einfach hinzunehmen sei, als was es sich gibt, aber auch nur in den Schranken in denen es sich da gibt"[2]. Damit wird sich erstens dagegen verwahrt, Bewußtseinserlebnisse zum bloßen Schein zu degradieren, aber wichtiger ist zweitens die Forderung der Beschränkung auf dasjenige, was tatsächlich erlebt wird. Wenn man also z.B. Objektpermanenz phänomenologisch untersucht, so ist das erste, was auffällt, daß kein äußerer Gegenstand jemals permanent gegeben ist. Von da aus ist dann zu untersuchen, wie es zu der Sinnkonstruktion "äußerer permanenter Gegenstand" auf der Grundlage des tatsächlich Erlebten kommen kann. Phänomenologie unterscheidet sich also von naturalistischer Psychologie darin, daß in ihr die Forschenden selbst von vornherein die natürlichen Seinsgeltungen methodisch ausklammern.

Das allgemeine Verfahren zur Beschreibung von Strukturen besteht darin, die Bewußtseinsinhalte frei zu variieren und zu beobachten, was sich in dieser Variation durchhält. So läßt sich z.B. feststellen, daß Bewußtsein immer Bewußtsein von etwas ist (Intentionalität), daß Bewußtsein immer zeitlich ist, daß diese innere Zeit eine zeitlich unveränderliche Struktur hat usw. Von besonderem Interesse sind Fundierungsverhältnisse zwischen Strukturmomenten. So ist z.B. Farbigkeit in Extension fundiert, d.h. Farbe ist nicht losgelöst von Ausdehnung vorstellbar; in allen Variationen von farbauffassendem Bewußtsein kommt Farbe immer ausgedehnt zur Auffassung. Neben solchen statischen Fundierungsverhältnissen sind zeitliche oder auch genetische aufgrund der universellen Zeitlichkeit des Bewußtseins besonders wichtig. Es gibt eine Vielzahl von Strukturen, die gewordene sind, wie z.B. die Objektpermanenz, die u.a. in Erinnerung genetisch fundiert ist. Objektpermanenz fundiert wiederum genetisch z.B.

---

[2] Ideen I S. 51

Schriftsprache: Niemand kann zuerst schreiben lernen und dann erst bleibende Gegenstände haben. Zur vollen phänomenologischen Untersuchung eines Gebietes gehört immer auch die Untersuchung der Genese der Gegenstandsstrukturen dieses Gebietes, was unablösbar von der Genese der Strukturen des sie auffassenden Bewußtseins ist (Bewußtsein ist immer Bewußtsein von etwas; Gegenstände sind immer Gegenstände für ein Bewußtsein).

Neben der Unterscheidung von statischer und genetischer Fundierung ist die Unterscheidung von passiver und aktiver Synthesis zentral für phänomenologische Untersuchungen: Alles, was uns unmittelbar in der Jetztphase gegeben ist, hat eine sich unserem Einfluß absolut entziehende Struktur. In diesen Bereich passiver Synthesis gehören u.a. Gestaltgesetze, wie man sie z.B. aus optischen Täuschungen kennt: Selbst wenn die Täuschung bekannt ist, kann man sie nicht unterbinden. Aktive Synthesis bezeichnet dagegen den Bereich, in dem die Zusammenfügung und Zergliederung von Gegebenem im Prinzip frei ist. Die passive Synthesis liefert der aktiven Synthesis ihr "Material". Ein besonderer und sehr "großer" Bereich ist die sekundäre Passivität, hier ist Gegebenes durch frühere aktive Synthesis, die zur festen Habitualität wurde, vorstrukturiert, wie z.B. im Werkzeuggebrauch.

Als Abschluß dieser Einleitung möchte ich besonders auf die m.E. entscheidenden Stellen dieser Arbeit hinweisen und damit zugleich einen etwas detaillierteren Einblick in die Thematik von Teil II geben:

1.  Die systematische Darstellung der rekonstruierten phänomenologischen Methode in I,2.3.1.2 liefert die Grundlage zum Verständnis der gesamten Vorgehensweise dieser Arbeit; sie wird ergänzt durch die Einführung grundlegender Ergebnisse und Konzepte der Phänomenologie in II,1. Insbesondere wird mit der Rekonstruktion auch begründet, warum die Untersuchung auf der Ebene der sinnlichen Erfahrung beginnen muß.

2.  Mit der Reformulierung der metaethischen Fragestellung in Teil I Abschnitt 2.4 lege ich das zentrale Thema der phänomenologischen Untersuchung in Teil II auf die Konstitution (die Beschaffenheit) unseres Wertbewußtseins fest.

3.  Die Beschreibung der intentionalen Struktur von Emotionen in Teil II Abschnitt 2.1.3.2 ist der Ausgangspunkt für die ontologische Bestimmung von Werten als Eigenschaften von Leib-Umwelt Beziehungen.

4.  Mit der Untersuchung der Intersubjektivität von Emotionen und Werten in II,2.1.5.3 wird die Grundlage für die Behandlung der Objektivitätsproblematik von Werten gelegt.

5.  In der Reflexion auf eine zuvor erarbeitete Typologie des lebensweltlichen Wertverstehens in II,2.2.3 werden die Abhängigkeitsverhältnisse von Wertarten aufgedeckt und damit die Basis für eine Antwort auf die Problematik der Begründung von Werturteilen geschaffen.

6.  Der Durchbruch zur Bestimmung des Werte-Fakten Verhältnisses und zur Erklärung, warum genau dieses Verhältnis so problematisch erscheint, findet in II,2.3.1.2.1.4 unter dem Titel "Die basale Relationalisierung" statt. Die ontologischen Ergebnisse sind in II,2.3.1.3 "Ökologische Ontologie, Situationen, Werte und Supervenienz" zusammengefaßt.

7.  Der entscheidende Punkt bei der Behandlung von Werturteilen ist die Anerkennung ihrer begrenzten Rationalität in II,2.3.2.5

8.  Das Modell der ethischen Normentwicklung in II,4.3 führt schließlich auf einen ganz spezifischen Pluralismus, in dem die Maxime der Gerechtigkeit und der Selbstbestimmung eine besondere Funktion haben.

Diese Arbeit ist auch der Versuch, einen Pfad in das phänomenologisch nur wenig bearbeitete Gebiet der Theorie der Ethik freizulegen. Es wird daher viele Abzweigungen geben, deren Verfolgung interessant wäre, aber die Grenzen dieses Unterfangens überschreitet. Neben den verschiedenen anderweitigen Ergebnissen dieser Arbeit ist für mich das erkenntniskritisch interessanteste, freilich zunächst kontraintuitive Resultat, daß die Ethik uns nicht objektiv sagen kann, was gut ist, sondern nur was schlecht ist, weshalb wir auf einen Prozeß der evolutionär strukturierten Verbesserung unserer Normen, statt eines utopischen Entwurfs des Guten angewiesen sind.

Zuletzt möchte ich darauf hinweisen, daß Teil II auch für sich gelesen werden kann. Dies gilt insbesondere für Leserinnen und Leser, die vorrangig innerphänomenologisch am Wertbewußtsein interessiert sind und zudem die methodologischen Festlegungen nicht explizit benannt haben wollen, sondern sie eher an der Arbeit am Problem ablesen wollen.

# Teil I Problem und Methode

# 1     Die metaethische Fragestellung

Metaethik ist die Theorie dessen, was normative Ethik leistet. Es geht in ihr also nicht um die Gewinnung von konkreten Normen, sondern um eine Theorie dieser Gewinnung; Gegenstand der Metaethik ist damit, wie Normen gewonnen werden können, welche Objektivität diese besitzen etc. Dieser Problembereich wird z.T. bereits in Aristoteles' "Nikomachische Ethik" behandelt, er bleibt aber bis zum 20. Jh. in normative Fragestellungen eingebettet. Als eigenständige Disziplin entsteht Metaethik erst 1903 mit Edward G. Moores "Principia Ethica".[3] Der Terminus "Metaethik" wird später in der Analytischen Philosophie geprägt. Die originären Ansätze in der metaethischen Diskussion entstammen vorwiegend der anglo-amerikanischen philosophischen Kultur. In der "kontinentalen" Philosophie gab es durch Brentano u.a. einen metaethischen Impuls unter dem Titel "Axiologie", der sich aber nicht durchsetzen konnte; auf diese Entwicklung komme ich unten zurück (2.1).

## 1.1     Vorgeschichte

Die Entwicklung der Metaethik im anglo-amerikanischen und auch skandinavischen Bereich läßt sich mit Jocelyn Couture und Kai Nielsen[4] in drei Perioden einteilen:

Die erste Periode reicht von 1900 bis in die 30er Jahre und ist von Moores "open-question-argument" gegen ethischen Naturalismus und metaphysische Ethik geprägt. Moore kommt zu dem Ergebnis, daß beide Positionen einen naturalistischen Fehlschluß beinhalten: Definiert man einen ethischen Term durch natürliche oder metaphysische Eigenschaften, so läßt sich immer noch sinnvoll die Frage nach der Bewertung dieser Eigenschaften stellen.[5] Während Moores eigene Argumentation später als platonistisch[6] verworfen wird, findet das Argument in

---

[3]Moore (1959)

[4]s. Couture und Nielsen (1996). Ich orientiere mich in der folgenden Darstellung der historischen Entwicklung im wesentlichen an diesem Artikel.

[5]"[...] whatever definition be offered, it may be always asked, with significance, of the complex so defined, whether it is itself good." Moore (1959) S. 15

[6]"Our first conclusion as to the subject-matter of Ethics is, then, that there is a simple, indefinable, unanalyzable object of thought [the good] by reference to which

ausdifferenzierter Form und sprachphilosophischer Reformulierung Eingang in die zweite Periode.[7] Heute gilt Moores Argument als nicht haltbar, weshalb naturalistische Theorien wieder weithin als prinzipiell akzeptabel angesehen werden. Dem "open-question-argument" kommt gegenüber naturalistischen Theorien heute nur noch eine kritisch-heuristische Funktion zu, es stellt aber keinen Beweis gegen die Möglichkeit solcher Theorien dar. Insbesondere sind synthetische Naturalismen, also solche, in denen ein verschiedener Sinn von moralischen und naturalen Termini anerkannt, aber eine gemeinsame Denotation empirisch gesucht wird, nicht von dem Argument betroffen.[8]

Die zweite Periode reicht von den 30er Jahren bis in die 60er. William K. Frankena strukturiert diese Phase 1951 folgendermaßen:

> All of these contemporary "schemes of morality" are metaethical in character; their proponents might quite possibly maintain the same opinions as to what is right or good in normative ethics. In a rough way, we may state and compare the rival theories by taking three metaethical statements:
>
> (1) Ethical sentences are cognitive and true or false.
>
> (2) Ethical terms do not name any unique or simple nonnatural characteristics.
>
> (3) Ethical sentences are nondescriptive.
>
> Naturalism affirms (1) and (2) and denies (3). Intuitionism affirms (1) and (3) and denies (2). Noncognitivism affirms (2) and (3), denying (1).[9]

Im gleichen Aufsatz konstatiert Frankena einen Stillstand der Diskussion, der nur durch ein verändertes Analysekonzept zu überwinden sei, in dem die Beschränkung auf logische Analyse und

---

it must be defined." Moore (1959) S. 21. Dieser Schluß wird nicht mehr mitvollzogen, die Ablehnung naturalistischer Definitionen von "gut" wird aber aufrechterhalten.

[7]So führt das "open-question-argument" bei Alfred. J. Ayer in der Verbindung mit einem allgemeinen Positivismus zur emotivistischen Analyse ethischer Aussagen: "But in every case in which one would commonly be said to be making an ethical judgement, the function of the relevant ethical word is purely "emotive". It is used to express feeling about certain objects, but not to make any assertion about them." Ayer (1955) S. 108 (Ch. VI "Critique of Ethics and Theology"). Diese Theorie wurde von Stevenson ausgearbeitet.

[8]s. Couture und Nielsen (1996) §§7-9
Vgl. auch Nakhnikian (1963) für die Einschätzung gegen Ende der zweiten Phase, daß das Argument keine prinzipielle, sondern nur heuristische Gültigkeit hat .

[9]Frankena (1951) S. 45

Beschreibung von Sprache aufgegeben wird und empirische Untersuchungen (Psychologie, Soziologie) mit einbezogen werden.[10] Zeitgleich erscheint Willard V. Quines einflußreicher Artikel "Two Dogmas of Empiricism"[11], in dem er dafür argumentiert, daß eine strenge analytisch-synthetisch Unterscheidung problematisch ist und so die Grundlage für die langsame Entwicklung hin zu einem liberaleren Analysebegriff schafft. In der Folge derartiger Überlegungen wird gegen Ende der zweiten Periode klar, daß die bis dahin geführte Diskussion auf der Voraussetzung von scharfen Unterscheidungen in kognitiv - nonkognitiv, deskriptiv - evaluativ, Überzeugung - Einstellung etc. beruht, die selbst nicht hinreichend geklärt sind. Einen Ausweg aus dieser Situation bietet zu Anfang der dritten Phase (70er Jahre - heute, "Neue Metaethik") Rawls "method of reflective equilibrium"[12], die zum Bezugspunkt einer allgemeinen Ausweitung und Ausdifferenzierung der Theorien wird. Nach Darwall, Gibbard, Railton[13] umgeht diese Methode letztlich metaethische Probleme und schafft so einen Freiraum, in dem wieder ohne größere erkenntnistheoretische Skrupel normative Ethik betrieben werden kann. Seit ca. 1980 ist eine Wiederbelebung der Metaethik zu beobachten, die von Darwall et al. unter das Motto "Back to Basics" gebracht wird.[14] Als unabdingbare Aufgaben sehen Darwall et. al. in diesem Zusammenhang die Bearbeitung folgender Problembereiche an:

> Understanding the commitments of ordinary moral or value discourse and practice would appear to involve accounts of at least the following: the semantics of the language of morals and value; the apparent metaphysical status[15] of moral properties or values; the putative epistemology of morality or value theory; and the relation of morality or

---

[10]s. Frankena (1951) S. 55

[11]Quine (1951)

[12]s. Rawls (1972) §9

[13]s. Darwall et al. (1992) S. 140-142

[14]s. Darwall et al. (1992) S. 125-128

[15]Die Begriffe "Metaphysik" und "Ontologie" werden häufig synonym oder überlappend gebraucht; scharfe Trennungen gelten zumeist nur für einzelne Philosophien. Ich werde im Zusammenhang von Werten nicht von Metaphysik, sondern von Ontologie sprechen, da der in der Literatur wechselnd mit "metaphysical" und "ontological" bezeichnete Bereich der Werte-Fakten Problematik bei Husserl eindeutig in die als "Ontologie" bezeichnete Disziplin gehört.

values to practical reasoning. These questions are interconnected [...].[16]

Angesichts der skizzierten Gesamtentwicklung muß eine aktuelle Metaethik die Hauptprobleme der Diskussion seit ca. 1980 behandeln, in der natürlich auch ältere Argumente eine Rolle spielen. Als Hauptprobleme sind dabei diejenigen Themen zu sehen, die positionsübergreifend diskutiert werden. Da es in dieser Arbeit nicht um eine Diskussion bestehender Positionen, sondern um die Entwicklung einer Position von einem für die Metaethik neuen Standpunkt aus geht, kann ich nur an einigen Punkten exemplarisch auf Einzelstreitpunkte eingehen. Für die Entwicklung einer solchen Position ist es jedoch erforderlich, die aktuelle Diskussion einer gewissen Systematisierung zu unterwerfen, in der die Sachfragen in den Vordergrund treten; den komplexen Theorien der einzelnen Autoren und Autorinnen sowie dem Diskussionsverlauf kann ich dabei nicht voll gerecht werden.[17]

## 1.2 Überblick

Ich werde im folgenden Überblick vor allem von Werten sprechen. Man könnte auch moralische Urteile in den Mittelpunkt eines solchen Überblicks stellen und damit die epistemologisch-linguistische Seite der Problematik betonen. Mit der Betonung von Werten lege ich tendenziell mehr Gewicht auf die ontologischen Probleme, weil sich m.E. von der Ontologie aus ein vergleichsweise einfacherer Zugang zur Gesamtproblematik ergibt. Daß dieser Weg einfacher ist, liegt am Oberflächenrealismus des moralischen Diskurses erster Ordnung, also daran, daß wir in alltäglichen moralischen Gesprächen so reden, als gäbe es Werte "in der Welt da draußen", so wie es Dinge gibt. Es besteht dabei keine Gefahr übermäßiger Reduktion der Problematik, weil die Hauptstreitpunkte in Epistemologie, Ontologie und Logik ausgesprochen eng verwoben sind.

Es erleichtert weiterhin das Verständnis der Problemlage, wenn man in Werte als

(1) Entitäten in der subjektiven Welt
(2) Entitäten in der intersubjektiven (sozialen) Welt
(3) Entitäten in der objektiven Welt

---

[16]Darwall et. al. (1992) S. 127

[17]Für einen umfassenden Überblick, der die einzelnen Positionen und die Bewegung der aktuellen Diskussion in den Vordergrund stellt, siehe Darwall et. al. (1992).

differenziert. Die Existenz von Werten im Sinne von (1) und (2) ist nahezu unumstritten. Die Diskussion dreht sich hauptsächlich um die Existenz von Werten im Sinne von (3), oder auch direkt um den Sinn von (3).

## 1.2.1 Die zentralen Fragestellungen

Die zentralen Fragestellungen der aktuellen Metaethik bezüglich Werten[18] lauten:

- Ontologisch: Wie ist das Verhältnis von Fakten und Werten?
- Epistemologisch: Welchen Grad an Objektivität haben Werte?
- Logisch[19]: Wie ist das Verhältnis von allgemeiner Logik und Wertlogik?

Zu diesen abstrakten Fragen treten konkretere, in denen die abstrakten Ergebnisse zur Erklärung herangezogen werden und so eine gewisse Überprüfung erfahren:

- Praxeologisch: Welches ist der Zusammenhang zwischen Werten und Motivation?
- Linguistisch: Welche kommunikativen Funktionen erfüllen moralische Aussagen?

An diesen Fragen wird bereits deutlich, daß metaethische Theorien immer im Zusammenhang mit allgemeinen ontologischen, epistemologischen und logischen Theorien zu sehen sind. Dabei ist jedoch, zumindest im Gang der Diskussion, kein einfaches Ableitungsverhältnis erkennbar, sondern die metaethische Diskussion wirkt ihrerseits in die allgemeine Diskussion zurück. Dennoch ist zumeist die zugrundegelegte Wissenschaftstheorie entscheidend für die Einschätzung des Status von Werten, da diese in der Regel mit Fakten verglichen werden.

Die Diskussionslage in der Neuen Metaethik ist, nicht zuletzt wegen des fehlenden zeitlichen Abstands, ausgesprochen komplex. Wie oben erwähnt, versuche ich diese Komplexität durch Systematisierung zu reduzieren, um so die zentralen Fragestellungen herauszuarbeiten. Diese sind in obiger Aufzählung zwar erfaßt, aber für sich genommen in dieser Kürze kaum aussagekräftig. Ich werde daher zur Verdeutlichung des Problemhorizonts etwas weiter ins Detail gehen. Dies soll in drei "Dimensionen" geschehen:

---

[18]Wenn ich "Werten" als substantiviertes Verb verwende, dann stelle ich immer den bestimmten Artikel voran: "das Werten".

[19]im weiten Sinn, also nicht auf formale Sprachen beschränkt.

1. Die Diskussionspunkte innerhalb der Thematiken der oben genannten zentralen Fragestellungen
2. Die jeweiligen Modelle des Wertens als "Kerne" der verschiedenen Theorien
3. Globale Positionen: Realismus, Naturalismus, Objektivismus, ihre Varianten und Gegenpositionen.

## 1.2.2 Diskussionspunkte

### 1.2.2.1 Ontologische Thematik: Supervenienz und Reduktion

Im Bereich der Ontologie sind die Themen "Supervenienz von Werten auf Fakten" und "Reduktion von Werten auf Fakten" zentral.[20] Supervenienz von Werten auf Fakten heißt grob gesagt, daß, wenn die Fakten gleich sind, dann auch der Wert gleich sein muß, aber nicht unbedingt umgekehrt. Reduktion von Werten auf Fakten heißt grob gesagt, daß Werte vollständig durch Fakten erklärt werden können. Supervenienz wird in der Regel als ontologisches Thema und Reduktion als damit eng zusammenhängendes epistemologisches Thema behandelt. Simon Blackburn hat eine vieldiskutierte und das Problemfeld im Wertbereich exemplarisch verdeutlichende Analyse vorgelegt,[21] an der sich die folgenden Ausführungen orientieren:

Blackburn definiert Supervenienz von F-Tatsachen auf G-Tatsachen folgendermaßen[22]:

$$(S) \qquad N((x) (Fx \,\&\, G^*x \,\&\, (G^*x \cup Fx)) \ (y) \ (G^*y \ Fy))$$

The formula says that as a matter of necessity, if something x is F, and $G^*$ underlies this, then anything else in the physical or natural (or whatever) state $G^*$ is F as well.[23]

---

[20]Einen allgemeinen Überblick und eine Systematisierung von Konzepten der Supervenienz überhaupt gibt Kim (1984).

[21]Blackburn (1993)

[22]Zur Interpretation der verwendeten Modalitäten verweise ich direkt auf Blackburns Artikel. Im Rahmen dieses Überblicks genügt es, die Formeln als übersichtliche Notation von Aussagen in natürlicher Sprache zu betrachten.

[23]Blackburn (1993) S.131

$G^*$ ist dabei eine bestimmte begrenzte Menge von G - Wahrheiten. (S) ist kompatibel mit

(P) $\qquad P(x)\ (G^*x\ \&\ -Fx)$[24]

also mit der Möglichkeit, daß etwas im Zustand $G^*$ ist und trotzdem kein F ist. Entscheidend für diese Verträglichkeit ist, wie die Relation "U" ("underlies", "ist Grundlage von") definiert wird. Eine naheliegende Definition wäre:

(?) $\qquad N((x)(Fx\ \&\ G^*x\ \&\ (G^*x\ U\ Fx))\quad N(y)(G^*y$
$Fy))$[25]

zusammen mit der Existenzannahme

(E) $\qquad (x)(Fx\ \&\ G^*x\ \&\ (G^*x\ U\ Fx))$

folgt daraus jedoch

(N) $\qquad N(x)(G^*x\quad Fx)$

also -(P).

D.h. in natürlicher Sprache: Die naheliegende Vorstellung von "zugrunde liegen" (?) (in allen möglichen Welten impliziert die Existenz eines $G^*$ Zustandes, der einem F Zustand zugrundeliegt, daß in allen möglichen Welten alles was ein $G^*$ ist auch ein F ist), hat zur Folge, daß, soweit überhaupt in irgendeiner Welt ein $G^*$ einem F zugrundeliegt, auch in allen möglichen Welten jedes $G^*$ ein F sein muß. Diese Auffassung ist reduktionistisch, weil sie besagt: Wenn man herausgefunden hat, daß $G^*$ die Grundlage von F ist, dann ist es unmöglich, daß sich etwas im Zustand $G^*$ befindet, ohne ein F zu sein. Die Annahme von (?) für die Relation "ist Grundlage von" identifiziert Supervenienz mit Reduzierbarkeit. Will man also Supervenienz von Reduktionismus freihalten, so darf man nicht von (?) ausgehen. Damit bleibt es dann möglich, daß (S) und (P) in ein und derselben Welt gelten. Ich will dies in einem Beispiel illustrieren:

Angenommen "ist lecker" ("F") ist supervenient auf "ist eine Pizza" ("G*"), dann bedeutet dies, daß für jeden Menschen gilt, daß wenn etwas lecker ist, wenn es Pizzas gibt und wenn Eine-Pizza-sein dem Leckersein zugrundeliegt, jede Pizza lecker ist. Die Wenn-Dann-Beziehung gilt für jeden Menschen, aber nicht unbedingt die Wenn-Seite, insbesondere nicht das Zugrundeliegen. (In (S) bezieht

---

[24]Blackburn (1993). S.132

[25]Blackburn (1993) S.132

sich der Notwendigkeitsoperator auf das Konditional als Ganzes, nicht auf seine einzelnen Seiten.) Dies ist durchaus verträglich damit, daß Menschen verschiedene Meinungen darüber haben können, ob Pizzas lecker sind, weil ihr Geschmack auseinandergeht und somit die Relation "ist Grundlage von" (also die Wenn-Seite) einmal erfüllt ist und ein andermal nicht (also (P) zulässig ist). Eine reduktionistische Position wäre demgegenüber z.B.: Pizzas sind (aus physiologischen etc. Gründen) für jeden Menschen lecker. Reduktionistisch gilt also bereits die Wenn-Seite für jeden Menschen und damit dann auch die Dann-Seite.

An dieser Stelle ist es hilfreich, auf Jaegwon Kims Systematisierungen zurückzugreifen, um einen genaueren Begriff vom Verhältnis zwischen Supervenienz und Reduktion zu erhalten. Kim unterscheidet zwischen schwacher und starker Supervenienz. Nach seiner Einteilung wäre Blackburns Supervenienz schwach, denn Kims starke Supervenienz fordert (N).[26] Nun argumentiert Kim allerdings dafür, daß die schwache Supervenienz zu schwach ist für das, was eine Supervenienzbehauptung für Werte und Fakten in der Metaethik eigentlich leisten soll. Er geht als Folge dieser Argumentation davon aus, daß, wenn in der Metaethikdebatte von Supervenienz die Rede ist, starke Supervenienz gemeint ist, für die gilt:

> A strongly supervenes on B just in case, necessarily, for each x and each property F in A, if x has F, then there is a property G in B such that x has G, and necessarily if any y has G, it has F.[27]

Daraus läßt sich nach Kim ableiten, daß gilt:

> If A strongly supervenes on B, then for each property F in A there is a property G in B such that necessarily $(\forall x)[G(x) \leftrightarrow F(x)]$, that is, every A-property has a necessary coextension in B.[28]

Die Koextension in B ist allerdings so beschaffen, daß sie i.A. eine beliebig lange Disjunktion von Eigenschaften darstellt. Die ontologische Supervenienz zieht daher keine notwendigerweise auch epistemisch einlösbare Reduzierbarkeit nach sich, sondern lediglich eine prinzipielle Reduzierbarkeit, welche Forschung in

---

[26]Kim (1984) S. 165

[27]Kim (1984) S. 165

[28]Kim (1984) S. 170

dieser Richtung motivieren kann, wie dies z.B. beim Geist-Gehirn-Problem der Fall ist.

Blackburns Analyse wiederum beansprucht zu zeigen, daß Supervenienz und Reduktion prinzipiell zu unterscheiden sind, und daß nichtreduktionistische Supervenienz nur mit der gleichzeitigen Erlaubnis "gemischter Welten" (in denen (S) und (P) gleichzeitig gelten, in denen sich also die Geschmäcker unterscheiden können) zu haben ist. Als eigentliches Problem bleibt damit für Blackburn stehen, wie das "ist Grundlage von" der Supervenienz zu verstehen ist. Supervenienz ist also selbst ein problematischer Sachverhalt, der einer Erklärung bedarf. Blackburns Vorschlag bezüglich Werten und Fakten ist, daß subjektive Einstellungen auf natürliche Gegenstände und Sachverhalte "projiziert" werden.

Insgesamt werden für die Bestimmung des Verhältnisses von Werten und Fakten folgende Möglichkeiten debattiert:

- Reduktionismus: Werte werden in ihrem Wertsein eindeutig und vollständig durch natürliche Fakten bestimmt. Ein Relativismus ist damit nicht ausgeschlossen, da auseinandergehende natürliche Verfassungen der Subjekte (Bedürfnisse etc.) entscheidend sein können. Anerkannte wissenschaftliche Verfahren können für die Erforschung von Werten eingesetzt werden.

- Supervenienz: Werten liegen natürliche Fakten zugrunde, sie werden durch diese aber nicht in ihrem Wertsein vollständig bestimmt. Dies beinhaltet nicht notwendigerweise Relativismus, da z.B. im Projektionismus die Einstellungen überprüft werden können.[29] Was hier "zugrunde liegen" heißt, ist problematisch.

- Nonnaturalismus: Werte sind nicht-natürliche Entitäten, die durch eine eigene Art der "Anschauung" ("Intuition") erfaßt werden. Diese Position ist nicht mit einem an Wissenschaft im engeren Sinn orientierten Weltbild verträglich, da hier eine Art übernatürliche Erfahrung angenommen wird.

Alle drei Positionen brauchen ein Modell des Wertens. Im Reduktionismus muß dieses in den Konzepten von Standardwissenschaften wie Soziologie, Psychologie oder Biologie formuliert werden. Bezüglich Supervenienz gibt es realistische und antirealistische Varianten: Blackburns Position (s.o.) ist antirealistisch. John McDowell dagegen geht von einer Analogie zur Wahrnehmung sekundärer Qualitäten aus und entwickelt eine Dispositionstheorie, nach der Werte mit Bezug auf menschliche

---

[29]Blackburn (1996)

Subjektivität objektiv real sind.[30] Ein nicht-naturalistischer Intuitionismus wird heute nicht mehr vertreten, da es als prinzipiell unklar gilt, wie diese Intuition vor sich gehen soll. Naturalistischer Intuitionismus, wie ihn z.b. Robert Audi als Rekonstruktion von William D. Ross' deontologischem Intuitionismus vertritt[31], steht wiederum vor der Alternative zwischen Reduktionismus und Supervenienz.

In der Supervenienzdiskussion im Wertbereich wird allerdings m.E. ein entscheidendes Problem übersehen, das ich an einem weiteren Beispiel illustrieren will: Wenn wir sagen, daß Nahrung die Eigenschaft hat, wertvoll zu sein, dann wäre folgende Reduktion im Sinne von Kims Disjunktion denkbar: Man gibt alle für den menschlichen Stoffwechsel verwertbaren Kombinationen von Inhaltsstoffen an. Manche dieser Kombinationen würden vermutlich grauenhaft schmecken, aber auch das ließe sich denkbarerweise durch weitere auf Physiologie beruhende Festlegungen der Disjunktion abdecken. Der entscheidende Punkt in dieser Überlegung ist aber m.E., daß die Disjunktion relativ zum menschlichen Stoffwechsel bestimmt werden muß. Für einen anderen Organismus würde eine andere Disjunktion gelten. Es handelt sich hier um eine Supervenienz unter der Einschränkung, daß das Gesamtsystem Organismus-Umwelt behandelt wird. Wenn nur eine Seite herausgegriffen wird, läßt sich gar keine sinnvolle Supervenienzbehauptung formulieren. Das heißt aber, daß die Kriterien für die Sinnhaftigkeit einer Supervenienzbehauptung durch die Ontologie der supervenierenden Ebene festgelegt werden.

Vor diesem Hintergrund läßt sich die Werte-Fakten Diskussion so lesen, daß es letzten Endes darum geht, welche Entitäten es überhaupt sind, von denen Supervenienz ausgesagt wird. Wenn z.B. McDowell Werte als Entitäten betrachtet, die mit Bezug auf menschliche Subjektivität objektiv real sind, dann ist dies durchaus verträglich mit einer starken Supervenienz der Gesamtheit "Mensch in einer Situation" auf der physikalischen Beschreibung dieser Gesamtheit, die dann z.B. auch das Gehirn des Menschen umfassen müßte. Es ist aber nicht zulässig, einen Teil aus dieser Gesamtheit, z.B. die Umgebung für sich, herauszugreifen. Im zweiten Teil dieser Arbeit wird es u.a. genau darum gehen, welche Art Entitäten Werte sind und welche Zerstückung sie zulassen bzw. nicht zulassen.

---

[30]McDowell (1988)

[31]s. Audi (1996)

## 1.2.2.2 Epistemologische Thematik: Relativismus, Realismus, Kognitivismus, Kohärenz

Sind Werte objektiv, intersubjektiv oder subjektiv? Betrachtet man Objektivität als soziale Konstruktion, so reduzieren sich die Alternativen im wesentlichen auf die letzten beiden. Dagegen läßt sich einwenden, daß zumindest die Objektivität wissenschaftlicher Fakten in ihrer Erklärungs- und Vorhersagemacht besteht, so daß es sich hier - dann eventuell im Gegensatz zu Werten - um Realitäten handelt. An dieser naheliegenden Gegenüberstellung wird bereits deutlich, daß die Frage nach dem Grad der Objektivität von Werten eng mit den Streitthemen "Moralischer Realismus" und "Metaethischer Relativismus"[32] verknüpft ist; des weiteren spielt die Kognitivismus - Nonkognitivismus Debatte eine Rolle.


Relativismus

Als Hintergrund der Einschätzung der Objektivität von Werten fungiert die Objektivität von Faktischem, wie es in etablierten Wissenschaften festgestellt wird. Spezieller stellt sich das Problem der "Plazierung" der Ethik im Verhältnis zu diesen Wissenschaften. Wird dabei faktische Objektivität als unproblematisch angesehen, so legt dies einen Naturalismus nahe, der in Bezug auf Werte stark oder schwach relativistisch ausgeprägt sein kann. Das Argumentationsmuster des relativistischen Naturalismus ist, daß Moral im wesentlichen auf Tradition und Konvention beruht und die jeweiligen Ausprägungen von Moralsystemen auf soziologisch-psychologischer Grundlage erklärt werden können. Die zentrale Aufgabe der Vertreter dieser Richtung ist die Ausarbeitung solcher Erklärungsmodelle.[33] Dabei ergeben sich je nach Modell verschiedene Grade an Objektivität für Werte.

Betrachtet man dagegen faktische Objektivität als problematisch, so ergeben sich zwei Sichtweisen auf Ethik: Zum einen kann Ethik in einen allgemeinen erkenntnistheoretischen Relativismus eingeordnet werden, so daß Werte erst recht von

---

[32]Metaethischer Relativismus ist zu unterscheiden von deskriptivem Relativismus, der auf faktische Unterschiede in den Moralen von Kulturen und Individuen geht, und von normativem Relativismus, der Nichteinmischung in andere Moralsysteme vorschreibt. Auch diese beiden Relativismen sind umstritten, insbesondere aber die Frage, ob deskriptiver Relativismus metaethischen Relativismus nach sich zieht.

[33]Vertreter dieser Richtung ist z.B. Gilbert Harman, der die Entstehung von moralischen Konventionen durch die Verbindung von Eigeninteresse mit Verhandlungspositionen und Machtverhältnissen erklärt. s. Harman; Thomson (1996).

zweifelhafter Objektivität sind. Zum anderen kann auf der Grundlage postpositivistischer Wissenschaftstheorie Ethik der gleiche Status wie anderen Wissenschaften zuerkannt werden.[34] Die Werte - Fakten Trennung kann somit von zwei Seiten her angegriffen werden: man macht Werte "härter", indem man sie an anerkannte Fakten bindet (reduktionistischer Naturalismus), oder man macht Fakten "weicher", indem man von einer Wissenschaftstheorie ausgeht, die sich vom Paradigma der Eindeutigkeit von Bezügen zwischen Theorie und Beobachtung verabschiedet und über einen liberaleren Erklärungsbegriff auch eine freizügigere Ontologie zuläßt (nichtreduktionistischer Naturalismus).[35]

## Kognitivismus - Nonkognitivismus

Vor dem Hintergrund der letzteren Strategie werden auch die Grenzen in der Kognitivismus - Nonkognitivismus Debatte unscharf.[36] Die Unterscheidung in Kognitivisten und Nonkognitivisten erweist sich dabei schließlich als zu unklar und sollte, wie die folgenden Ausführungen zeigen, durch die Unterscheidung in Deskriptivisten und Präskriptivisten ersetzt werden.

Kognitivisten sind der Auffassung, daß moralische Urteile eine Überzeugung (belief) ausdrücken; z.B. im kognitivistischen Naturalismus eine Überzeugung über das Vorliegen gewisser Interessenlagen etc. Nonkognitivisten verneinen diese Auffassung und geben andere Interpretationen moralischer Urteile. Eine klassische nonkognitivistische Position ist Alfred J. Ayers Emotivismus, nach dem moralische Urteile Gefühle ausdrücken.[37] Jonathan Dancy schlägt folgende scharfe Unterscheidung zwischen kognitiven und nichtkognitiven Zuständen vor:

> Beliefs, which are the paradigm examples of a cognitive state, have one direction of fit; desires, which are the paradigm examples of a noncognitive state, have the other. A belief that is, has to fit the world; the world is given as it were, and it is the belief's job to fit that world, to get it right.

---

[34]s. Boyd (1988), Miller (1985) sowie Sturgeon (1988), der sich explizit gegen Harman wendet.

[35]zur Diskussion zwischen diesen beiden Positionen s. Darwall et. al. (1992) S. 168-179

[36]Vgl. Darwall et. al. (1992) S. 145f.

[37]s. Fußnote 7

A desire is not like that; the desire's job, if anything, is to get the world to fit it, to make things be the way it wants them to be. Crucially a desire is not at fault if things are not as it wants them to be; a belief is at fault if things are not as it takes them to be.[38]

Dieser an sich scharfe Unterschied der "direction of fit" wird problematisch, wenn man z.B. die empirische Unterbestimmtheit von Theorien berücksichtigt.[39] Denn die Unterbestimmtheit eröffnet die Möglichkeit, daß verschiedene Theorien gleich "wahr" sind, d.h. die Passungsrelation zwischen Welt und Theorie ist nicht mehr eindeutig, behält allerdings noch ihre Richtung. In einem weiteren Schritt der wissenschaftstheoretischen Entwicklung wird die Richtung selbst fragwürdig, da diverse wissenschaftshistorische und wissenschaftssoziologische Beobachtungen darauf hindeuten, daß auch die Welt der Theorie angepaßt wird. Ob es sich dabei um "zufällige", die Wissenschaftstheorie nicht berührende Fakten handelt, oder ob solche umgekehrte Anpassung wesentlich zum wissenschaftlichen Erkenntnisprozeß gehört, ist umstritten.

Eine einfache Zuordnung von Kognitivismus zu objektivem Wissen in der Ethik und von Nonkognitivismus zu Relativismus und Beliebigkeit kann jedenfalls vor dem Hintergrund heutiger wissenschaftstheorischer Debatten nicht mehr getroffen werden. Es ist sinnvoller, in Ansätze zu unterscheiden, die moralische Urteile als deskriptiv betrachten, und solche, die sie als expressiv oder präskriptiv ansehen. So sieht Richard M. Hare moralische Urteile nicht als Beschreibungen von Fakten, sondern als Vorschriften. Der Bereich der Moral stellt demnach einen Urteilsbereich mit einer eigenen Logik dar, die es herauszuarbeiten gilt (z.B. Forderung der Universalisierbarkeit etc.). Nicht-deskriptivistische Theorien werden häufig als nonkognitivistisch bezeichnet, da sie von Bewußtseinszuständen ausgehen, die nicht dem Paradigma von Kognition "belief in facts" genügen. Hare und auch Blackburn geht es jedoch um die Herausstellung einer spezifisch moralischen Kognition, in der es auch "wahr" und "falsch" gibt, weshalb sie sich zurecht gegen die Bezeichnung "Nonkognitivisten" wehren.[40] Die Bezeichnung "Nonkognitivismus" für solche Theorien ist

---

[38]Dancy "Moral Realism" in EoPhil

[39]vgl. Quine (1951)

[40]s. Hare (1993) "[...] I get extremely cross when people classify me as a noncognitivist." S. 4;
Blackburn (1996) Paragraph "Not noncognitivism"

etymologisch irreführend, da sie bloße Intuition bzw. Irrationalität suggeriert. Es wäre besser von "Nondeskriptivismus" zu sprechen, womit dann solche Positionen bezeichnet wären, welche die Bedeutung moralischer Aussagen vorwiegend in einer Einstellung des Subjekts suchen, im Gegensatz zu Positionen, die sie alleine in einem Sachverhalt zu finden glauben. Ein zentrales Merkmal meiner in Teil II entwickelten Theorie des Wertens ist, daß für Werte nicht Subjekt oder Objekt für sich alleine genommen, sondern die Beziehung selbst, zwischen Subjekt und Objekt, der entscheidende Punkt ist.

Realismus - Antirealismus

Das Realismusproblem wird in der aktuellen Metaethikdiskussion von zwei Seiten angegangen: Zum einen geht es um die "Existenz" von Werten, zum anderen um ihre "Objektivität". Letztere Interpretation geht auf Michael Dummet zurück, der - in linguistischer Grundorientierung - den Realismus innerhalb eines Diskursbereichs in der Objektivität der Wahrheit der innerhalb des Diskursbereichs getroffenen Aussagen sieht und nicht in der Existenz von Entitäten. Dieser Ansatz geht auf Gottlob Freges Verständnis von "Sinn" als „Gedanke der Erfüllung von Wahrheitsbedingungen" zurück.[41] Was dann in einem Bereich konkret als Sinn gilt, hängt nach Dummets Auslegung von der Prozedur zur Überprüfung der Bedingungen ab.[42] Die Angemessenheit der Prozedur hängt allerdings wiederum von der Beschaffenheit der "Gegenstände" des Bereichs ab. Insofern kommen im Realismusproblem in jedem Fall genuin ontologische und genuin epistemologische (bei Dummet in Form der Semantik linguistisch gewendete) Fragen zusammen. Es handelt sich bei der epistemologischen und der ontologischen Herangehensweise um unterschiedliche Zugänge zum selben Problem. Ich erläutere die epistemologischen Fragen hier von der ontologischen Seite her;

---

[41]Die analytische Tradition der "truth condition analysis of meaning" geht auf §32 von Freges „Grundgesetze der Arithmetik" von 1893 zurück, wofür wiederum Freges Unterscheidung von Sinn (meaning) und Bedeutung (reference) in „Über Sinn und Bedeutung" von 1892 grundlegend ist. S. Frege (1962) und Frege (1990). Dummet hat Freges Theorien interpretiert und an sie angeknüpft. Dabei hat er insbesondere Probleme bei der Wahrheitsfeststellung in nichtmathematischen Gebieten berücksichtigt.

[42]In Freges bekanntem Venusbeispiel also von den empirischen Verfahren der Astronomie.

Dummets Sichtweise werde ich zur Erläuterung der globalen Positionen (1.1.2.4.) heranziehen.

Auch ontologisch verstanden ist "Realismus" ein in vielen Bedeutungen verwendeter Terminus, weshalb ich der Klarheit halber von einer ontologisch orientierten Lexikondefinition von "Moralischem Realismus" ausgehe:

> If one is a full blown moral realist, one probably accepts the following three claims.
> First, moral facts are somehow special and different from other facts. [...]
> Second, realists hold that moral facts are independent of any beliefs or thoughts we might have about them. [...]
> Third, it is possible for us to make mistakes about what is right and what is wrong.[43]

Hinsichtlich des ersten Punktes bestehen sowohl naturalistische als auch nicht-naturalistische Auffassungen. In naturalistischer Sicht sind moralische Fakten bloße Komplexe von natürlichen Fakten. Sie sind somit den üblichen Verfahren zur Feststellung natürlicher Fakten prinzipiell zugänglich, also erkenntnistheoretisch relativ unproblematisch. Allerdings läßt sich die Motivation, moralisch zu handeln, dann nur externalistisch unter Hinzunahme von mit den Fakten verknüpften Begehren (desires) erklären. In nicht-naturalistischer Sicht ist ein internalistisches Verständnis von Motivation möglich, d.h. die Erkenntnis moralischer Fakten ist aus sich heraus motivierend, da direkt etwas Normatives erkannt wird. Problematisch ist nun allerdings, wie diese Erkenntnis vor sich gehen soll. Ein mögliches Modell wäre die erwähnte Dispositionstheorie von McDowell.

Moralischer Realismus hat den Vorteil, daß in ihm die Erklärung des offensichtlichen Oberflächenrealismus des alltäglichen moralischen Diskurses kein Problem darstellt. Demgegenüber ist es eine zentrale Anforderung an jede antirealistische Theorie, eine solche Erklärung liefern zu können. Gegenüber der Rechtmäßigkeit des Oberflächenrealismus können dabei verschiedene Positionen eingenommen werden. Während Mackie von einem grundlegenden Irrtum in der Bedeutungszuschreibung zu moralischen Termen ausgeht[44], vertritt Blackburn eine "quasi-realistische" Position, nach

---

[43]Dancy "Moral Realism" in EoPhil

[44]s. Mackie (1990) ch.1 §7

der der Oberflächenrealismus gerechtfertigt ist, aber nicht durch die Existenz moralischer Fakten, sondern durch seine Funktionalität.[45]

Die Realismus-Debatte basiert zu wesentlichen Teilen auf der Unterscheidung von objektiver und sozialer Welt.[46] Wie eingangs erwähnt ist die Existenz von Werten in der sozialen Welt größtenteils unumstritten, d.h. wenn man davon ausgeht, daß Objektivität von Faktischem im wesentlichen ein soziales Produkt ist, dann gibt es keinen wesentlichen Unterschied im Grad der Objektivität von Werten und Fakten. Dem steht jedoch die angeblich fehlende Erklärungs- und Vorhersagemacht von Werten entgegen, was von postpositivistischen Naturalisten wiederum bezweifelt wird. In jedem Fall wird deutlich, daß hier viel, wenn nicht sogar alles, von der zugrundegelegten Wissenschaftstheorie abhängt.

Kohärenz oder Fundierung

In obigen Erörterungen stand im Zentrum, wodurch und in welchem Maß ein Werturteil gerechtfertigt werden kann: Muß man auf natürliche Eigenschaften, auf persönliche Einstellungen, auf gesellschaftliche Normen, auf spezifische Qualitäten oder quasi-reale Werte zurückgreifen? Formaler betrachtet stellt sich hinsichtlich Rechtfertigung die Frage, ob sie in der Kohärenz zu anderen relevanten Überzeugungen oder in einem Ableitungsverhältnis zu fundamentaleren Überzeugungen besteht. Im letzteren Fall besteht das epistemologische Problem darin, wie man zu den fundamentalen Überzeugungen gelangt und welcher Logik die Ableitungen gehorchen. In einer Kohärenztheorie können metaethische Fragen dem ersten Anschein nach leicht umgangen werden, aber auch hier stellen sie sich letztlich wieder ein; so ist es z.B. nicht ohne weiteres klar, was es heißt, ein Werturteil mit einem Faktenurteil in Übereinstimmung zu bringen, bzw. warum eine solche Trennung nicht durchführbar oder irrelevant ist etc. Genauer auf diese wahrheitstheoretische Debatte einzugehen, würde den Rahmen dieses Überblicks sprengen. Ich bin allerdings der Meinung, daß die zentralen Schwierigkeiten der Metaethik letztlich beide Positionen in ähnlichem Maße, wenn auch vielleicht in verschiedener Weise, betreffen, weil die metaethischen

---

[45] s. Blackburn (1985) ch.5

[46] s. Bransen; Slors (1996)

Probleme gegenüber diesen formalen Modellen auf einer relativ materialen Ebene liegen.[47]

## 1.2.2.3 Logische Thematik: Sein und Sollen, Logik der Moral, Schließen, Entscheidungstheorie

Die Verflechtung der Fragestellungen hat sich bereits zwischen Ontologie und Epistemologie gezeigt. Als übergreifendes Problem läßt sich dabei das Werte - Fakten Verhältnis ausmachen; es ist auch für die logische Debatte zentral. Die wichtigsten Diskussionspunkte sind hier: Die Ableitung von Sollen aus Sein, das Bestehen einer spezifischen Logik der Moral, die Rolle moralischer Terme in üblichen logischen Schlüssen und die Interpretation der Entscheidungstheorie.[48]

<u>Sein - Sollen Ableitungen</u>
Im Zentrum der Debatte über die Ableitbarkeit von Sollensaussagen aus Seinsaussagen steht ein Vorschlag von John R. Searle für eine gültige solche Ableitung:

> (1) Jones uttered the words "I hereby promise to pay you, Smith, five dollars."
> (2) Jones promised to pay Smith five dollars.
> (3) Jones placed himself under (undertook) an obligation to pay Smith five dollars.
> (4) Jones is under an obligation to pay Smith five dollars.
> (5) Jones ought to pay Smith five dollars.[49]

Das zentrale Argument Searles ist, daß es institutionelle Fakten gibt (hier Jones' Versprechen in der Institution "Versprechen"), die unter Voraussetzung der Institution und der sie konstituierenden Regeln, Pflichten, Sanktionen etc. logisch nach sich ziehen. Gegen diese Argumentation läßt sich einwenden, daß das Problem des Zusammenhangs von Sein und Sollen lediglich auf die Rechtfertigung der Institution verlagert wurde und somit in der Akzeptanz der Regeln der Institution von vornherein ein

---

[47]Für einen metaethischen Einblick in die Debatte s. Sayre-McCord (1996) (Kohärenztheoretiker), Brandt (1996) (Fundierungstheoretiker), Hare (1996) (verbindet modifizierte Versionen von beidem).

[48]Auf formalisierte Systeme gehe ich hier nicht ein.

[49]Searle (1964) S. 44

moralisches Element vorliegt.[50] Allgemein besteht hier das Problem, festzulegen, was noch als Seinsaussage und was schon als Sollensaussage gelten soll. Ein allgemein akzeptiertes Kriterium für die scharfe Unterscheidung von deskriptiven, normativen und moralischen Aussagen scheint kaum zu finden zu sein, obwohl der Unterschied oberflächlich klar zu sein scheint, wie z.b. in folgenden Aussagen: "Das ist komplex", "Das ist unlogisch", "Das ist ungerecht". Möglicherweise liegt das Problem in der großen Kontextabhängigkeit, die sich auch auf theoretischer Ebene widerspiegelt: Im Rahmen einer pragmatistischen Wissenschaftstheorie liegt die Bedeutung wissenschaftlicher Aussagen in ihrem Handlungsbezug, so daß Wissenschaft von vorneherein in einem normativen Kontext steht. Hillary Putnam schließt daraus, daß keine scharfe Werte - Fakten Unterscheidung getroffen werden kann.[51]

## Logik der Moral

Hare[52] sieht in der Herausarbeitung der Logik der Moralischen Sprache, d.h. der Verwendung allgemeiner moralischer Begriffe, den Schlüssel zur ethischen Theorie. Als Spezifikum moralischer Urteile ergibt sich für Hare ihre unterordnende ("overriding") Kraft. Damit ist gemeint, daß ein moralisches Argument in einer rationalen Entscheidung gegenüber anderen Argumenten (z.B. Verweis auf Gewohnheit) ausschlaggebend ist. Wesentliche Eigenschaften moralischer Urteile sind Universalisierbarkeit, im Sinn von Übertragbarkeit auf in den relevanten Aspekten ähnliche Situationen, und Präskriptivität. Diese formalen Prinzipien bedürfen der materialen Ergänzung; Hare vertritt hier einen Präferenzutilitarismus. Mit der Unterscheidung einer material-intuitiven und einer formal-kritischen Ebene bei Hare ist das allgemeine Problem der Logik der Moral angezeigt: Es handelt sich hier nicht um ein rein formales Gebiet, sondern es fließen gewisse materiale Bestimmungen (z.B. "relevante Aspekte") ein, und die Debatte besteht zum Großteil gerade darin, wie diese zu erkennen sind.[53] Es gibt aber auch Uneinigkeit über die (relativ) formalen

---

[50]Vgl. Mackie (1990) ch 3 1. und Hare (1967)

[51]s. Putnam (1982) Kap. VI „Tatsachen und Werte", insbes. S. 185-188.
Vgl. Timmons (1996)

[52]s. Hare (1992)

[53]Hare bezieht auch hierzu eine Position; es geht mir hier aber nicht um eine Diskussion Hares, sondern um den Aufriß der Probleme.

Merkmale, so vertritt z.B. Dancy einen Partikularismus, nach dem eine Subsumption von moralischen Einzelfällen unter allgemeine Prinzipien i.A. nicht funktionieren kann, weil immer komplexe Kontexte berücksichtigt werden müssen. Demnach ginge es im moralischen Denken um die Fähigkeit, die einzelne Situation in ihrer Ganzheit zu erfassen.

## Moralisches Schließen

Für nondeskriptivistische Theorien stellt sich die Aufgabe zu klären, wie moralische Terme in gewöhnlichen Schlüssen fungieren können. So ist z.B. nicht unmittelbar klar, wie sie Antezedenzen in Konditionalen sein können:[54]

- Stehlen ist schlecht.
- Wenn stehlen schlecht ist, dann ist es schlecht andere zum Stehlen zu ermutigen.
- Also: Es ist schlecht andere zum Stehlen zu ermutigen.

Wenn "Stehlen ist schlecht" nicht als Träger von Wahrheitswerten analysiert wird, dann ist unklar, wie das Konditional zu verstehen ist. Blackburn schlägt vor, das Konditional als Ganzes komplett als wertend zu verstehen, nämlich als positive Wertung der Einstellung, daß die Einstellung "Stehlen ist schlecht" auch die Einstellung "andere dazu ermutigen ist auch schlecht" nach sich zieht. Demnach wäre ein Nichtvollziehen des Schlusses ein moralischer Fehler und kein logischer. Damit ergibt sich aber die Schwierigkeit, wo hier die Grenze zu ziehen ist, also ob damit nicht alles Schließen unter moralische Regeln fällt.[55]

Mit diesem Ausschnitt aus einer langen Diskussion[56] zeigt sich ein weiteres Problem hinsichtlich Logik und Wertlogik: Gehorcht moralisches Schließen ganz eigenen Regeln, oder läßt es sich in formale Logik eingliedern? Globaler formuliert läßt sich fragen, wie es zu verstehen ist, daß Vernunft durch Normen des Schließens der Moral Vorgaben macht, andererseits aber Moral der Ursprung von Normen ist.

---

[54]Das folgende Beispiel und seine Diskussion stammt aus Wright (1988).

[55]s. Wright (1988) Anmerkung 19

[56] Sie reicht von Frege, Dummett, P.T. Geach, Blackburn, Bob Hale, zu Crispin Wright und ist nicht abgeschlossen. s. Wright, C. (1988) S. 31-33

# Entscheidungstheorie

Entscheidungstheorie bzw. Spieltheorie[57] befaßt sich damit, welches Verhalten bei vorgegebenen Zielen und Sachlagen rational ist. Auf den ersten Blick scheint solche instrumentelle Rationalität keine größeren Schwierigkeiten aufzuwerfen, obwohl natürlich im Hintergrund immer die Frage der richtigen Auswahl der Ziele stehen bleibt. Die Frage nach den Zielen bleibt jedoch im Zusammenhang instrumenteller bzw. hypothetischer Entscheidungsrationalität bewußt ausgeklammert. Aber auch in dem so reduzierten Bereich treten Schwierigkeiten auf, falls die Entscheidungen anderer Handelnder nicht von vorneherein bekannt sind. Exemplarisch hierfür ist das Gefangenendilemma in folgender Ausprägung:

|  | B verrät A | B verrät A nicht |
|---|---|---|
| A verrät B | x-u Jahre für A<br>x-u Jahre für B | 0 Jahre für A<br>x Jahre für B |
| A verrät B nicht | x Jahre für A<br>0 Jahre für B | x-v Jahre für A<br>x-v Jahre für B |

A und B können nicht kommunizieren; $u < v$.

Angenommen man ist A (das Problem ist symmetrisch) und hat als einziges Ziel, möglichst kurz im Gefängnis zu bleiben. Ist es dann rational, B zu verraten oder nicht? Hängt die Rationalität von x, u und v ab? Ist irgendeine Annahme über Bs Entscheidung rational? Das Ziel ist klar, die Sachlage, zumindest in klaren und plausiblen Grenzen, ebenfalls. Die Entscheidung hängt offenbar von diskutablen Annahmen über instrumentelle Rationalität ab; z.B. ob man "auf Nummer sicher" gehen soll oder nicht. Auch rein instrumentelle Rationalität ist also problematisch und ihre Prinzipien bedürfen der Rechtfertigung.[58]

## 1.2.2.4 Praxeologische Thematik: Internalismus vs. Externalismus

In der metaethischen Diskussion spielt es immer wieder eine Rolle, ob mit der vorgeschlagenen Theorie gewisse "Tatsachen" menschlichen Handelns vereinbar sind, wie z.B. unmoralisches oder amoralisches Handeln, oder auch supererogatorisches Handeln und

---

[57]Vorschläge zur Unterscheidung der beiden sind hier nicht relevant. Worauf es ankommt, ist der instrumentelle Charakter der zugrundegelegten Rationalität.

[58]vgl. Gibbard (1990) S. 12-18

Handeln gegen die eigenen Antriebe und Interessen etc. Zentral ist hier die Internalismus - Externalismus Debatte, in der es darum geht, ob, wie im Internalismus behauptet wird, Vernunftgründe (reasons) aus sich heraus, also ohne zugrundeliegendes oder hinzutretendes Begehren (desire), motivierend sein können. Naturalistische Theorien sind in der Regel externalistisch, da in ihnen Motivationen ja gerade durch soziologische oder psychologische Begriffe erklärt werden sollen und zu den Erklärungskonzepten dieser Wissenschaften eher Trieb- und Interessensstrukturen als Vernunftgründe gehören. Eine exemplarisch internalistische Position vertritt Thomas Nagel.[59]

## 1.2.2.5 Linguistische Thematik: Illokution, Oberflächenrealismus

Auch die Vereinbarkeit von metaethischen Theorien mit "Tatsachen" des moralischen Diskurses erster Ordnung (der alltäglichen Rede über moralische Belange) ist entscheidend für die Beurteilung der Theorien. Im Mittelpunkt stehen hier die Illokution moralischer Aussagen und die Oberflächeneigenschaften des moralischen Diskurses. Die Frage ist also, was wir mitteilen wollen, wenn wir moralische Aussagen machen. Handelt es sich dabei um eine Aufforderung oder um eine Tatsachenbeschreibung? Diese Frage nach der Illokution ist eng mit der Frage nach dem Sinn verbunden und wird häufig als mit dieser identisch verstanden. Die Alternativen sind hier: deskriptiv, expressiv und präskriptiv (s. 1.1.2.2.3. Logische Thematik: Kognitivismus - Nonkognitivismus). Deskriptivistische Theorien sind in der Regel realistisch. Eine Ausnahme bildet hier Mackie, der von einer deskriptiven Illokution ausgeht, aber ontologisch die Bedeutungslosigkeit moralischer Aussagen nachzuweisen versucht; er muß von daher mit seiner Irrtumstheorie eine Erklärung der deskriptiven Illokution liefern.[60] Blackburns Projektionstheorie ist expressivistisch, Hares Theorie des moralischen Denkens präskriptivistisch. Die Illokution moralischer Aussagen als "Tatsache" des moralischen Diskurses ist somit aufgrund ihres engen Bezugs zur Bedeutungsanalyse selbst Gegenstand der Diskussion.

Die Oberflächeneigenschaften des moralischen Diskurses, im Sinne unanalysierter Eigenschaften wie sie den Beteiligten

---

[59] s. Nagel (1978) ch. 5 und Nagel (1986) ch 8 §§ 1-3

[60] s. Mackie (1990) ch.1 §10

unmittelbar erscheinen, sind leichter festzustellen.[61] Der Oberflächenrealismus, also die Tatsache, daß wir in moralischen Disputen so reden als gebe es Werte "da draußen in der Welt", ist die Eigenschaft, um deren Erklärung man nicht umhin kommt. Blackburns Quasi-Realismus macht diesen Anspruch an ethische Theorien sogar zum Forschungsprogramm.

### 1.2.3 Modelle des Wertens

Die Positionen in der Diskussion um die zentralen Fragestellungen lassen sich am zugrundegelegten Modell des Wertens festmachen. M.E. kann das jeweilige Modell des Wertens als Kern einer metaethischen Theorie betrachtet werden, von dem aus der Standpunkt insgesamt erschlossen werden kann. Damit ist nicht gesagt, daß das Modell in der Entwicklung metaethischer Theorien an erster Stelle steht und alles weitere deduziert wird, vielmehr ergibt sich das Modell häufig sozusagen induktiv aus anderen Überzeugungen, z.B. Projektionismus als Modell aus (u.a.) Antirealismus in der Ontologie. Im Projektionsmus als Modell liegt dann aber offensichtlich ontologischer Antirealismus beschlossen, denn Projektionismus würde in einer wertrealistischen Ontologie schlicht keinen Sinn machen.

In einer phänomenologischen Theorie wird die Beschreibung des Wertens als Bewußtseinserlebnis und auch als intersubjektiver Prozeß am Anfang stehen. Aufgrund der für die Phänomenologie zentralen Wechselbeziehung von auffassendem Akt und Gegenstand ergibt sich nach diesen Seiten hin ein Modell des Wertens und eine Ontologie der Werte (die sog. Axiologie) im beständigen Wechselspiel.

Die verschiedenen Modelle des Wertens in der Metaethikdiskussion lassen sich grob danach einteilen, wie in ihnen das Subjekt - Welt Verhältnis gedacht wird. Innerhalb dieser Einteilung läßt sich dann noch einmal hinsichtlich des Vernunftanteils am Wertungsprozeß gliedern:

1. Das Subjekt "trifft" Werte in der Welt an

1.1. Intuitionismus
Das Subjekt hat intuitiven (direkten, nicht weiter analysierbaren) Zugang zu einem Bereich nicht-natürlicher Werteigenschaften. In dieser ursprünglichen Form Moores wird der Intuitionismus heute

---

[61] s. Railton (1996) S. 59-66

nicht mehr vertreten. Naturalistische Formen des Intuitionismus, wie z.B. die bereits erwähnte von Audi, sind mit allgemeiner Wissenschaftsorientierung vereinbar, da Intuitionen hier im wesentlichen als "Input" für moralische Reflexion gesehen werden und auch nicht als unanalysierbar und absolut sicher gelten.

## 1.2. Dispositionstheorie

Das Subjekt ist so beschaffen, daß es (in Analogie zu Farbwahrnehmung etc.) Werte in der Welt "wahrnimmt", ohne daß diese zur primär natürlichen Ausstattung der Welt gehören würden; der objektive Status solcher "Wahrnehmungen" wird gegenüber einer reduktionistischen Ontologie betont. McDowell und Wiggins sind hier die aktuellen Hauptvertreter. Dispositionstheorien thematisieren Werte in Bezug auf menschliche Subjektivität, betrachten Werturteile allerdings im Rahmen dieses Bezugs als objektiv.

## 1.3 Common Sense Theorien

In der traditionellen Form dieses Modells, z.B. bei Thomas Reid, zeigt das letztlich von Gott her kommende Gewissen dem Menschen, was richtig und was falsch ist. Aktuelle Positionen nehmen das alltägliche moralische Bewußtsein als Ausgangspunkt von moralischem Denken und auch von ethischer Theorie. Audis Intuitionismus gehört von daher eher hierher als unter 1.1. Auch Ernst Tugendhats Ethikkonzeption wäre hier zu nennen.[62] Common Sense Theorien unterscheiden sich von Intuitionismus und Dispositionstheorien dadurch, daß sie von moralischen Überzeugungen als grundlegendem Thema ausgehen, während diese die (quasi-) sinnliche Grundlage solcher Überzeugungen zum Ausgangspunkt der Theorie machen.

## 2. Das Subjekt "bringt" Werte in die Welt

## 2.1. Dispositionstheorie

Als einzige echt korrelative Theorie des Wertens läßt sich die soeben bereits erwähnte Dispositionstheorie von McDowell und Wiggins unter 1.2 und 2.1 führen. Es gibt auch Dispositionstheorien, die stärker naturalistisch - reduktionistisch geprägt sind und von daher nur unter 2.1 fallen, wie beispielsweise David Lewis' Theorie, daß das Werten ein Begehren zu begehren ist („valuing is just desiring to desire").[63]

---

[62]Tugendhat (1993)

[63]Lewis (1989) S. 116

## 2.2. Projektionismus

In dieser an Hume angelehnten und von Blackburn wieder aufgenommenen Position projiziert das Subjekt seine Einstellungen (Gefühle, Präferenzen etc. ) auf eine an sich völlig wertfreie, rein faktische Welt und macht so Gegenstände und Sachverhalte zu Werten.

## 2.3 Theorien der praktischen Vernunft (kantianisch)

An Kant angelehnte Theorien gehen davon aus, daß die Struktur der Vernunft des Subjekts bestimmt, was objektiven Wert hat. Allgemein gehört zur praktischen Vernunft eine irgend geartete Forderung nach Universalisierbarkeit des Werturteils: Hare fordert Anwendbarkeit auf ähnliche Fälle, Nagel einen externalisierten Standpunkt, John Rawls einen "veil of ignorance" etc. Das Werten wird hier als spezieller Urteilsakt gesehen, der, um objektiv gültig zu sein, einem Universalisierbarkeitsprinzip genügen muß.

## 3. Mehrere Subjekte "erzeugen" Werte in der Welt

## 3.1. Traditionalismus

Die Entstehung von Werten durch Tradition wird zumeist in einem mit der Entstehung von Konventionen behandelt.

## 3.2. Konventionalismus

Nach Harman[64] ist Konventionalismus die beste Erklärung für moralische Vielfalt. Werte sind demnach relativ auf ein moralisches Rahmensystem (framework), in dem sie gültig sind. Kein moralisches Rahmensystem ist gegenüber einem anderen zu bevorzugen. Die Entstehung der konventionellen Rahmen erklärt Harman soziopsychologisch aus Eigeninteresse und Aushandlungs- bzw. Machtposition der Beteiligten. Traditionen erhalten moralische Rahmensysteme über die Zeit hinweg.

## 3.3. Theorien der praktischen Vernunft (hobbesianisch)

An Hobbes angelehnte Theorien gehen von ursprünglichen Eigeninteressen der Subjekte aus, die dann sozialen Einschränkungen unterworfen werden. Subjektive Werte liegen in den Interessen, objektive Werte sind ein soziales Produkt, das letztlich im Eigeninteresse aller liegt. Die subjektiven Interessen und Ziele werden so einer formalen Bedingung der Objektivierung unterworfen. Bei Kurt Baier ist dies universelle Akzeptierbarkeit, bei Gauthier Nicht-Selbstaufhebung.

---

[64]s. Harmans Teil in Harman; Thomson (1996)

Die unter *.3 genannten Modelle sind relativ zu den unter *.1 und *.2 aufgeführten hochstufig. Sie sind Modelle, die das Werten wesentlich als Urteilen ansehen, während die anderen es eher als Wahrnehmen o.ä. betrachten. Hinsichtlich der höherstufigen Modelle stellt sich dann die Frage, woher die Urteilsmaterie stammt, bei den niederstufigen wiederum ist nicht ohne weiteres klar, welches die Objektivitätskriterien sind (soweit von Objektivität die Rede ist). Eine umfassende Theorie muß diese verschiedenen Ebenen berücksichtigen, wie es z.B. Hare in seinem Zwei-Ebenen Modell durchführt.

Wenn wir ein moralisches Urteil fällen, dann beziehen wir uns zunächst auf Handlungen. Allerdings nicht auf beliebige Handlungen, sondern lediglich auf solche, in denen Werte betroffen sind. Es geht also darum, ob eine Handlung einen positiven oder einen negativen Wert "realisiert". Wenn man einmal von dem evtl. schwer einzuschätzenden kausalen Zusammenhang zwischen Handlung und dem (Un-)Wert absieht, dann ist die Grundlage der moralischen Beurteilung im Urteil über den Wert eines durch die Handlung herbeigeführten oder angestrebten Zustands oder Prozesses zu sehen. In dieser Kette Wert - Handlung - moralisches Urteil sind, ihrem Gegenstand nach, die niederstufigen Theorien *.1 und *.2 eher auf der Wertseite und die höherstufigen *.3 eher auf der Urteilsseite anzusiedeln. Insofern beinhalten die hier genannten Theorien nicht nur verschiedene Modelle des Wertens, sondern geben auch Antworten auf unterschiedliche Stellungen der Wertproblematik.

## 1.2.4   Globale Positionen

Den Überblick abschließend will ich nun versuchen, eine Art Landkarte der metaethischen Diskussion zu zeichnen. Als Orientierungsmuster können Realismus, Naturalismus, Objektivismus sowie ihre Varianten und Gegenpositionen dienen. Die anglo-amerikanische Debatte steht nach wie vor unter dem Einfluß des "linguistic turn", es erscheint mir daher an dieser Stelle sinnvoll, vom semantischen Realismus-Antirealismus-Verständnis auszugehen. Weiterhin besteht eine allgemeine Wissenschaftsorientierung, die es sinnvoll erscheinen läßt, die Spielarten des Naturalismus als weiteres Orientierungsmuster zu verwenden. Es kommt die objektiv-subjektiv Dimension hinzu, weil es für die Metaethik kennzeichnend ist, daß hier im Gegensatz zu anderen Bereichen die volle Bandbreite ernsthaft diskutiert wird.

Die folgende Systematisierung greift auf Schemata von Blackburn und Sayre-McCord zurück:[65]

Man kann Werturteile in ihren eigenen Begriffen akzeptieren oder sie auf andere reduzieren. Die reduktionistische Möglichkeit zerfällt noch einmal in eine harte physikalistische und eine weiche soziopsychologische Variante. Der Bereich, auf den reduziert wird, gilt dabei als unproblematisch real. Dennoch ist es nicht sinnvoll, hier von moralischem Realismus zu sprechen, weil der moralische Diskurs durch einen anderen ersetzt wird.

Akzeptiert man Werturteile nonreduktionistisch in ihren eigenen Begriffen, so kann man wiederum im weiten Sinn realistisch davon ausgehen, daß sie Wahrheitsbedingungen haben, oder antirealistisch davon, daß sie eine andere Funktion (Expression oder Präskription) erfüllen. Sowohl Reduktionismus als auch Antirealismus sind in der Regel klassisch naturalistisch, wobei Antirealismus auf einem Supervenienzmodell von Werten beruht und keine Sein-Sollen Ableitungen zuläßt.

Innerhalb des weiten Realismus kann die Wahrheit von Werturteilen als bewußtseinsunabhängig oder als bewußtseinsabhängig betrachtet werden. Damit ergibt sich ein Spektrum von Positionen in der objektiv-subjektiv Dimension, die am subjektiven Ende nicht mehr als realistisch im Sinne Dummets bezeichnet werden können. In der naturalistischen Diskussion um die Objektivität von Werten ist Thema, inwieweit Werte kausal wirksame Entitäten darstellen, d.h. inwieweit der Bezug auf Werte eine ausreichende Erklärung von Sachverhalten darstellen kann. Postpositivistischer, antireduktionistischer Naturalismus schreibt Werturteilen in diesem Zusammenhang die stärkste Objektivität zu, da Werte hier als genuine, irreduzible Erklärungskonzepte (z.B. in Soziologie und Psychologie) zugelassen werden. "Härtere" Naturalismen bewegen sich dementsprechend zwangsläufig in Richtung Antirealismus. Dispositionstheorien enthalten bereits einen Bezug auf menschliche Subjektivität, betrachten Werturteile allerdings im Rahmen dieses Bezugs als objektiv. Theorien praktischer Vernunft enthalten einen starken Bezug auf das Subjekt, aber auch hier werden die Wahrheitsbedingungen als objektiv angesehen, wenn auch nicht als objektiv im engen erfahrungswissenschaftlichen Sinn. Kontraktualistische und konstruktivistische Theorien sind genuin intersubjektiv, die Wahrheitsbedingungen werden ausgehandelt bzw. in festgelegten Prozeduren überprüft. Die dabei entstehenden Institutionen sind

---

[65]Blackburn (1984), Sayre-McCord (1988)

objektiv, aber nicht natürlich. In Theorien praktischer Vernunft und im Kontraktualismus und Konstruktivismus tritt Naturalismus nur auf der materialen (nicht formal-prozeduralen) Ebene auf, also nur hinsichtlich der Interessen, des Glücks- und Leiderlebens etc. der Individuen. Echt subjektivistische Theorien werden innerhalb des Realismus nicht vertreten; sie fallen entweder unter Reduktionismus (z.B. Konventionalismus) oder Antirealismus (z.B. Emotivismus).

## 1.3    Fazit

Im Durchgang durch die Streitpunkte und Positionen sind nicht nur die eingangs formulierten Fragestellungen inhaltsreicher geworden, sondern es lassen sich auch zwei wichtige Beobachtungen festhalten: Erstens durchzieht eine in weitem Sinne naturalistische Grundeinstellung die gesamte Diskussion. Da Erfahrungswissenschaften das Modell für die Erkenntnis natürlicher Zusammenhänge liefern, ist die jeweils zugrundegelegte wissenschaftstheoretische Position bestimmend für die metaethische Theorie. Das Verhältnis von Fakten und Werten wird dadurch zum universellen Thema. Dementsprechend gliedern auch Darwall et. al. ihren umfassenden Überblick auf der obersten Ebene nach der in den Theorien behaupteten Kontinuität oder Diskontinuität von Werten und Fakten. Auch Couture und Nielsen kommen zu dem Ergebnis, daß die Werte-Fakten Differenz das eigentliche Thema der großen metaethischen Auseinandersetzungen ist:

> So the difference between noncognitivists (nonfactualists, nondescriptivists) and ethical naturalists (factualists, descriptivists) is not over whether to have a broadly scientific worldview, but, arguably, over the putative fact / value and fact / norm dualism within such a scientific worldview.[66]

Zweitens beziehen sich die Theorien auf verschiedene Ebenen der Problematik. Man kann diese vorläufig grob in Input, Prozedur und Ergebnis moralischen Urteilens unterteilen. Eine vollständige Theorie muß zu allen Ebenen Stellung nehmen.

Damit lassen sich folgende Ansprüche an eine aktuelle metaethische Theorie formulieren:

---

[66]Couture; Nielsen (1996)

- Die zentralen Fragestellungen in Ontologie, Epistemologie und Logik müssen in ihrer Verflochtenheit behandelt werden.
- Hinsichtlich der Diskussionspunkte innerhalb dieser Fragestellungen muß insbesondere das Werte-Fakten Verhältnis geklärt werden.
- Dabei muß die zugrundegelegte Wissenschaftstheorie explizit gemacht werden.
- Die verschiedenen Ebenen moralischen Urteilens sind zu berücksichtigen.
- Die Theorie muß auf praxeologische und linguistische Fragestellungen beziehbar sein und hier eine gewisse Erklärungsmacht besitzen.

Idealerweise sollte auf der Grundlage der Theorie auch die Strittigkeit der in der metaethischen Diskussion behandelten Themen erklärt werden können. Eine überlegene Theorie würde sich nicht nur durch die Lösung der Probleme auszeichnen, sondern auch durch die Möglichkeit, auf der Grundlage des in ihr erreichten besseren Verständnisses die eventuellen Einseitigkeiten, unzulässigen Vereinfachungen, Fixierungen etc., welche die Strittigkeiten in der bisherigen Diskussion verursachten, zu erklären.

# 2    Rekonstruktion der phänomenologischen Methode für die Metaethik

Die phänomenologische Methode ist, so wie sie Husserl dargestellt hat, offen für Interpretationen. Ich werde hier nicht auf die verschiedenen Möglichkeiten, Husserl zu verstehen, eingehen, sondern versuchen, die Methode gezielt mit Blick auf ihre Anwendbarkeit auf metaethische Fragestellungen zu rekonstruieren. Es bietet sich an, hier von Husserls eigenen metaethischen Untersuchungen auszugehen. Zum Verständnis dieser Untersuchungen ist es hilfreich, zunächst den Rahmen von Husserls Idee der Philosophie vorzustellen. Es schließt sich eine kritische Betrachtung von Husserls statischen Untersuchungen in seinen Ethikvorlesungen an, deren Scheitern an zentralen Fragen schließlich den Übergang zur genetischen Phänomenologie motiviert.

Es geht dann darum, die Probleme, die Husserl in seinen Vorlesungen nicht lösen konnte, einmal zusammenhängend herauszustellen und, so weit das möglich ist, unter einen gemeinsamen Problemtitel zu bringen. Für dieses umfassende Problem versuche ich anschließend einen Lösungsansatz im Rahmen der Husserlschen Phänomenologie insgesamt zu finden.

Daran schließt sich eine grundlegende Methodenklärung an. Abschließend will ich die Fruchtbarkeit des Lösungsansatzes aufzeigen. Mein Ziel ist es dabei, die Probleme und die ihnen angemessene Methodik soweit zu klären, daß es möglich ist, zur konkreten Arbeit überzugehen.

## 2.1    Husserls metaethische Untersuchungen

### 2.1.1    Husserls Idee der Philosophie und die Ethik

In Husserls Werken und im veröffentlichten Nachlaß finden sich vielfältige verstreute Hinweise auf ethische Probleme und zumeist nur andeutungshafte Ausführungen zu ihrer Lösung. Die einzigen Texte, die sich systematisch mit Metaethik befassen, sind die in Husserliana XXVIII veröffentlichten Teile von Vorlesungsmanuskripten zur Ethik und Wertlehre in den Jahren

1908 bis 1914.[67] Angesichts dieser Textlage muß die angestrebte Rekonstruktion von den Vorlesungen ausgehen; später sind dann weitere Texte heranzuziehen.

Ullrich Melle hat diese Texte unter dem Prinzip herausgegeben, die jeweils letzte vorhandene Fassung zu bevorzugen. Melle teilt Husserls Ethik in eine Vorkriegs- und eine Nachkriegsethik ein, wobei die Nachkriegsethik gegenüber den formalen Untersuchungen der Vorkriegsethik die Person in den Mittelpunkt stelle.[68] Inwiefern bei Husserl nach 1914 tatsächlich die von Melle festgestellte Wende vom Konsequentialismus zur Deontologie vorliegt, kann auf der vorliegenden Textbasis nicht festgestellt werden.[69] Eine stärker normative Orientierung Husserls nach (und durch) den Krieg zeigt sich in den Kaizo-Artikeln und einem 1996 veröffentlichten Forschungsmanuskript.[70] Diesen normativen Arbeiten liegen immer genetische Überlegungen zugrunde, die aber nicht systematisch ausgearbeitet sind.

In einer ersten groben Charakterisierung können die Vorlesungen als metaethische Untersuchungen bezeichnet werden, die auf einen Idealutilitarismus hinauslaufen. Es liegen neben Beilagen und ergänzenden Texten folgende Texte vor:

A. Vorlesungen über Grundfragen zur Ethik und Wertlehre 1914

    I. Abschnitt. Der Parallelismus zwischen Logik und Ethik (66 Seiten)

    II. Abschnitt. Formale Axiologie (31 S.)

    III. Abschnitt. Zur Phänomenologie des Willens (23 S.)

    IV. Abschnitt. Formale Praktik (27 S.)

B. Einleitung und Schlußstück der Vorlesungen über Grundprobleme der Ethik und Wertlehre 1911

    Einleitung. Die Idee der Philosophie (49 S.)

    Schlußstück. Die formale Idee der vernünftigen Wahl (11 S.)

C. Zweiter Teil der Vorlesung über Grundprobleme der Ethik 1908/09

    Die Unterscheidung und das Verhältnis zwischen theoretischer und axiologischer Vernunft (107 S.)

---

[67]Weitere Texte behandeln vorwiegend normativ ethische Fragen.

[68]S. Melle (1991) S. 115-135.

[69]S. Melle (1991) und Jordan (1991) S. 221-232.

[70] s. Hua XXVII. Vgl. auch das Forschungsmanuskript Husserl (1996)

Ich werde im Folgenden Teil A mit "Vorlesung von 1914" bezeichnen, Teil B Einleitung mit "Vorlesung von 1911" und Teil C mit "Vorlesung von 1908/09". Die Vorlesungen über Ethik und Wertlehre insgesamt bezeichne ich mit "Ethikvorlesungen" oder manchmal auch einfach mit "Vorlesungen".

In der Einleitung zur Vorlesung von 1911 bestimmt Husserl die Idee der Philosophie folgendermaßen:

> Philosophie ist die Wissenschaft, in der die im Wesen aller Erkenntnis gründende Tendenz auf absolute, auf denkbar vollkommenste Erkenntnis zum bewußt leitenden Ziel geworden ist. Das aber heißt: Philosophie ist thematisch gerichtet auf das "Ideal" systematischer, theoretisch wie sachlich allumspannender Erkenntnis, ...[71]

Diese Bestimmung ist aus teleologischen Betrachtungen gewonnen: Dem "Gang des natürlichen Erkennens" nachgehend stellt Husserl eine Tendenz auf immer weiter gehende Verdeutlichung, Klärung und Begründung und auf immer größere Verallgemeinerung fest. Damit einher geht die Tendenz, „von der Erforschung der Sachen zu derjenigen der Gedanken überzugehen"[72], also Logik etc. zu betreiben. In der natürlichen Erkenntnishaltung bleiben diese Tendenzen allerdings unbewußt, sind „nicht als Idee denkmäßig gefaßt, nicht als Erkenntnisideal gewertet und nicht als oberstes Ziel des Erkenntniswillens gesetzt und in realisierende Betätigung überführt; [...]"[73]. Das Charakteristikum der Philosophie sei im Gegensatz dazu das bewußte und willentliche Anstreben des tendenziell Vorgezeichneten. Der Anspruch der Philosophie, hierbei „sachlich allumspannend" zu sein, bedeutet für Husserl, daß auch die Sphäre des Wertens und Wollens Gegenstand des theoretischen Interesses sein muß.[74] Für Husserl ergeben sich verschiedene philosophische Disziplinen entsprechend den Gegenstandsregionen: Formale Ontologie[75], Ontologie der Natur, reine Wertlehre, reine Praktik (Theorie der Praxis), etc. Bei voller Ausbildung all dieser apriorischen Disziplinen hält Husserl in der Vorlesung von 1911 die

---

[71] VEW S.171

[72] VEW S.170

[73] VEW S.170

[74] s. VEW. S.168 f.

[75] Das Problem des Verhältnisses von regionaler und formaler Ontologie sei vorerst ausgeklammert.

höchste philosophische Disziplin der sogenannten "konstruktiven Teleologie" für durchführbar, d.h. die Konstruktion der möglichen Welten und der ihnen korrelierenden Bewußtseine, darunter der vollkommensten Welt und des vollkommensten Bewußtseins, d.i. der Gottesidee. In einer Anmerkung sieht Husserl selbst hier den Fehler, daß er das Ich, die Ichgemeinschaft, nicht erwähnt hat. In seiner Spätphilosophie stellt sich dieser Zusammenhang dann auch so dar, daß die ideale Ichgemeinschaft die Realisierung der Gottesidee darstellt.[76]

Im Zusammenhang der Vorlesung von 1911 lenkt die Einbeziehung ichlicher Leistungen den Blick auf die Idee eines vollkommenen Ich und Vernunftlebens (s. Beilage V, 1911), in dem sich die "Ideale der verschiedenen Vernunftarten wechselseitig fordern und durchdringen", letztlich also eine Einheit der Vernunft vorliegt. Es ist nach Husserl die Aufgabe der Philosophie, diese Ideale zu erforschen:

> Dem Streben nach einem vernünftigen Leben ist Philosophie zugeordnet als die entsprechende Wissenschaft von den zur Idee der Vernunft und des vernünftigen Lebensdaseins gehörigen Ideen und Idealen.[77]

Philosophie ist also für Husserl Wissenschaft vom vernünftigen Leben. Je nachdem, auf welches Teil-Vernunftideal man die Priorität legt, ginge es um das wahre, das gute oder das tätige Leben, entsprechend der Dreiteilung in theoretische, axiologische und praktische Vernunft. Diese Dreiteilung werde ich noch ausführlich thematisieren, wenn es um die Verhältnisbestimmung von (Fakten-)Erkennen, Werten und Handeln geht. Husserl geht es jedoch primär um das Ganze der Vernunft und des Lebens aus rationaler Selbstbestimmung. Ich will dies durch eine Erweiterung der Perspektive auf Husserls Gesamtwerk im Anschluß an Gerhard Funke[78] näher verdeutlichen.

Funke weist unter vielfältigen Bezügen auf Husserls veröffentlichte und nicht veröffentlichte Arbeiten nach[79], daß Husserl unter "Kritik der Vernunft", die er sich seit 1906 als allgemeine Aufgabe stellt, immer „Kritik der erkennenden *und* der

---

[76] Vgl. Hart (1990[a]), (1990[b]), (1992)

[77] VEW S. 229

[78] Funke (1980), (1984)

[79] Was die Belege der folgenden Ausführungen in Husserls Werk angeht, sei auf Funke (1980) verwiesen.

wertenden / praktischen Vernunft"[80] versteht. Die das Konstitutions- und Korrelationsapriori aufklärende Transzendentalphilosophie ist dabei als theoretische Disziplin das mögliche Fundament normativer Disziplinen. Gemäß dem "Prinzip aller Prinzipien" (s. Ideen I §24) sind alle Vernunftarten zu berücksichtigen, wobei allerdings ihre Verflechtung ein großes Problem darstellt. Prinzipiell gilt aber, daß alle Vernunftarten doxisch wendbar sind, woraus sich der „effektive Primat des Doxisch-Thetischen [...] vor allen anderen intentionalen Thesen"[81] begründet. Wir können z.B. als Konsequentialisten zum einen sagen, daß es richtig ist, vom positiven Wert der Konsequenzen auf den positiven Wert der Handlung zu schließen, also eine normative Aussage über axiologisches Schließen treffen, oder wir können zum anderen sagen, daß der Wert einer Handlung positiv ist, wenn ihre Konsequenzen positiv sind, also eine doxisch-thetische Aussage über axiologische Tatsachen treffen. Während also die Phänomenologie als theoretische Wissenschaft überhaupt erst gesicherte Tatsachen für unsere Selbstbestimmung liefern soll liegt bereits im Phänomenologie-Betreiben ein Willensentschluß vor. Er gehört zu den realen Bedingungen des Philosophierens; philosophische Erkenntnis ordnet sich als für gut befundene und gewollte Erkenntnis der praktischen Vernunft ein, wobei die philosophische Erkenntnis allerdings präsumptiv intendiert ist:

> Die Vernunft ist praktisch im Ergreifen der Möglichkeit einer Selbst- und Lebensbestimmung durch Rationalität, aber sie ist beim anfangenden Philosophen prätendierend, nicht schon verifiziert.[82]

Die radikale phänomenologische Erkenntnis ist somit eine Funktion der praktischen Vernunft. Wenn sie gewonnen ist, kann sie normativ gewendet selbst wieder den Willen leiten. Da der anfangende Philosoph diese aber noch nicht hat, bedarf es einer "Urstiftung" aus Freiheit. Damit läßt sich sagen:

> Die anfangsetzende Prätention als triftig zu erweisen, ist die ganze Aufgabe, die sich die Phänomenologie Husserls stellt.[83]

---

[80] Funke (1980) S. 33

[81] Funke (1980). S. 35

[82] Funke (1980) S. 38

[83] Funke (1980) S. 43

Funke hat die Problematik des Primats der praktischen Vernunft in der Phänomenologie weiter verdeutlicht.[84] Diese Überlegungen einbeziehend ergibt sich folgendes Bild:

Phänomenologie ist nach Funke nicht "science pour la science":

> Die theoretische Position ist in sich selbstgenügsam und folgt bei der Selbstauslegung ihren eigenen [...] Regeln. Aber als eingenommene oder als einzunehmende bzw. als zu fordernde Position begründet sie sich nicht selbst, sondern weist auf Normen von prätendiert absoluter Geltung zurück.[85]

Husserl begründet somit seine Forderung nach einer wissenschaftlichen Philosophie ethisch: die wissenschaftliche Philosophie soll sein. Er konstatiert, daß sie noch nicht ist und erhebt für die phänomenologische Methode den Anspruch, daß durch sie die wissenschaftliche Philosophie verwirklicht werden könne. Die Forderung einer wissenschaftlichen Philosophie ist letztlich an Personen gerichtet, nämlich an die Philosophen und Philosophinnen, durch deren konkretes Praktizieren der phänomenologischen Methode die wissenschaftliche Philosophie Wirklichkeit werden kann. Damit ergibt sich das Problem der "Berufseinstellung" des Phänomenologen / der Phänomenologin: Phänomenologe / Phänomenologin sein heißt, einen bestimmten Habitus erworben zu haben. Aber dieser Habitus ist eben ein aktiv erworbener. Angesichts dieser Tatsache und der "Unnatürlichkeit" der phänomenologischen Einstellung stellt sich die Frage nach dem Anfang. Der Wille, Phänomenologie zu betreiben, steht vor dem eigentlichen Betreiben. Soll dieser Wille ein begründeter sein, so muß ihm ein positives Werten der wissenschaftlichen Philosophie vorangehen und weiterhin das Urteilen, daß die phänomenologische Methode diesem Ziel dient. Beides kann im Anfang nur präsumptiv geschehen. Das grundlegendste Moment ist das positive Werten der wissenschaftlichen Philosophie. Dieses Werten geschieht durch praktische Vernunft, allerdings in unkritischer Einstellung. Die wissenschaftliche Philosophie wird geradehin positiv gewertet. D.h. nicht etwa, daß hier keine Begründungen etc. gegeben werden könnten, aber es können eben (noch) keine phänomenologischen sein. Hinsichtlich des Anfangs und der Motivation des wissenschaftlichen Philosophierens besteht also ein Primat der praktischen vor der theoretischen Vernunft. Die

---

[84] S. Funke (1980) und Funke (1984)

[85] Funke (1984). S. 92

41

phänomenologische Methode ist Mittel zum Zweck der Schaffung einer wissenschaftlichen Philosophie. Sie muß sich als geeignetes Mittel durchgängig bewähren. Funke erweiternd kann man auch sagen, daß sie daher auch prinzipiell offen für Modifikationen sein muß, die sich aus der konkreten Arbeit an Problemen ergeben. Nicht zuletzt muß sich auch das positive Werten der wissenschaftlichen Philosophie bewähren, wobei sich hier die außerordentlich schwierige Frage nach dem Medium dieser Bewährung stellt. Aber diese Fragen können erst nach einer Kritik der praktischen Vernunft in Angriff genommen werden.

Insgesamt ist somit der teleologische Boden, von dem aus Husserl seine Phänomenologie begründet, als vorläufig zu betrachten. Er muß selbst einer Kritik unterzogen werden, die aber erst im Anschluß an einen Durchgang durch die Ethik möglich ist.

## 2.1.2 Der Analogieansatz in Husserls Ethikvorlesungen 1908-1914

Von den veröffentlichten Vorlesungsteilen ist der Hauptteil der Vorlesung von 1914 der Teil, der sich am direktesten auf Ethik bezieht. Husserl entwickelt hier eine formale Axiologie, eine formale Praktik und eine Phänomenologie des Willens. Die formalen ethischen Disziplinen[86] gewinnt Husserl am analogischen Leitfaden der formalen Logik. In der formalen Logik werden Regeln des Schließens in Abstraktion von den Gegenständen, über die geschlossen wird, thematisiert. Analog sollen in der von Husserl anvisierten neuen formalen Disziplin Regeln des Schließens für Werte bzw. Handlungen unabhängig von ihrer Art formuliert werden. Die Analogie betrifft allerdings nicht nur die Formulierung, sondern auch die innere Struktur der formalen Disziplinen, als etwa die Einteilung in Syntax und Semantik. Dieser von Brentano übernommene Ansatz[87] ist für Husserl nicht selbstverständlich; es ist nicht von vornherein klar, wie weit die Analogie trägt. Er setzt ihn vorläufig an und verweist auf spätere phänomenologische Klärung desselben. Diese Klärung fiel aber 1914 aus Zeitmangel weg. An ihre Stelle muß hier der entsprechende veröffentlichte Teil der Vorlesung von 1908/09 treten. Dabei besteht nun das Problem, daß die Vorlesung von 1908/09 in eine intensive

---

[86] Diesen Begriff verwendet Husserl als Überbegriff für formale Axiologie und formale Praktik.

[87] Zum Verhältnis von Husserls und Brentanos Ethik siehe Melle (1988)

Entwicklungsphase des Husserlschen Denkens fällt, nämlich den Übergang von der deskriptiven Psychologie der LU (1900) zur Transzendentalphilosophie der Ideen I (1913). Für den Analogieansatz von 1914 und seine Ergebnisse sind also die Ideen I maßgeblich. Die dortige Behandlung des Problems der Analogie zwischen Logik und Ethik ist jedoch, wie die genauere Analyse zeigen wird, vor dem Hintergrund der in der Vorlesung von 1908/09 aufgeworfenen Probleme verkürzend, ein schlichtes Ausgehen von den Ideen I daher nicht möglich. Aufgrund dieser verschachtelten Text- und Sachlage wäre eine "Linearisierung" des Gedankengangs nur auf Kosten inhaltlicher Fülle möglich. Da, um dies vorwegzunehmen, das Verhältnis von theoretischer und axiologischer Vernunft auch nach den Ideen I ein bleibendes Problem für Husserl ist, kann auf eine extensive Darstellung der Schwierigkeiten, gerade vor dem Hintergrund der zu entwickelnden Rekonstruktion der Methode, nicht verzichtet werden.

Ich beginne daher im Folgenden mit einer Darstellung der vorläufigen Motivation des Analogieansatzes in der Vorlesung von 1914, um den Problemhorizont klarzumachen. Danach erläutere ich die Problematik des Ansatzes anhand der Vorlesung von 1908/09 und ordne deren zentrale Schwierigkeit (das Verhältnis von objektivierenden und nicht objektivierenden Akten, sowie die Frage der Zugehörigkeit von Werten und Wollen zu diesen Klassen) in die Entwicklung Husserls von den LU zu den Ideen I ein.

## 2.1.2.1 Der vorläufige Ansatz von 1914

[88]Die von Husserl 1914 exemplarisch, aber nicht allgemein aufgewiesene Parallelität der Akte der urteilenden und der praktischen Vernunft ermöglicht die Disziplinen "formale Praktik" und "formale Axiologie" in Parallele zur formalen Logik. Was die Bestimmung der formalen Logik angeht, verweist Husserl auf die LU und die Ideen I. Hervorzuheben ist für die Charakterisierung der formalen Ethik folgende Lehrmeinung Husserls: Die formale Logik ist aus der Logik als Kunstlehre durch Ausschalten aller praktischen Zwecke gewonnen. Die formale Logik ist dann das theoretische Fundament der, auch Psychologie einbeziehenden, methodologischen Logik als Kunstlehre des richtigen Urteilens. Weiterhin ist wichtig, daß aufgrund der Verflechtung von formaler Bedeutungskategorie und gegenständlicher Kategorie jedem

---

[88] Die folgenden Ausführungen beziehen sich auf den I. Abschnitt der Vorlesung von 1914

apophantisch-logischen Satz ein formalontologischer Satz entspricht, sowie daß aufgrund der Korrelation von Urteilen und Urteil jedem apophantisch-logischen Satz auch ein formal-noetischer Satz entspricht. Die formale Axiologie bezieht sich also auf Gesetze des Wertens überhaupt, d.h. ohne Ansehung der Wertmaterie gültige Gesetze, wobei auch hier die Unterscheidung und gegenseitige Entsprechung von Apophantik, Ontologie und Noetik zu beachten ist.

Daß eine formale Axiologie und Praktik in Parallele zur formalen Logik ein tatsächliches Desiderat ist, verdeutlicht Husserl in einer Kritik an Kant und Hume. Es geht mir im folgenden nicht um die Berechtigung dieser Kritik, sondern um ihre Darstellung zur kontrastiven Verdeutlichung des Husserlschen Ansatzes.

Husserl betrachtet Hume als klassischen Vertreter einer empiristischen Gefühlsmoral. In seiner Kritik klammert Husserl zunächst die Frage nach dem Ursprung ethischer Begriffe in Verstand oder Gefühl aus und behandelt das Problem des reinen Empirismus in der Ethik, der sich als Psychologismus oder Biologismus äußere. Ethik werde hier zur Technologie: "Ethische Normen gelten" heißt dann, es besteht ein psychologisch-kausaler Drang und Zwang, sich so zu verhalten, um psychologisch unvermeidlichem Mißbehagen zu entfliehen. Ethik ist in dieser Sichtweise relativ auf die empirische Bestimmtheit des Menschen. In Analogie zur Logik führe ein konsequenter Empirismus auch in der Ethik zum Skeptizismus. Während der ethische Absolutist in seinem Willen zum Guten hin tendiere, weil er um eine absolute Norm wisse, sei der Skeptiker eigentlich weder gut noch böse, sondern anti-ethisch, weil für ihn alle Normen relativ auf eine bestimmte Kultur, Zeit etc. seien. Aufgrund dieser Charakterisierung sucht Husserl nach einem ethischen Analogon zum in den LU aufgewiesenen skeptischen Widersinn in der Logik. Auf theoretischer Ebene läßt sich laut Husserl in der Ethik kein Widersinn aufweisen, so liegt z.B. kein logischer Widersinn in der These "Es gibt keine Pflicht". Aber für universal gemeinte Sollenssätze sieht Husserl folgenden "praktischen Widersinn": In einem Satz der Art "Erkenne diese Regel an." steckt immer eine Aufforderung, diese Regel als vernünftigerweise bindend anzunehmen (im Gegensatz zum bloßen Befehl). Sagt der Skeptiker nun "Erkenne keine praktische Regel an.", so widerspricht die Befolgung der Regel ihrem Inhalt, wohlgemerkt nicht der Inhalt sich selbst. Hier besteht also ein praktischer Widersinn in Analogie und Unterschied zum logischen. Eine Möglichkeit, daß sich eine praktische Regel rein logisch aufhebt, sieht Husserl nicht.

An dieser Stelle will ich einige Anmerkungen einschieben, welche bereits hier die Wichtigkeit einer universellen Vernunftkritik verdeutlichen können:

a) Die Struktur des praktischen Widersinns ist derjenigen des Satzes "Dieser Satz ist falsch" analog. Aus heutiger Sicht muß man daher Husserls Widersinn wohl eher als Problem, denn als schlagendes Argument betrachten.

b) Auch Urteile haben einen gewissen Aufforderungscharakter, nämlich den, sie evident (nach-)zuvollziehen. Die urteilende Vernunft ist immer auch praktisch (s. 2.2.2.3).

Betrachtet man das Paradoxon "Dieser Satz ist falsch" unter dem praktischen Aspekt, so eröffnet sich eine neue Perspektive auf das Problem, in welcher der Prozeß des Sich-Evident-Machens eine zentrale Rolle spielt: Der Satz fordert dazu auf, ihn sich evident zu machen, d.h. seine Bedeutung mit dem von ihm bedeuteten Sachverhalt zur Synthesis der Deckung zu bringen. Genau das gelingt hier aber nicht, da Bedeutung und Sachverhalt zusammenfallen und sich zugleich widersprechen. D.h. der Satz fordert zu etwas nicht Durchführbarem auf. Das sind nur Andeutungen, aber ich denke, daß die Einbeziehung des praktischen Charakters von Urteilsakten in die Analyse logischer Probleme sehr hilfreich, wenn nicht sogar notwendig sein kann.

Das eigentliche Problem besteht für Husserl nicht so sehr im radikalen Skeptizismus, sondern im "gewöhnlichen" ethischen Empirismus, der sich selbst gerade nicht als skeptisch verstehe. Seine Widerlegung, die für die Aufrechterhaltung von Husserls Idee der Philosophie wesentlich ist, gestaltet sich schwieriger, da für Husserl keine formale Ethik vorliegt, auf deren spezifischen apriorischen Sinn (wie bei der Logik) verwiesen werden könnte. Der Versuch der Entwicklung einer formalen Ethik ist daher für Husserl ein fundamentales Desiderat für die Auseinandersetzung mit dem ethischen Empirismus. Das zentrale Problem sieht Husserl darin, daß ethische Prinzipien traditionell nicht in seinem Sinn formal sind: Während die formale Logik für keine sachhaltige Sphäre positiv bestimmt, was wahr ist, sondern nur was wahr sein kann, geht es in der Ethik traditionell um die sachhaltige Frage "Was ist gut?". Auch Kants Kategorischer Imperativ sei nicht in dem Sinn formal, wie es die Analogie zur formalen Logik festlege, denn er soll hinreichendes Kriterium sein: der Einzelfall soll bei Kant durch Subsumption unter das Prinzip beurteilt werden. Hier sieht Husserl die Notwendigkeit, radikaler zu sein.

Für Husserl ergibt sich damit folgendes Bild: Hume verkennt das Bestehen apriorischer Gesetzmäßigkeiten im Gemütsbereich und führt damit auf einen ethischen Skeptizismus. Kant dagegen verkennt Unterschiede im Gefühl, sieht sich dadurch auf den reinen Intellekt verwiesen und kann daher keine formalen Gesetze des Wertens, Wollens und Handelns gewinnen. Husserl will beide Fehler vermeiden, indem er die für die Logik bereits erprobte phänomenologische Methode auch auf die Wert- und Willenssphäre anwenden will. Sein "Mittelweg" in der Ethik ist eine Art Spezialfall seines allgemeinen, in Auseinandersetzung mit englischem Empirismus und Kantischer Transzendentalphilosophie entwickelten Ansatzes. Für die Vermeidung der Fehler von Kant und Hume in der Phänomenologie ist letztlich das Prinzip aller Prinzipien entscheidend:

> daß jede originär gebende Anschauung eine Rechtsquelle der Erkenntnis sei, daß alles, was sich uns in der "Intuition" originär, (sozusagen in seiner leibhaften Wirklichkeit) darbietet, einfach hinzunehmen sei, als was es sich gibt, aber auch nur in den Schranken in denen es sich da gibt[89]

Da Unterschiede im Gefühl originär erlebt werden, sind diese auch nicht zu verleugnen (wie bei Kant), sondern auf ihre allgemeinen Strukturen hin zu untersuchen. Eben das Herausstellen von für jede Materie bestimmter Gattung gültigen Strukturen des Wie ihrer Gegebenheit macht aber den Unterschied zum Empirismus aus, der die Existenz eines solchen Apriori leugnet. Man könnte Husserls Weg daher auch als "transzendentalen Positivismus" bezeichnen:

> Sagt "Positivismus" soviel wie absolut vorurteilsfreie Gründung aller Wissenschaften auf das "Positive", d.i. originär zu Erfassende, dann sind wir die echten Positivisten.[90]

Zur Beschreitung dieses Mittelwegs nimmt sich Husserl die Logik als analogischen Leitfaden, weil sie weiter fortgeschritten ist, nicht etwa weil Ethik aus Logik deduzierbar wäre. Vielmehr ist das Verhältnis von logischer und praktischer Vernunft selbst ein Problem. In der Vorlesung von 1914 illustriert Husserl das Problem: Er widerspricht Kants Behauptung, daß der Satz "Wer den Zweck will, will auch das dazu unentbehrlich notwendige Mittel." analytisch sei. Da der Weg zum Ziel nicht immer klar und bestimmt gedacht ist, liegt kein logischer Widerspruch darin, den

---

[89] Ideen I S. 51

[90] Ideen I S. 45

Zweck zu wollen, aber das Mittel nicht; es ist lediglich unvernünftig. Aber welche Art Vernunft hier vorliegt, bleibt für Husserl problematisch: Einerseits gibt es eine Allherrschaft der logischen Vernunft, die immer vorliegt, wenn wir prädizieren, andererseits gibt es entsprechend den Aktgattungen verschiedene Spezies der Vernunft mit einem bestimmten Eigenrecht. Es besteht hier das Problem, daß logische Gesetze auch für Werte gelten, während andererseits die praktische Vernunft ein gewisses Eigenrecht hat (s. obiges Beispiel). Husserls (sehr) vorläufige Klärung zu Anfang der Vorlesung von 1914 geht dahin, daß das Werten eine eigene Weise zu Vermeinen ist, die vor allem hinzutretenden Urteilen stattfindet. Die Analogie zwischen Glauben und Werten besteht demnach in den Akten, die in beiden Fällen ein Vermeinen, aber keineswegs identisch sind. Aufgrund des Zusammenhangs von Vermeinen und Evidenz gehört also auch zum Werten apriori die Idee der Richtigkeit und Unrichtigkeit.

Soweit geht Husserls Klärung dahin, daß wir uns auch beim Werten auf etwas beziehen und daß dieser Bezug richtig oder falsch sein kann. Ein wesentlicher Teil der Phänomenologie des Wertbewußtseins in Teil II wird sein, zu bestimmen, was dieses "Etwas", auf das wir uns beim Werten beziehen, ist und wie es sich von dem "Etwas", auf das wir uns in anderen Akten beziehen, unterscheidet. Ich werde für diese Bestimmung von dem strukturellen Unterschied zwischen "innerer" und "äußerer" Wahrnehmung ausgehen und mich in einer noch näher zu bestimmenden Weise zum Werte-Fakten Problem hocharbeiten.

## 2.1.2.2 Der Klärungsversuch von 1908/09

Husserl hat seinen Klärungsversuch des Analogieansatzes von 1908/09 noch im Jahre 1909 überarbeitet und sehr kritisch bewertet. Mit seiner "Analyse des Gedankengangs"[91] der Vorlesung läßt sich diese in einen problematisierenden Teil (§2-§5), einen problematischen Teil (§6-§11b) und einen, für die Vorlesung abschließenden aber insgesamt vorläufigen, Lösungsteil (§11c-§12) einteilen. Zu letzterem ist Husserls Kommentar lediglich, daß hier sehr wichtige Untersuchungen gemacht wurden. In Husserls Analyse des Gedankengangs finden sich für den problematisierenden Teil wesentliche Ergänzungen und Präzisierungen, die ich in die Darstellung direkt aufnehme. Der Mittelteil der Vorlesung ist problematisch im negativen Sinn;

---

[91] VEW Beilage XII

Husserl verwirft ihn im Kommentar nahezu völlig, des weiteren behandele er nicht das Problem als solches. Husserls Kommentar zum Ende diese Abschnitts ist: „Endlich zurück zu den wertenden Akten". Die §§6-11b) lasse ich daher komplett aus. Der Lösungsteil ab §11c) ist kaum aus sich heraus verständlich, er muß vor dem Hintergrund der LU gelesen werden; und auch dann wird er nur als Übergang zu den Ideen I wirklich klar. Ich stelle auch ihn dennoch zunächst für sich dar, um eine trotz der Verworrenheit handhabbare Kurzfassung für die Analyse zur Verfügung zu haben.

## 2.1.2.2.1 Darstellung

Problematisierender Teil

Husserl rechnet die formale und materiale Ethik ebensowenig zum eigentlich Philosophischen wie die formale und materiale Logik. Eigentlich philosophisch ist für ihn die Erkenntnistheorie als „Wissenschaft von der Möglichkeit der Erkenntnis"[92] Sie hat vor allem die Akt - Gegenstand Korrelation zu untersuchen, bzw. den Zusammenhang zwischen Erkenntnissubjektivität und -objektivität. Um dies zu leisten, bedarf es der phänomenologischen Reduktion oder Epoché. Durch sie wurden laut Husserl im Bereich der Erkenntnis bereits Fortschritte gemacht. Nun gelte es, die entsprechenden Fragen in der Wertsphäre zu stellen und zu beantworten; die Anfangsfrage lautet hier:

> Wie kann in einem Gemütsakt ein Wert an sich bewußt werden, und wie kann je der Anspruch erhoben und [...] auch begründet werden, eines wahren Wertes inne zu werden?[93]

Die Hauptschwierigkeit liegt dabei in der Verflechtung von theoretischer und axiologischer Vernunft. Husserl exponiert diese Schwierigkeit folgendermaßen: Verstandesakte sind ohne Gemütsbeteiligung denkbar, aber Gemütsakte scheinen in intellektiven Akten fundiert zu sein, sie also notwendig vorauszusetzen und sich auf sie aufzubauen.[94] Was das genau heißt werde ich in einer Darstellung von Husserls formaler Ontologie erläutern; vorläufig möge ein Beispiel genügen: Ich kann völlig

---

[92] VEW S. 248

[93] VEW S. 250

[94] s. VEW S. 252

wertfrei beobachten, wie ein Stein einen Hang herunterrollt, seine Geschwindigkeit schätzen, seine Größe vergleichen etc., ich kann auch anläßlich seiner Geschwindigkeit und Größe erschrecken, also in irgendeinem Sinne werten, aber ich kann sicher nicht über den herabrollenden Stein erschrecken, ohne von ihm in irgendeiner Weise zu wissen; andererseits drängt sich die Frage auf, ob ich den herabrollenden Stein auch dann wertfrei betrachten kann, wenn er auf mich zurollt. Daraus ergibt sich das Problem des Anteils von Gemüt und Verstand an der Wertobjektivation. In verschiedenen Anläufen versucht Husserl, dieser Schwierigkeit beizukommen. Ich will sein Scheitern hier vorwegnehmen; er sagt gegen Ende der Vorlesung:

> [...] freilich konnte ich mit den Gemütsakten und mit dem ganzen Wesen der Fundierung bei ihnen und ihrer Stellung zu den objektivierenden Akten nicht fertig werden [...][95]

Aber trotz dieses Scheiterns bei der Lösung bringen die Anläufe eine Präzisierung der Schwierigkeiten mit sich:

Das Problem vom Anteil hat zwei Seiten:
a) Wie bezieht sich ein Gefühl auf einen Gegenstand?
b) Wie kommt man vom Gefühl zu einem objektiven Prädikat?

Im Ausgang von den Objektivitäten ergibt sich nach Husserl folgende Unterscheidung: Wertprädikate sind entweder solche im eigentlichen Sinn (z.B. "gut", "schön") oder Prädikate, die solche eigentlichen "begründen" (z.B. "rot" in "eine schöne rote Blume"). Die eigentlichen Wertprädikate haben entweder auf Sachverhalte oder auf Gegenstände Bezug, wobei die Wertprädikate der Sachverhalte in den Prädikaten der sie konstituierenden Gegenstände (im weitesten Sinn, also auch Relationen) fundiert sind. In allen Fällen gilt nach Husserl, daß zuerst der Gegenstand bewußt ist, dem dann ein Wertprädikat zukommt. Axiologische Prädikate setzen also logische voraus und sind somit fundiert. An dieser Stelle ist anzumerken, daß Husserls Ausführungen zur Fundierung axiologischer Prädikate in einem wichtigen Punkt unklar bleiben, nämlich im Hinblick auf die Rolle der Zeit. Es wird sich noch zeigen, daß diese Unklarheit letzten Endes der Grund für Husserls Scheitern im Wertbereich ist.

Analysiert wird dagegen von Husserl ein Doppelsinn im Begriff des logischen Prädikats: logische Prädikate sind einmal allumfassend zu verstehen, d.h. die axiologischen in sich enthaltend oder in Abgrenzung gegen die axiologischen, also dasjenige betreffend, was

---

[95] VEW S. 337

bleibt, wenn man alle Wertprädikate wegstreicht. Husserl unterscheidet hier drei Begriffe von "theoretisch", um dem Bezeichnungsproblem für letztere Herr zu werden:[96]

1) "theoretisch" im weitesten Sinn, also „jedwede wissenschaftliche Disziplin" betreffend, „insofern sie aus Urteilen besteht, die vernünftiger Begründung fähig sind"

2) "theoretisch" im Gegensatz zu "axiologisch und praktisch", wobei letzteres zusammenfassend als "nicht-theoretisch" zu bezeichnen wäre

3) "theoretisch" im Gegensatz zu "technisch" und "normativ"

Theoretische Vernunft im Sinne von 1) hat ihr Korrelat in der mathesis universalis; ich bezeichne sie daher im folgenden mit "universeller Vernunft" und die ihr zugehörigen Prädikate als "logische". Unter "theoretischer Vernunft" verstehe ich im folgenden solche im Sinne von 2). "Theoretisch" wie 3) spielt hier keine Rolle. In dieser Terminologie haben logische Prädikate zwei Unterarten, nämlich theoretische und axiologische (die praktischen läßt Husserl aus). Hier besteht für Husserl das Problem, wie man die Klassen gegeneinander abgrenzen soll:

> Welches sind überhaupt die Grundklassen von Objektivitäten? Welche Klassen gehen ihrer Natur nach den axiologischen vorher?[97]

Eine besondere Schwierigkeit besteht in der Vielfalt der Gegenstände, die Wertprädikate haben können, z.B. auch ideale und phantasierte Gegenstände; eine Abgrenzung des Theoretischen als Bereich der Naturobjektivitäten sei daher nicht möglich. Eine Abgrenzung überhaupt liegt allerdings vor, denn der Bereich des Theoretischen könne durch Wegstreichen der Wertprädikate als in sich geschlossener festgehalten werden. Theorie allein führt demnach nie auf Werte, aber die theoretischen Wissenschaften bleiben als eigenständige bestehen. Die Wertprädikate liegen für Husserl in einer anderen „Dimension". Auch die Werte selbst können Gegenstände theoretischer Forschung sein, aber auch diese führt nie auf Wertprädikate. Es liegen hier also nach Husserls Charakterisierung getrennte Bereiche vor, aber das genaue Verhältnis der beiden kann Husserl nicht bestimmen. Für die nachfolgende kritische Auseinandersetzung mit Husserls Ausführungen ist es wichtig festzuhalten, daß er der Möglichkeit des Wegstreichens der Wertprädikate nicht auf den Grund geht.

---

[96] s. VEW S. 368 - 369

[97] VEW S. 259

Dieses Wegstreichen verweist jedoch auf einen Akt der Abstraktion, deren Produkt der rein theoretische Bereich ist. Die Frage, wie das Gemüt bzw. die wertende Vernunft objektivieren kann, bleibt damit unbeantwortet.

Husserl unternimmt einen weiteren Anlauf von der Korrelationsproblematik her. Hier stellen sich ihm folgende Aufgaben:

a) Klärung der Scheidung von Gegenstand und konstituierenden Aktarten bei theoretischer und axiologischer Vernunft

b) Erörterung der besonderen Schwierigkeiten, die bei Einbeziehung der axiologischen Vernunft in die Erkenntniskritik bestehen.

Zu b):[98] Die Schwierigkeiten bestehen insbesondere darin, wie ein Werten Richtigkeit haben kann: Urteile verweisen letztlich auf Anschauungen für ihre Begründung. Ist das Werten eine Art Anschauung? Wo liegen die Entsprechungen zwischen Ding- und Wertwahrnehmung? Das Werturteil muß in die wertenden Akte „hineinblicken können" und die Werte als solche daraus entnehmen können. Aber wie kann das Denken auf die sich in wertenden Akten konstituierenden Objektitäten zugreifen?

Zu a): Allgemein sind Gegenstandsregionen nach der Art ihrer Konstitution zu unterscheiden. Damit ergibt sich zunächst die allgemeinste Vernunftkritik mit dem Korrelat Gegenstand überhaupt. Darunter liegen besondere, einander gleich- oder untergeordnete vernunfttheoretische Disziplinen. Für die Werte hält Husserl fest:

> Werte sind Gegenstände, und Gegenstände einer völlig eigentümlichen Region.[99]

Sie sind abgegrenzt gegenüber anderen Gegenstandsgebieten, wie z.B. den Naturgegenständen:

> Der Fortgang naturwissenschaftlicher Erforschung führt niemals vom Gebiet der Erfahrungswirklichkeit in die Welt der Werte [...][100]

Es gibt also eine eigenständige Kritik der wertenden Vernunft als auszuarbeitende Disziplin. Husserl hat allerdings bleibend große

---

[98] VEW S. 364 - 367
[99] VEW S. 383
[100] VEW S. 284

Schwierigkeiten, die Grenze zwischen theoretischen und axiologischen Akten zu ziehen.

Es besteht offensichtlich eine Differenz zwischen diesen Aktarten, aber wie das genaue Verhältnis zu fassen ist, bleibt unklar. Das Problem ist hier parallel zur Werte-Fakten Diskussion in der aktuellen Metaethik: a) entspricht der ontologischen Sichtweise und b) entspricht der epistemologischen Sichtweise des Problems.

Lösungsteil

Husserl ordnet zunächst die wertenden Akte, wie in den LU, dem Bereich der nicht-objektivierenden Akte zu, sieht sich dann aber angesichts der Gegenständlichkeit von Werten gezwungen, diese Einordnung wieder fallen zu lassen:

> Der Titel "objektivierender Akt" verschlingt also alles, und es ist nicht abzusehen, wie man den Begriff eines nicht-objektivierenden Aktes festhalten soll. [Husserls spätere Anmerkung dazu: Ganz richtig!][101]

(Husserls Einteilung in objektivierende und nicht-objektivierende Akte entspricht der klassischen Kognitivismus - Nonkognitivismus Dichotomie in der Metaethik. Auch Husserls Überwindung dieser zumindest im Wertbereich irreführenden Unterscheidung zeigt Parallelen zur Auflösung der metaethischen Dichotomie (s. 2.1.2.2.2.).)

Husserl gibt in der Vorlesung allerdings die Unterscheidung zwischen objektivierenden und nicht-objektivierenden Akten nicht auf, sondern bemüht sich um eine neue und für die Vorlesung letzte (meiner Ansicht nach recht verworrene) Charakterisierung der wertenden Akte: Ein Urteilserlebnis als solches habe keine Beziehung auf einen Sachverhalt. Erst in Begründungszusammenhängen spiele dieser eine Rolle. Anders sei dies z.B. bei der Freude, die immer Beziehung auf ein Vorgestelltes habe. Sie sei also in anderer Weise intentional gerichtet. Ebenso sei das Subjekt - Prädikat Verhältnis im Urteil ein anderes, da das Subjekt Teil des Urteils ist, während das Erfreuliche nicht Teil der Freude ist. Das Urteil sieht Husserl damit als überhaupt nicht fundiert an.[102] Damit hat Intentionalität aber einen Doppelsinn und die Einheit des Aktbegriffs ist gefährdet, denn schlichte objektivierende Akte sind einfach, während wertende Akte immer

---

[101] VEW S. 333

[102] VEW S. 337

eine Komplikation aus Gegenstandsbewußtsein und Wertung darstellen. Für diesen Doppelsinn des Gerichtetseins bietet Husserl folgende Lösung an:

> Objektivierende Akte sind, wenn auch nicht im eigentlichen, so doch im teleologischen (normativen) Sinn auf Objekte "gerichtet". Objekt ist Seiendes. [...] Andererseits, wertende Akte sind nicht auf Objekte "gerichtet" [im teleologischen Sinn], sondern auf Werte. Wert ist nicht Seiendes.[103]

Des weiteren sind Werte aber auch Gegenstände:

> Werte sind etwas Objektivierbares, aber Werte als Objekte sind Objekte von gewissen objektivierenden Akten, sich in diesen auf wertende Akte bauenden Objektivationen konstituierend, aber nicht in den wertenden Akten selbst konstituierend.[104]

Insgesamt muß Husserls Lösungsversuch als unbefriedigend bezeichnet werden, was er , wie eingangs erwähnt, mit Bezug auf die wertenden Akte auch selbst feststellt. Im nächsten Abschnitt werde ich versuchen, die Gründe und Chancen dieses Scheiterns zu analysieren.

Abschließend läßt sich jedoch mit Husserl zunächst einmal festhalten:

Die zentrale Analogie zwischen objektivierenden Akten und wertenden Akten ist die, daß auch in der Wertsphäre eine Richtung auf Evidenz vorliegt. Husserl verdeutlicht dies am Unterschied zwischen Wunscherfüllung im Sinne von Befriedigung des Wunsches und Wunschrichtigkeit. Wenn es mein Wunsch ist, mir eine ganze Torte einzuverleiben, dann wird dieser Wunsch befriedigt durch das Essen der Torte; wenn es mir anschließend schlecht wird, dann bleibt mein ursprünglicher Wunsch zwar erfüllt, aber er stellt sich als falsch heraus. Ein Wunsch kann sich als falsch herausstellen unabhängig von seinem In-Erfüllung-Gehen. Diese Unterscheidung richtet sich klar gegen die LU (s.u.). In der Erforschung des Problems der Richtigkeit in der Wertsphäre sieht Husserl „größte Aufgaben". „Erst wenn sie gelöst sind werden wir eine wahre Kritik der wertenden Vernunft haben."[105]

---

[103] VEW S. 341

[104] VEW S. 340

[105] VEW S. 344

## 2.1.2.2.2 Analyse

Hinsichtlich der allgemeinen phänomenologischen Methode fällt die Vorlesung von 1908/09 in die Phase des Übergangs von der deskriptiven Psychologie der LU zur transzendentalen Phänomenologie der Ideen I.[106] In dieser Phase bemühte sich Husserl um eine Klärung der in den LU „unbekümmert" gemachten Reflexionen auf die Bewußtseinsakte.

Es läßt sich zusammenfassend sagen, daß die eigentliche Leistung der phänomenologischen Reduktion, wie Husserl sie bereits um 1905 erfaßte, darin besteht, die bereits in den LU bearbeitete Forschungsdomäne der phänomenologischen Analyse in ihrer Eigenheit methodisch reinlich abzugrenzen, ihre reine, unvermischte Gegebenheit methodisch sicherzustellen.[107]

Mit der Einklammerung alles Transzendenten in der phänomenologischen Reduktion schafft Husserl aber auch einen phänomenologischen Zugang zur Gegenstandsseite der Akte, der diese rein so wie sie sich gibt zugänglich macht. Das Noema kann zum Thema der phänomenologischen Untersuchung werden. Husserl macht sich so 1907 (Hua II S. 12 ff.) zur Aufgabe, der Korrelation von Bewußtseinsakt und Gegenständlichkeit nachzugehen. In den Ideen I (1913) ist diese Forschungsrichtung dann Programm. In der Vorlesung von 1908/09 spiegelt sich dieser Übergang wider und vollzieht sich sozusagen partiell und gerafft und dadurch in einer gewissen Verworrenheit. Das trotz dieser Verworrenheit herausgearbeitete Hauptproblem für die Bestimmung des Verhältnisses von theoretischer und axiologischer Vernunft ist das Verhältnis von objektivierenden und nicht-objektivierenden Akten sowie die Einordnung der wertenden Akte in diese Unterscheidung.

Die Analyse von Husserls Klärungsversuch des Verhältnisses von axiologischer und theoretischer Vernunft laßt sich in folgende z.T. ineinandergreifende Fragen gliedern:

1. Wie hat sich Husserls Ansatz von den LU über die Vorlesung von 1908/09 zu den Ideen I entwickelt?
2. Wie gelangt Husserl im einzelnen zum Ergebnis der Ideen I?

---

[106] s. Boer (1978) besonders "Intermezzo" und Bernet, Kern, Marbach (1989) besonders 2. Kapitel

[107] Bernet et. al. (1989) S. 57

3. Wie verhält sich die Analyse der Ideen I genau zu derjenigen der LU?

4. Wie verhalten sich die verschiedenen Analysen der LU und der Ideen I zu der Problematik der Vorlesungen?

## Wie hat sich Husserls Ansatz von den LU über die Vorlesung von 1908/09 zu den Ideen I entwickelt?

In den LU gewinnt Husserl die Unterscheidung von objektivierenden und nicht-objektivierenden Akten aus seiner dortigen Diskussion des Problems der Scheidung von Qualität und Materie eines Aktes. Zentral sind hier die V. und VI. LU. Im §10 der V. LU definiert Husserl Akte als intentionale Erlebnisse; nicht alle Erlebnisse seien intentional, z.B. das Erlebnis eines (unthematischen) Stücks des Gesichtsfeldes nicht. Zu den Akten zählt Husserl auch Wunsch-, Wert-, und Willenserlebnisse. Analog zum Gefühl sei hier noch genauer zu unterscheiden zwischen Akten und Empfindungen (§15b).[108] Für den Zusammenhang der Ethikvorlesungen bleibt jedenfalls festzuhalten, daß Husserl in den LU Gemütsakte anerkennt. Akte gleich welcher Art können nun fundiert sein in anderen Akten, d.h. diese (wesens-)notwendig voraussetzen. Husserls Beispiel ist hier die Freude:

> Die Freude ist nicht ein konkreter Akt für sich und das Urteil [daß der erfreuliche Sachverhalt besteht] ein daneben liegender Akt, sondern das Urteil ist der fundierende Akt für die Freude, es bestimmt ihren Inhalt, es realisiert ihre abstrakte Möglichkeit: denn ohne solche Fundierung kann Freude überhaupt nicht sein.[109]

In dieser Weise charakterisiert Husserl in den LU alle Gemütsakte als fundierte: Sie müssen allesamt ihre Materie durch andere Akte erhalten. Die Materie gebenden Akte sind die objektivierenden Akte. Gemütsakte sind nicht-objektivierende Akte, indem sie die durch den fundierenden objektivierenden Akt gegebene Materie nur einer qualitativen Modifikation unterwerfen.[110] Qualität und Materie sind unselbständige Momente von Akten. Bei den objektivierenden Akten selbst ergeben sich

---

[108] In den LU sieht Husserl Empfindungen als ungeformten Stoff an, dem durch die Intentionalität eine Form gegeben wird. Näheres hierzu s. 2.1.3

[109] LU 2 S. 418

[110] Für eine ausführliche Darstellung dieser Verhältnisse unter der gleichen Fragestellung s. Melle (1990) S. 39 ff.

diesen Momenten entsprechend folgende Modifikationsmöglichkeiten (§ 38): qualitativ in setzend und nicht-setzend; materiell in nominal und propositional. Der Unterscheidung zwischen nominaler und propositionaler Materie entspricht die Unterscheidung zwischen thetischen (einstrahligen) und synthetischen (mehrstrahligen) Akten. Und

> bei allen [Synthesen] ist die fundamentale Operation der Nominalisierung möglich, der Umwandlung der synthetischen Vielstrahligkeit in eine "nominale" Einstrahligkeit mit der zugehörigen zurückdeutenden Materie.[111]

Jeder komplexe Akt ist damit nach den LU in folgender Weise analysierbar: Ein synthetischer Akt wird zurückgeführt auf seine thetischen Einzelglieder, die selbst wieder nominalisiert sein können, also weiter rückzudeuten sind bis zu schlichten Akten. Diese schlichten Akte sind immer objektivierende. Es gilt:

> Jedes intentionale Erlebnis ist entweder ein objektivierender Akt oder hat einen solchen Akt zur "Grundlage", d.h. er hat in diesem letzteren Falle einen objektivierende Akt notwendig als Bestandsstück in sich, dessen Gesamtmaterie zugleich, und zwar individuell identisch *seine* Gesamtmaterie ist.[112]

Damit gilt aber auch, daß komplexe Akte im allgemeinen nicht so zerstückbar sind, daß nur selbständige konkret vollständige Akte übrigblieben (obiges Beispiel, der Freude legt dies nahe). Aber ein voller objektivierender Akt ist immer ablösbar. Husserls Gedanke des Wegstreichens der Wertprädikate als Kriterium für die Fundiertheit der wertenden Akte in der Vorlesung von 1908/09 ist also in den LU angelegt:

> [...] ist es selbstverständlich, daß in jedem komplexen Akt, der [...] Aktqualitäten von nichtobjektivierender Art enthält, diese Aktqualitäten sämtlich sozusagen herausgestrichen werden können; es bleibt dann ein voller objektivierender Akt übrig, der noch die gesamte Materie des ursprünglichen Aktes enthält.[113]

---

[111] LU 2 S. 502

[112] LU 2 S. 514

[113] LU 2 S. 517f.

Letzteres ist vor dem Hintergrund der Vorlesung von 1908/09 zu bezweifeln. Betrachtet man aber allein die V. LU, so scheinen die Verhältnisse sehr klar zu sein: Eine Materie wird in einem objektivierenden Akt vorstellig (z.B. in einem Phantasieakt), sie wird dann[114] in der Weise z.B. des Wunsches qualitativ modifiziert intendiert. Darauf kann sich wiederum durch Nominalisierung z.B. ein Urteil aufbauen, z.B. "Ich wünsche mir ein Eis.". Nur bleibt hierbei der Wunschakt selbst völlig unanalysiert.

Wesentlich für die Analyse der Akte selbst ist die VI. LU „Elemente einer phänomenologischen Aufklärung der Erkenntnis". Hier grenzt Husserl die objektivierenden Akte innerhalb des weiteren Gebiets aller Akte, in denen Erfüllung und Enttäuschung stattfindet, folgendermaßen ab:

> Eine Klasse von Akten - die objektivierenden - sind nämlich gegenüber allen anderen dadurch ausgezeichnet, daß die in ihre Sphäre gehörigen Erfüllungssynthesen den Charakter der Erkenntnis, der Indentifizierung, der "In-Eins-Setzung" von "Übereinstimmendem" haben, und demgemäß die Enttäuschungssynthesen den korrelaten Charakter der "Trennung" von "Widerstreitendem".[115]

In §13 der VI LU wird diese Abgrenzung präzisiert:
Allen Intentionen entsprechen Übergangserlebnisse der Erfüllung bzw. Enttäuschung, aber diese haben verschiedenen Charakter. Für eine Wunschintention gilt z.B. nach den LU:

> die Wunschintention kann nur dadurch ihre erfüllende Befriedigung finden, daß die ihr zugrunde liegende Vorstellung des Gewünschten sich in konforme Fürwahrnehmung verwandelt.[116]

Im deutlichen Gegensatz dazu heißt es in der Vorlesung von 1908/09:

> Von besonderer Wichtigkeit ist es, [...] falsche Analogien zu vermeiden. So ist die Erfüllung, welche bei allen Aktgattungen [also auch beim Wünschen] als teleologische Annäherung an das Ziel der Richtigkeit auftritt und überall analoge Verhältnisse begründet, nicht zu verwechseln mit dem, was wir bei Wünschen und Wollungen [gewöhnlich] als

---

[114] Die Rolle der Zeit bleibt weiterhin unklar.

[115] LU 2 S. 539

[116] LU 2 S. 583

Erfüllung bezeichnen. In diesem Punkt habe ich mich auch in meinen Logischen Untersuchungen täuschen lassen.[117]

In den LU hält Husserl es noch für notwendig, zwischen objektivierenden Akten und Wunsch- und Willensakten „scharf zu unterscheiden". Objektivierende Akte sind als solche definiert, die den Charakter der Identifizierungseinheit, d.h. „den eines Aktes, welchem gegenständliche Identität als intentionales Korrelat entspricht"[118] haben. Diese Bestimmung der objektivierenden Akte behält Husserl bei, nur daß er feststellt, daß auch die Gemütsakte eine gegenständliche Identität als intentionales Korrelat haben. Er gibt also nicht die Unterscheidung als solche auf, sondern mit dem Verlassen der mundanen Einstellung der LU und der mit ihr verbundenen Fixierung auf Dingliches erkennt Husserl in den Ideen I, daß die Sphäre der objektivierenden Akte weiter reicht und,

> daß alle Akte überhaupt - auch die Gemüts- und Willensakte – "objektivierende" sind, Gegenstände ursprüngliche "konstituierend", notwendige Quellen verschiedener Seinsregionen und damit auch zugehöriger Ontologien.[119]

Damit wird ein erweiterter Gegenstandsbegriff eingeführt, der von dem Paradigma physisches Ding abgelöst ist und abstrakter nur noch Reidentifizierbarkeit als Kriterium für Gegenständlichkeit fordert. Mit dem Aufweis einer eigenen Richtung auf Evidenz in der Wertsphäre am Ende der Vorlesung von 1908/09 liegt Husserl bereits auf der Linie der Ideen I. Dort betont Husserl das Bestehen von zur Aufklärung der formalen Logik parallelen Problemen in den Disziplinen formale Axiologie und formale Praktik: Auch hier

> liegen eben wirklich in den puren synthetischen Formen dieser Sphären (wie z.B. in den Zusammenhängen von Zwecken und Mitteln) Bedingungen der Möglichkeit axiologischer und praktischer "Wahrheit".[120]

---

[117] VEW S. 343

[118] LU 2 S. 584

[119] Ideen I S. 272

[120] Ideen I S. 340

Aber wie gelangt Husserl in den Ideen I im einzelnen zu diesem Ergebnis?

In der phänomenologischen Einstellung wird das Noema zum Thema. Das "Erscheinende als solches" wird beschrieben (§88)[121]. Damit gelingt es Husserl, dem Prinzip aller Prinzipien auch hinsichtlich der Gemütserlebnisse zu genügen. Jedes intentionale Erlebnis hat sein intentionales Objekt, seinen gegenständlichen Sinn, also das Werten den Wert etc. Im vollen Noema gibt es verschiedene Schichten, „die sich um einen zentralen 'Kern', um den puren 'gegenständlichen Sinn' gruppieren"[122]. Auch Werte können ein solcher Kern sein (s.o. und §116). Im Urteilsgebiet sind hinsichtlich der allgemeinen Unterscheidung von Noesis und Noema folgende Differenzierungen zu machen (§ 94): Das Urteil als Noema ist zu unterscheiden vom Urteilen als Noese. Das Urteil als Noema ist Gegenstand der reinen Logik, wobei diese ein engeres Interesse hat, so fallen dort z.B. Unterscheidungen in Erinnertes, Erwartetes etc. weg. Das Urteilen ist Gegenstand der normativen Logik, mit einem ebenfalls engeren Interesse. In der Gemüts- und Willenssphäre ergeben sich die gleichen Unterscheidungen in Noema und Noese (§95): Beim Werten von Einzelnem ist zu unterscheiden zwischen der bloßen Sache und der „Wertobjektität", d.i. dem konkreten Wert selbst; entsprechend ist beim Werten von Vielfältigem zwischen bloßem Sachverhalt oder Sachlage und Wertverhalt und Wertlage zu unterscheiden. Wertobjektität und Wertverhalt bringen eine neue objektive Schicht herein, die Wertheit. Auch hier ist phänomenologisch zwischen Objektität als solcher und als Noema zu unterscheiden. Im Gegensatz zu den LU kann mit dem Vorliegen einer neuen objektiven Schicht der Wertheit keine Rede mehr von einer Erhaltung der vollen Materie bei Wegstreichen der Wertprädikate sein. Für das Wollen gilt nach den Ideen I Analoges.

Der noematische Kern von einfachen Akten kann verschiedene Charaktere haben, d.h. es gibt unterschiedliche Weisen der Gegebenheit eines gegenständlichen Sinnes, etwa als erinnerter, phantasierter Sinn etc. Bei höherstufigen Akten (z.B. Werten und Wollen), also in einfachen fundierten Akten, ergeben sich auch neue Charaktere (z.B. "wert", "schön"). (Husserls „Umweg" (s. S. 268) über die Neutralitätsmodifikationen sei hier der Kürze halber ausgespart.) Allgemein gilt für Charaktere, daß sie selbst in einer

---

[121] Die folgenden Paragraphen- und Seitenangaben im Text beziehen sich auf die Ideen I.

[122] Ideen I S. 210

„zweiten Blickstellung" wieder doxisch aufgefaßt werden können (§105); z.B. das als wahrscheinlich Aufgefaßte steht dann als Wahrscheinliches da. Noematische Charaktere sind keine Reflexionsbestimmtheiten, d.h. die Charaktere werden am Gegenstand aufgefaßt, man blickt dabei nicht auf den Akt zurück. Hinsichtlich der Wert- und Willensakte tritt an die Stelle der Unterscheidung objektivierend - nichtobjektivierend der LU in den Ideen I die Unterscheidung fundierend - fundiert: Wert- und Willenssetzungen sind in "Vorstellungen" fundiert. (Husserl erweitert den Setzungs- bzw. Thesisbegriff auf alle intentionalen Akte.) Die höherstufigen Sinnkerne und ihre neuen thetischen Charaktere gehören zu einer neuen Dimension. Aber auch diese sind modalisierbar hinsichtlich ihres Glaubenscharakters; z.B. "vermutlich wert".

Die gattungsmäßige Wesensgemeinschaft aller Setzungscharaktere (thetischen Charaktere) ist der Grund für die Analogien zwischen Logik, Ethik und Praktik. Die allgemeine Möglichkeit der Modalisierung auch der neuen thetischen Charaktere zeigt, daß jede Thesis „vermöge der zu ihrem Wesen unaufhebbar gehörigen doxischen Charakterisierungen in aktuelle doxische Setzung umgewandelt werden" kann (S. 270). Was für die doxische Umwandlung der Glaubensmodalitäten gilt (s.o.) gilt also allgemein für alle thetischen Charaktere. Insgesamt ergibt sich daher:

> In allen thetischen Charakteren stecken in dieser Art doxische Modalitäten und, wenn der Modus der der Gewißheit ist, doxische Urthesen, sich mit den thetischen Charakteren dem noematischen Sinne nach deckend. Da dies aber auch für die doxischen Abwandlungen gilt, so liegen (nun nicht mehr in noematischer Deckung) auch doxische Urthesen in jedem Akte. Wir können danach auch sagen: Jeder Akt, bzw. jedes Aktkorrelat birgt in sich ein "Logisches", explizite oder implizite.[...]
> Nach all dem ergibt sich, daß alle Akte überhaupt - auch die Gemüts- und Willensakte – "objektivierende" sind, Gegenstände ursprünglich "konstituierend", notwendige Quellen verschiedener Seinsregionen und damit auch zugehöriger Ontologien.[...]

Jedes nicht-doxisch vollzogene Aktbewußtsein ist [...] potentiell objektivierend, das doxische cogito allein vollzieht die Objektivierung.[123]

Aus diesen Verhältnissen ergibt sich die Allherrschaft des Logischen trotz des Eigenrechts der wertenden Vernunft.

Wie verhält sich diese Analyse dem Gegenstand nach zu derjenigen der LU?

In den Ideen I klammert Husserl letztlich das in den LU zentrale Problem der Fundierung von Werten in "Vorstellungen" als Problem aus. Er konstatiert lediglich die Tatsache dieser Fundierung. Statt dessen untersucht er, wie Werturteile in wertenden Akten fundiert sind. Hier kommt er zu dem Ergebnis, daß sich in wertenden Akten spezifische Gegenstände konstituieren, die in bestimmten Glaubensmodalitäten aufgefaßt sind - eben, daß wo immer Gegenständliches bewußt wird, diesem auch ein bestimmter doxischer Charakter zukommt, ist nach den Ideen I der Grund für die Allherrschaft der Logik.

Wie verhalten sich die verschiedenen Analysen der LU und der Ideen I zu der Problematik der Vorlesungen?

Für die Problematik der Vorlesung zeigt sich hiermit, daß das Problem des Verhältnisses von axiologischer und theoretischer Vernunft je nach Schicht, die man betrachtet, ein anderes ist; also je nachdem, ob man untersucht, wie wertende Akte in "Vorstellungen" fundiert sind, oder wie Urteile über Wertverhalte in wertenden Akten fundiert sind. In der Vorlesung von 1908/09 entspricht der problematisierende Teil eher der ersten Richtung, der Lösungsvorschlag eher der zweiten. Die Verworrenheit der Ausführungen besteht vor allem in der Vermengung dieser zu unterscheidenden Probleme. Die viellagige Schichtung der Fundierungen ist auch der Grund für Husserls Dilemma des Eigenrechts der wertenden Vernunft bei gleichzeitiger Allherrschaft der logischen Vernunft. Im Rahmen der statischen Phänomenologie der LU wie auch der Vorlesungen und der Ideen I ist eine solche Viellagigkeit nicht wirklich in den Griff zu bekommen. Von Husserls späterer genetischer Methode aus muß seiner früheren statischen Methode ein beschränktes Blickfeld attestiert werden; die Unmöglichkeit, die hier erörterten Schwierigkeiten zu lösen, ist ein

---

[123] Ideen I S. 271f.

direktes Produkt dieser Beschränkung. Diesen Sachverhalt will ich nun vorgreifend erläutern; er erfährt im folgenden Abschnitt (2.2) eine genauere Behandlung.

## 2.1.3 Vorgriff auf den Übergang zur genetischen Phänomenologie

Ullrich Melle kommt vor dem gleichen Problemhorizont zu dem Ergebnis, daß

> in Husserls Beschreibungen der Gemüts- und Willensintentionalität zwei Analogisierungen miteinander konkurrieren bzw. nebeneinanderstehen, die eigentlich innerlich verbunden sein müßten: die Analogisierung mit der Wahrnehmung einerseits und die Analogisierung mit der Urteilssetzung andererseits.[124]

Vom Standpunkt der genetischen Phänomenologie aus sind diese Analogisierungen als Richtungen der Forschung zu betrachten, in die man nicht nur von Werten, sondern von Kernen von Urteilen überhaupt ausgehend, gehen kann und gehen muß: Das allgemeine Problem, durch das der Übergang zur genetischen Phänomenologie angestoßen wird ist das Verhältnis von Form und Inhalt oder Stoff.[125] In den LU und den Ideen I sieht Husserl dieses Verhältnis so, daß ungeformten hyletische Daten durch den intentionalen Akt eine kategoriale Formung gegeben wird (LU §58, Ideen I §85). Diese Auffassung kann nicht in Allgemeinheit aufrecht erhalten werden. Erste Andeutungen hierzu finden sich bereits in den Ideen I, wo Husserl diese Unterscheidung zu Beginn von §85 folgendermaßen einschränkt:

> Auf der Betrachtungsstufe, an die wir bis auf weiteres gebunden sind, die es unterläßt, in die dunklen Tiefen des letzten, alle Erlebniszeitlichkeit konstituierenden Bewußtseins hinabzusteigen, vielmehr die Erlebnisse hinnimmt, wie sie sich als einheitliche zeitliche Vorgänge in der immanenten Reflexion darbieten, müssen wir [...]

---

[124] Melle (1990) S. 37

[125] Vgl. Sokolowski (1964) besonders Abschnitt V und Welton (1983) besonders "Part II"

unterscheiden: [primäre Inhalte und intentionale Erlebnisse][126]

In FtL charakterisiert Husserl seine frühere Auffassung über hyletische Daten dann als sich aus dieser Beschränkung notwendig ergebende und, wenn auch nicht völlig, so doch als im allgemeinen aufzugebende Auffassung:

> Man kann sich als Ego auf die immanenten Gegenstände [...] als solche der immanenten Zeit einstellen, und das ist offenbar das Erste für den phänomenologischen Anfänger. In diesem Sinne habe ich bewußt und ausdrücklich in meinen Ideen die Probleme [...] der Konstitution dieser Gegenstände der egologischen Zeitlichkeit ausgeschaltet [...]. In dieser Sphäre tritt dann notwendig als radikaler Unterschied der zwischen hyletischen Daten und intentionalen Funktionen auf. Aber es gibt auch in der immanenten "Innerlichkeit" des Ego keine Gegenstände im voraus und keine Evidenzen, die nur umgreifen, was im voraus schon ist.[127]

Daß wir keine Gegenstände im "voraus" haben, soll hier heißen, daß die Gegenstände für uns gewordene Gegenstände sind. Unsere Erwartungen den Gegenständen gegenüber sind bestimmt durch frühere Erlebnisse mit Gegenständen desselben Typs. Husserls frühere Auffassung von der Formung der hyletischen Daten wird also unhaltbar durch die Entdeckung, daß wo immer fertige Gegenstände intendiert werden, z.B. objektive Werte, sich diese nicht ausschließlich im gegenwärtigen Akt konstituieren, sondern passiv mit einer Reihe von Eigenschaften vorgegeben sind, welche die Auffassung neuer Eigenschaften im gegenwärtigen Akt bestimmen. Solcherart, in "sekundärer Passivität" vorgegebene Gegenstände weisen zurück auf eine in der immanenten Zeit frühere Konstitution, in der die sie betreffenden aktuell vollzogenen Evidenzen fundiert sind. Gegenstände haben somit eine "Sinngeschichte" und die Bearbeitung des Problems der Konstitution von objektiven Werten und der Verflechtung der Vernunftarten muß dieser Geschichte nachgehen.

Der Analogisierung mit der Wahrnehmung, also dem Problem der Wertapperzeption und ihrer Fundiertheit, entspricht in meiner Analyse der Rückgang auf die tieferliegende und damit frühere

---

[126] Ideen I S. 192. Vgl. Sokolowski (1964) S. 140, 177

[127] FtL S. 292

Schicht. Der Analogisierung mit der Urteilssetzung, also dem Problem der Objektivierung des im wertenden Akt intendierten "Wertes", entspricht die höhere Schicht. Melles Ergebnis (s.o.) deckt sich von daher mit meinem was die Charakterisierung der Schwierigkeiten Husserls angeht. Meine Analyse geht allerdings einen Schritt weiter, indem ich zeige, daß die Schwierigkeit aus der statischen Betrachtung hervorgeht und die von Melle angedeutete „innerliche Verbindung" genetisch herausgestellt werden kann.

## 2.2    Übergang zur genetischen Phänomenologie angesichts der bleibenden Probleme in Husserls Ethikvorlesungen

In der Vorlesung von 1914 versucht Husserl Grundzüge einer formalen Axiologie zu formulieren, auf deren Basis sich für die objektive Bestimmtheit des Wertes einer bestimmten Sachlage argumentieren läßt. Gemäß Husserls philosophischem Anspruch kann eine formale Axiologie allein jedoch nicht die Basis für eine solche Argumentation liefern, vielmehr müssen die Gesetze der formalen Axiologie selbst einer phänomenologischen Kritik unterworfen werden. Die Unzulänglichkeit von Husserls Kritik wurde hinreichend herausgestellt; es geht nun darum, diese Unzulänglichkeit im phänomenologischen Rahmen verbleibend zu beheben. Meine These ist, daß erstens eine Bearbeitung der von Husserl aufgeworfenen Probleme im Rahmen der genetischen Phänomenologie möglich ist und zweitens hierzu die materiale Basis der formalen Gesetze identifiziert werden kann und muß. Sinn und Zweck dieses Abschnitts ist es, diese These plausibel zu machen. Dazu beginne mit einer knappen Zusammenfassung der bleibenden Probleme in Husserls Vorlesungen und stelle dann meinen Lösungsansatz vor.

## 2.2.1    Die    bleibenden    Probleme    Husserls: "Evidenz    in    der    praktischen    Sphäre"    und "Verflechtung der Vernunftarten"

Kurz gefaßt argumentiert Husserl in der Vorlesung von 1914 wie folgt:
    Es gibt objektive (für jedes Subjekt gültige) formale (für alle Werte gültige) Gesetze des Wertens. Die erste Stufe sind die Gesetze der Konsequenz, die festlegen, wie weiter gewertet werden muß, wenn eine bestimmte Wertlage und eine bestimmte Sachlage

vorgegeben sind: Die Wertprämissen bestimmen die Wertfolgen. Die Prämissen fallen, wie alle Werte, unter den Satz vom Widerspruch und ausgeschlossenen Vierten (sie sind entweder wertfrei, wertvoll oder unwert). Damit ergibt sich die zweite Stufe, nach der die in den Prämissen festgelegte Wertlage objektiv bestimmt ist als wertfrei, wertvoll oder unwert. "Objektiv" heißt dabei für Husserl: für jedes Subjekt in der gleichen Situation gleich. Beide Stufen zusammen bestimmen die Wertlage insgesamt als für jedes Subjekt zu jedem Zeitpunkt eindeutige. Für Husserl ist der ethische Skeptizismus damit hinsichtlich des Wertens widerlegt.

Auch für Wertvergleichungen bestehen laut Husserl formal-objektive Gesetze, aus denen sich das sogenannte Absorptionsgesetz für strikt disjunktive Wahl in einem praktischen Bereich ergibt. Kurz gefaßt sagt es: „Das Bessere ist der Feind des Guten." Als formal-objektiver Imperativ formuliert heißt das: „Tue das Beste unter dem Erreichbaren!" Aus den formalen Gesetzen ergibt sich, daß dieses Beste immer objektiv (im obigen Sinn) bestimmt ist. Damit ist für Husserl der ethische Skeptizismus auch hinsichtlich des Wollens widerlegt.

Nimmt man den von Husserl postulierten materialen Wert der Einsicht hinzu, so hat dieser die eigentümliche Eigenschaft, daß er zu jedem praktischen Wert in einer Wahl hinzutreten kann und ihn erhöht. Daraus ergibt sich Husserls (nicht absorbierbarer) kategorischer Imperativ: „Tue einsichtig wollend das Beste unter dem Erreichbaren!" Die materiale Basis der Erkenntnis des Besten bleibt allerdings bei Husserl völlig unklar.

Das angesichts der formalen Ergebnisse drängendste bleibende Problem ist das einer Klärung der möglichen Relationen zwischen Werten. Die Probleme lassen sich unterscheiden in auf die Konsequenzgesetze und auf die Vergleichungsgesetze bezügliche Probleme: Erstere bestehen hauptsächlich in der phänomenologischen Aufklärung der Ableitungsverhältnisse und ihrer Beziehung zu Fundierungsverhältnissen zwischen Wertregionen. Husserl beschränkte sich hier vorläufig auf Werte einer Region. Aber angesichts der Möglichkeit, daß in einer Wahl Werte verschiedener Regionen zur Disposition stehen können (z.B. materielle und religiöse), ist diese Beschränkung aufzuheben. Hinsichtlich der Vergleichungsgesetze bedarf es bereits innerhalb einer Region der Aufklärung, wie sich ein "Größer" oder "Kleiner" von Werten konstituiert. Auch hier bestehen wieder besondere Probleme beim Vergleich zwischen Regionen. Dabei ist auch der Frage nach eventuellen allgemeinen Hierarchien zwischen Wertregionen nachzugehen. Husserl hat bereits erwähnt, daß sich die Wertverhältnisse der fundierenden auf die fundierte Region übertragen; zieht man allerdings das Auftreten von Wertproduktion[128] auf der höheren Stufe in Betracht, ergeben sich Schwierigkeiten.

Voraussetzung für die Lösung dieser Probleme ist die Aufklärung der Verflechtung der Vernunftarten, die im Zusammenhang der Ethik besonders in Hinblick auf die Frage nach der Konstitution von objektiven Werten zu behandeln ist. Damit hängt die Abgrenzung von theoretischer und axiologischer Vernunft durch Analyse und Unterscheidung der ihre Gegenstände konstituierenden Aktarten zusammen. Als zentrales Problem jedoch hat Husserl in diesem Zusammenhang das der spezifischen Evidenz in der Wertsphäre herausgestellt. Im Hinblick auf Husserls Spätphilosophie ist hier noch einmal zu unterscheiden zwischen den Problemen auf primordialer und denen auf intersubjektiver Stufe: Primordial stellt sich das Evidenzproblem als das der originären Gegebenheit für das Ich. Intersubjektiv ist es das Problem der Konstitution von Werten "an sich" in Analogie zu Dingen "an sich". Als für die Evidenz in der Wertsphäre besonders problematisch hat Husserl das Verhältnis des Wertens zu seiner gegenständlichen Unterlage hervorgehoben. Dieses Problem, das auf der Ebene der noetischen Formenlehre liegt, ist nicht zu trennen von dem bereits erläuterten Problem der Schichtung von Urteilen, Werten und Wollen. Es ist, wie in den folgenden Punkten klar werden wird, nur zu lösen unter genetischem Rückgang auf die urkonstituierenden Phänomene. Hierher gehört auch das Problem der Wertapperzeption und ihrer Analogie zur Dingwahrnehmung. Hinsichtlich des Wertens wird hier die Unterscheidung von Innen und Außen eine besondere Rolle spielen.

Insgesamt bilden sich aus den genannten Problemen zwei miteinander verbundene, übergeordnete Problemtitel heraus, unter deren Behandlung sich die gesamten Schwierigkeiten und Aufgaben zusammenfassen lassen: Das Problem der Verflechtung der Vernunftarten und das Problem der Evidenz in der praktischen

---

[128]Für die Wertsphäre sind zwei mögliche Verhältnisse von Teil und Ganzem zentral (s. VEW S. 95-97) :
a) Das Ganze ist ein bloßes Aggregat von Teilen, d.h. die Summe ist gleich der Summe der Teile. Hier besteht Wertsummation.
b) Das Ganze ist eine Komposition von Teilen (wie in der Musik oder im Bild), d.h. in der Einheit entsteht Neues. Hier besteht Wertproduktion, wobei für Güter G und Übel U gelten kann: $G+U>G$ statt $<G$.
Diese Unterscheidung ist nach Husserl bei allen Wertbeurteilungen zu berücksichtigen.

Sphäre. Eine Rekonstruktion der phänomenologischen Methode mit Blick auf die Metaethik muß von der Weise der Behandlung dieser Problemtitel ausgehen.

## 2.2.2 Lösungsvorschlag: Übergang zur genetischen Konstitutionsanalyse

Für eine an Husserls eigener Entwicklung orientierte Lösung obiger Probleme kann man sich an den Ideen II und der FtL orientieren: Der Problemtitel "Verflechtung der Vernunftarten" ist von Husserl in allgemeiner Weise im 4. Abschnitt, 2. Kapitel der Ideen I „Phänomenologie der Vernunft" (insbesondere §139) exponiert worden. Es ist ein Problem der Konstitution und ihrer wesensmäßigen Schichtung. Im zu Lebzeiten Husserls unveröffentlichten zweiten Buch der Ideen „Phänomenologische Untersuchungen zur Konstitution" wird dieses Problem als Problem nicht mehr eigens eingeführt, aber intensiv behandelt. Vom Blickpunkt der Ethikvorlesungen aus könnte man die Ideen II als den fehlenden phänomenologischen Teil der Vorlesung von 1914 betrachten. Allerdings hat der in Hua IV vorliegende Text eine längere Geschichte:[129] ihm liegen Ludwig Landgrebes Schreibmaschinenabschriften von 1924/25 der Zusammenstellung von Husserls Manuskripten, die bis Januar 1917 reichen, durch Edith Stein im Jahre 1918 zugrunde. Die Landgrebeschen Abschriften sind wiederum durch Anmerkungen von Husserl im Zeitraum von 1924 bis 1928 ergänzt. Diese Anmerkungen sind aus dem textkritischen Anhang ersichtlich. Man kann daher den Text (zumindest die hier relevanten ersten beiden Abschnitte) unter Berücksichtigung des Anhangs als aus dem Jahr 1917 stammend und 1924-28 von Husserl kommentiert lesen. Er ist somit im Kern noch nicht genetisch, ragt aber bereits in die genetische Phase hinein; die Erweiterungen von 1924-28 machen verschiedentlich deutlich, welche neuen Aspekte die genetische Phänomenologie hineinbringt.

Der Problemtitel "Evidenz in der praktischen Sphäre" verweist auf die subjektive Seite der formal-objektiven Prinzipien der Axiologie und Praktik. In der FtL vollzieht Husserl den Übergang von der formalen Logik zur transzendentalen. Die von ihm hier exponierte Aufgabenstellung (die in EU ausgeführt wird) entspricht genau derjenigen bei den formal ethischen Disziplinen. Es ist daher

---

[129] Vgl. Ideen II: „Einleitung des Herausgebers" (sic) von Marly Biemel

möglich, am analogischen Leitfaden der Phänomenologie der Logik zur Phänomenologie der Ethik überzugehen. Sollte sich dieser Leitfaden bewähren, so bietet es sich an, auch die spätere Behandlung von Logik und Wissenschaft bei Husserl (Intersubjektivität, Lebenswelt) zur Weiterentwicklung der phänomenologischen Ethik als Leitfaden zu verwenden; hier bleiben Fragen der genannten Bereiche vorerst ausgeklammert. Ich will für die Verfolgung der Analogie mit der FtL der Einfachheit halber nur die formale Axiologie heranziehen, da die formale Praktik ihre besonderen Schwierigkeiten hat, die es problematisch erscheinen lassen, hier von einer eigenständigen formalen Disziplin zu sprechen.

Daß das Evidenzproblem und das Verflechtungsproblem zusammengehören, hat Gisela Müller[130] im Ausgang von Husserls genetischen Untersuchungen zur Logik nachgewiesen; ich werde ihre Ergebnisse in 2.2.2.3 kurz referieren, um die allgemeine Bedeutung der hier behandelten Probleme für die Phänomenologie der Vernunft deutlich zu machen.

## 2.2.2.1 "Verflechtung" in den Ideen II

In den Ideen II gelingt es Husserl, die theoretische Sphäre von der axiologischen und praktischen abzugrenzen. Sie unterscheiden sich durch die Einstellung des Ich: In der theoretischen Einstellung „lebt" das Ich in den doxischen Akten. D.h. es hat auch hier wertende und wollende Akte, aber sie bleiben im Hintergrund. Entsprechendes gilt für die axiologische und die praktische Einstellung. Den theoretischen Akten sind dabei ihre Gegenständlichkeiten von anderen intentionalen Erlebnissen vorgegebenen. Theoretische Akte sind also selbst höherstufig. Das theoretische Interesse (die theoretische lebendige Intention) muß sich auf die vorkonstituierten Gegenständlichkeiten richten, um sie zu theoretischen Gegenständen zu machen; das gilt auch für theoretische Gegenstände, die retentional abgesunken sind. Zuunterst liegen jedoch immer nicht-theoretische Gegenständlichkeiten:

> Wir kommen also in jedem Fall auf vorgegebene Gegenständlichkeiten, die nicht aus theoretischen Akten herstammen, sich also in intentionalen Erlebnissen

---

[130] Müller (1982)

konstituieren, die ihnen nichts von logisch kategorialer Formungen beibringen.[131]

Analoges gilt nach den Ideen II auch für die axiologische und praktische Einstellung. Die verschiedenen Einstellungen sieht Husserl als gleichgeordnet (vgl. S. 8f.)[132] im Gegensatz zu der Vorlesung von 1908/09, wo Husserl theoretische und Materie gebende Akte vermengte. In den Ideen II betont er in einer Einfügung nach 1925 unter explizitem Bezug auf seine Ethikvorlesungen die Parallele von Wahrnehmen und Wertnehmen, welche die Gleichordnung der Akte unterstützt. Die Charakterisierung der wertenden Akte als in "objektivierenden" fundierte wird Husserl anscheinend zunehmend fragwürdig. 1917 stimmt er jedoch noch mit dieser Bestimmung der Ideen I überein: Im §7 der Ideen II sieht er vor dem Hintergrund der doxischen Wendbarkeit aller Akte zwei Möglichkeiten: 1) Der Akt ist von vornherein nur objektivierend und 2) das Ich lebt in der neuen Schicht (z.B. Werten) und bezieht sein theoretisches Interesse auch darauf. Zu 1) ergänzt Husserl nach 1925, wiederum in Richtung Gleichordnung: „wenn das überhaupt möglich ist". Die zentrale Erweiterung der Ideen II gegenüber den Ideen I ist jedoch, daß Husserl hier bereits 1917 einen Unterschied erkennt zwischen "intentionale Erlebnisse haben" und "auf ihre Gegenstände eingestellt sein (in den Akten leben)" (s. §5), den er auch in der Vorlesung von 1908/09 noch nicht gesehen hat. Damit erkennt Husserl auch hinsichtlich der Akte die universale Struktur von Vordergrund und Hintergrund, die er in den Ideen II als verschiedene „Dignität" der Akte bezeichnet (auch hier hebt Husserl nach 1925 hervor: „das muß viel früher gesagt werden."). Damit läßt sich als vorläufiges Ergebnis festhalten: Im Wechsel der Einstellungen wechseln die Aktarten, die im Vordergrund bzw. Hintergrund stehen. Durch den Wechsel ergibt sich eine Verflochtenheit, in der sich immer neue Gegenstände konstituieren. Die Verflechtung der Vernunftarten auf höherer Stufe ist also auf Einstellungswechsel zurückzuführen. Auch hinsichtlich der untersten Stufe deutet sich bereits zu Anfang der Ideen II eine stärkere Gleichordnung der Akte an.

Genaueres hierzu findet sich später im 3. Kapitel des 2. Abschnitts der Ideen II „Die seelische Konstitution durch den

---

[131] Ideen II S.7

[132] Die folgenden Paragraphen- und Seitenangaben im Text beziehen sich auf die Ideen II.

Leib": Unter seelischer Realität versteht Husserl nicht die Seele im gewöhnlichen Sinn als rein psychische Einheit, sondern die konkrete Einheit von Leib und Seele:

> Die Einheit der Seele ist reale Einheit dadurch, daß sie als Einheit des seelischen Lebens verknüpft ist mit dem Leib als Einheit des leiblichen Sinnesstromes, der seinerseits Glied der Natur ist.[133]

Von dieser naturalistischen Perspektive, deren Korrelat die naturwissenschaftliche Psychologie sei, müsse die personalistische unterschieden werden, der das Gebiet der Geisteswissenschaften entspreche. Fragen der Personalität und Intersubjektivität, wie sie Husserl im dritten Abschnitt der Ideen II behandelt, lasse ich an dieser Stelle als höherstufige bewußt ausgeklammert. Für die Untersuchung der Konstitution der Einheit der seelischen Realität, der das Naturobjekt "Mensch" entspricht, darf nach Husserl nicht ein voll konstituierter Leib vorausgesetzt werden. Vielmehr konstituierten sich Leib und Seele korrelativ. Der Leib konstituiert sich als Träger lokalisierter Empfindungen, die Husserl als Empfindnisse[134] bezeichnet: das geschieht beim Leib in doppelter Weise, nämlich von Innen und Außen, z.B. wenn beide Hände sich berühren. Aber auch bei der Befühlung eines Dinges kann die Aufmerksamkeit auf die Eigenschaft des Dinges oder auf das Empfindnis gerichtet sein. Husserl gibt zu alledem sehr detaillierte Deskriptionen (s. §36 f.), auch die Verhältnisse der verschiedenen Sinne zueinander betreffend. Entscheidend für die Phänomenologie der Ethik ist hier, daß Werte zuunterst in Gefühlsempfindnissen fundiert sind und Wollen zuunterst in Bewegungsempfindnissen u.ä.:

> In unmittelbarer Anschauung gründende Lokalisation und darin gründende Leibesbezogenheit haben nicht nur die sinnlichen Empfindungen, die für die Konstitution der Sinnendinge, der erscheinenden Raumobjekte, konstitutive Funktion haben, sondern auch Empfindungen ganz anderer Gruppen, so die "sinnlichen" Gefühle, Lust- und Schmerzempfindungen, das den ganzen Leib durchströmende [...] Wohlbehagen, das allgemeine Mißbehagen der "körperlichen Verstimmungen" u.dgl.

---

[133] Ideen II S. 139

[134] Dieser Terminus Technicus wird auch in Teil II dieser Arbeit eine entscheidende Rolle spielen.

Hierher gehören also Gruppen von Empfindungen, die für die Wertungsakte, [...], bzw. für die Konstitution von Werten als deren intentionalen Korrelaten eine analoge Rolle spielen als Stoff wie die primären Empfindungen für die intentionalen Erlebnisse der Erfahrungssphäre, bzw. für die Konstitution von raumdinglichen Objekten. In weiterer Folge gehören hierher mancherlei schwer zu analysierende [...] Empfindungen, welche die stofflichen Unterlagen des Begehrens- und Willenslebens bilden, Empfindungen der energischen Anspannung und Relaxion, Empfindungen der inneren Hemmung, Lähmung, Befreiung usw. All diese Empfindungsgruppen haben als Empfindnisse eine unmittelbare leibliche Lokalisation, sie gehören also für jeden Menschen unmittelbar anschaulich zum Leib als seinem Leib selbst als eine vom bloß materiellen Ding Leib durch diese ganze Schicht der lokalisierten Empfindungen sich unterscheidende subjektive Gegenständlichkeit.[135]

Husserl identifiziert hier die von mir in VEW vermißte materielle Basis von Wertungen; es sind die Empfindnisse. Unser leibliches Erleben, unsere Körpergefühle wie Schmerz, Wohlbehagen, Hunger, Durst etc. bestimmen, was subjektiv wertvoll ist. In welcher Beziehung die "inneren" Empfindnisse zu den "äußeren" Empfindungen stehen werde ich in Teil II eingehend untersuchen. Husserl ist hier auf dem Weg zu einer genetischen Analyse, aber er ist noch nicht angekommen, denn er betrachtet die "Stoffe" noch als in sich unstrukturiert: „die Stoffe erhalten geistige Formung" (direkt im Anschluß an obiges Zitat) durch intentionale Funktionen. Entscheidend für die genetische Phänomenologie ist dagegen die Beobachtung, daß die in primärer Passivität vorgegebenen Stoffe eine Struktur durch Urassoziation haben, auf die das Ich keinen Einfluß hat. Dennoch hat Husserl hier aufgezeigt, wo eine genetische Phänomenologie des Wertens und Wollens einsetzen muß: Die „sinnlichen", „gefühlsmäßigen" und „bewegungsmäßigen" Empfindnisse sind auf unterster Schicht einander gleichgeordnet; sie fungieren alle als Stoffe für Gegenstandskonstitutionen. Wie sich aus diesen Empfindnissen die Regionen Sache, Wert, Wille bilden, ist in genetischer Konstitutionsanalyse zu untersuchen.[136]

---

[135] Ideen II S. 152f.

[136] Lester Embree in Embree (1996) kommt in einer Analyse der das Werten und Handeln betreffenden Fortschritte in den Ideen II gegenüber den Ideen I zu ähnlichen Ergebnissen, denen ich mich im wesentlichen anschließen kann. Die von

## 2.2.2.2 Übergang zur Evidenzkritik in der Wertsphäre (in Analogie zum Übergang von der formalen zur transzendentalen Logik in Husserls FtL)

Für Husserl besteht die Kritik der formalen Logik in der FtL in der reflexiven Thematisierung der ihren Gesetzen zugrundeliegenden Evidenzen. Diese Evidenzen sind in „konstitutiver Ursprungsforschung" zu klären, d.h. es sind die subjektiven Bildungsweisen der Grundbegriffe zu „enthüllen". Erst durch eine solche Analyse der subjektiven Leistungen ist für Husserl eine „echte" logische Methode zu gewinnen, denn ohne diese Analyse könne man Äquivokationen durch Verschiebungen der Intentionalität nicht vermeiden, z.B.: diejenige zwischen "Sinn" als Urteil im grammatischen Sinn und "Sinn" als Inhalt des Urteils (s.u.). Die Kritik werde so zur „schöpferischen" Konstitution der Grundbegriffe, die dann normativ das Denken leitend und habituell werden können und so die für Husserl echte logische Methode hervorbringen. In der Axiologie ist offensichtlich Analoges zur schöpferischen Konstitution der Grundbegriffe zu leisten, allerdings mit dem Unterschied, daß es hier direkt um schöpferische Konstitution geht. Wenn eine wissenschaftliche Entwicklung der Werttheorie gefordert ist, dann muß sie sich zunächst um eine Klärung ihrer Grundbegriffe bemühen, und anscheinend ist dies im Bereich der Ethik ein noch dringenderes Desiderat als in der Logik, da die Logik in gerader Forschungsrichtung zu Fortschritten und Konsensbildungen in der Lage ist, die sich in der Ethik nicht finden lassen. Ob die phänomenologische Methode zu solcher Klärung auch in der Wertsphäre in der Lage ist, muß sich in der Arbeit mit ihr zeigen. Jedenfalls gilt für die Ethik ebenfalls:

> In Wahrheit sind Wissenschaften, die Paradoxien haben, die mit Grundbegriffen operieren, die nicht aus der Arbeit der Ursprungsklärung geschaffen sind, überhaupt keine

---

ihm dargestellte Schichtung von Akten halte ich jedoch für problematischer: Vor dem Hintergrund der Probleme, welche die Verflechtung der Vernunftarten für Husserl in der Vorlesung von 1908/09 aufgeworfen hat, und seinen dortigen Lösungsversuchen, müssen die Ideen II als deutlicher Schritt in Richtung Gleichordnung der Akte gesehen werden. Zentral hierfür ist, daß sich die Schichtung bei der Konstitution von Gegenständen nicht nach den Vernunftarten als solchen ordnet, sondern nach der jeweiligen relativen Aktivität und Passivität des Urteilens, Wertens und Wollens, wobei sich das Ich in jeder Aktart aktiv auf ein passiv durch eine beliebige Aktart Vorgegebenes richten kann. Diese Interpretation des Textes deckt sich mit meinen Analysen in 2.3.2.

Wissenschaften, sondern bei aller ingeniösen Leistung bloß theoretische Techniken.[137]

Die konstitutive Ursprungsforschung stellt sich nach der FtL wie folgt dar:

Die Gesetze der formalen Logik enthalten idealisierende Voraussetzungen, die zu Tage treten, wenn man sie subjektiv wendet (§75). So lautet z.B. das Widerspruchsgesetz objektiv:

> Jedes widersprechende Urteil ist durch das Urteil, dem es widerspricht, "ausgeschlossen".

und subjektiv gewendet:

> Von zwei einander (unmittelbar oder mittelbar) widersprechenden Urteilen kann im eigentlichen oder deutlichen Einheitsvollzug einem Urteilenden überhaupt nur eines von beiden gelten.

Die Idealisierung liegt also darin, daß der Satz vom Widerspruch voraussetzt, daß jedes Urteil zur Evidenz der Deutlichkeit gebracht werden kann. Die subjektiven Wendungen indizieren Evidenzgesetze. D.h. es geht bei der Kritik der logischen Gesetze letztlich um Evidenzkritik. Das hat Husserl auch für die Wertsphäre am Ende der Vorlesung von 1908/09 festgestellt (s. 2.1.2.2.1). Der entscheidende Punkt der Weiterentwicklung ist die in der FtL motivierte „Rückführung der Evidenzkritik der logischen Prinzipien auf die Evidenzkritik der Erfahrung" (4. Kap. FtL), die wie folgt beschrieben werden kann:

Entsprechend der Urteilsanalyse in den LU (s. 2.1.2.2.2) lassen sich alle Urteile auf letzte, d.h. nicht mehr nominalisierte Kerne (Individuen) zurückführen. Über Individuen läßt sich logisch-analytisch nichts mehr aussagen (vgl. die atomaren Sätze der Aussagenlogik); hierfür braucht man sachliche Evidenzen (vgl. die materiale Basis von Werturteilen in Empfindnissen). Wie die Urteile sind auch Wahrheiten letztlich auf eine Welt von Individuen zurückbezogen. D.h. jedes Urteil hat letztlich individuelle Gegenstandsbeziehung und damit auch Beziehung auf ein reales Universum, für das es gilt (§83). Diese Rückbezogenheit ist die Grundlage für die Anwendbarkeit der Logik. Diese in FtL für Kerne überhaupt dargestellte Problematik überträgt sich auf Werte, die ja in der formalen Axiologie als Kerne auftreten. Der allgemeine Rückgang auf Individuen bei Urteilen zeigt nach Husserl, daß die

---

137 FtL S. 189

ersten Evidenzen individuelle sind. Individuen sind aber durch Erfahrung gegeben, also, so Husserls Fazit, ist die allererste Aufgabe eine Evidenzkritik der Erfahrung. Für die formale Logik geht es dabei um die Herausstellung allgemeinster Erfahrungsstrukturen, während es in der Wertsphäre spezifischer um Werterfahrung gehen wird, die sich im Rahmen der allgemeinsten Strukturen abspielt. In Husserls Phänomenologie des Wollens hat sich dieser Zusammenhang bereits gezeigt, wo Husserl den Handlungswillen im Rahmen der universellen Zeitform analysiert hat, wenngleich er dort nicht in tiefere Schichten vorgedrungen ist. Husserl hat für die allgemeinen Analysen zumeist Wahrnehmung als Exempel benutzt (vgl. ApS und ViZ). Im Hinblick auf Logik und ihren traditionell vorgezogenen Anwendungsbereich des Dinglichen scheint das sinnvoll zu sein. Prinzipiell kommen aber auch Gefühle oder Dränge als Exempel in Frage, weil sie auf ähnlich niedriger Stufe stehen (s. 2.2.2.1). Zurück zur FtL: Anhand der reduktiven Überlegungen zeigt Husserl, daß im Urteilen verborgene intentionale Implikationen enthalten sind, deren Genese zu untersuchen ist:

> In subjektiver Hinsicht besagt das, daß die vorgezeichnete Ordnung der Urteilsformen zugleich in sich birgt eine vorgezeichnete Ordnung sachlicher Evidentmachung und in der Abstufung der wahren Sachlichkeiten selbst.[138]

Auch das läßt sich auf Werte als Sinngebilde übertragen, denn sie sind selbst nicht einfach. Die ungelösten Fragen hinsichtlich der Fundiertheit von wertenden Akten gehören in diesen Komplex. Ebenso wie z.B. der Typus Ding ein gebildeter ist, hat sich auch der Typus Wert gebildet, und Bildungen dieser Art ist nachzugehen, wenn man die Grundbegriffe der Ethik aufklären will. Innerhalb der Evidenzkritik ist nach der FtL der Bereich der vorprädikativen Evidenz – „die da Erfahrung heißt" - der erste. Mit dem Vorstoß in die Sphäre der Empfindnisse in den Ideen II ist vorgezeichnet, um welche Art von Evidenzen es hier für die Wertsphäre geht. Genaueres hierzu folgt in 2.3.2. Im weiteren Gang der FtL ist nun Husserls Unterscheidung in der Kritik von formalem und sachhaltigem Apriori für die Wertsphäre als relativ zur formalen Logik sachhaltige besonders wichtig:

> Jedes sachhaltige Apriori [...] fordert zur kritischen Herstellung der echten Evidenz den Rückgang auf

---

[138]FtL S. 215

exemplarische Anschauung von Individuellem, also auf "mögliche" Erfahrung. [...] Die Evidenz analytisch apriorischer Gesetze bedarf solcher bestimmten Anschauungen nicht, sondern nur irgendwelcher Exempel von Kategorialien [...][139]

Für den Ausgang von den Empfindnissen besagt das, daß für die Wertsphäre eben speziell die Gefühle im weiteren Sinn exemplarisch sein müssen, während es für die formale Logik irgendein Empfindnis in Allgemeinheit genommen sein muß. Husserl schränkt das nun aber ein, denn auch beim formalen Apriori sind die Kerne „nicht ganz irrelevant". Das ist wichtig für die relative Formalheit der formalen Axiologie, bei der es ja um ein Werten überhaupt geht. Worin liegt nun für Husserl die Relevanz der Kerne? Das der Vermeidung des Unsinns dienende analytische Widerspruchsgesetz hat nach Husserl zur impliziten Voraussetzung, daß jedes Urteil zur Deutlichkeitsevidenz zu bringen ist. Hier muß zunächst unterschieden werden zwischen grammatischer Sinnhaftigkeit, die z.B. bei "Jede Zahl ist blau" vorliegt und bei "Das Haus oder ist" nicht vorliegt, und der Sinnhaftigkeit als möglicher Einheit des Urteilsinhalts, die auch bei "Jede Zahl ist blau" nicht vorliegt. Letztere Sinnhaftigkeit ist Voraussetzung für die Vollziehbarkeit des Urteils. Damit liegt laut FtL aber die Möglichkeit des Vollzugs eines Urteils in den syntaktischen Stoffen (Kernen).

> Wie versteht sich aber die Funktion für die Ermöglichung der Urteilsexistenz, also der eigentlichen Vollziehbarkeit des Urteils im Sinne der Urteilsindikation? Hier liegt die Aufklärung in der intentionalen Genesis.[140]

Das tritt bei Werten besonders offen zu Tage, da die Kerne hier nicht durch Algebraisierung verdeckt sind. Die ersten Probleme liegen hier darin, in welchen Urteilen Werte sinnvoll als Kerne auftreten können. So könnte es z.B. sinnlos sein, von größeren bzw. kleineren Werten zu sprechen; so wie es sinnlos ist "rot kleiner blau" zu sagen. Man kann sich aber ein Bewußtsein vorstellen, in dem eine bestimmte Habitualität ausgebildet ist, so daß der Satz Sinn macht: Der Sprecher könnte etwa ein Physiker sein, der Farben nach Frequenzen (bzw. Wellenlängen) ordnet, wobei das Urteil dann deutlich als wahr (bzw. falsch) vollzogen werden kann.

---

[139]FtL S. 221
[140]FtL S. 226

Als genetisch wesensmäßig hätte darin jedoch lediglich die Möglichkeit habitueller Ausblendung sinnlicher Füllen und ihrer Quantifizierung zu gelten. Die Kerne "rot" und "blau" verweisen hier zurück auf eine hochstufige Apperzeption, welche einmal gebildet die Wahrnehmung leitet und für ihren Sinn bestimmend ist. Insgesamt motiviert Husserl in der FtL einen Übergang zur genetischen Konstitutionsanalyse, der sich auf die Wertsphäre übertragen läßt. Vor einer genaueren Bestimmung der genetischen gegenüber der statischen Methode (2.3.1) will ich jedoch noch die Bedeutung des Verflechtungsproblems für die Aufklärung der Logik aufzeigen, d.h. kurz die umgekehrte Relevanz der Metaethik für die Wissenschaftstheorie.

## 2.2.2.3 Das Verflechtungsproblem von der Urteilsseite her

Müller[141] hat gezeigt, daß man, mit Husserl der Fundierungsfunktion des Vorprädikativen für die Logik nachgehend, auf das Problem des Erkenntniswillens stößt. Aus Husserls Analysen zur vorprädikativen Erfahrung (insbesondere in ApS und EU) ergeben sich für Müller zwei Problemkreise, die Husserl zwar benenne, selbst aber nicht als Problem behandele:[142]

1) Das "Interesse" bzw. das "Streben" des Ich an bzw. nach Erfüllung des in einer Wahrnehmung horizontmäßig Beschlossenen.

2) Der "Reiz" oder "affektive Zug", den ein Teil des Wahrnehmungsfeldes auf das Ich ausübt.

Hinsichtlich dieser Punkte kommt Müller zu folgenden für den Zusammenhang dieser Arbeit relevanten Ergebnissen:[143]

- Eine Genealogie der Logik, die Wert und Willensphänomene nicht untersucht, bleibt unvollständig.

- Das Problem der Verflechtung der Vernunftarten „bedarf insgesamt einer Ursprungsklärung".

---

[141] Müller (1982)

[142] Müller (1982) Abschnitt V.: „Die Frage nach der Genese und der genetisch-konstitutiven Funktion des Erkenntniswillens als Grundproblem einer Genealogie der Logik"

[143] Müller (1982) Abschnitt V.1.: „"Interesse" und "Streben" als Ermöglichungsgrund für die ursprünglich logischen Leistungen vorprädikativer Erfahrung und V.2 Das Problem der Affektion"

- Erfüllung hat auch die Seite der Einstimmigkeit des Ich mit sich selbst, welche einen Wert darstellt.
- Zur Stärke der Affektion gehört nicht nur die sinnliche Intensität, sondern (und grundlegender) die gefühlsmäßige "Bedeutung" des Reizes für das Ich.
- Affektion braucht auch ein passives „trieb- und instinktmäßiges Können" des Angezogenseins und des Nachgebens von seiten des Ich.

Mit diesen Ergebnissen zeigt sich, daß Evidenzkritik in gleich welcher Sphäre das Verflechtungsproblem berücksichtigen muß. Zur Aufklärung der formalen Logik als Wissenschaft vom Etwas überhaupt darf der Rückgang nicht auf äußere Wahrnehmung beschränkt werden, sondern es muß auch "innere" Wertnehmung und der Zwischenbereich des Wollens berücksichtigt werden. Eine Beschränkung auf einen dieser Aspekte der schlichten Auffassung bedeutet bereits die Fixierung auf eine Vernunftart; in Husserls Logikuntersuchungen die theoretische. Die Aufspaltung der einen Vernunft in theoretische, axiologische und praktische ist genetisch zu klären. Hier sei vorgreifend angemerkt, daß die Konstitution eines Innen und Außen in bezug auf den Leib und die Zugehörigkeit des Leibes zu beiden Bereichen den Ausgangspunkt für entsprechende Ursprungsklärungen bilden müssen. Zuvor ist es jedoch notwendig, größere methodische Klarheit zu schaffen; dem gilt der folgende Abschnitt.

## 2.3    Rekonstruktion

### 2.3.1    Allgemeine Methodenbestimmungen

In der Weiterentwicklung des Husserlschen Denkens in der FtL und den Ideen II zeichnet sich ein inhaltlich relativ klar bestimmtes Bild der Richtung ab, in welche die Lösung der durch die Ethikvorlesungen aufgeworfenen Fragen gehen muß. Methodisch gesehen ist die damit verbundene Forderung einer genetischen Analyse jedoch nur vage bestimmt; der spezifische Unterschied bzw. das genaue Verhältnis zwischen statischer und genetischer Analyse sowie die Einordnung von Untersuchungen der Art der Empfindnisanalysen in diesen Zusammenhang sind noch klärungsbedürftig. Leider hat Husserl keine zusammenhängende Theorie der genetischen Phänomenologie entwickelt, vielmehr ist ihm das Verhältnis von statischer und genetischer Phänomenologie immer problematisch geblieben.[144] Dieses Verhältnis muß jedoch geklärt werden, um den für die Wertsphäre geforderten Übergang zur genetischen Phänomenologie einen präzisen Sinn zu geben. Eine solche Klärung füge ich daher hier ein.

Es bestehen zwei prinzipiell verschiedene Wege zur Klärung der Methodologie:

(1) Rekonstruktion der Verhältnisse und Unterschiede der Methoden anhand der Entwicklung von Husserls Denken

(2) Erarbeitung einer Systematik der Methoden, die auf Husserls durchgängiger Logik beruht, also auf der Teil - Ganzes Lehre der Dritten Logischen Untersuchung.

Diese Wege sind auch inhaltlich verschieden, weil der systematische Zusammenhang dem sozusagen natürlichen Entdeckungsgang grob gesagt gegenläufig ist; das, was die Systematik logisch voraussetzt, kommt von der Entdeckung her erst später in den Blick. Dies wird im weiteren Verlauf der Methodenbestimmung noch deutlich werden. Vom Standpunkt einer wissenschaftlichen Philosophie ist (2) der entscheidende Weg, während (1) eine eher historisch-philologische oder auch didaktische Bedeutung zukommt. Dennoch sind in (1) selbstverständlich wichtige Hinweise und Problematisierungen enthalten, die (2) wesentlich erleichtern können. In der Husserl-Literatur gibt es meines Wissens keine Systematik im Sinne von (2), während es einige, sich zum Teil widersprechende Rekonstruktionen im Sinne von (1) gibt.[145] Die Entwicklung des Problembewußtseins bei Husserl und die entsprechenden Methodenentwicklungen habe ich bereits im vorangehenden Abschnitt unter besonderem Blick auf die Ethik aufgezeigt. Für die Systematisierung ist es nun hilfreich, auch Husserls allgemeine Systematisierungsversuche zu analysieren (2.3.1.1). Von diesen Vorarbeiten ausgehend versuche ich dann, eine Systematik im Sinne von (2) zu entwerfen (2.3.1.2).

## 2.3.1.1 Husserls eigene Systematisierungsversuche

Die m.E. wesentlichen Systematisierungsversuche Husserls finden sich in der Abhandlung „Statische und genetische

---

[144] Dieses allgemein geteilte "philologische" Urteil (s. z.B. Bernet, Kern, Marbach S. 182) stützt sich meinerseits auf die Texte bzw. Textausschnitte Hua XIII, Beilage XLV; Hua XIV, Beilage I; ApS S. 336 ff.; FtL, §§ 85 ff., Beilage II; CM §§ 37 ff.

[145] S. Sokolowski (1964), Welton (1983), "Genetic Phenomenology" in EoPhen, Lee (1993)

phänomenologische Methode" in ApS, in der Beilage II der FtL und zu Beginn der Vierten Cartesianischen Meditation. Der ApS und FtL Text können wegen ihres gemeinsamen Problemhorizontes einheitlich behandelt werden. Husserls Entfaltung der phänomenologischen Methode in der vierten CM grenzt sich davon durch den egologischen Ansatzpunkt der CM insgesamt ab. In beiden Versuchen ergibt sich kein abgeschlossenes Bild, vielmehr ergänzen Husserls spätere Ausführungen in den CM den aus ApS und FtL ersichtlichen Klärungsbedarf um wichtige Aspekte und geben entscheidende Hinweise für die von mir im nachfolgenden Punkt (2.3.1.2) entwickelte systematische Methodologie.

### ApS Abhandlung und FtL Beilage

Husserl unterscheidet 1921 (ApS S. 336 ff.) zwei Arten von Gesetzen der Genesis:

A) Gesetze für das Aufeinanderfolgen von einzelnen Ereignissen im Erlebnisstrom; darunter a) Gesetze notwendiger Folge, z.B. Anschluß von Retention an Impression und b) Gesetze mittelbarer Folge, z.B. Assoziationsgesetze. B) Gesetze für die Bildung von Apperzeptionen, wobei Apperzeptionen im weitesten Sinne definiert sind als „intentionale Erlebnisse, die in sich bewußt haben als perzipiert, was nicht in ihnen selbstgegeben ist." Eine genauere Definition lautet:

> [Apperzeption ist] ein Bewußtsein [...] ‚das [...] nicht bloß etwas bewußt hat und zudem noch ein anderes darin nicht Beschlossenes, sondern das auf dieses andere hinweist als ein zu ihm Gehöriges, durch es Motiviertes.[146]

Die Gesetze unter B) bezeichnen für Husserl den eigentlichen Untersuchungsgegenstand der genetischen Analyse. Apperzeptionen können nach Husserl einfacher Art (Urapperzeption) oder komplizierter Art (z.B. von Kulturgegenständen) sein.

> Es ist [...] eine notwendige Aufgabe, die allgemeinen und primitiven Gesetze, unter denen die Bildung von Apperzeptionen aus Urapperzeptionen steht, aufzustellen und die möglichen Bildungen systematisch abzuleiten, also

---

[146] ApS S. 338

jedes gegebene Gebilde seinem Ursprung nach aufzuklären.[147]

Komplizierte Apperzeptionen werden nach ApS erstmals in Urstiftungen gebildet; mit der Urstiftung entsteht ein Typus, der später individuelle Apperzeption in „primitiver Form" (also wohl durch Sinnübertragung via Ähnlichkeitsassoziation) bestimmt. Das ist die zweite genetische Nachwirkung der originären Gegebenheitsweise in Beilage II der FtL, „der gemäß in ähnlichen neuen Situationen das immer schon konstituiert Vorliegende in ähnlicher Weise apperzipiert wird"[148]. Mit FtL ist in diesem Zusammenhang auch festzuhalten, daß die originale Gegebenheitsweise „in gewisser Weise" auch genetisch die ursprünglichste ist, da jeder Typus in originärer Gegebenheit urgestiftet sein muß. 1921 bemüht sich Husserl um eine Sytematisierung der Methoden; in einer Fußnote[149] teilt er die Phänomenologie ein, ich füge dieser Einteilung sogleich die nähere Charakterisierung im Text bei:

Phänomenologie:

1) Universale Phänomenologie der allgemeinen Bewußtseinsstrukturen:

In dieser Untersuchung haben wir es [...] mit apperzeptiven Formen, mit Bewußtseinsweisen zu tun, die so allgemein gedacht (als so unbestimmt gelassen) sind, daß sie zur Ausstattung jeder Monade gehören müssen (Wahrnehmung, Erinnerung etc.).[150]

2) Konstitutive Phänomenologie:

Es ist eine eigene Form der Analyse, die wir zu vollziehen haben, um die Intentionalität einer Apperzeption zu durchleuchten, die möglichen Typen von Erfüllung und die Systeme möglicher allseitiger, vollständiger sich kontinuierlich vervollständigender Erfüllung nach

---

[147]ApS S. 339

[148]FtL S. 317. Die erste Nachwirkung ist die mögliche Reproduktion des retentional Absinkenden.

[149]ApS S.340

[150]ApS S. 340f.

noetischen und noematischen Strukturen zu beschreiben. Bei diesen Beschreibungen, den konstitutiven, ist keine Frage nach einer erklärenden Genesis.[151]

3) Phänomenologie der Genesis:

Andere [Untersuchungen im Gegensatz zu 1)] haben eine andere Allgemeinheit und Notwendigkeit. Gehen wir nämlich vom "natürlichen Weltbegriff" aus und vom menschlichen Ich als Subjekt der Erkenntnis, so liefert die eidetische Fassung die einer Monade, die eben auf eine "Welt" dieses entsprechenden Begriffs bezogen ist, und damit haben wir darin einen reinen Umfang von Monaden, in deren Bewußtseinsstrom die entsprechenden Typen von Apperzeptionen (raumzeitlich-kausales Ding, animalisches Wesen, Mensch) "notwendig" auftreten, obschon sie vielleicht nicht notwendig gehören zur Idee einer Monade überhaupt, was jedenfalls nicht von voneherein a priori gewiß ist.[152]

1) und 3) sind klar bestimmt und deutlich gegeneinander abgegrenzt. In 3) ist die Monade als Ganzes in voller Konkretion genommen, wobei sich hier die typische phänomenologische "Wenn-So" Struktur feststellen läßt: "Wenn sich im Bewußtseinsstrom der Apperzeptionstypus Ding konstituiert hat, so muß das notwendig in der und der Weise geschehen sein." Die Notwendigkeit des Auftretens selbst ist nicht apriori gegeben; sie ist relativ auf eine so und so geartete Welt. Dagegen ist in 1) nicht die volle Monade im Blick, sondern nur ihre abstrakte Struktur und zwar so abstrakt, daß keinerlei materiale Besonderung eine Rolle spielt. In diesen Bereich fällt z.B. die Struktur des inneren Zeitbewußtseins. Gegenüber 1) und 3) wird Husserl die eigenständige Rolle von 2) fragwürdig. Das Merkwürdige am Übergang zur genetischen Analyse ist, daß gerade die bisher verwendete statische Methode fragwürdig wird und nicht etwa die genetische Methode. Husserl hebt dann auch die Universalität der genetischen Methode hervor:

So ist jede Tätigkeit motiviert [vorher Beispiele], und wir haben reine Genesis in der Sphäre <der> Akte als reine

---

[151]ApS S. 339f.
[152]ApS S. 341

Aktgenesis in der Form, daß ich, den Akt vollziehend, bestimmt bin dadurch, daß ich die anderen Akte vollzogen habe. Wir haben ferner Akte, motiviert durch Affektionen und in genetischer Beziehung zur außeraktiven Sphäre. Endlich haben wir die Genesis in der Sphäre der puren Passivität, mögen dabei auch Gebilde, die Ursprung haben in einer früheren Aktivität, ihre Rolle spielen; sie sind nun selbst passiv Aufgetauchtes.[153]

Vor diesem Hintergrund und weiterer Auflistungen des in den genetischen Untersuchungsbereichs Fallenden stellt sich Husserl die entscheidende Frage:

> Stellen wir statische und genetische Zusammenhänge gegenüber, so ist es die Frage, ob man eine systematische Phänomenologie der statischen Zusammenhänge wie der von Noesis und Noema zustande bringen kann, ob also Genetisches dabei völlig auszuschalten ist.[154]

Es ergeben sich zwei konstitutive Phänomenologien für Husserl:

> Eine konstitutive Phänomenologie kann die Zusammenhänge der Apperzeptionen betrachten in denen sich eidetisch derselbe Gegenstand konstituiert [also statische Phänomenologie fertiger Apperzeptionen] [...] Eine andere "konstitutive" Phänomenologie, die der Genesis verfolgt [...] die notwendige Geschichte dieser Objektivierung und damit [...] des Objektes selbst als Objektes einer möglichen Erkenntnis.[155]

Entscheidend ist die Interpretation des Schlußsatzes:

> Ich muß einmal die "Ideen" jetzt durchgehen, um klarer zu werden, was die Lehre von den Bewußtseinsstrukturen von den konstitutiven Betrachtungen noch scheidet, wenn ich auch alles Immanente "konstitutiv" betrachte.[156]

Hier sind die Anführungszeichen für das Verständnis wesentlich. Liest man sie mit Bedeutung, also konstitutiv im Sinne des vorherigen Zitats als statisch, "konstitutiv" dagegen als

---

[153]ApS S. 342
[154]ApS S. 344
[155]ApS S. 345, meine Hervorhebung
[156]ApS S. 345, meine Hervorhebung

genetisch, dann enthält Husserls abschließender Satz die Frage: Was unterscheidet die statische Analyse im Sinne von 2) noch von Phänomenologie der universalen Bewußtseinsstrukturen im Sinne von 1), wenn man konsequent beachtet, daß alles Immanente einer Genesis unterworfen ist? Kurz gesagt: Kann Konstitution überhaupt Gegenstand <u>rein</u> statischer Analyse sein? Die konsequente Antwort muß, wie ich in 2.3.1.2 begründen werde, meines Erachtens "Nein" lauten.

<u>Vierte CM</u>
Husserl unterscheidet drei Begriffe von "Ich":[157]

1) Das "Ich" im gewöhnlichen Sinn, also in voller Konkretion genommen als Inbegriff seiner Erlebnisse und der sich darin konstituierenden Habitualitäten und korrelierenden Gegenstände. Husserl bezeichnet dieses ich als "konkretes Ego" oder "Monade" (CM § 33).

2) Das "Ich" als Substrat seiner Habitualitäten, also die Monade nach der Ich-Seite hin betrachtet. Dieses Ich hat in allen seinen Veränderungen eine Einheit, den personalen Charakter (CM § 32).

3) Das "Ich" als Pol, auf den jede Aktivität bezogen ist. Der Ich-Pol ist ein abstraktes Moment an aktiven Bewußtseinserlebnissen; ihm entspricht der ebenfalls abstrakte Gegenstandspol (CM § 31).

Die konkrete Monade ist nach den CM der Gegenstand der vollen phänomenologischen Methode:

> Da das monadisch konkrete Ego das gesamte wirkliche und potentielle Bewußtseinsleben mit befaßt, so ist es klar, daß das Problem der phänomenologischen Auslegung dieses monadischen Ego (das Problem seiner Konstitution für sich selbst) alle konstitutiven Probleme überhaupt befassen muß. In weiterer Folge ergibt sich die Deckung der Phänomenologie dieser Selbstkonstitution mit der Phänomenologie überhaupt.[158]

Durch eidetische Variation gelangt Husserl von seiner eigenen einzelnen "transzendental-empirischen" Monade zum Bewußtsein einer in absoluter Allgemeinheit genommenen Monade. Dadurch

---

[157]Die folgende Auflistung geht im Gegensatz zu CM vom Konkreten zum Abstrakten. Vgl. auch Seebohm (1992) S. 258

[158]CM S. 102f.

wird ihm jeder Typus mit seinen Horizonten zu einer reinen Möglichkeit für ein mögliches Ich; jedes konkrete Erlebnis wird zum Exempel (§ 34).

> Die eidetische Phänomenologie erforscht also das universale Apriori, ohne das Ich und ein transzendentales Ich überhaupt nicht "erdenklich" ist, oder, [...] sie erforscht die universale Wesensgesetzlichkeit, die jeder Tatsachenaussage über Transzendentales ihren möglichen Sinn [...] vorzeichnet.[159]

Dies entspricht der universalen Phänomenologie der universalen Bewußtseinsstrukturen in der ApS Abhandlung. Nach den CM ist diese die Vorbedingung für eine wissenschaftliche "Enthüllung" des faktischen Ich, auf die das eigentliche Interesse Husserls geht:

> Geht auch mein eigentliches Interesse nach der transzendentalen Reduktion auf mein reines Ego, auf seine, dieses faktischen Ego Enthüllung, so kann diese Enthüllung zu einer echt wissenschaftlichen nur werden unter Rekurs auf die ihr, das ist dem Ego als einem Ego überhaupt, zugehörigen apodiktischen Prinzipien, [...][160]

Legt man die Betonung auf das Interesse, so heißt das, daß eine an der Aufklärung des Faktischen nicht interessierte Phänomenologie beim Apodiktischen stehenbleiben würde; erst das Interesse an der "Welt" verlangt den Übergang zur genetischen Betrachtung. Für diese Konkretion ist nach CM zu beachten:

> Aber zu einem einheitlich möglichen Ego sind nicht alle einzelnen möglichen Typen kompossibel, sind es nicht in beliebiger Ordnung, an beliebigen Stellen seiner eigenen Zeitlichkeit.[161]

D.h. da die Genese in der Universalform der Zeit stattfindet (§37), ergeben sich Motivationsgesetze für ein Wenn-So, denen die Genese des konkreten Ich unterworfen ist. Sie sind Gesetze für mögliche Erlebnisse; ob die Erlebnisse wirklich stattfinden, ist nach CM irrelevant.

---

[159] CM S. 106
[160] CM S. 106
[161] CM S. 108

Aus diesen Erörterungen Husserls ergeben sich folgende über den ApS und den FtL Text hinausgehende, bei der systematischen Behandlung zu beachtende Punkte:

- Der systematische Ausgangspunkt methodischer Erwägungen muß das konkrete Ich sein.
- Die Allgemeinheit der Ergebnisse wird durch Phantasieabwandlung von faktischen Erlebnissen erreicht.
- Das Erkenntnisinteresse spielt eine Rolle für die Methodenausbildung.

Nach allen herangezogenen Texten ist die Einteilung des Gegenstandes der Phänomenologie in universale Bewußtseinsstrukturen und Wenn-So Gesetze zentral für die Methodologie.

## 2.3.1.2 Systematische Darstellung auf Grundlage der Lehre von Teil und Ganzem

Thomas M. Seebohm hat im Zusammenhang mit der methodischen Rechtfertigung der phänomenologischen Archäologie darauf hingewiesen, daß die entscheidende Frage bei der Beurteilung der Eigenständigkeit einer Methode ist, ob der ihr zugehörige Gegenstandsbereich ein (selbständiges) Ganzes ist.[162] Husserl selbst definiert in der Dritten Logischen Untersuchung die für die Methodenerwägung zentralen Grundbegriffe:

Ganzes

> Unter einem Ganzen verstehen wir einen Inbegriff von Inhalten, welche durch einheitliche Fundierung, und zwar ohne Sukkurs weiterer Inhalte umspannt werden.[163]

Einheitliche Fundierung

> Die Rede von der Einheitlichkeit der Fundierung soll besagen, daß jeder Inhalt mit jedem, sei es direkt oder indirekt, durch Fundierung zusammenhängt.[164]

---

[162]Seebohm (1992) S. 260

[163]LU 2 S. 282

[164]LU 2 S. 282

Fundierung

> Kann wesensgesetzlich ein $\alpha$ als solches nur existieren in einer umfassenden Einheit, die es mit einem $\mu$ verknüpft, so sagen wir, es bedürfe ein $\alpha$ als solches der Fundierung durch ein $\mu$, oder auch es sei ein $\alpha$ als solches ergänzungsbedürftig durch ein $\mu$.[165]

Der für die Methodologie entscheidende Punkt ist also nach diesen Definitionen, daß das betrachtete Ganze nicht in außer ihm selbst Liegendem fundiert ist. Isoliert die Methode einen Teil aus einem Ganzen, so muß dieser Teil also selbständig oder lostrennbar sein:

Lostrennbarkeit

> Die Lostrennbarkeit besagt nichts anderes, als daß wir diesen Inhalt in der Vorstellung identisch festhalten können bei schrankenloser (willkürlicher, durch kein im Wesen des Inhaltes gründendes Gesetz verwehrter) Variation der mitverbundenen und überhaupt mitgegebenen Inhalte; und dasselbe besagt, daß er durch Aufhebung jedes beliebigen Bestandes mitgegebener Inhalte unberührt bliebe.[166]

Hinsichtlich der Fundierung unterscheidet Husserl zwischen einseitiger und gegenseitiger Fundierung: Bei einseitiger Fundierung gibt es ein Fundiertes und ein Fundierendes, dieses kann selbständig sein. Auf das Methodenproblem angewendet heißt das also, daß es kein Problem darstellt, wenn ein methodisch isolierter Teil aus einem Ganzen für andere Teile des Ganzen einseitig fundierend ist; alle anderen Fälle von Fundierung sind dagegen problematisch. Husserl nennt selbständige Teile auch "Stücke", unselbständige Teile "Momente".

Es ist, wie bereits bemerkt, von der konkreten Monade auszugehen und entsprechend den obigen Kriterien zu untersuchen, welche Teile derselben einer eigenständigen Untersuchung fähig sind. Klammert man Intersubjektivität als Problem aus, so ist die Monade ein selbständiges Ganzes.[167] Es ergeben sich in einem

---

[165]LU 2 S. 267

[166]LU 2 S. 239

[167]Husserls Monaden haben Fenster. Inwiefern die einzelne Monade relativ zur Monadengemeinschaft unselbständig ist, kann ich hier nicht erörtern. Zur vorläufigen

ersten Ansatz zwei Beschreibungsrichtungen als methodisch unproblematische Extreme:

(1) Beschreibung meiner in voller Konkretion genommenen Erlebnisse, d.h. eine Art Autobiographie der Immanenz.

(2) Beschreibung der universalen Struktur, die allen Erlebnissen gemeinsam ist, darin z.B.: die Struktur des inneren Zeitbewußtseins.

(1) ist unproblematisch, weil hier überhaupt keine Teile isoliert werden (wenn man es wirklich als Extrem betrachtet). (2) ist unproblematisch, weil die universale Struktur per definitionem nicht fundiert ist; dabei muß natürlich von den realen Bedingungen ihrer Erkennbarkeit abgesehen werden, die auf eine andere Problemstufe gehören. Daß eine solche Struktur überhaupt besteht, gehört zu den grundlegendsten Ergebnissen der Phänomenologie. (1) und (2) sind aber in anderer Hinsicht problematisch; sie befriedigen das Erkenntnisinteresse nicht: (1) ist vielleicht für jeden / jede persönlich recht interessant, aber es handelt sich hierbei nicht um Wissenschaft, da keinerlei Allgemeingültigkeit erreicht wird. (2) ist dagegen zwar in höchstem Maße wissenschaftlich, weil von unbedingter Allgemeinheit, aber das Erkenntnisinteresse geht auch auf relatives, nur bedingt Allgemeines, das durch (2) alleine aber nicht zu fassen ist. Man will z.B. wissen, wie Dingerfassung vor sich geht bzw. zustande kommt. Wie erhält man nun Zugang zu solchem bedingt Allgemeinen?

(1) läßt sich durch Phantasieabwandlung verallgemeinern, z.B. "Wenn ich damals nicht das und das erlebt hätte, dann würde ich jetzt anders reagieren". So ergeben sich durch Abwandlung des faktischen Verlaufs der Erlebnisse Möglichkeiten anderer Erlebnisse. Diese Möglichkeiten bleiben aber der universalen Struktur aus (2) unterworfen und so ergeben sich allgemeine "Wenn – So" Gesetze: Wenn ich das und das erlebe (Erwartungen, Gefühlsregungen, Kinästhesen etc.), so ist dieses Erleben aufgrund der universalen Struktur meines Bewußtseins durch diese und jene frühere Erlebnisse motiviert. Die rein formale Struktur dieser Gesetze ist unveränderlich. Dabei ist zu beachten, wie Husserl immer wieder betont hat, daß es sich hierbei nicht um naturgesetzliche Kausalität handelt: Der Schluß geht bei Erkenntnis der Motivationsgesetze vom Bedingten auf das Bedingende und gestattet keine vorhersagenden Schlüsse von der Bedingung auf das Bedingte.

---

Rechtfertigung der isolierten Betrachtung kann man aber anführen, daß die Appräsentation Anderer und ihrer Erlebnisse eben in meinem Bewußtsein stattfindet.

Auf der "Wenn"-Seite muß nicht ein voll konkreter Erlebniskomplex stehen, vielmehr kann hier ein nur in gewissen Momenten bestimmter Komplex stehen, dem dann auch ein nur in gewissen Momenten bestimmter auf der "So"-Seite entspricht. Verschiedene, in diesen Momenten gleiche Komplexe können exemplarisch auf der "Wenn"-Seite "eingesetzt" werden; man gewinnt dann neben der universalen Struktur auch Strukturzusammenhänge zwischen Erlebnismomenten bestimmter Art. Die Auswahl der festgehaltenen Momente ist durch das Erkenntnisinteresse bestimmt. Dieses ist im allgemeinen auf die allgemeine Struktur "unserer Welt" gerichtet. Daher gibt die regionalisierte Ontologie "unserer Welt" den Leitfaden für die Untersuchung ab, schreibt also vor, welche Momente festzuhalten sind.

In derartigen Untersuchungen werden die exemplarischen Erlebniskomplexe als selbständige Ganze behandelt. Das ist aber nur beschränkt gerechtfertigt, denn im allgemeinen sind sicherlich nicht alle mitgegebenen Inhalte frei variierbar, ohne daß der Komplex selbst betroffen wäre. Mit anderen Worten, im allgemeinen sind die Exempel temporal fundiert. Das bedeutet aber, daß mehr festgehalten werden muß als im Exempel beschlossen liegt: Es muß der gesamte temporale Fundierungszusammenhang in seiner für das Exempel wesentlichen Typik festgehalten werden. Kennt man diesen nicht, so ist das nur "intuitiv" zu leisten, d.h. es fehlt an wesentlicher wissenschaftlicher Klarheit. In diesem Stadium befindet sich Husserls Phänomenologie vor der Entwicklung der genetischen Phänomenologie. Ich bezeichne das im folgenden als unkritische statische Phänomenologie. Im Gegensatz dazu hält eine kritische statische Phänomenologie den temporalen Fundierungszusammenhang in (möglichst) voller Kenntnis desselben fest, bzw. wechselt in die genetische Untersuchung, wo dieser unbekannt ist. Die Untersuchung des temporalen Fundierungszusammenhangs selbst ist der eigentliche Gegenstand der genetischen Phänomenologie: Sie untersucht, auf der Grundlage universaler "Wenn-So" Gesetze, wie aus Akten und korrelativ Gegenständen niedrigerer Stufe solche höherer Stufe erwachsen. Von daher bezeichnet Husserl sie zu Recht auch als "erklärende Phänomenologie".[168] Wie bereits gezeigt, haben solche Untersuchungen einen Status relativer Allgemeinheit, da es hier auf das Auftreten gewisser material bestimmter Erlebnisse auf der

---

[168] vgl. ApS S. 336 ff.

"Wenn"-Seite ankommt.[169] Entsprechend der anzunehmenden Allgemeinheit, mit der diese Erlebnisse auftreten, läßt sich die Allgemeinheit der in ihnen fundierten Erlebnisse ordnen. Dementsprechend wird die Allgemeinheit mit wachsender Hochstufigkeit abnehmen: Die Apperzeption von bestimmten Kulturobjekten ist z.b. von geringerer Allgemeinheit; Hunger und Durst dagegen, wie überhaupt unmittelbar auf den Leib bezogen Apperzeptionen, sind von großer Allgemeinheit.[170] Man kann durch "archäologisches" Abtragen der Fundierungsschichten schließlich zu nicht weiter fundierten materialen Strukturen gelangen, die man entsprechend den "universalen formalen" als "universelle materiale" bezeichnen kann.[171] Es ist möglich, in Abstraktion von allem genetisch Gewordenen, eine universelle Struktur zu isolieren, die aller ichlichen Aktivität vorangeht und diese auch weitgehend bestimmt:

> [...] we can isolate below the process of perception guided by ego activity a universal structure being (a) the one-sided presupposition and frame in which ego activity can occur and (b) displaying certain energies in itself, attractions, repulsions and drives influence ego activities. The unity of this level is given in passive constitution, i.e. it is a pregiven unit without ego activity. Furthermore the phenomenology of the lowest ego activities indicates that activities of the ego can apprehend only small fractions of this field and that the ego is in its selection of contents considered in theses activities under the influence of the structures of this field and limited by certain restrictions determined by the field.[172]

In diesen Bereich gehören die Empfindnisanalysen; sie markieren den Ausgangspunkt für die Ursprungsforschung.

Insgesamt ergibt sich das folgende idealtypische Bild der voll ausgebildeten phänomenologischen Methode:

---

[169] Vor diesem Hintergrund ist Husserls Idee von der Konstruktion möglicher Welten und korrelativer Monaden, die in der Vorlesung von 1911, aber auch noch in den CM §37 angesprochen wird, ausgesprochen kritisch zu beurteilen.

[170] vgl. CM S. 111f.: „Die höherstufigen Gestalten [...] können wir [...] nicht ohne weiteres als jedem konkreten Ego als solchem zugehörig ansehen [...]. Allerdings mit den niedersten Stufen, wie dem erfahrend Erfassen [...] und dgl., wird es sich schon anders verhalten."

[171] An letztere ist der Begriff der "Normalität" wesentlich gebunden.

[172] Seebohm (1992) S. 261. Vgl. Mishara (1989), besonders "Chapter Two"

1. Apodiktische Phänomenologie: Beschreibung der atemporalen universalen Bewußtseinsstrukturen

2. Genetische Phänomenologie: "Erklärende" Beschreibung der Entstehung fundierter Erlebnisse aus den sie fundierenden in temporalen Wenn-So Zusammenhängen auf der Grundlage von 1.

3. Statische Phänomenologie: Beschreibung der Zusammenhänge von Erlebnismomenten auf einer festen temporalen Fundierungsstufe, bei Festhalten der aus 2. bekannten temporalen Fundierungszusammenhänge und unter besonderer Beachtung der zu 1. hinzutretenden Strukturen.

Mit einem weiten Begriff von Konstitution kann man 2. und 3. zusammen als "Konstitutive Phänomenologie" bezeichnen.[173] Es ist für das Verständnis besonders wichtig, 1. und 3. auseinanderzuhalten, weil 1. apodiktisch ist, 3. dagegen nicht. Trotz des ebenfalls statischen Charakters von 1. darf man daher 1. und 3. nicht unter einen Begriff fassen; dies würde nämlich zu der Verwirrung führen, daß genetische Analyse die statische logisch voraussetzen würde und auf der anderen Seite erst logisch ermöglichte.

Von dem idealtypischen Bild muß die konkrete Arbeit mit der Methode unterschieden werden, denn es ist unrealistisch, 1., 2. und 3. in dieser Reihenfolge abhandeln zu wollen, zumal das Arbeitsfeld unendlich groß ist. Insbesondere das Wechselspiel zwischen 2. und 3. ist, weil das Statische in das Genetische verflochten ist[174], so innig, daß sie in der konkreten Arbeit eine Einheit bilden, während 1. die feste Grundlage für diese Arbeit abgibt und sie als wissenschaftliche ermöglicht. In der konkreten Arbeit mit der Methode findet also ein komplexes Wechselspiel zwischen 1., 2. und 3. statt; so kann insbesondere ein Scheitern auf einer höheren Untersuchungsstufe zum Wechsel auf die niedrigere führen. Es ist wichtig, daß das Wechselspiel unter dem Bemühen um die "Sache selbst" stattfindet, wobei die Sache selbst durch das Interesse an kritischer Aufklärung einer bestimmten Bewußtseins- oder Sachlage vorgegeben ist.[175] Wie das Wechselspiel konkret aussieht, hängt dann vom Untersuchungsgegenstand ab. Auch Husserls Denkentwicklung muß als ein solches sachorientiertes Wechselspiel gesehen werden, in dem sich mit fortschreitendem Eindringen in die Probleme schließlich das obige idealtypische Bild der

---

[173] Vgl. "Constitutive Phenomenology" in EoPhen

[174] FtL S. 318

[175] Vgl. Funke (1966) B4

Untersuchung herauskristallisiert. Für den „anfangenden Phänomenologen" Husserl ergibt sich dabei eine a posteriori notwendige Reihenfolge der Entwicklung des Problembewußtseins (vgl. CM §37) mit einem Anfang in unkritischer statischer Phänomenologie.

## 2.3.2 Vorgreifende Beispielanalyse: Versuch einer rudimentären genetischen Phänomenologie des Wertens

Ich werde nun versuchen, von der untersten Schicht der lebendigen Gegenwart ausgehend einige Phänomene exemplarisch zu untersuchen, die speziell der Wert- und Willenssphäre zuzurechnen sind. Im Anschluß an diese Analysen will ich versuchen, einige allgemeine Klärungen des Verflechtungs- und des Evidenzproblems zu gewinnen, die an dieser Stelle aufgrund des Vorgriffs notwendigerweise etwas sprunghaft sein werden.

Auf unterster Schicht treten im Bewußtseinsstrom Erlebnisse auf in der allgemeinen Struktur von Quellpunkt des Jetzt, retentionalem Absinken und protentionalem Horizont. Das Bewußtseinsfeld hat immer einen Vordergrund und einen Hintergrund, wobei jederzeit Teile des Vordergrunds in den Hintergrund treten können und umgekehrt. Zu beachten ist, daß mich nur Kontrast affiziert, und zwar geht in der lebendigen Gegenwart von einem sich kontrastiv abhebenden Moment das Bewußtseinsfeldes ein affektiver Zug auf das Ich aus, noch bevor sich in diesem Feld Einheiten ausbilden. Das Ich ist diesem Zug völlig unterworfen und kann seine Aufmerksamkeit erst dann frei lenken, wenn der entsprechende Inhalt in die Retention eingetreten ist.[176]

Ein plötzlich auftretender Schmerz zieht so die Aufmerksamkeit auf sich. Als Empfindnis ist er im Leib lokalisiert; auf diese Stelle des Feldes richtet sich die Aufmerksamkeit, die Stelle ist jetzt im Vordergrund. Mit dem Schmerz, z.B. in der Hand, geht, noch bevor ich ihn aktiv erfasse, eine ruckartige Bewegung einher, die in der Nähe der Schmerzstelle lokalisiert ist; objektiv der Reflex des Wegzuckens. Schmerz und Bewegung werden im retentionalen Absinken passiv als Einheit aufgefaßt, zu der auch das Nachlassen des Schmerzes hinzukommt. Beim Reflex liegt in völliger Passivität eine Urform von Werten, Wollen und Realisierung eines Wertes

---

[176] Vgl. Mishara (1989) S. 107 ff.

durch Handlung vor. Beim Reflex ist auch offensichtlich, daß die passive Vorkonstitution einer Einheit durch Urassoziation Voraussetzung für das aktive Erfassen der Einheit ist, denn was passiert ist, erfassen wir beim Reflex immer erst im Nachhinein; hier ist die Einheit schon komplett abgeschlossen, bevor sie erfaßt wird. Deshalb wird das allgemeine apodiktische Gesetz der Nichteinholbarkeit des Jetztpunkts[177] hier besonders deutlich. In dieser Einheit liegt bereits ein passiver Erwartungshorizont beschlossen, der nur im Fall seiner Enttäuschung zu aktiver Erfassung kommt: Es kann vorkommen, daß der Schmerz da ist, aber die Bewegung ausbleibt (wenn ich aus irgendwelchen Gründen meine Hand nicht bewegen kann); ebenso kann die Bewegung stattfinden, aber der Schmerz nicht nachlassen (wenn mir z.B. heißes Fett auf die Hand gespritzt ist). Die Enttäuschung kann irgendwo in der Einheit des Reflexes stattfinden; in jedem Fall ist sie von einem unangenehmen Gefühl begleitet, das bis zur Panik reichen kann. Die Enttäuschung weckt das Ich als wollendes. An die Stelle des passiven Bewegungsverlaufs tritt ein aktives Wollen der Bewegung, das sich in anhaltender Anspannung bekundet. Aktiver Wille wird geweckt durch Widerstand. Das Werten des Schmerzes kann dabei völlig passiv bleiben, ebenso die sinnliche Erfassung der Umstände; die Panik zeichnet sich gerade dadurch aus, daß das Ich nur in den Willensakten lebt. Hier liegt die Urform des Scheiterns. Auch der blockierte Reflex bildet eine Einheit, die das Ich als Einheit aktiv erfassen kann; es richtet sich dann in theoretischen Akten lebend auf die in sinnlicher Passivität vorgegebene Situation. Es kann nun sein Wollen Zweck-Mittel gerichtet an die Umstände anpassen (z.B. mit der anderen Hand Hindernisse aus dem Weg räumen). Das setzt allerdings, wenn es zum Erfolg führen soll, gewisse höherstufige Gegenstandskonstitutionen voraus. Diese bilden sich in ihrer Regelhaftigkeit aber in eben solchem Wechselspiel von Bewährung und Enttäuschung heraus, das ja nicht immer einen solch unangenehmen Kontext haben muß wie bei dem oben gewählten Beispiel (am Anfang aber vermutlich schon). Damit ein solcher Prozeß stattfinden kann und seine Produkte auch bleibende sind, muß die "Welt" gewisse "Tugenden der Erkennbarkeit" haben. Scheitert das Ich auch in den theoretisch geleiteten Wollungen, so wird es sich dem Schmerz aktiv wertend zuwenden und schließlich auch dieses Werten theoretisch beurteilen. Objektiv gesprochen resigniert es z.B. und bemüht sich, den Schmerz in den Hintergrund

---

[177] Vgl. Seebohm (1992) "A. The Apodicticity of Absence"

zu drängen, was aufgrund seiner passiven Vorkonstitution nur gegen großen Widerstand und nie dauernd möglich ist. Der Schock bei schweren Verletzungen nimmt uns all diese Probleme ab und verhindert auch die negativen Folgen eines bloßen Im-Willen-Lebens (Panik).

Zu beachten ist dabei, daß im Schock auch auf subjektiver Seite ganz andere Erlebnisse vorliegen, das Ich bereits passiv ganz anders affiziert wird als in obiger Deskription. Daran wird beispielhaft deutlich, daß die Durchführung solcher Deskriptionen die Einklammerung der natürlichen Seinsgeltungen voraussetzt. Vom methodischen Standpunkt sind zwei Perspektiven zu unterscheiden: Die Perspektive auf den Verletzten ohne Einklammerung und die allgemeine Innenperspektive der Phänomenologie mit Einklammerung. Von der natürlichen Einstellung aus gesehen befindet sich der Patient unter Schock in einem Irrtum über seine physische Verfassung; aus phänomenologischer Sicht ist dieser Irrtum erst im Kontext der Intersubjektivitätsproblematik relevant. Primär geht es um seine Erlebnisse qua Erlebnisse.

Die Deskription zeigt exemplarisch, daß nicht nur "äußere" sinnliche Empfindungen fundierend sein können, sondern auch der Wertsphäre zugehörige. Genauer besehen zeigt sich, daß die Einteilung der Empfindungen nach den Sphären Urteilen, Werten und Wollen eine höherstufige ist (auch ein Gefühl, eine Bewegung etc. hat etwas Sinnliches). Wie ist diese Einteilung aus den Charakteristika der verschiedenen Empfindungen selbst zu verstehen? Hierzu will ich eine ansatzweise Charakteristik der dem Werten zugerechneten Empfindungen gegenüber den dem Urteilen gewöhnlich zugerechneten geben: Mit der Konstitution des Leibes konstituiert sich auch ein auf ihn bezügliches Innen und Außen mit einer unscharfen Grenze, auf der die taktuellen Empfindungen lokalisiert sind. Empfindungen im Inneren sind immer lokalisiert, also Empfindnisse; sie sind dabei mehr oder weniger ausgedehnt und mehr oder weniger scharf begrenzt. Außen finden sich dagegen keine primär lokalisierten Empfindungen; sie erhalten ihre Lokalisation erst durch ihre Verknüpfung mit (den innerlich empfundenen) Kinästhesen. Erst über den Zusammenhang von Selbstbewegung und äußerer Wahrnehmung werden die verschiedenen Sinnesfelder (Hören, Sehen etc.) zu einer Einheit koordiniert; der subjektive Raum ist um den Leib herum zentriert. Das muß nun "richtigerum" verstanden werden, nämlich so, daß sich eben durch diesen Unterschied zwischen primär und sekundär lokalisierten Empfindungen überhaupt erst ein Innen und Außen konstituiert und nicht umgekehrt. Außenempfindungen werden typischerweise dem Objektiven, dem Urteilsbereich zugerechnet, was seinen Grund darin hat, daß das Außen allen Ichen prinzipiell zugänglich ist, während das Innen immer nur dem diesen Leib habenden Ich zur originären Gegebenheit kommen kann. D.h. intersubjektiv konstituieren sich letztlich ein Außen und viele Innen. Die inneren Empfindungen werden entsprechend typischerweise dem Subjektiven zugerechnet, wodurch auch der Wertbereich typischerweise dem Subjektiven zugerechnet wird. Es sind diese inneren Empfindungen aus denen sich Werte letztlich konstituieren; anders gesagt, das gemeinsame Merkmal aller Werte ist ihre Letztfundierung in inneren Empfindungen.

Die inneren Empfindungen treten mit bestimmten äußeren Empfindungen in einer gewissen Regelhaftigkeit zusammen auf, wodurch Einheiten gestiftet werden, in denen innere und äußere Empfindungen assoziativ verknüpft sind. Zu dem Auftreten einer gewissen äußeren Empfindung gehört dann ein Erwartungshorizont bestimmter innerer Empfindungen, der auch enttäuscht werden kann. Sind diese inneren Empfindungen (vage gesprochen) unangenehm, so überträgt sich dieser Sinn vom Horizont auf den ihn weckenden Gegenstand, der dann als Unwert dasteht. "Objektive" Werte konstituieren sich immer über ihren Horizont innerer Empfindungen. Daher erklärt sich die Richtung des Wertens und Wollens auf Zukunft. Die inneren Empfindungen, die im Horizont beschlossen liegen, sind im allgemeinen an Kinästhesen geknüpft; z.B. muß ich mich dem Feuer nähern, um seine angenehme Wärme zu spüren, komme ich ihm aber zu nah, so wird es unangenehm; der Horizont ist also im Allgemeinen über Kinästhesen an vielfältige angenehme und unangenehme innere Empfindungen geknüpft. Wichtig ist, daß auf diese Weise Urteilen, Werten und Wollen schon auf passiver Ebene ineinander verwoben sind, indem die Empfindungen und Empfindnisse der ihnen typischerweise zugeordneten Bereiche (Außen, Innen, Bewegung als speziell zu analysierende "Mitte" zwischen beiden) sich bei der Gegenstandskonstitution verflechten.

All dies wird im Teil II detailliert untersucht; vorgreifend läßt sich jedoch sagen, daß die Empfindnisse vor der Leibkonstitution ein extensives Ganzes bilden, und für ein solches Ganzes gilt nach LU III:

> Die Teile verdanken ihre Stufenfolge jedenfalls auch der Stufenfolge der Teilungen, und diese letztere ermangelt des objektiven Fundaments. Es gibt im extensiven [In Ausgabe A noch: "physischen"] Ganzen keine an sich erste Teilung

und auch keine festbegrenzte Gruppe von Teilungen als eine erste Teilstufe; [...] Jeder mittelbare Teil kann, je nach der beliebten Teilungsweise, auch als unmittelbarer, jeder unmittelbare als mittelbarer gelten.[178]

Die Trennung in theoretische, axiologische und praktische Vernunft ist somit eine hochstufige Trennung, die eine in spezieller Weise, nämlich regional, strukturierte Welt voraussetzt. Die Regionalisierung der Welt bestimmt so die Stufenfolge der Teilungen, wobei es jedoch wie gesagt keinen apriori objektiven Grund für genau diese Stufenfolge gibt. Daher kommt überhaupt erst die Möglichkeit eines Streits um die Vorgängigkeit des Intellektuellen oder des Emotionalen. Das steht aber nicht im Widerspruch dazu, daß die Regionalisierung als solche, als gleichgeordnete Regionen ergebende, ihr Fundament in, sich im Laufe der Konstitution abhebenden, Differenzen der Empfindnisse hat. Die Vernunftarten sind einander gleichgeordnete Regionen der einen (logischen) Vernunft. Die Analogie zwischen den Vernunftarten erklärt sich genetisch aus der extensiven Einheit der Empfindnisse auf unterster genetischer Stufe. Die Allherrschaft des Logischen (jetzt in klarer Abgrenzung zum Theoretischen) beruht auf der Gemeinsamkeit der Empfindnisse als Empfindnisse. Von der Allherrschaft des Logischen kann daher nur die Rede sein, wenn wirklich die Logik des Etwas überhaupt gemeint ist. Mit dem Etwas überhaupt ist die Regionalisierung wieder aufgehoben und Logik bezieht sich letztlich auf die unterste genetische Stufe in der die Empfindnisse noch nicht ausdifferenziert sind; daher bezieht sie ihre universale Gültigkeit und ihren hypothetischen Charakter. Paradoxalerweise wird die Regionalisierung der Welt erst vor dem Hintergrund der hochstufigeren Leistung einer formalen Logik als Problem sichtbar; aber das ist eben kein Paradoxon, sondern, wie gezeigt, genetisch wesensnotwendig so. In der statischen Untersuchung der fertigen Korrelationssysteme kann aufgrund der Regionalisiertheit derselben diese Wechselwirkung von ursprünglicher Einheit, höherstufiger Ausdifferenzierung und schließlich "Rückkehr" zur Einheit durch Abstraktion nicht erkannt werden. Erst in der genetischen Untersuchung, welche die Regionen als aus ursprünglicher Passivität gewordene begreift, ist es möglich, die verborgenen untersten Schichten freizulegen.

Trotz der Unvollkommenheit dieser Ausführung zeigt sich m.E. darin doch die Möglichkeit einer systematischen Aufklärung des

---

[178]LU S. 276f.

Verflechtungs- und Evidenzproblems. Die Möglichkeit der Behandlung der metaethischen Probleme, wie sie in 1 exponiert wurden, ist, durch die Parallele zwischen Werte-Fakten Problematik dort und theoretische Vernunft-axiologische Vernunft Problematik hier, zumindest in einem zentralen Punkt angedeutet. Die explizite Reformulierung der aktuellen metaethischen Probleme im Rahmen der rekonstruierten phänomenologischen Methode ist Thema des nächsten Abschnitts.

## 2.4 Zur Reformulierung der metaethischen Fragestellung

Ich will in dieser Arbeit nicht die grundlegenden philosophischen Positionen der aktuellen Metaethik-Diskussion gegenüber der Phänomenologie auf einer prinzipiellen Ebene diskutieren, sondern versuchen, die aktuellen metaethischen Probleme phänomenologisch zu lösen oder doch zumindest den Weg zu ihrer Lösung aufzuzeigen. D.h. nachdem nun die Rekonstruktion der phänomenologischen Methode durchgeführt ist, werde ich die Methode als Ganze nicht mehr hinterfragen. Im übrigen meine ich im folgenden mit "Phänomenologie" immer diese rekonstruierte Methode. Was prinzipielle Diskussionen angeht, so denke ich, daß sie nur vor dem Hintergrund einer ausreichenden inhaltlichen Fülle zu führen sind, die für die phänomenologische Metaethik keinesfalls vorhanden ist. In diesem Sinne verstehe ich diese Arbeit einerseits als Beitrag zur Phänomenologie als Arbeitsphilosophie; sie soll ein Schritt in ein noch sehr wenig bearbeitetes Gebiet sein. In Richtung auf die allgemeine metaethische Diskussion andererseits verstehe ich sie als Vorschlag zur Lösung der zentralen Probleme. Bevor ich zur phänomenologischen Reformulierung der zentralen metaethischen Fragestellungen übergehen kann, muß daher noch auf einige Spezifika der phänomenologischen Methode hingewiesen werden.

Die Einklammerung der Seinsgeltungen der natürlichen Einstellung ist das methodische Merkmal, welches die phänomenologische Metaethik von den naturalistischen anglo-amerikanischen Ansätzen am deutlichsten und durchgängigsten unterscheidet. Neben der Einklammerung ist die korrelative Betrachtungsweise ein charakteristisches Moment der phänomenologischen Methode: Die Grundstruktur der Intentionalität, daß Bewußtsein immer Bewußtsein von etwas ist, besteht im wesentlichen darin, daß zu jedem Bewußtseinserlebnis ein Ichpol und ein Gegenstandspol als abstrakte Momente gehören.

Wegen dieser Grundstruktur ist die Deskription als Korrelationsbeschreibung von "Subjektseite" und "Objektseite" durchzuführen - im Gegensatz zum Ausgang von einer der Seiten. Sowohl die Einklammerung als auch die korrelative Betrachtungsweise sind in der Husserlschen Phänomenologie in Abgrenzung zum Naturalismus entwickelt worden. Sie stellen eine grundlegende Differenz zur festgestellten naturalistischen Grundtendenz der aktuellen Metaethikansätze dar. Husserls Widerlegung des erkenntnistheoretischen Naturalismus durch Widersinn in den LU ist immer noch Gegenstand der Diskussion; sie gehört allerdings zum in dieser Arbeit ausgeklammerten Bereich prinzipieller Diskussionen. Dispositionstheorien des Wertens stellen einen Schritt in Richtung auf korrelative Betrachtungsweise dar, in dem allerdings keine Einklammerung vollzogen wird und so letzten Endes doch von der Objektseite ausgegangen wird, was sich z.B. in McDowells Mitvollzug der Unterscheidung in primäre und sekundäre Qualitäten äußert. Macht man die Korrelation als solche zum Thema phänomenologischer Untersuchungen, so ergibt sich die Paradoxie der menschlichen Subjektivität,[179] deren Aufklärung die transzendentale Reduktion motiviert. Auch dieser Problembereich bleibt hier ausgeklammert, was den Deskriptionen als solchen keinen Mangel zufügt. Die korrelative Betrachtungsweise setzt radikale Deskriptivität voraus: Jeder Rekurs auf kausale Zusammenhänge bedeutet ein Ausgehen von der Objektseite durch Aufgeben der Einklammerung. Wie bereits erwähnt sind nicht nur statische Strukturzusammenhänge, sondern auch temporale "Wenn jetzt A, so muß früher B." Zusammenhänge deutlich von kausalen Zusammenhängen zu unterscheiden. Die Entwicklungsperspektive der genetischen Phänomenologie muß unbedingt in diesem Sinn verstanden werden. Ihre "Erklärungen" sind grundsätzlich anders geartet als die kausalen Erklärungen z.B. der Reduktionisten. Eine strukturale, wenn auch statische "Erklärung" wäre z.B. Blackburns Projektionismus.

Die charakteristischen Momente der phänomenologischen Methode gegenüber den aktuellen Ansätzen in der Metaethik sind demnach: Einklammerung, Deskriptivität, korrelative Betrachtungsweise und nonkausale Entwicklungsperspektive. Nachdem nun die Differenzen in der Grundorientierung klar sind, geht es jetzt darum, die zentralen Fragen der aktuellen Metaethik phänomenologisch zu reformulieren:

---

[179] Krisis §53

Die drei Themenbereiche Ontologie, Epistemologie und Logik bilden in der Phänomenologie schon von der Methode her eine Einheit. Wie allgemein Akt, im Akt Intendiertes und bleibende Leistung des Aktes über das Korrelationsapriori verbunden sind, so auch das Werten, Bewertetes und Wert bzw. Wertung, wobei allerdings die Korrelationen (noch) unklar sind. Diese Einheit der Problembereiche bestimmt auch die methodische Grundfrage nach dem "Wie der Gegebenheit" von Gegenständen. Die ontologische Frage "Was gibt es?" wird entschieden, indem untersucht wird, in welcher Weise etwas Gegenstand für das Bewußtsein sein kann (also epistemologisch "Wie gibt es etwas?") und welche strukturellen Differenzen es hinsichtlich dieser Weise gibt, denen dann ontologisch Abgrenzungen von Gegenstandsregionen entsprechen. Die Frage "Was gibt es?" wird also zunächst im Sinne einer Gliederung verstanden. Die Frage nach der Existenz wird im Rahmen der Einklammerung nach dem "Wie der Gegebenheit" ausdifferenziert und im Kontext der Intersubjektivitätsthematik behandelt.

Die bereits einleitend gestellte Frage nach dem Verhältnis von Werten und Fakten ist die zentrale Frage der aktuellen Metaethikdiskussion. Die Frage ist insofern zentral, als von der Weise ihrer Beantwortung die Beantwortung anderer metaethischer Probleme in hohem Maße abhängig ist. Die Frage nach der Objektivität, die unsere Werturteile erreichen können, hängt eng mit dem Werte-Fakten Problem zusammen, da der prima facie erkennbare Unterschied zwischen Werten und Fakten in der erreichbaren Objektivität liegt. Die von der alltäglichen Reflexion her näherliegende Frage nach der Weise, in der wir unser Handeln ethisch begründen können, kann erst auf der Grundlage einer (philosophischen) Antwort auf die ersten beiden Fragen beantwortet werden.

Das zentrale Thema der nun in Teil II folgenden phänomenologischen Untersuchungen wird daher das Wertbewußtsein sein. Auf Handlungen werde ich erst im Zusammenhang der normativen Wendung wieder zu sprechen kommen. Wie das Werte-Fakten Problem behandelt wird, ist in groben Zügen durch die Methodologie vorgegeben: Statische Klärung der Problemlage, genetische Untersuchung der Konstitution, darauf beruhend Formulierung einer Theorie der Wertevidenz, die auch die Grenzen dieser Evidenz aufzeigt, und schließlich die normative Wendung der Ergebnisse in Maximen zum Erreichen größtmöglicher Wertobjektivität müssen erarbeitet werden. Der Verlauf der Untersuchung im einzelnen wird allerdings auch durch die jeweils bereits erreichten Ergebnisse bestimmt bzw., erst vor dem Hintergrund dieser Ergebnisse mit konkretem Inhalt füllbar. Ich werde im nun folgenden Teil II entsprechende Vorschauen und Zusammenfassungen liefern. Die eigentliche, konkret-inhaltliche, Reformulierung des Werte-Fakten Problems erfolgt also kontinuierlich im Laufe der Arbeit und gemäß den erreichten Teilantworten.

Die einzelnen Diskussionspunkte, wie sie unter 1.2.2. vorgestellt wurden, sollten dann mit Hilfe der phänomenologischen Ergebnisse behandelt werden können, was idealerweise folgendes beinhaltet:

1) Lösung des diskutierten Problems
2) Erklärung der bisherigen Strittigkeit dieses Diskussionspunktes durch Aufklärung der Verschiebungen in der Theoriebildung.

Zu 2) sei ein hypothetisches Beispiel zur Illustration gegeben: Angenommen, es stellte sich heraus, daß Sachen im Sinne von Alltagsgegenständen in ursprünglicher Passivität vorgegeben sind. Dann ließe sich die Entstehung des klassischen Intuitionismus folgendermaßen erklären: Die passiv als Einheit gegebenen Sachen lassen sich aktiv in Dinganteil und Wertanteil zerlegen. Vor einem naturwissenschaftlichen Hintergrund wird der Dinganteil als ursprünglich real verstanden. Nun ist zu beobachten, daß der gleiche Wert an verschiedenen Dingen auftreten kann. Er wird von daher der idealen Sphäre zugeordnet, wie z.B. geometrische Eigenschaften. Die Konsequenz ist das Postulat einer eigenen Art der Anschauung für diese idealen Entitäten, um verstehen zu können, wie die Werte an die Dinge kommen. Im klassischen Intuitionismus würde dann also die Genese auf den Kopf gestellt und das passiv Fundierende (Sachen) als Produkt einer aktiven Leistung (Ding-Wert Verknüpfung) hingestellt. Aus dieser Verschiebung ergibt sich zusammen mit gängigen metaphysischen Annahmen die scheinbare Notwendigkeit, Werte als intuitiv zugängliche ideale Entitäten anzusetzen.

Die Durchführung der einzelnen Behandlung der Diskussionspunkte in dieser Weise würde aufgrund der Komplexität der Diskussion den Umfang der Arbeit zu groß werden lassen. Ich werde mich daher auf eine sehr grundlegende solche Verschiebung im Bereich der Ontologie beschränken (s. II,2.3.1.2.1.4 "Die basale Relationalisierung"), deren Kenntnis vermutlich für jede Einzelbehandlung hilfreich ist.

Die so projektierte Metaethik würde den in 1.3 formulierten Anforderungen in folgender Weise genügen: Ontologie, Epistemologie und Logik werden von der phänomenologischen

Methode her als korrelative Disziplinen verstanden und werden deshalb ohnehin in ihrer Verflochtenheit behandelt. Das Werte-Fakten Verhältnis wird zum zentralen Thema gemacht. Der Forderung, die für den Faktenbegriff grundlegende Wissenschaftstheorie explizit zu machen, werde ich durch die Diskussion von Disziplinontologien (insbesondere der klassischen Physik und der Ökologie) und ihrem Raum für Entitäten, die wie Werte strukturiert sind, nachkommen. Die verschiedenen Ebenen moralischen Urteilens werden im Rahmen der phänomenologischen Methode durch die Untersuchung der passiven und der auf ihr aufbauenden aktiven Synthesis berücksichtigt. Die Anforderung praxeologischer und linguistischer Erklärungsmacht bedarf noch der Erläuterung: Phänomenologie ist deskriptiv, also nicht kausal erklärend. Die in der metaethischen Diskussion eingeforderte Erklärbarkeit linguistischer und praktischer "Tatsachen" zielt aber nicht unbedingt auf kausale Erklärung (z.B. Blackburn). Erklärbarkeit ist hier im weiten Sinn als Als-Faktum-Plausibel-Sein im Rahmen der vorgeschlagenen Theorie zu verstehen. In den Grenzen dieser anhand von detaillierten Deskriptionen Grundlagen schaffenden Arbeit kann die Theorie freilich noch nicht so weitreichend an den Detailproblemen überprüft werden, wie es vielleicht wünschenswert wäre.

# Teil II   Phänomenologie des Wertbewußtseins

# 1    Statische Vorklärung

Ziel der statischen Vorklärung ist es, einerseits wichtige phänomenologische Grundbegriffe im Hinblick auf ihre Verwendung in den nachfolgenden Analysen einzuführen, und andererseits eine Exposition des problematischen Verhältnisses von Sachen, Dingen und Werten zu geben. Unter Dingen verstehe ich "physische" Gegenstände unabhängig von ihrem Wert, unter Sachen verstehe ich Gegenstände des "alltäglichen" Umgangs mit ihrem (Un-)Wert. Diese terminologische Festlegung ist bewußt grob und einfach, da erst die phänomenologische Untersuchung selbst die eigentlichen Begriffe festlegen soll.

Wie bereits im Zusammenhang der Rekonstruktion der Methode deutlich wurde, stellt die formale Ontologie die Grundlage der methodischen Arbeit dar, weshalb sie als erstes behandelt wird. Darauf folgt eine formale Klärung des allgegenwärtigen Begriffs der Intentionalität. Schließlich werden kurz die Grundstrukturen der Synthesis eingeführt. Auf diesen Grundlagen kann der Begriff der "Region" bestimmt werden, der für das Problem von Sachen, Dingen und Werten als Gegenstandsregionen klarerweise zentral ist. Abschließend wird anhand konkreter Deskriptionen die Problematik des Verhältnisses von Sachen, Dingen und Werten rein phänomenologisch und in methodisch zugänglicher Weise reformuliert.

## 1.1    Formale Ontologie und Variation

### 1.1.1    Unselbständigkeit und Selbständigkeit

Ein Teil eines Ganzen ist unselbständig und heißt Moment dieses Ganzen, wenn bei der schrankenlosen Variation mindestens eines anderen Teils des Ganzen dieser Teil notwendigerweise mitverändert wird. Ein Teil eines Ganzen ist selbständig und heißt Stück dieses Ganzen, wenn eine solche Notwendigkeit nicht besteht. Wenn man Unselbständigkeit eines Teils gegenüber einem anderen Teil feststellt, dann ist die Evidenz der Unselbständigkeit eine positive, da die Mitveränderung ein direkt beobachtbares Phänomen ist, während die Evidenz der Selbständigkeit eine negative ist, da hier nur Abwesenheit von Mitveränderung festgestellt wird. Selbständigkeit ist also Nicht-Unselbständigkeit.

Zur Vermeidung der Doppelnegation kann man auch von Abhängigkeit und Unabhängigkeit sprechen, wobei hier allerdings die Konnotationen ungünstig weit sind.

Bezüglich obiger operationaler Definitionen ist der Sonderfall zu beachten, wenn durch die Variation die Einheit des Ganzen aufgelöst wird: Wenn ich die Asteinschlüsse in meinem Tisch betrachte und betaste, so nehme ich eine Rauhigkeit und dunkelbraune Färbung an demselben Ort wahr. Beide kann ich in ihrer Qualität unabhängig voneinander variieren. Variiere ich jedoch die jeweilige Lokalisation der Qualität, verlege also das Braune und das Rauhe an verschiedene Orte, so verlieren sie ihre Zugehörigkeit zu einem Ganzen, also ihren Teilcharakter; sie sind jetzt jeweils selbständige Ganze, nämlich ein brauner Fleck da und eine rauhe Stelle dort. Auch in diesem Fall sind die Teile als Stücke des Ganzen zu bezeichnen. Die Besonderheit dieses Falles verdient nähere Betrachtung: Man kann die Variation so einschränken, daß die Einheit des Ganzen bestehen bleibt. Unter dieser Einschränkung sind die obigen Teile nun Momente und nicht Stücke. Ein Ganzes, dessen einheitliche Fundierung so beschaffen ist, daß schrankenlose Variation seine Einheit zwangsläufig auflöst, ist eine Gestalt. Die oben betrachteten Teile sind also als Stücke des Ganzen, aber als Momente der Gestalt zu betrachten. Gestalteinheit ist demnach immer fundierte Einheit; das die Einheit fundierende Moment ist dasjenige, bei dessen Variation sich die Einheit auflöst. Gestalten können nach der Stufe der Generalisierung des ihre Einheit fundierenden Moments klassifiziert werden. Gestalten erster Stufe wären etwa Konfigurationen von Gebieten kongruenter Form, zweiter Stufe Konfigurationen von Gebieten ähnlicher Form usw. Ein Ganzes kann von daher z. B. auf erster Stufe keine Gestalt, aber auf zweiter Stufe doch eine Gestalt sein, z.B. nicht nach Farbe und Form, sondern nur Form nach (z.B. eine Konfiguration schwarzer Dreiecke und eine Konfiguration bunter Dreiecke).

Von Gestalteinheit ist die Einheit, die zwischen Fundierendem und Fundiertem (auch bei Wechselseitigkeit) besteht, zu unterscheiden: Farbe und Form eines Flecks bilden keine Gestalteinheit, da Farbe und Form nicht für sich ein gemeinsames Moment aufweisen, in dem ihr Zusammensein in dem Fleck fundiert wäre. Sie sind schlichtweg abstrakte Momente des Flecks. Dagegen bilden die ausgedehnten Stücke des Flecks oder zwei Flecken eine Gestalteinheit, wenn sie z.B. eine ähnliche Färbung als gemeinsames Moment aufweisen.

Allgemein müssen in dieser Hinsicht zwei Arten von Ganzen unterschieden werden: Ganze erster Ordnung haben ihre Einheit aufgrund einheitlicher Fundierungs-zusammenhänge zwischen ihren Momenten. Ganze zweiter Ordnung haben ihre Einheit aufgrund der Deckung von Momenten ihrer Stücke. Ein Farbfleck ist zunächst ein Ganzes erster Ordnung. Zerstückt man ihn jedoch in Teilflecken, so ist er ein Ganzes zweiter Ordnung. Ein zerstückbares Ganzes muß immer hinsichtlich seines Fundierungszusammenhangs im ganzen (Einheit erster Ordnung) und seines inneren Relationszusammenhangs (Einheit zweiter Ordnung), sowie der Fundierung dieses Relationszusammenhangs in gewissen Momenten der Stücke untersucht werden. Fundierungsrelationen unterscheiden sich allgemein von Relationen im engeren Sinne dadurch, daß die Relate der Fundierungsrelation in wenigstens einer Richtung unselbständig sind, während die Relate von "normalen" Relationen selbständig sind. Die Fundierungsrelation "einigt" insofern gar nicht, sie bedarf keiner Synthese, sondern ist abstrakte Struktur des Ganzen, in dem sie vorliegt.[180]

## 1.1.2   Bewegungen durch Teile von Ganzen

In der Ausbildung von Erwartungen sind zwei Typen von Modalisierungen gegenüber der schlichten Gewißheit zu unterscheiden[181]: Bei der Modalisierung durch Widerstreit früherer Erfahrungen kommt es zum Bewußtsein einer problematischen Möglichkeit, also zu Zweifel, Wahrscheinlichkeit etc. Von anderer Art ist die Modalisierung der offenen Besonderung, bei der die Erwartung nur hinsichtlich der allgemeinen Typik vorgezeichnet ist. Wenn ich z.B. ein mir unbekanntes Stück Stoff herumdrehe, so erwarte ich auf der Rückseite nur eine Farbe überhaupt. Der Rahmen der Offenheit kann dabei prinzipiell unterschiedlich sein; ich kann eine einheitliche Färbung, irgendein Rot usw. erwarten. Auf der offenen Möglichkeit beruht die freie Variation, die sich wie die offene Möglichkeit innerhalb eines gewissen Rahmens halten muß:

> [...] aber völlig frei [in der Phantasieabwandlung] sind wir nicht, wofern wir im Sinne eines einstimmigen

---

[180] Dieser Unterschied ist ausgesprochen wichtig (Vgl. LU III §22) und wird in dieser Arbeit noch eine entscheidende Rolle spielen

[181] s. EU §21 c)

Anschauungsganges fortschreiten sollen, in dem das bestimmbare Subjekt identisch dasselbe ist und immerfort als einstimmig bestimmbar verbleiben kann.[182]

Was hier "Einstimmigkeit" heißt, muß näher verdeutlicht werden: Bei der Variation können drei Arten der Diskontinuität auftreten, die nicht die Einstimmigkeit der Variation aufheben:
(1) das Nicht-mehr-Festhalten eines zuvor fixierten Moments, was zu einem Übergang zum Allgemeineren führt. Terminologisch: Generalisierung.
(2) der umgekehrte Vorgang. Terminologisch: Spezifizierung.
(3) der Wechsel von einem Moment zu einem anderen.

Eine andere Art von Diskontinuität tritt auf, wenn man von einer Spezifizierung zu einer Generalisierung übergeht und von da aus wieder spezifiziert. Dies kann in zwei Weisen geschehen: Wenn ich von rot zu blau übergehe, so besteht hier eine Diskontinuität, die in eine Kontinuität (rot - alle farblichen Zwischenstufen - blau) überführbar ist. Wenn ich von rot zu dem Ton C übergehe, so ist dies nicht möglich. Im ersten Fall habe ich beim diskontinuierlichen Übergang rot generalisiert zu Farbe spezifiziert zu blau, wobei Farbe ein in sich homogenes Moment genereller Stufe ist, das ersetzt werden kann durch alle farblichen Zwischenstufen, im zweiten Fall habe ich rot - Farbe - sinnliche Qualität - Ton - C, wobei sinnliche Qualität ein in sich heterogenes Moment genereller Stufe ist. Nur im letzteren Fall liegt eine Diskontinuität vor, welche die Einstimmigkeit der Variation aufhebt.

## 1.2    Bemerkung zur Intentionalität I

Im Geschehen des Bewußtseins treten de facto gewisse Regelmäßigkeiten auf. Zu einer Regelmäßigkeit gehören auf unterster Stufe zwei abstrakte Momente:
M1 eine konkrete materiale Ähnlichkeit der Geschehnisse
M2 ein Bezug der Geschehnisse aufeinander.
Beide Momente fundieren sich wechselseitig: keine Ähnlichkeit ohne Bezug, kein Bezug ohne Ähnlichkeit. Genauso, wie zu jedem Fleck eine Farbe und Ausdehnung als abstrakte Momente gehören: ohne Farbe keine Ausdehnung, ohne Ausdehnung keine Farbe. Das besondere an einer solchen Fundierungsbeziehung wie der von Farbe und Ausdehnung ist, daß sie keiner Synthese bedarf: Man hat nicht einerseits Farbe und andererseits Ausdehnung und bringt sie

---

[182] Ideen I S. 346

dann irgendwie zusammen. Darin unterscheidet sich die Fundierungsrelation von gewöhnlichen Relationen. Diese beruhen immer auf Synthese hinsichtlich eines Moments der Relate wie z.B. Größe oder Lage im Raum; die Relate einer gewöhnlichen Relation sind selbständige Ganze. Die Relate einer wechselseitigen Fundierungsrelation sind unselbständige Momente an einem Ganzen wie Farbe und Ausdehnung am Fleck. Jeder Versuch, einen Grund für eine solche Beziehung anzugeben, ist zwangsläufig zum Scheitern verurteilt, da sie schlicht grundlos und für sich auch problemlos ist. Man kann hier überhaupt erst ein Problem finden, wenn man auf der abstrakten Stufe die Momente Farbe und Ausdehnung als selbständige Entitäten auffaßt und sich nun fragt, wie diese im Fleck "zusammenkommen". Wenn man diese Frage stellt hat man "vergessen", wie man überhaupt zu den abstrakten Begriffen Ausdehnung und Farbe gekommen ist. Macht man sich die Genese dieser Begriffe (nachträglich) klar, so wird auch sofort klar, daß die Frage sinnlos ist. Man könnte die Entstehung solcher Fragestellungen als "Fehlschluß der vergessenen Abstraktion" bezeichnen. Genau dasselbe liegt auch bei der Frage nach dem Bezug eines Ich auf einen Gegenstand vor:

Auf unterster genetischer Stufe hat man M1 und M2 an Regelmäßigkeiten. Betrachtet man diese Momente als selbständige Entitäten, so hat man mit M2 ein Ich, das Geschehnisse aufeinander bezieht und mit M1 eine Welt, die Ähnlichkeiten vorgibt. "Vergißt" man die Entstehung dieser abstrakten Begriffe, so ergeben sich beliebig verworrene Problemstellungen, wobei die beiden Hauptalternativen folgende zu sein scheinen: Das Ich erzeugt die Regelmäßigkeiten der Welt oder die Welt erzeugt die Regelmäßigkeiten des Ich. Beide Alternativen sind sinnlos, da Ich und Welt unselbständige, abstrakte Momente von Regelmäßigkeiten des Geschehens des Bewußtseins sind. Die phänomenologische Einklammerung hat genau die Funktion, dieses Geschehen als solches gegen alle Fehlschlüsse der vergessenen Abstraktion wieder zugänglich zu machen. Die sinnvolle Frage muß dann lauten: Aufgrund welcher Merkmale dieses Geschehens entstehen die Sinngebilde, die Gegenstand der Untersuchung sind?

Wenn man in dieser Weise auf höherer Ebene das Konzept Intentionalität zum Gegenstand phänomenologischer Untersuchung macht (also Kritik der Kritik übt), dann stößt man zunächst auf M1 und M2, dann auf das Phänomen der Kinästhese, in dem die räumliche Metaphorik der Intentionalanalysen begründet ist, auf die Konstitution eines Innen und Außen in Bezug auf den Leib, auf den Leib als Körper usw. Das soll an dieser Stelle nicht im einzelnen durchgeführt werden. Insgesamt sind die Begriffe der Phänomenologie und auch die an sie herangetragenen mit genetisch hochstufigen Konnotationen durchsetzt, da Phänomenologie-Betreiben nun einmal auf solcher Stufe stattfindet. So beinhaltet "Intentionalität" einen irreführenden Bezug auf Trennung von Ich und Welt, "Introspektion" einen Bezug auf Trennung von Innen und Außen, "Gerichtet sein" und "Bewußtseinsstrom" einen Bezug auf objektive Räumlichkeit usw.; diese Konnotationen sind in der Kritik der Kritik zu analysieren und so die Begriffe von der Metaphorik zur Fachsprache zu wandeln.

## 1.3    Synthesis

Was zerstückbar ist, bedarf der Synthese, um Einheit zu sein. Diese Synthese kann passiv oder aktiv sein.[183] Was unselbständig ist, bedarf weder der aktiven noch passiven Synthese mit dem, wovon es abhängig ist. Wenn eine echte Relation konstituiert wird, dann liegt folgendes vor: Zwei selbständige Ganze werden hinsichtlich eines Moments zur Synthesis der partialen Deckung gebracht und dadurch zu einer Einheit verbunden; hier liegt also Synthesis vor. Die Relation selbst (z.B. "neben") ist gegenüber den aufeinander bezogenen ("relierten") Ganzen unselbständig. Es ist jedoch nicht so, daß die Relation mit den zwei Ganzen in einer Synthese verbunden würde, als ob sie irgendwo für sich selbst bestünde. Zwischen der Relation selbst und den Relaten findet also keine Synthesis statt. Als konkretes Beispiel soll der Sachverhalt "Ralph sitzt neben John" dienen: Die Relate "Ralph" und "John" sind selbständige Ganze. Die Relation "sitzt neben" selbst ist unselbständig. D.h. "Ralph" und "John" sind Stücke des Sachverhalts und "sitzt neben" ist ein Moment des Sachverhalts. Der Sachverhalt als Ganzer "Ralph sitzt neben John" ist das Produkt einer Synthese, die fundiert ist in dem Moment der räumlichen Lage, das Ralph und John aufweisen.[184] Die Relation "sitzt neben" als Einheit für sich ist nicht das Produkt einer Synthese, sondern einer Abstraktion, die an dem Sachverhalt als Ganzem - der freilich Produkt eine Synthese ist - vorgenommen wird. Allgemein gilt folgendes Schema: "aRb" ist das Produkt einer Synthese von "a" und "b". "R" ist Produkt einer Abstraktion an "aRb". "aRb" ist also nicht aus "a", "b" und "R" zusammengefügt,

---

183 Zu Aktivität und Passivität s. 2.1.2 Bemerkung zur Intentionalität II

184 Die Synthese ist nicht möglich bei "Ralph sitzt neben Quersumme", da hier ein gemeinsames Moment fehlt.

sondern aus "a(x1)" und "b(x2)" wird "a(x1)(x2)b" und daraus "aRb", wobei "x1" und "x2" die relationsfundierenden Momente von a und b bezeichnen. Ich werde im folgenden echt relationale Einheitenbildungen als "Synthesen" bezeichnen und Einheitenbildungen die auf bloßen Fundierungen und echten Relationen beruhen als "Konstitutionen".

### 1.3.1 Die Jetztphase

Jedes Erlebnis hat die Struktur eines Auftretens (Urimpression, lebendige Gegenwart) und eines Absinkens (Retention) in der Zeit. Weiterhin gehört zu jedem Erlebnis die unterschiedlich bestimmte Erwartung, daß etwas kommen wird (Protention). Jeder Augenblick meines Bewußtseinslebens ist also konkret eine Phase. Gegenwart als Zeitpunkt ist eine idealisierende Abstraktion. In einer verräumlichenden Darstellung ergibt sich folgende Struktur:

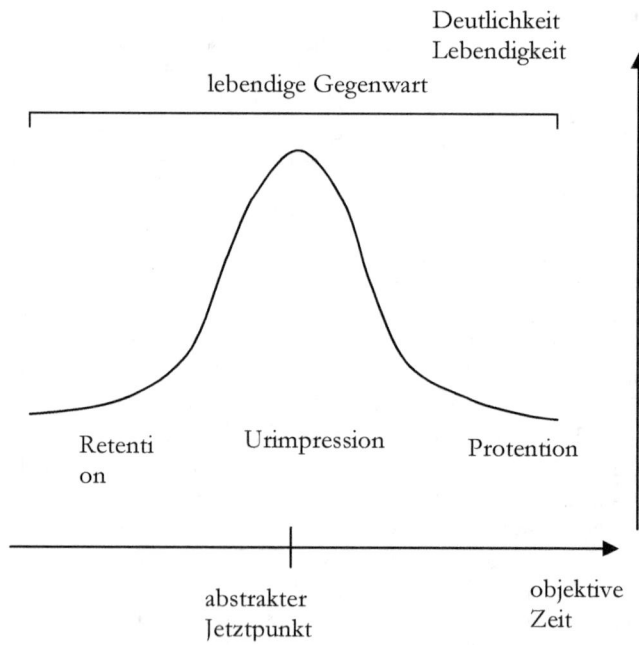

Das Sehfeld hat ohne Tiefe eine ähnliche, jedoch zweidimensionale Struktur.[185] Es hat ein Zentrum maximaler Deutlichkeit, das kontinuierlich in einen Rand immer geringerer Deutlichkeit bis zum Verschwinden übergeht. Gegenüber dem Zeitfeld, das eine eindeutige Ordnung vorgibt, ist es im Sehfeld möglich, Überführungen von Rand zu Zentrum umzukehren und zu wiederholen. Ich schaue auf einen Gegenstand A, schaue auf einen anderen B und wieder zurück auf A. Die visuell identischen Situationen sind hinsichtlich der Zeit verschieden. Das zweite Schauen auf A ist eben ein zweites. Das erste Schauen als erstes kann nicht wiederholt werden[186], sondern lediglich reproduktiv vergegenwärtigt werden, d.h. in der Erinnerung als erstes, aber eben erinnertes wiedergeholt werden. In diesem Unterschied von Sehfeld und Zeitfeld wird die absolute Passivität der Zeitstruktur deutlich. Des weiteren zeigt sich in obiger Deskription ein Unterschied zweier möglicher Intentionalitäten[187]: Der Gegenstand A ist in visueller Hinsicht identisch, während er in temporaler Hinsicht in $A_1$ und $A_2$ zerfällt. Vom rein bewußtseinsimmanenten Standpunkt aus muß also die Einheit von $A_1$ und $A_2$ als Synthese betrachtet werden. Der Gegenstand A in visueller Hinsicht ist insofern als die reine Immanenz überschreitend anzusehen, d.h. er ist als immanent-transzendenter konstituiert, wovon sich der voll transzendente Gegenstand noch einmal als von originärer Gegebenheit unabhängig unterscheidet. Im Ablauf der Bewußtseinserlebnisse (Noesis) konstituieren sich also Einheiten (Noemata), die über das rein originär Gegebene hinausgehen. Die Synthesis dieser Einheiten läuft jedoch zunächst rein passiv ab. Es liegt keinerlei Schluß vor, wenn ich $A_2$ als identisch mit $A_1$ auffasse, es geschieht einfach. Dennoch sind die Grundlagen dieses Geschehens analysierbar. Von den passiven Synthesen der Sukzession sind diejenigen der Koexistenz zu unterscheiden, die jedoch auf dem gleichen, im nächsten Abschnitt näher erläuterten Prinzip der Assoziation beruhen.

## 1.3.2 Einheiten der Koexistenz und Sukzession

In der lebendigen Gegenwart liegen bereits gewisse Einheiten vor, z.B. ein Fleck auf dem Papier. Konstitutiv für diese Einheiten

---

[185] Vgl. VPiZ S. 391 und ApS S. 143

[186] s. ApS §30

[187] Vgl. VPiZ Beilage III

sind Kontrast zur Umgebung und Verschmelzung innerhalb der Einheit. Jede derartige Einheit beruht auf Deckungssynthese hinsichtlich eines ähnlichen Moments.[188] Die Einheiten als Ganze, die in der lebendigen Gegenwart auftreten, sind Gestalten niederer Stufe. Es gibt hier verschiedenen Gesetze, welche die Einheitenbildung regeln, wie z.B. stetige Fortsetzung:

Bild 1                                    Bild 2

In Bild 1 werden die gewellte Linie AB und die gerade Linie CD als Einheiten aufgefaßt und nicht AC und DB. Innerhalb gewisser Grenzen können vorgegebene Einheiten aktiv umgestaltet werden (zu AC und DB), wobei sich auch die visuellen Gegebenheiten schemenhaft ändern wie in Bild 2. Was hier nur mit Anstrengung gelingt, ist in anderen Fällen leicht und selbstverständlich: Einmal betrachte ich den ganzen Stift als Einheit, ein anderes Mal die Kappe und den Stift als getrennt. Bei genauer Beobachtung läßt sich feststellen, daß derartige Wandlungen des Aufgefaßten immer auch mit Wandlungen im hyletischen Feld einhergehen: Das Zentrum des Sehfeldes liegt einmal mehr in der Mitte des Stiftes, das andere Mal mehr am oberen Ende. Man versuche etwa bei folgender Figur, die Figur als Einheit oder ihre Teile aufzufassen, ohne bei diesem Wechsel die Augen zu bewegen.

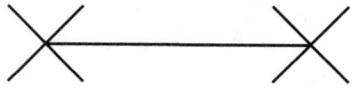

Das gelingt nur unter großer Konzentration und auch dabei sieht man effektiv Verschiedenes; die nicht fixierten Linien werden blasser u.ä.. Diese aktiven Umbildungen durch willkürliche Kinästhese und Phantasieüberlagerung stoßen allerdings an eine Grenze, welche den Bereich absolut passiver Vorgegebenheit markiert. Dieses Vorgegebene ist sozusagen das Material, auf

---

[188] Vgl. ApS §§ 28, 29

dessen Grundlage aktive Formungen und Veränderungen der Hyle aufbauen.

Einheiten der Sukzession beruhen ebenfalls auf Kontrast, Verschmelzung und Deckungssynthese. Nur mit dem Unterschied, daß sich hier immer lebendig Gegenwärtiges partiell mit retentional Absinkendem deckt, statt lebendig Gegenwärtiges mit lebendig Gegenwärtigem. Dieser Unterschied ist allerdings gradueller Art, da auch in der Koexistenz sich Zentrales mit Marginalem, das evtl. in der Sukzession zu Zentralem wird, decken kann. Ein scharfer Unterschied besteht dagegen hinsichtlich der möglichen Ordnungssynthesen, da sukzessiv Gegebenes aufgrund der Sukzession eine Ordnung mit vorgibt, während Koexistentes im Prinzip beliebig geordnet werden kann.[189]

### 1.3.3   Reproduktion

Im Erlebnisstrom bilden sich Einheiten aus, die auch über die Jetztphase hinausreichen können, wie z.B. das Hören eines Musikstücks. Einheitsbildend ist hier das durchgängige Noema.[190] Diese Einheiten sind dasjenige, was umgangssprachlich als Erlebnis, bzw. korrelativ als Ereignis bezeichnet wird und unseren Alltag typischerweise phasiert: Ich habe gefrühstückt, gearbeitet, bin spazierengegangen, habe mit jemandem gesprochen etc. Jede Erinnerung ist zunächst Erinnerung an ein vergangenes Noema. Die zugehörigen Noesen, ihr konkreter sukzessiver Ablauf wird erst sekundär vergegenwärtigt. Innerhalb solcher Erlebniseinheiten liegt, soweit die Erinnerung deutlich ist, eine feste Sukzession vor. Die Sukzession der Einheiten kann jedoch nur festgestellt werden, wenn diese in einen einheitlichen Ablauf zusammengefaßt werden, wozu auch die hochstufige Einordnung in die objektive Zeit zu rechnen ist. Ich erinnere mich z.B. daran, bei einem Museumsbesuch verschiedene Bilder gesehen zu haben, dabei bleibt unklar, in welcher Reihenfolge ich die Bilder bei dem Besuch betrachtet habe. Die Sukzession aller Bilder wird erst klar, wenn ich den Ablauf des Besuchs als Einheit wieder erinnere. Die Bewußtseinsvergangenheit ist nach dem retentionalen Absinken als Koexistenz von Erlebniseinheiten bzw. Ereignissen gegeben,[191] deren ursprüngliche Sukzession erst in einer sekundären Synthese wiederherstellbar ist.

---

[189] Vgl. ApS S. 136. Zur Kreuzung von Sukzession und Koexistenz s. ApS §30
[190] s. ApS S. 176
[191] s. ApS S. 177

Die Ordnungsformen der Vergangenheit sind dementsprechend auch typisch koexistenter Art: Es gibt in sich ungeordnete Gruppen von zusammengehörigen Erlebnissen, zirkuläre Verweisungszusammenhänge usw.. Wie es dazu kommt, daß ein bestimmter vergangener Bewußtseinsinhalt ins reproduktive Bewußtsein tritt und sich über das aktuell Gegebene schiebt, wird unter dem Problemtitel der "Weckung" behandelt, der eng mit dem Problem der Affektion zusammenhängt.

### 1.3.4 Erwartung

Bei einer Erwartung weckt ein Jetzt A ein vergangenes ähnliches Jetzt A' auf das ein B' folgte und so wird ein dem B' ähnliches B erwartet. Erwartung ist insofern "umgestülpte Erinnerung".[192] Sie unterscheidet sich von Erinnerung (thematisch gebundener Reproduktion) nicht wesentlich hinsichtlich der möglichen Explizitheit. Der wesentliche Unterschied liegt in der Weise der Erfüllung:[193] Eine Erwartung kann sich nur durch eine nachfolgende originäre Impression erfüllen, während eine Reproduktion sich nur durch ihre Einstimmigkeit mit anderen Reproduktionen als echte Reproduktion ausweisen kann. M.a.W. Erwartungen erfüllen sich in der Zukunft, Erinnerungen bestätigen sich durch Einklang mit anderen Erinnerungen. In beiden Fällen handelt es sich allerdings um Erfüllung dem Erlebnis nach; die Frage nach Wirklichkeit oder Illusion spielt auf dieser Stufe noch kein Rolle. Eine Reproduktion wird also erfüllt oder enttäuscht durch reproduktive Explikation, eine Erwartung dagegen durch originäre Impression. Hinsichtlich der Weise der Erfüllung müssen zwei Typen von Erwartung weiter unterschieden werden:[194] (1) Ich sitze im Kino und erwarte, daß der Film anfängt. (1') Ich gehe ins Kino und erwarte, daß dort ein dunkler Raum mit Leinwand ist. (2) Ich entscheide mich, ob ich ins Kino oder in die Kneipe gehe. Im Fall (1) erwarte ich ein impressionales Erlebnis, dessen eintreten "unabhängig" von mir ist. Im Fall (1') erwarte ich ein impressionales Erlebnis, das abhängig von meiner aktuellen Bewegung ist. Die Erwartung ist als aktuelle Erwartung nur motiviert, wenn ich aktuell die Bewegung vollziehe. Im Fall (2) sind die Erwartungen potentiell, da sie abhängig sind von möglichen

---

[192] s. VPiZ S. 413

[193] Vgl. VPiZ S. 413f.

[194] angedeutet bei Husserl in ApS Beilage XXV

Bewegungsverläufen. Genauer betrachtet wurde in (1) und (1') von der ständigen Einbettung der aktuellen Erwartung in potentielle abstrahiert. Im Fall (1) kann ich auch aufstehen und das Kino verlassen, im Fall (1') umkehren und nach Hause gehen etc. Wenn man körperliche Ruhe als Sonderfall mit unter Kinästhese faßt, dann sind die Erwartungen in (1) und (1') beide kinästhetisch motiviert. Letztlich sind also zu unterscheiden:

(1)  Aktuelle Erwartungen
(2)  Potentielle Erwartungen

Jede aktuelle Erwartung ist kinästhetisch motiviert und eingebettet in potentielle Erwartungen. Potentielle Erwartungen sind abhängig vom kinästhetischen Können. Allgemeiner gesprochen heißt das: Meine Erwartungen sind abhängig von dem was ich tue, und was ich tue ist eine Aktualisierung von Möglichkeiten, die durch mein Können bestimmt sind. Durch die Entscheidung überführe ich eine potentielle Erwartung in eine aktuelle Erwartung, d.h. ich verwirkliche einen kinästhetischen Verlauf unter den mir möglichen. Die Erfüllung oder Enttäuschung dieser aktuellen Erwartung ist dann nicht mehr von mir (d.h. dem kinästhetischem Verlauf) abhängig, sondern von den in diesem Verlauf auftretenden Eindrücken, zu denen auch eventuelle Hemmungen des Verlaufs zu rechnen sind.

Eine zentrale Funktion der Erwartung ist die Typusbildung:

> Tritt in derselben Gegenwart in ihrer Fortentwicklung eine Mehrheit von Daten auf, die zur betreffenden Konfiguration zusammengehen können, so werden bei rückgehender Weckung von Einzelheiten aus die betreffenden ganzen Konfigurationen geweckt, und diese, protentional-erwartungsmäßig vorstrahlend, werden das Vorbild dieser Konfiguration wecken und es erwarten lassen, und dadurch wieder wird das Zusammenschließen der Konfiguration zugleich als Erfüllung begünstigt. So wirkt die Vorerwartung "apperzeptiv", sie schafft mit in der Konfiguration der koexistierenden Gegenstände.
> [...] Die vergangenen Konfigurationen, geweckt, schieben sich über die Gegenwart, und sind in dieser ähnliche erzeugbar, so werden sie erzeugt und sind dann in Deckung mit den alten, sie sind "bekannt" - nicht individuell, sondern ihrem Typus nach.[195]

---

[195] ApS S. 190

Da es die Typen sind, die unsere Welt strukturieren und regionalisieren ist die Analyse von Erwartungsstrukturen und ihrer Genese ein zentraler Bestandteil der materialen Ontologie.

## 1.3.5 Die Struktur des hyletischen Feldes

Als "hyletisches Feld" wird das Insgesamt der verschiedenen Sinnesfelder bezeichnet. Auch wenn der Ausdruck "hyle" andere Konnotationen nahelegt, so handelt es sich hier nicht um bloße Sinnesdaten oder eine reine Mannigfaltigkeit, sondern um ein in sich immer schon strukturiertes Feld. Es geht an dieser Stelle nicht so sehr um die Strukturen der einzelnen Sinnesfelder und ihre Koordination, sondern um die allgemeine Struktur dieses Insgesamt, wobei an dieser Stelle die Hier - Dort Struktur zunächst außer acht gelassen wird, da sie thematisch zur eigentlichen Konstitutionsanalyse und nicht zur Vorklärung gehört. Jedes Sinnesfeld ist ein Ganzes der Gattung zeitlicher und räumlicher Extension. Jedes Sinnesfeld besitzt ein Zentrum maximaler Deutlichkeit, das kontinuierlich in einen Rand übergeht. Beim Sehfeld ist diese Sachlage offensichtlich, aber auch beim Riechfeld ist sie anzutreffen: Man kann aus einem Duft Stücke herausriechen. Der herausgerochene Geruch, z.B. Sandelholz in einem Parfüm, ist dann im Zentrum und die anderen Bestandteile des Parfüms liegen koexistent im Rand. Räumlichkeit ist hier in einem abstrakten Sinn als extensive Koexistenz zu nehmen.

Von dieser Zentrum - Rand Struktur in allen Sinnesfeldern läßt sich eine Vordergrund - Hintergrund Struktur zwischen den Sinnesfeldern unterscheiden: Im hyletischen Feld steht immer ein Sinnesfeld im Vordergrund, ist im engeren Sinne bewußt, während die anderen im Hintergrund bleiben und die Vorgänge in ihnen nur bewußt werden, wenn sie in den Vordergrund treten. Die Vordergrund - Hintergrund Verhältnisse sind gradueller Art, was z.B. beim Verhältnis von Hör- und Sehfeld in einem Gespräch deutlich wird, da hier beide Felder im ständigen Wechsel stehen und dadurch dicht beieinander liegen, während z.B. das Tastfeld weit im Hintergrund liegt.

Eine weitere Struktur ist die Überlagerung von Erinnerungen oder Phantasien über die aktuelle Wahrnehmung. Wenn ich mir vorstelle, daß ich ein Bild an eine leere Wand hänge, dann sehe ich vor mir nicht mehr einfach die leere Wand, sondern mehr oder weniger deutlich das Bild an der Wand. Das Sehfeld, wie auch die anderen Felder, besteht insofern aus einem Originalfeld und einem Superpositionsfeld, das dem intersubjektiv zugänglichen Feld überlagert ist. Die Überlagerung kann Partien des Feldes oder auch das gesamte Feld betreffen, des weiteren kann die Überlagerung so stark werden, daß sie das Originalfeld unbewußt werden läßt wie z.B. beim Tagtraum. Beim Schlaftraum oder der Halluzination entwickelt das Superpositionsfeld eine Eigendynamik, die bei Erinnerung oder Phantasie nicht zu finden ist, man kann z.B. überrascht werden. Traum, Erinnerung und Phantasie unterscheiden sich zwar de facto häufig, aber nicht ihrem Wesen nach in der Deutlichkeit, sondern vielmehr in ihren Erwartungshorizonten. Die Horizonte im Traum und in der Wirklichkeit haben eine ähnliche Struktur; der Unterschied zwischen Traum und Wirklichkeit ist erst über Intersubjektivität vollständig konstituiert. Man kann zwar von einer Erinnerung als Ganzer überrascht werden, aber nicht in der Erinnerung; man erinnert sich an eine falsche Erwartung eben als falsche, ihre Nichterfüllung im weiteren Gang der Erinnerung ist aktuell erwartet. Aktuelle Erwartung und Gang der Erinnerung decken sich beim Erinnern, die aktuelle Erwartung wird dabei stets erfüllt. Das gleiche gilt auch für die Phantasie, der Unterschied liegt jedoch darin, daß der Phantasieinhalt als von mir hervorgebrachter, erzeugter bewußt ist, während der Erinnerungsinhalt als vorgegeben, vorgefunden bewußt ist. Dieser Unterschied kreuzt sich mit demjenigen zwischen Wirklichkeit und Unwirklichkeit, der auf Intersubjektivität beruht. Es gibt wirklich Hervorgebrachtes und unwirklich Vorgefundenes. Man kann folgende prägnanten Begriffe bilden, wobei "wirklich" hier für intersubjektive Gegebenheit steht und "kontingent" für enttäuschbar hinsichtlich der aktuellen Erwartung:

- Wahrnehmung ist wirklich Vorgefundenes mit kontingentem Horizont.
- Traum und Halluzination sind unwirklich Vorgefundenes mit kontingentem Horizont.
- Erinnerung ist wirklich Vorgefundenes mit festem Horizont.
- Fehlerinnerung ist unwirklich Vorgefundenes mit festem Horizont.
- Phantasie ist unwirklich Hervorgebrachtes mit festem Horizont.
- Freie Phantasie ist unwirklich Hervorgebrachtes mit kontingentem Horizont.
- Verwirklichung ist wirklich Hervorgebrachtes mit genauer zu untersuchendem Horizont.

Der Unterschied zwischen Vorgefundenem und Hervorgebrachtem ist scheinbar klar, bedarf aber, ebenso wie der

Begriff der Verwirklichung, im Verlauf dieser metaethischen Untersuchung der genauen Aufklärung. Auch freie Phantasie ist problematisch, gehört jedoch nicht zum hier behandelten Problemkreis. Insgesamt sind die prägnanten Begriffe dahingehend problematisch, daß in ihnen Eigenschaften, die verschiedenen genetischen Stufen angehören und zudem graduelle Abstufungen zulassen, zur Differenzierung verwendet werden. Sie sind also als erste Annäherung zu nehmen.

Die Zentrum - Rand Struktur der Sinnesfelder bedarf noch einer näheren Erläuterung: Es lassen sich Zentren der Deutlichkeit von Zentren der Aufmerksamkeit unterscheiden. Ich kann z.B. vorgeben, ein Buch zu lesen, es also im Zentrum der Deutlichkeit in der Mitte meines Sehfeldes halten, dabei aber aufmerksam auf die Vorgänge im Raum gerichtet sein. In weniger stark deutlichkeitszentrierten Feldern wie dem Hör- oder Tastfeld ist dieses Auseinandergehen der Zentren sogar der Normalfall.

Die materiale Fluktuation der hier besprochenen Strukturen fällt unter das Problem der Affektion, dem der übernächste Abschnitt gewidmet ist.

## 1.3.6 Kinesis

Beim Bewegen bringt man Inhalte im kinetischen Feld hervor, allerdings nicht wie in der Phantasie im Superpositionsfeld, sondern im Originalfeld. Diese Möglichkeit der unmittelbaren Hervorbringung im Originalfeld unterscheidet das kinetische Feld (d.i. der räumliche Bereich der Bewegungsempfindnisse) von allen anderen. Welche Synthesen laufen hier ab? Im Verlauf einer Bewegung erfüllen sich kontinuierlich kinetische Protentionen, die material gefüllt sind. Es liegen hier nicht bloße Protentionen der Typik vor, sondern voll konkrete, die ohne Wandlung in die lebendige Gegenwart übergehen. Diese konkrete sukzessive Deckung von Protention und lebendiger Gegenwart ist konstitutiv für das Bewußtsein der Hervorbringung. Findet diese Deckung nicht statt, so wird die Bewegung als unterbrochen erlebt, wie z.B. bei einem Krampf oder beim Anstoßen, Stolpern etc..

Die Hervorbringung im kinetischen Originalfeld unterscheidet sich von der Hervorbringung in anderen Feldern durch ihre Unmittelbarkeit. Auch im visuellen Originalfeld kann ich Inhalte "hervorbringen", wenn ich z.B. vom Tisch aufschaue, sehe ich den Raum vor mir usw. Aber diese "Hervorbringung" ist bloß mittelbar, nämlich über kinetische Hervorbringung vermittelt. Das so mittelbar "Hervorgebrachte" ist als Vorgefundenes bewußt und unterscheidet sich in seiner Gegebenheit nicht wesentlich von ohne Kinese Vorgefundenem. Von der hier besprochenen Hervorbringung im Originalfeld unterscheidet sich die Hervorbringung im Superpositionsfeld z.B. in der Phantasie dadurch, daß keine Überlagerung vorliegt. Ein besonderer Grenzfall ist dabei die totale Überlagerung, in der das Superpositionsfeld sozusagen zum Originalfeld wird. M.a.W.: es ist denkbar, daß auch in anderen Feldern unmittelbare Hervorbringung im Originalfeld stattfinden könnte. Unser Bewußtsein ist jedoch de facto so geartet, daß diese nur im kinetischen Feld anzutreffen ist; darin unterscheiden wir uns z.B. von Zauberern in Fantasygeschichten. Von dieser Möglichkeit ist wiederum die Halluzination zu unterscheiden, die subjektiv vorgefunden ist und erst objektiv als Hervorgebrachte bezeichnet werden kann, womit dann nichts anderes als "nur" subjektiv vorgefunden ausgesagt wird. Ob eine Hervorbringung im Originalfeld oder im Superpositionsfeld stattfindet, liegt demnach an zwei Momenten: Subjektiv an der Überlagerung, die jedoch ein einfach graduelles Phänomen ist, und objektiv an der intersubjektiven Gegebenheit, die komplexe Stufungen aufweist. Die Beschränkung unmittelbarer Hervorbringung im Originalfeld auf das kinetische Feld hat von daher ebenfalls zwei Seiten: Subjektiv ist hier keine Überlagerung vorhanden, während sie in anderen Feldern graduell evtl. bis zum Verschwinden vorliegt. Objektiv ist die hervorgebrachte Bewegung in ihrem Außenaspekt intersubjektiv gegeben, während dies in anderen Feldern nicht der Fall ist. Die Beschränkung ist also primordial vorkonstituiert und wird intersubjektiv scharf.

Genetisch liegt demnach grob folgendes vor: Im hyletischen Feld finden Hervorbringungssynthesen statt und zwar unmittelbar nur kinetisch, mittelbar auch in anderen Sinnesfeldern. Diejenigen Hervorbringungssynthesen, die unmittelbar im Originalfeld stattfinden, decken sich hinsichtlich ihrer sinnlichen Qualität des Kinetischen und bilden so die Einheit eines, wie ich es nennen möchte, kinetischen Ich. Die Bezeichnung "kinetisches Ich" für diese Einheit und "kinetischer Ichpol" für das einheitliche Moment dieser Synthesen beziehen ihre Berechtigung daraus, daß sie konstitutiv für das sind, was höherstufig mit "Ich" bezeichnet wird. Die Hervorbringungssynthesen, die mittelbar in Originalfeldern stattfinden decken sich hinsichtlich ihrer Vermittlung durch Kinesen und bilden so die Einheit eines "kinästhetischen Ich". Die Hervorbringungssynthesen, die unmittelbar in den Superpositionsfeldern stattfinden, decken sich einerseits hinsichtlich des Moments der Überlagerung und andererseits hinsichtlich mangelhafter kinästhetischer Koordinierung (Fehlen taktiler Gegebenheit visueller Phantasien etc.) und bilden so die Einheit eines "vorstellenden Ich". Gemeinsam bilden diese Einheiten das Pol-Ich in dem Sinn, wie es Husserl in seinen Affektionsanalysen einführt.

Das Pol-Ich ist also kein einfaches Moment von Akten, wie es in Husserls Analysen den Anschein hat.[196] Vielmehr liegt folgender Fundierungszusammenhang vor: Das kinetische Ich ist fundiert in der Gegebenheit eines kinetischen Feldes und fundiert einseitig das kinästhetische Ich, das zudem in der Gegebenheit anderer Originalfelder als dem kinetischen fundiert ist. Das vorstellende Ich ist fundiert in der Gegebenheit von zu Originalfeldern gehörigen Superpositionsfeldern überhaupt und, insofern es auch kinästhetische Vorstellungen betrifft, ist es auch im kinästhetischen Ich fundiert. Das Pol-Ich als ganzes Moment ist demnach einseitig fundiert im hyletischen Feld, welches schließlich selbständig ist. Das Pol-Ich ist ein nicht immer vorhandenes Moment an Teilen des hyletischen Feldes. Die Verortung dieses Pols im Leibesinnern und die Richtung der Intentionalität von dem "Hier" im Leib auf ein "Dort" außerhalb oder auch in besonderer Weise innerhalb des Leibes werden in 2.1.1 untersucht.

### 1.3.7 Affektion

Die Deskription der Phänomene der Affektion bedient sich einer Metaphorik des Räumlichen und Dynamischen. Es ist die Rede von Nähe und Ferne, Kräften und Zügen, Nachgeben etc. in Bezug auf das Pol-Ich. Diese Metaphorik ist letztlich eine präzise Fachsprache, da sie sich auf Kinästhesen bezieht.

Was geschieht, wenn etwas meine Aufmerksamkeit auf sich zieht? Ein Beispiel: Am Rand des visuellen Feldes leuchtet etwas auf. Es hebt sich kontrastiv ab; das zuvor unbewußte Gebiet des Feldes tritt ins Bewußtsein und es macht sich eine kinetische Tendenz bemerkbar, die so geartet ist, daß beim Nachgeben das Gebiet ins Deutlichkeitszentrum des Sehfeldes gelangt. Insofern übt das aufleuchtende Gebiet einen Zug auf den Ichpol aus, der dem Zug nachgibt und dann auf das entsprechende Gebiet gerichtet ist. Das zuvor im Zentrum Gewesene rückt in den Rand. Die Aufmerksamkeit hat sich verlagert. In einem anderen Fall gibt das Ich dem Zug nicht nach und bleibt auf das bisher Fixierte gerichtet. Man kann insgesamt davon sprechen, daß alle Gebiete des Feldes

---

[196] Vgl. EU §§17-19

einen gewissen Zug auf das Ich ausüben, von denen sich jedoch in jedem Moment nur eines durchsetzen kann. Welches Gebiet dies ist, hängt von der sinnlichen Qualität (Intensität, Kontraststärke etc.) und von der "Relevanz" des Eindrucks für das Ich als Substrat von Habitualitäten ab. Affektive Kraft hat also die fundierenden Momente Eindringlichkeit vom Feld her und Aufnahmebereitschaft vom Ich her.[197] Eindringlichkeit ist vor allem durch Intensität und Kontraststärke bestimmt, die Aufnahmebereitschaft ist durch das komplexe Phänomen der Relevanz bestimmt, auf das ich im nächsten Abschnitt eingehe. In weniger stark deutlichkeitszentrierten Feldern als dem Sehfeld hat die Rede vom "Zug" einen übertragenen Sinn, insofern die Bewegung des Zentrums der Aufmerksamkeit nicht von einer Kinästhese begleitet ist, aber doch immerhin eine Bewegung vorliegt, die genetisch gesehen eine Internalisierung von Kinästhesen darstellt. Wichtiger als diese Rechtfertigungen der Sprache ist hier jedoch die allgemeine Struktur der Affektion:

Allgemein bringt Affektion ein Sinnesfeld des hyletischen Feldes in den Vordergrund und in diesem Sinnesfeld ein Gebiet ins Zentrum. Geht man davon aus, daß alle Teile des hyletischen Feldes eine gewisse affektive Kraft haben, so geschieht hier etwas ausgesprochen Merkwürdiges: Es findet eine Art Vergleich zwischen qualitativ völlig Verschiedenem statt, der dazu führt, daß eines an die Spitze gesetzt wird. Die Analogie zum Problem der Wahl zwischen zu realisierenden Werten ist offensichtlich. Wie weit die Analogie trägt, wird später noch untersucht. Das einzige offensichtliche einheitliche Moment der affektiven Kräfte ist die Relevanz, die jedoch ein komplexes Moment ist und von daher nicht selbstverständlich als ordnendes Moment angesetzt werden kann, wie etwa Intensität von sonst qualitativ Gleichem. Ob auf Seiten der Hyle ein ähnliches komplexes einheitliches und möglicherweise ordnendes Moment gefunden werden kann, wird ebenfalls eine wichtige Frage sein.

Im Zusammenhang der Affektion muß noch kurz auf das Phänomen der Weckung eingegangen werden:[198] Mit "Weckung" ist das Phänomen bezeichnet, daß etwas aktuell Gegebenes an etwas retentional Abgesunkenes oder auch etwas zentrales an etwas marginales "erinnert", also den abgesunkenen, unbewußt gewordenen Inhalt wieder ins Bewußtsein bringt. Die folgenden Ausführungen beziehen sich auf zeitliche Weckung und gelten

---

[197] Vgl. EU S. 81-82

[198] s. ApS §§ 36-39

entsprechend übertragen auch für marginale Weckung. Der weckende Inhalt hat mit dem Geweckten ein ähnliches Moment auf irgendeiner Generalisierungsstufe. Ein flackerndes Licht kann z.b. ein akustisches Stakkato wecken, ein rotes Feuerzeug an Erdbeeren erinnern usw. Es kann auch zu mittelbarer Weckung kommen, bei der die Zwischenglieder unterschiedlich stark bewußt werden. Der konkrete Gang solcher Weckungen ist nicht Gegenstand der Phänomenologie, hier interessiert nur die Struktur. Die Struktur der Weckung ist nicht an die Zeitordnung der Erlebnisse gebunden und auch nicht an konkrete Ähnlichkeit. Weckung ist passiv und von ihr aus kann dann aktive Erinnerung stattfinden. Auch Weckungen haben affektive Kraft; wenn sie sich durchsetzten, tritt die Reproduktion in den Vordergrund des hyletischen Feldes. Im aktiven Erinnern ist die Aufnahmebereitschaft des Ich für Weckungen besonders groß; die Aufmerksamkeit liegt dann im Superpositionsfeld.

## 1.3.8  Relevanz

Zur affektiven Kraft gehören immer Relevanz und Kontraststärke. Sie können jedoch unterschiedlich dominant sein. Ich stehe z.B. in einer lärmenden Menschenmenge. Jemand tritt auf meinen Fuß. Dieser Eindruck setzt sich vor allem durch Kontraststärke durch. Höre ich dagegen meinen Namen, so setzt sich dieser Eindruck vor allem aufgrund von Relevanz durch. Diese Relevanz beruht offenbar auf meiner Habitualisierung, auf diese Lautfolge zu reagieren, mit ihr die Erwartung zu verbinden, daß jemand mit mir oder über mich spricht etc.. In jedem Moment ist irgend etwas am relevantesten. Diese Ordnung der Relevanz legt es nahe, daß die der Relevanz zugrundeliegenden Habitualisierungen ein Moment aufweisen, das eine derartige Ordnung fundiert. Was dieses Moment ist wird eines der zentralen Probleme der nachfolgenden genetischen Untersuchungen sein.

Der Fall aktiver Relevanz liegt einfacher, da hier keine derartig problematische Ordnungsform vorliegt: Wenn ich einen Nagel in die Wand schlagen will, dann ist es gleich relevant, wo sich Hammer und Nagel befinden. Das Problem der passiven Relevanz besteht darin, warum ich z.B. zuerst den Hammer und dann den Nagel suche und nicht umgekehrt. Eine Ordnung der aktiven Relevanz ergibt sich erst höherstufig aus einer mehr oder weniger klaren sachlichen Reihenfolge im relevanten Thema, wie z.B. daß ich zuerst Hammer und Nagel in den Händen haben muß, bevor ich darauf achte, mir nicht auf die Finger zu hauen, oder komplexer, in welcher Reihenfolge diese Arbeit durchzuführen ist.

## 1.4 Regionen

Nach EU §92 sind Regionen oberste konkrete Gattungen. Expliziert man diese Definition gemäß der oben bereits erwähnten LU III zur Lehre von Teilen und Ganzen, so ergibt sich für das Wesen von Regionen: Ein regionales Wesen ist die höchste Generalisierung eines Umfangs von unabhängig voneinander vorkommenden Etwas, die selbst keine Generalisierungen sind.[199] Die Elemente einer Region weisen dasselbe regionale Wesen als abstraktes Moment auf. M.a.W.: Gegenstände, die zu einer Region gehören sollen, müssen wenigstens ein Moment gemeinsam haben. Gemäß obiger Definition ist die Region relativ auf den betrachteten Umfang von Konkreta. Nimmt man z.B. visuell gegebene Gegenstände, so besteht ihr Wesen darin, eine Farbe und eine Lokalisation im visuellen Feld zu haben. Bei akustischen Gegenständen besteht es darin, eine Tonqualität und eine Lokalisation im akustischen Feld zu haben. Unter Lokalisation ist räumliche Ausdehnung inklusive des Grenzfalls der vollständigen homogenen Überdeckung, der bei akustischen Gegenständen häufig auftritt, zu verstehen. Nicht jeder Umfang läßt eine Generalisierung zu, bei der der Umfang erhalten bleibt. So gibt es z.B. kein Wesen von Tischen, Stühlen etc., weil hier die Generalisierung zur höchsten Gattung zwangsläufig über den anfänglichen Umfang hinausführt. So kann man z.B. einen Stuhl kontinuierlich in einen Tisch überführen. Beginnt man also die Variation mit einem konkreten Gegenstand, so ist diese immer so weit zu treiben, bis eine einheitliche höchste Gattung festgehalten

---

[199] Bei dieser Explikation greife ich auf die von Null in EoPhen „Formal and Material Ontology" gegebene Zusammenstellung und griffige Formulierung der Husserlschen Definitionen zurück:

- Any essence is a regional eidos iff it is a highest concrete genus.
- Any genus is concrete iff it is a generalization of some concretum.
- Any essence x is a genus iff there is some different essence y such that x is a generalization of y.
- Any essence x is a highest genus iff it is a genus and not a species.
- Any essence x is a species iff there is some different essence y such that y is a generalization of x.
- Any essence is a concretum iff it is a lowest species whose extension is a class of independent instances.
- Any essence x is a lowest species iff it is a species and not a genus.

werden kann. So gelangt man im Ausgang von Tischen oder Stühlen zu der gleichen Gattung physischer Gegenstand zu der man auch gelangt wäre wenn man von Steinen etc. ausgegangen wäre, die man aber nicht erreicht hätte, wenn man von Zahlen, Variablen etc. ausgegangen wäre. Der Umfang der Region, zu welcher der Ausgangsgegenstand gehört, ist insofern nicht vorab klar, sondern ergibt sich erst in der Variation. Bei diesem Prozeß sind zwei Dimensionen des Aufstiegs zur Region zu unterscheiden:

1. Generalisierung im eigentlichen Sinn als Loslassen der inhaltlichen konkreten Bestimmung eines Teils.
2. Abstraktion im Sinne des Wegstreichens von Teilen.

Wenn ich von einem Lautsprecher, aus dem Musik kommt, diese Musik wegstreiche, so gehört der Lautsprecher zur Region der visuellen Gegenstände; mache ich das umgekehrte, so gehört er zur Region der akustischen Gegenstände. Nehme ich keine solche Abstraktion vor, sondern generalisiere direkt, dann gehört der Lautsprecher zur noch genauer zu bestimmenden Region der Dinge. Es ist also festzuhalten, daß es einen Stufenbau der Regionen gibt: Je konkreter der Umfang ist, desto höher ist die Region, die sich aus der Generalisierung ergibt.[200] Es ist ein naheliegendes Mißverständnis zu glauben, daß sich die Höhe der Region aus der Stufe der Generalisierung ergibt, aber die Generalisierung muß immer von einem Umfang aus zur höchsten Stufe getrieben werden, sonst hat man überhaupt noch keine Region gewonnen. Des weiteren darf die Abstraktion am Umfang nur Stücke seiner Elemente betreffen, da sonst nicht eine höchste Gattung von Konkreta, sondern von Abstrakta gewonnen wird; sinnliche Qualität wäre ein Beispiel für letzteres.

Bei der Gewinnung von Regionen ist noch etwas zu beachten: Die Generalisierung kann sich auf innere Bestimmungen oder äußere Beziehungen (Relationen im engeren Sinn als Beziehungen zwischen Momenten von selbständigen Ganzen) beziehen. Ich kann untersuchen, was wesentlich zu einem visuellen Gegenstand als solchem an Momenten gehört (Qualität, Lokalisation etc.), oder in welchen Relationen diese Gegenstände als selbständige Ganze stehen können (Lage, Größe etc.). Die Gewinnung einer Region beschränkt sich zunächst auf die inneren Bestimmungen; erst darauf aufbauend können die möglichen Relationen zwischen Gegenständen dieser Region untersucht werden. Zum vollen Begriff einer Region gehört auch die Kenntnis dieser Relationen,

---

[200]In obigem Beispiel sind die Regionen visueller Gegenstand und akustischer Gegenstand als Unterregionen der Region Ding zu erkennen.

die jedoch ihrer Möglichkeit nach nur aus dem engeren Begriff der Region als oberster Gattung von Konkreta eingesehen werden können, da Relationen in den relierten Momenten der Relate fundiert sind.

## 1.5 Exposition des problematischen Verhältnisses von Sachen, Dingen und Werten im subjektiven Erleben

Was gehört zu einem Alltagsgegenstand (einer "Sache") wie meinem Ofen? Ein Aussehen, Geräusch, Haptik (wie er sich anfaßt), Wärme, Geruch, Gefühl (z.B. Behaglichkeit); eine Stelle in der objektiven Raumzeit; ein assoziativer Kontext; ein Wert.[201] Alles dies macht den Ofen als voll konkrete Sache aus. Was macht nun die Einheit dieser Sache aus; was ist an ihr Moment, was ist Stück, was hält die Stücke zusammen; insbesondere, in welcher Weise gehört der Wert zur Sache? Zunächst betrachte ich, welche Bestimmungen ich prima facie wegstreichen kann und trotzdem ein selbständiges konkretes Ganzes zurückbehalte: Den Wert, den Kontext, den sinnlichen Eindruck bis auf einen beliebigen, die objektive raumzeitliche Stelle, nicht jedoch die subjektive, sind streichbar. Bei maximaler Streichung bleibt also ein gewisser sinnlicher Eindruck mit einer gewissen immanenten Dauer und einer gewissen Lokalisation im entsprechenden Sinnesfeld übrig.

Was verbindet mehrere solche Eindrücke zur Einheit eines Dings? In der Koexistenz und Sukzession in einem Sinnesfeld ist es die Homogenität der Qualität. In der Koexistenz mehrerer Sinnesfelder ist es die Deckung der Lokalisation. Die Eindrücke kommen von derselben Stelle. Dies setzt freilich eine Koordination der Sinnesfelder zu einem einheitlichen Stellensystem, also einem subjektiven Raum voraus. Konstitutiv für die Deckung der Lokalisation ist die Quellenhaftigkeit der Eindrücke, d.h. daß sie "von dort" kommen. Ohne an dieser Stelle ins Detail zu gehen, wird bereits ein erstes Problem deutlich: Aussehen, Geräusch, Wärme, Geruch, Haptik eines Dinges decken sich hinsichtlich ihrer Lokalisation und erhalten so ihre Einheit. Das Gefühl dagegen ist im Leib lokalisiert und damit typischerweise nicht im Ding. Die Zugehörigkeit der emotionalen Qualität, z.B. des Wohlbehagens beim Ofen, ist also offenbar von anderer Art als die Zugehörigkeit

---

[201] Ich will noch einmal daran erinnern, daß es sich um vage Vorbegriffe handelt, die erst durch die phänomenologische Deskription expliziert werden.

der übrigen sinnlichen Qualitäten. Das erste Problem, welches sich hier stellt ist, wie dabei dennoch eine Art der Zugehörigkeit konstituiert wird. Die Haptik bietet hier ein wichtiges Übergangsphänomen, da sie originär sowohl im Ding, als auch im Leib, genauer, auf der Grenze beider, lokalisiert ist.

Des weiteren zeigt sich, als zweites Problem, eine näher zu analysierende Abhängigkeit der emotionalen Qualität von den mitgegebenen sinnlichen Qualitäten. Die emotionale Qualität scheint zwar im Prinzip unabhängig von den übrigen Qualitäten zu sein, es zeigt sich jedoch eine Widerständigkeit in der Variation, die bei anderen Qualitäten nicht anzutreffen ist: Es ist z.b. schwer vorstellbar, daß ich bei einem schrillen, lauten Geräusch Wohlbehagen empfinde, während z.b. jede Färbung meines Ofens ohne Schwierigkeiten mit jedem Geräusch zusammengeht. Diese Widerständigkeit scheint von anderer Art zu sein als die Widerständigkeit bei der Überwindung von empirisch-faktischen Zusammenhängen in der Phantasievariation, wie z.b. ungewöhnliche Formen für Öfen. Es ist demnach zu prüfen, ob nicht doch ein Fundierungsverhältnis zwischen emotionaler Qualität und anderen sinnlichen Qualitäten besteht. Insbesondere ist zu untersuchen, ob gewisse sinnliche Qualitäten nur mit emotionalen Qualitätsmomenten auftreten können. In der bisher aufrechterhaltenen Beschränkung des Umfangs von Konkreta ergibt sich die Region des Sinnendinges, dessen Wesen es ist, eine oder mehrere sinnliche Qualitäten als Stücke zu haben, die sich hinsichtlich ihrer Lokalisation decken. Der Begriff dieser Region ist problematisch hinsichtlich der Zugehörigkeit emotionaler Qualitäten.

Ein drittes Problem ergibt sich, wenn man das bisher Weggestrichene hinzunimmt: Ein Sinnending ändert seine originär gegebenen nichtemotionalen Qualitäten nicht, wenn man den Kontext variiert. Was sich jedoch ändert ist die Art der Verbindung mit diesem Kontext, die z.b. von unmittelbarer zu mittelbarer oder von konkreter zu abstrakter Ähnlichkeit übergehen kann. Daraus ergibt sich eine gewisse Widerständigkeit der Kontextualisierung, die allerdings keine wesensnotwendige Einschränkung anzeigt. Die emotionale Qualität scheint dagegen im assoziativen Kontext mitfundiert zu sein: Wenn ich einmal erlebt habe, daß mein Ofen explodiert ist, dann stellt sich nicht mehr das frühere schlichte Wohlbehagen ein, während die übrigen originären sinnlichen Qualitäten davon völlig unberührt bleiben. Diese Abhängigkeit der emotionalen Qualitäten vom assoziativen Kontext ist das dritte zentrale Problem.[202]

Bisher ist also festzustellen, daß der Zusammenhang von emotionalen Qualitäten mit anderen Qualitäten in dreifacher Hinsicht problematisch ist:

1. Welche Art von Einheit bilden emotionale Qualitäten mit anderen Qualitäten in der Dinganschauung?
2. In welcher Weise hängen emotionale Qualitäten von anderen sinnlichen Qualitäten ab?
3. In welcher Weise hängen emotionale Qualitäten in der Dinganschauung vom assoziativen Kontext des Dinges ab?

Betrachtet man subjektiv erlebte Werte in einem intuitiven Vorverständnis, so sind sie von ganz analogen Problemen betroffen wie emotionale Qualitäten:

1. Wie kommt der Wert "an" das Ding?
2. Wie hängt der Wert von den sinnlichen Qualitäten des Dinges ab?
3. Wie hängt der Wert vom Kontext des Dinges ab?

Diese Parallelität legt es nahe, daß subjektive Werte in emotionalen Qualitäten fundiert sind. Sie unterscheiden sich von diesen jedoch durch das ihnen wesentliche Moment der Ordnung. Es ergibt sich hier also ein weiteres Problem:

4. Worin ist die Ordnung von Werten fundiert?

Diese Analogie legt es nahe, daß das was unter den ersten drei Fragen präzise gefaßt ist, sich als Explikat des unklaren Begriffs Wert erweisen kann. Ich werde also mit folgendem Ansatz beginnen: Subjektive Werte sind geordnete Komplexe von emotionalen Qualitäten. Dieser Begriff ist problematisch hinsichtlich obiger vier Punkte. Geht man zur Objektivität über, so ergeben sich weitere Komplexionen der obigen Grundprobleme,

---

[202]Hinsichtlich der Regionen ist noch folgendes anzumerken: Sinnendinge, die in einem unendlich offenen Verweisungszusammenhang wie dem assoziativen Kontext stehen, können als "weltliche Dinge" bezeichnet werden. Weltlichkeit ist als relative Bestimmung zunächst kein regionales Wesen. Das gleiche gilt für Realität und Phantasie als weitere Einengungen von Weltlichkeit. Diese Begriffe bezeichnen Wesensmöglichkeiten von Beziehungen zwischen Elementen der Region Sinnending. Hat man diese Wesensmöglichkeiten hinsichtlich ihrer Fundierung in Spezifizierungen von Sinnendingen eingesehen, so kann man denjenigen Umfang von Sinnendingen fixieren, der dieser Spezifizierung genügt, und versuchen, ob sich daraus durch Generalisierung der verbleibenden Bestimmungen eine "relative Region" ergibt, deren "Umfang" dann aber nicht unbedingt auf Sinnendinge einschränkbar ist. So könnte z.B. Sprache als System zur "relativen Region" des Weltlichen gehören. Genau gesprochen ergeben sich in diesem Verfahren oberste Gattungen von Abstrakta, die in evtl. verschiedenen Gattungen von Konkreta als mögliche Verbindungsformen angetroffen werden können.

die jedoch ohne vorherige Aufklärung der subjektiven Problematik nicht klar formuliert werden können. Die Exposition beschränke ich daher zunächst auf diese Punkte. Allgemein gesprochen liegt die Schwierigkeit der objektiven Problematik darin, inwieweit emotionale Qualitäten intersubjektiv sind und inwieweit objektive Werte in subjektiven Werten fundiert sind, ob hier weiteres hinzutreten muß, in dem sie mitfundiert sind usw.

Abschließend will ich den Problemzusammenhang noch einmal in strenger mereologischer Formulierung vorstellen:

1. Sachen haben ein Sinnending als Stück, in dem die Momente der Sache Wert und assoziativer Kontext fundiert sind, wobei das Moment Wert auch im assoziativen Kontext fundiert ist und umgekehrt. Problematisch sind die Fundierungen des Momentes Wert.

2. Werte sind geordnete Komplexe von emotionalen Qualitäten. Hier besteht das Problem, in welchem Moment von emotionalen Qualitäten die Möglichkeit dieser Ordnung von Werten fundiert ist.

3. Die Einheit von Sinnendingen ist fundiert in der einheitlichen Lokalisation der sinnlichen Qualitäten. Emotionale Qualitäten sind jedoch anders lokalisiert. Mit 2. kann das Problem der Fundierung von Werten in Dingen also auf das der Fundierung von emotionalen Qualitäten in anderen sinnlichen Qualitäten zurückgeführt werden.

4. Der assoziative Kontext ist eine Beziehungseinheit von Sachen. Da Selbstfundierung nicht möglich ist, muß das Problem der Fundierung von Werten in Kontexten auf das Problem der Fundierung von Werten in Dingen zurückgeführt werden.

Relativ unproblematisch sind die Fundierung von Kontexten in Werten und die Fundierung von Kontexten in Dingen, da beides auf assoziativer Weckung beruht. Berücksichtigt man die Möglichkeiten der Zurückführung, so ergeben sich zwei absolute Kernprobleme im subjektiven Bereich:

1. In welchem Zusammenhang stehen originäre emotionale Qualitäten mit anderen originären sinnlichen Qualitäten?

2. Gibt es ein evtl. komplexes Moment von Emotionen, nach dem diese passiv geordnet sind?

Mit diesen Fragen kann die Untersuchung der subjektiven Erlebnisstrukturen, die für das Wertbewußtsein relevant sind begonnen werden.

# 2 Konstitution von Sachen, Dingen und Werten

Die Untersuchung der Konstitution von Sachen, Dingen und Werten ist aufgrund des Korrelationsaprioris zugleich auch die Untersuchung von praktischer, theoretischer und wertender Einstellung. Diese Begriffe werden von mir zu Anfang bewußt vage gebraucht. Sie erhalten erst im Lauf der folgenden Deskriptionen eine präzise Bedeutung. Überhaupt ist bei den folgenden Ausführungen zu beachten, daß Begriffe wie Innen, Außen, Emotion, Situation usw. zuerst nur einen Untersuchungsbereich grob bestimmen, dann aber selbst durch die Ergebnisse der phänomenologischen Deskriptionen inhaltlich bestimmt und expliziert werden. Dies gilt für den Begriff des Wertes natürlich in besonderem Maße.

Jede phänomenologische Konstitutionsanalyse zerfällt in die beiden Bereiche der passiven Synthesis und der darauf aufbauenden aktiven Synthesis. Grob gesagt geht es in Analysen der passiven Synthesis darum, welche (für den Untersuchungsbereich relevanten) Strukturen der sinnlichen Erfahrung bestehen, die nicht von uns kontrollierbar sind, in denen das Ich also passiv ist; entsprechend geht es in Analysen der aktiven Synthesis um kontrollierte Tätigkeiten mit dem vorgegebenen "Material" der Passivität. Die Strukturen des passiv Vorgegebenen bestimmen die Möglichkeiten an Aktivitäten.

Im Abschnitt über aktive Synthesis (2.3) werde ich meine Position zur Ontologie der Werte, d.h. die Grundlagen einer Axiologie, erarbeiten und daran anschließend ihre epistemologischen Konsequenzen in einer Untersuchung über die Objektivität und Eindeutigkeit von Werturteilen untersuchen. Nun finden diese Aktivitäten - zumindest die hier interessierenden wertbezogenen - aber nicht sozusagen im leeren Raum, sondern stets im Kontext einer Lebenswelt statt. Daher ist es erforderlich, zwischen die Untersuchungen zur passiven Synthesis (2.1) und zur aktiven Synthesis einen sehr wichtigen Abschnitt über die lebensweltliche Objektivierung von Werten (2.2) einzufügen, in dem es um das Verstehen der Wertungen Anderer in unterschiedlichen Graden der Abhängigkeit vom kulturellen Kontext gehen wird. Dabei wird sich ein bestimmter Bereich des Wertverstehens als kulturübergreifend herausstellen, der zwar selbst recht eingeschränkt, aber dafür reich an Konsequenzen ist.

## 2.1 Passive Synthesis

Die Problematik des Verhältnisses von emotionalen Qualitäten und anderen sinnlichen Qualitäten beruht auf der grundlegenden Regionalisierung des subjektiven Raums in ein Innen und ein Außen in Bezug auf den Leib, der ich mich dementsprechend zuerst zuwenden werde (2.1.1). Der Begriff der passiven Synthesis, in deren Bereich die nun folgenden Untersuchungen fallen, wird im Zusammenhang eines zweiten Einschubs zur Intentionalität näher erläutert (2.1.2). Auf diesen zusätzlichen Grundlagen werden die zu Ende der statischen Vorklärung genannten Kernprobleme im subjektiven Bereich im Rahmen einer Phänomenologie der Befindlichkeit behandelt (2.1.3). Diese Untersuchungen wird eine Bestimmung des Verhältnisses von Sachen, Dingen und Werten als Protogegenständen, d.h. Gegenständen für mich - abgesehen von Intersubjektivität - ermöglichen (2.1.4). Das vorläufige Absehen von Intersubjektivität bis dahin bedeutet eine abstraktive Beschränkung, die methodisch erforderlich ist, die aber nicht inhaltlich als Solipsismus o.ä. mißverstanden werden sollte. Vielmehr werde ich direkt daran anschließend auf die Intersubjektivitätsproblematik eingehen (2.1.5) und sie in 2.2 weiter vertiefen.

### 2.1.1 Die basale Regionalisierung in Innen und Außen

Für die Sonderstellung der emotionalen Qualitäten ist ihre besondere Lokalisation verantwortlich. Daher gilt es zunächst ihre Stellung in der Struktur des subjektiven Raums zu untersuchen. Diese Analyse bezieht sich auf die Konstitution eines Innen und Außen in bezug auf den Leib, da emotionale Qualitäten im Leibesinnern lokalisiert sind. Hierfür muß diese Struktur in drei Aspekten untersucht werden:

1. Hinsichtlich der bloßen räumlichen Anordnung der Sinnesfelder im subjektiven Raum. Diesen Aspekt bezeichne ich mit "Topographie".
2. Hinsichtlich der Synthesen in den nach 1. unterschiedenen Raumbereichen.
3. Hinsichtlich der Konstitution der Verortung des "Ich" im Innen.

Diese Untersuchung braucht nur soweit getrieben werden, daß die Analyse der Einheitenbildung mit Gefühlsbeteiligung auf der so geschaffenen Grundlage in den Abschnitten 2.1.3. und 2.1.4.

detailliert durchgeführt werden kann. Insbesondere wird hier keine tiefergehende Phänomenologie der Sinnesfelder angestrebt.

## 2.1.1.1 Topographie des subjektiven Raums

Im voll konstituierten subjektiven Raum findet man ein "dreidimensionales" Sehfeld, in dem eine zweidimensionale begrenzte Mannigfaltigkeit mit einer komplexen Tiefendimension und einer eindimensionalen Ordnung der Deutlichkeit verknüpft ist. Die Tiefendimension hat zwei Aspekte: (1) Etwas liegt vor etwas anderem, überdeckt also einen Teil. Diese Überdeckungen sind konstitutiv für den geometrischen Projektionscharakter des Sehfeldes. (2) Es kann ein Wechsel der Deutlichkeit vom Überdeckenden zum Überdeckten stattfinden und umgekehrt, z.B. wenn man eine Stift nahe vor den Augen fixiert und dann wieder in die Ferne schaut. Typischerweise verdoppelt sich dabei das undeutlich Werdende und verläßt das Zentrum der Deutlichkeit. Man kann also in gewissen Grenzen sozusagen durch das Überdeckende hindurchsehen. Der Projektionscharakter bleibt davon unberührt, da auch beim Hindurchsehen das nun Fixierte wieder als Überdeckendes gegeben ist. Ursprünglich liegt also eine begrenzte zweidimensionale Mannigfaltigkeit vor, die ein Zentrum der Deutlichkeit aufweist, welche zum Rand hin gegen Null geht. In dieser Struktur konstituiert sich aufgrund der genannten Übergangsphänomene (1), (2) eine Tiefendimension, die in der rein starren Struktur des Feldes nicht aufweisbar ist, sondern als in Übergängen fundierte Struktur wesentlich horizonthaft ist. Ohne Bewegung würde sich die Tiefendimension nicht entwickeln.

Das Hörfeld hat ursprünglich die Struktur einer geschlossenen zweidimensionalen Mannigfaltigkeit. Die sich anschließende Konstitution einer Tiefendimension ist hier weitaus komplexer als beim Sehfeld. Ein entscheidender Unterschied zum Sehfeld ist jedenfalls, daß es keine einfachen Überdeckungsphänomene und Deutlichkeitszentrierungen gibt. Das Hörfeld hat daher keinen projektiven, aber dennoch einen perspektivischen Charakter. Im Sehfeld tritt typischerweise das Phänomen der Oberfläche auf, während es im Hörfeld nicht anzutreffen ist. In beiden Feldern gibt es jedoch Quellphänomene.

Das Tastfeld ist ebenfalls eine primär zweidimensionale Mannigfaltigkeit, nämlich grob gesagt unsere Haut. Es treten keinerlei Überdeckungsphänomene auf und auch keine einfachen Deutlichkeitszentrierungen. Die Tiefendimension hat hier einen grundlegend anderen Charakter als bei Hör- und Sehfeld. Sie konstituiert sich im Phänomen des Eindringens. Wenn ich meine Hand in Wasser tauche, dann belegt die haptische Qualität des Wassers einen zunehmenden Bereich des Feldes. Wenn ich meine Hand flach auf den Tisch lege, geschieht das Gleiche. Der Unterschied liegt darin, daß das Wasser die Hand widerstandsarm umschließt. Haptische Tiefe konstituiert sich also im widerstandsarmen Umschließen eines Bereichs des Feldes. Widerstandsarmut ist ein graduelles Phänomen und daher ist haptische Tiefe nicht nur hinsichtlich der Tiefe selbst graduell, sondern auch hinsichtlich der Dimensionalität überhaupt. Genauer wird ein Objekt als hart, d.h. haptisch zweidimensional, erlebt, wenn sich eine Obergrenze der qualitativen Überdeckung mit einem Widerstand gegen Bewegung verbindet. Diese Besonderheit des Tastfeldes, nämlich, daß es in mit gewissen anderen Feldern neue Qualitäten bildet, deutet eine allgemeine Besonderheit der im Leib lokalisierten Qualitäten ("Empfindnisse") an. Diese Besonderheit ist, daß es einen graduellen Übergang der Qualität von Tasten, Kinese und Fühlen gibt. Insofern markieren Tasten, Kinese und Fühlen unscharfe Differenzen im Empfindnisfeld, das allerdings insgesamt gegenüber anderen Sinnesfedern qualitativ scharf unterschieden ist. Hierzu ein weiteres Beispiel: Ich berühre mit den Daumen die Tischkante und erhöhe den Druck immer weiter. Zunächst habe ich eine gewisse haptische (taktile, tastmäßige) Qualität sozusagen in Reinform, dann kommt ein Bewegungswiderstand hinzu und schließlich ein Schmerz. Der Übergang ist völlig kontinuierlich. Das Qualitätsmoment von Empfindnissen hat also drei Teile: Berührung, Bewegung und Gefühl. Diese Teile können unabhängig voneinander existieren, sind also Stücke der Empfindnisqualität. Die Empfindnisqualität als Ganzes ist eine qualitative Einheit dieser Stücke. Die genannten Stücke liegen in einem qualitativen Kontinuum und ihre Mischung ergibt neue komplexere Qualitäten. Ihre unscharfe Begrenzung in diesem Kontinuum ist nicht nur über Qualität, sondern auch über Differenzen in der Lokalisation konstituiert. Sie treten an gewissen Orten typischerweise in "Reinform" auf. Im Gegensatz zu den Grundfarben, die phänomenologisch gesehen eine willkürliche Auswahl aus dem Farbkontinuum darstellen würden, besteht hier also eine aufweisbare, wenn auch unscharfe Differenz zwischen den drei Stücken.[203] Die drei Stücke weisen selbst wiederum in sich vielfältige qualitative Abschattungen auf, für deren gegenseitige

---

[203]Wenn wir das physiologische Netzhautbild sehen würden, dann gäbe es auch bei Farben eine phänomenologisch motivierte Abgrenzung.

Abgrenzung allerdings keine phänomenologische Grundlage vorhanden ist. Es ist also trotz der qualitativen Kontinuität von Tasten, Bewegung und Fühlen gerechtfertigt, von einem eigenen Tastfeld zu sprechen. Für sich weist dieses Feld keine Tiefendimension auf, es gibt hier kein "näher" oder "ferner", sondern lediglich "da" und "weg". Es stellt also eine geschlossene Fläche im subjektiven Raum dar und diese Form ist konstitutiv für die Ausbildung einer Grenze in diesem Raum, nämlich der Leiboberfläche.

Insgesamt haben die Sinnesfelder also folgende Anordnung im subjektiven Raum: Das Hörfeld belegt den gesamten Raum. Das Sehfeld belegt aktuell einen Ausschnitt und potentiell den gesamten Raum, wobei aufgrund des Projektionscharakters typischerweise Oberflächen gegeben sind. Insbesondere ist der Leib im Sehfeld als Oberfläche gegeben, d.h. in seinem Außenaspekt. Auf bzw. in dieser Oberfläche liegen auch die Tastempfindnisse. Innerhalb der Oberfläche liegen kinetische und Gefühlsempfindnisse. In relativ reiner Form liegen Gefühle zumeist an der gleichen Stelle wie das subjektive "Hier" vor, nämlich in der Mitte der Brust, wo wir hindeuten, wenn wir "Ich" sagen.[204] Die Topographie des subjektiven Raums zeigt also, daß es einen begrenzten Bereich in diesem Raum, nämlich den Leib, gibt, der sich hinsichtlich der in ihm anzutreffenden Qualitäten unüberführbar diskontinuierlich von anderen Bereichen unterscheidet.

## 2.1.1.2 Synthesen auf der Leibgrenze

Für die Konstitution eines Innen und Außen in bezug auf den Leib sind die Synthesen mit Beteiligung des Tastsinns entscheidend.[205] Bei genauer Betrachtung zeigt sich, daß die haptischen Synthesen alleine ausreichen, um die Grenze zu konstituieren; zur Kontrastierung des Innen und Außen ist es jedoch sinnvoll, auch andere Empfindnissynthesen und visuelle Synthesen zum Vergleich heranzuziehen.[206]

In bezug auf Tasterlebnisse lassen sich drei reine Fälle betrachten, die normalerweise gemischt auftreten:

(1) Ich berühre etwas, das nicht zu meinem Leib gehört.

(2) Ich berühre einen Teil meines Leibes.

---

[204]Die genaue Hier-Dort-Struktur von Gefühlen wird in 2.1.3 untersucht.

[205]Vgl. Ideen II §36

[206]zu diesem Vergleich s. Ideen II §37

(3) Ich berühre nichts, aber eventuell bewegt sich ein Teil meines Leibes.

Der Fall (1) ist konstitutiv für die Paarung[207] von Innen und Außen: Wenn ich mit meinem Daumen den Tisch berühre, so habe ich zugleich eine gewisse Tastqualität als dem Tisch zugehörig und ein Tastempfindnis meinem Leib zugehörig gegeben.[208] Diese Paarung wird ausschließlich vom Tastsinn geleistet.[209] Der Unterschied zwischen (1) und (2) wird dadurch konstituiert, daß sich bei (2) zwei Tastempfindnisse in ihrer Lokalisation decken, während dies bei (1) nicht der Fall ist. Bei (2) liegt ein Wechselspiel von Innen- und Außenaspekt vor: Wenn ich Zeigefinger und Daumen zusammenbringe, dann kann ich dies so auffassen, daß der Zeigefinger den Daumen berührt oder umgekehrt. Wenn Erlebnisse vom Typ (3) mit visueller Gegebenheit des Leibteiles zusammentreffen, so ist auch die Bewegung in einem Innen- und Außenaspekt zugleich gegeben. Eine solche Gleichzeitigkeit von Innen und Außenaspekt in ein und demselben Sinnesfeld liegt jedoch nur im Tastfeld vor. Das Sehfeld ist dagegen, wegen der für es typischen Oberflächenphänomene, das paradigmatische Außenfeld. Im Fall (1) fehlt gegenüber (2) ein an der gleichen subjektiven Raumstelle befindliches Gegenstück und es können zudem Veränderungen der haptischen Qualität auftreten, die nicht mit Kinesen einhergehen. Diese Unterschiede zwischen (1) und (2) konstituieren den Unterschied von Innen- und Außenaspekt, der auf andere Sinnesfelder übertragen wird. Zusammen mit den statischen topographischen Vorgegebenheiten konstituiert sich durch diese Differenzen in den Synthesen genetisch eine unscharfe geschlossene Grenze im subjektiven Raum, deren Innenseite wir Leib und deren Außenseite wir Außenwelt nennen. Die Konstitution dieser Grenze wird vermutlich durch Sehen und Hören beschleunigt, ist davon aber nicht wesentlich abhängig. Das absolut einzigartige an Empfindnissen, im Gegensatz zu visuellen und akustischen Eindrücken, ist, daß sinnliche Qualität und Organ zur Erfassung der Qualität am selben subjektiv erlebten Ort liegen.

---

[207]„In einer paarenden Assoziation ist das Charakteristische, daß im primitivsten Fall zwei Daten in der Einheit eines Bewußtseins in Abgehobenheit anschaulich gegeben sind und auf Grund dessen wesensmäßig schon in purer Passivität, also gleichgültig ob beachtet oder nicht, als unterschieden Erscheinende phänomenologisch eine Einheit der Ähnlichkeit begründen, also eben stets als Paar konstituiert sind." CM S. 115 [142]

[208]s. Ideen II S. 147

[209]s. Ideen II §37 und Ideen III Beilage a)

Was wir sehen ist immer "Dort", aber was wir tasten und fühlen ist immer auch "Hier".

Es gilt hier wieder die Logik der genetischen Phänomenologie zu beachten: Nicht weil es Dinge gibt, die zum Leib gehören und solche, die dies nicht tun, gibt es eine Innen- und Außenwelt, sondern weil es bestimmte räumlich Unterschiede hinsichtlich der Gegebenheit sowie der Synthese von Gegebenem gibt, entsteht der Unterschied zwischen Innen- und Außenwelt. Exemplarisch möchte ich die Wichtigkeit der Beachtung dieser Logik an der Ambiguität von Anomalien in der Leibkonstitution verdeutlichen. Diese Ambiguität besteht darin, daß Anomalien sich einerseits auf der Grundlage einer zuvor konstituierten Normalität konstituieren und andererseits diese Normalität als Normalität teilweise aufheben. Es besteht hier ein Unterschied zwischen "Anomalien", die in der ersten Konstitution bereits wirksam sind, wie z.B. angeborene Blindheit, und solchen, die erst später auftreten. Für den Blindgeborenen ist zunächst einmal eine Welt ohne Visuelles normal und die Sehenden anomal. Seine "Anomalie" ist eine solche nur auf dem Hintergrund einer intersubjektiven Gemeinschaft, in der Sehfähigkeit als "normal" gilt. Die Sachlage ist anders, wenn z.B. mein Arm taub wird: Er ist normalerweise als meinem Leib zugehörig konstituiert. Würde die Leibeskonstitution jedoch in diesem Zustand stattfinden, so würde der Arm nicht voll zum Leib gehören. D.h. die aktuelle Topographie und Synthesen bestätigen nicht mehr ständig die frühere Konstitution. Da diese Konstitution allerdings die grundlegendste Strukturierung meiner subjektiven Welt betrifft, sind derartige Veränderungen mit einer ausgesprochenen Verunsicherung verbunden - soweit sie nicht selbst schon wieder in eine Typik eingebunden sind, wie z.B. das Einschlafen und Aufwachen von Gliedmaßen. Diese Phänomene bleiben unverständlich, wenn man von einer objektiv vorgefertigten Grenze zwischen Innen- und Außenwelt ausgeht.[210]

Es können hier verschiedene Fragen nach der Priorität von Raum, Zeit, Ich und Leib in der Konstitution des subjektiven Raums gestellt werden, auf die ich in einer zweiten Bemerkung zur Intentionalität eingehen werde (s. 2.1.2). Entscheidend ist hier zunächst lediglich die Weise der Verbindung und Abgrenzung zwischen Gefühlsqualitäten und anderen sinnlichen Qualitäten auf unterster Ebene. In dieser Hinsicht hat sich bis jetzt folgendes ergeben:

---

[210] Vgl. Ideen II S. 65-75

Gefühle liegen in einem qualitativen Kontinuum mit Kinesen und Tastempfindnissen. Das Auftreten von Qualitäten aus diesem Kontinuum der Empfindnisqualitäten ist im subjektiven Raum begrenzt lokalisiert. In ihm gibt es einen ausgezeichneten Ort, das "Hier", welches das Bezugsgebiet für die übrigen Lokalisationen darstellt.[211] Die Tastempfindnisse sind mit anderen Empfindungen (visuelle, akustische) kinästhetisch koordiniert, wodurch letztere auf das "Hier" bezogen werden, sich so zu einem einheitlichen Stellensystem ordnen und so eine sekundäre Lokalisation[212] erfahren, die fundiert ist in der primären Lokalisation der Empfindnisse. Eine Beziehung von Gefühlen auf äußere Empfindungen ist demnach primär über Tastempfindnisse qualitativ vermittelt. Dagegen ist z.B. eine Beziehung zwischen akustischen und visuellen Empfindungen nur hinsichtlich der Lokalisation über Kinesen vermittelt und eine qualitative Vermittlung liegt überhaupt nicht vor. Dieser Unterschied in der primären Verknüpfung (also einmal qualitativ aber nicht lokal und einmal lokal aber nicht qualitativ) führt höherstufig zu der spezifischen Abhängigkeit der emotionalen Qualitäten von anderen sinnlichen Qualitäten, der im Abschnitt zur Phänomenologie der Befindlichkeit weiter nachzugehen ist.

### 2.1.1.3 Die Verortung des "Ich" im Leib

Soweit ist klar, wie die Grenze zwischen Innen und Außen konstituiert ist, aber es bleibt noch zu klären, warum wir sozusagen auf der Innenseite zu Hause sind. Genauer gesagt: die Konstitution der Grenze gibt noch keinen Grund für die feste Richtung der Intentionalität von Innen nach Außen. Es gibt zwei Gründe, warum die vorgefundene Richtung nicht umkehrbar ist: (1) Das Außen ist gegenüber dem Innen unselbständig aber nicht umgekehrt, und zwar in dem Sinne, daß das Außen im Prinzip komplett wegfallen kann, das Innen kann aber lediglich in den Hintergrund treten. Der Leib ist bei allen Wahrnehmungen immer dabei.[213] (2) Im Außen finden keine unmittelbaren Hervorbringungssynthesen statt.[214] Jede

---

[211] s. Ideen II §41 a)

[212] Sie besitzen eine primäre Lokalisation nur in der Hinsicht, daß sie zweidimensional extendiert sind und insofern immer schon nebeneinander liegen; oben-unten, rechts-links etc. liegen sie jedoch erst sekundär in Bezug auf den Leib.

[213] s. Ideen II S.56

[214] In Ideen II §38 spricht Husserl diesen Sachverhalt an; allerdings in irreführender Weise: „[Der Leib ist] Willensorgan [...], das einzige Objekt, das für den Willen

Erwartung eines hyletischen Vorkommnisses ist relativ auf eine Leibesstellung; nur wenn ich mich dem Fenster zuwende, erwarte ich auch den Platz draußen zu sehen. Nur Erwartungen von Leibesstellungen sind nicht relativ auf andere hyletische Vorkommnisse. D.h. das System der leiblichen Stellung und Bewegung kann sich in reiner Selbstbezüglichkeit konstituieren. Diese Abgeschlossenheit der kinetischen Transformationen zusammen mit der Bezogenheit der übrigen hyletischen Transformationen auf dieses abgeschlossene System ergeben die Notwendigkeit einer Richtung von Innen nach Außen. Das System kinetischer Transformationen ist zwar abgeschlossen, aber nicht geschlossen, d.h. andere hyletische Vorkommnisse können Transformationen im kinetischen System lenken, wie bereits im Zusammenhang der Affektion herausgestellt.

Die Verortung des Ich im subjektiven Raum, d.h. die Lokalisation des jemeinigen "Hier", ist also durch folgende passive Vorgegebenheiten konstituiert:

1. Eine geschlossene Grenze zwischen absolut heterogenen Qualitäten im hyletischen Feld.

2. Die Abgeschlossenheit der Transformationen der Gegebenheiten innerhalb dieser Grenze.

3. Die Abhängigkeit anderer Transformationen des hyletischen Feldes von den Transformationen in diesem Feld.

Daraus ergibt sich eine Selbstbezüglichkeit der Vorkommnisse im Leib, ein Leib-Ich, welches die genetisch Grundlage für das höherstufige selbstbezügliche Konzept des empirischen Ich ist. Von diesem Leib-Ich ist das in der ersten Bemerkung zur Intentionalität angesprochene synthetisierende Ich zu unterscheiden, das sich durch das Moment des Bezugs an Regelmäßigkeiten konstituiert. Das Leib-Ich ist ein konkret Ganzes; das synthetisierende Ich ist ein abstraktes Moment.

---

meines reinen Ich unmittelbar spontan beweglich ist [...] Das Subjekt, das sich als Gegenglied der materiellen Natur konstituiert ist [...] ein Ich, dem als Lokalisationsfeld seiner Empfindungen ein Leib zugehört; es hat das "Vermögen" ("ich kann") diesen Leib, bzw. die Organe, in die er sich gliedert, frei zu bewegen, und mittels ihrer eine Außenwelt wahrzunehmen." S. 151f. Diese Darstellung legt es nahe, daß ein "reines Ich" unabhängig vom Leib existiert und für sich einen Willen hat. Die Genese ist jedoch so, daß die Ichkonstitution in der Leiblichkeit fundiert ist. Husserls Darstellung umgeht es, den Willen als Problem zu sehen, indem er einer sozusagen überleiblichen Instanz zugeschrieben wird. Es muß aber genetisch gerade umgekehrt die Frage gestellt werden, wie sich aufgrund von vorliegenden Hervorbringungssynthesen das Bewußtsein von einem freien, wollenden Ich konstituieren kann. Auf den falschen Ausweg aus der Problemlage über die Annahme eines reinen Ich komme ich in 2.1.2 noch einmal zu sprechen.

## 2.1.1.4 Zusammenfassende Charakteristik des Innen und Außen

Stichwortartig lassen sich die bisherigen Ergebnisse zu folgender Charakteristik zusammenfassen:

Innen:
- ständig in gleicher Weise anwesend in Vorder- oder Hintergrund
- begrenzt
- Ort der Empfindnisqualitäten haptischer Innenaspekt, Bewegung und Gefühl
- Ort der unmittelbaren Hervorbringungssynthesen
- primär lokalisiert
- selbstbezüglich konstituiert


Außen:
- in wechselnder Weise ständig anwesend
- offen
- Ort der visuellen Qualitäten und des haptischen Außenaspekts
- Ort der mittelbaren Hervorbringungssynthesen
- sekundär lokalisiert
- konstituiert unter notwendigem Bezug auf Kinästhesen


Innen und Außen:
- zeitliche und räumliche Extension
- Auftreten passiver Vorgegebenheiten
- Ort der akustischen Qualitäten

Aufgrund dieser Charakteristik bilden sich Typen von Gegenständen aus, d.h. bestimmte Erwartungsstrukturen gegenüber äußeren oder inneren reidentifizierbaren Vorkommnissen. Z.B. kann ich mich von einem äußeren Gegenstand abwenden, von einem Gefühl dagegen nicht. Der Leib hat in dieser Typik eine Sonderstellung, da er in einem Außen- und Innenaspekt zugleich als Gegenstand gegeben ist.[215] Ich werde auf diese Sonderstellung

---

[215] s. Ideen II §§40,41

zurückkommen, wenn es in 2.1.4 allgemein um die Typik von Gegenständen im Verhältnis zu Innen und Außen geht.

## 2.1.2  Bemerkung zur Intentionalität II

In den vorangehenden Analysen wurde davon ausgegangen, daß die Topographie des hyletischen Feldes eine absolute Vorgegebenheit ist, in der sich durch die beschriebenen Synthesen genetisch ein Innen und Außen konstituiert. Das bedeutet, daß diese Topographie des hyletischen Feldes, d.h. die innere Struktur der einzelnen Sinnesfelder sowie die unüberführbare qualitative Differenz zwischen den Feldern selbst, kein Produkt einer phänomenologisch aufweisbaren Genese sind. Damit werden diese immanenten räumlichen Strukturen auf eine Stufe mit der immanenten Zeitstruktur gestellt. Eine denkbare Alternative zu dieser Analyse wäre es, von einer undifferenzierten Urhyle auszugehen, die lediglich die Zeitstruktur aufweist, und das hyletische Feld als Produkt einer Genese anzusehen. Ich halte eine solche Urhyle jedoch für deskriptiv nicht aufweisbar. Sie stellt m.E. eine Substruktion dar, die entweder metaphysisch oder naturalistisch motiviert ist. Die metaphysische Motivation besteht darin, eine Art absoluter, welterzeugender Subjektivität für unabdingbar zu halten. Die naturalistische Motivation besteht darin, daß die immanente Genese sich dann mit der physiologischen Genese unseres Organismus verbinden zu lassen scheint, die ja in hinreichend frühen Stadien keinen Hinweis auf differenzierte Sinnesfelder erkennen läßt. Der frühe Embryo hätte dann sozusagen ein urhyletisches Bewußtsein. Geht man einmal versuchsweise dem Gedanken der Urhyle im Einklang mit den bisherigen Deskriptionen nach, so besteht seine einzig mögliche Füllung in der Reduzierung des hyletischen Feldes auf Empfindnisse. Sagen wir also um der Diskussion willen, die "Urhyle" ist Empfindnis und sonst nichts. Dann entwickelt sich aber Visuelles nicht aus der "Urhyle", sondern tritt schlicht hinzu, von vornherein als etwas qualitativ anderes, und dasselbe gilt für die übrigen Qualitäten. D.h. aber nichts anderes, als daß jedes Sinnesfeld eine absolute Vorgegebenheit ist. Des weiteren wird klar: Wenn reines Empfindnis der einzige deskriptive Gehalt von "Urhyle" ist, dann ist bereits in der "Urhyle" eine Räumlichkeit gegeben, da jedes Empfindnis eine primäre Lokalisation hat.

Dementsprechend stimme ich aufgrund der in dieser Arbeit angeführten deskriptiven Befunde mit Seebohm überein, der feststellt:

Alle Deskriptionen, die sich auf transzendentale Ästhetik beziehen, und insbesondere die, die sich auf Kinästhese beziehen, kommen allgemein ohne Koexistenz, Lokalisation, die Hier-Dort-Struktur, den Bezug auf leibliches Innen und Außen, Kinesis und Bewegung in dem hyletischen Feld nicht aus. Das reichhaltige Struktur-Apriori der transzendentalen Ästhetik und der passiven Synthesis schließt eine räumliche Dimension [d.h. Extension von Koexistentem] in sich.[216]

Damit ist jedoch nicht gesagt, daß die aufgeführten Konzepte nicht weiter expliziert werden könnten. Für leibliches Innen und Außen habe ich ja gerade im vorangegangenen Abschnitt eine Explikation angegeben. Seebohm hat dies für die Hier-Dort-Struktur durchgeführt.[217] Auf diese Struktur werde ich im Zusammenhang der Intersubjektivität noch näher eingehen. An dieser Stelle geht es zunächst darum, aus diesem Ergebnis Konsequenzen für die weitere Behandlung des Themas dieser Arbeit zu ziehen.[218]

Wenn man dem husserlschen Begriff der "passiven Synthesis" ein kantisches Verständnis von "Synthesis" unterlegt, so wird Husserls Begriff in sich widersprüchlich. Nach kantischem Verständnis bedarf Synthesis immer einer Instanz, die diese leistet, d.h. eines (transzendentalen) Subjekts, welches die Verbindung zustande bringt. Man muß hier aber unterscheiden zwischen Zerstückbarem und Verbundenem: Wenn ich einen Fleck auf dem Papier als Einheit auffasse, so ist dieser zerstückbar in z.B. rechte und linke Seite. Nach dieser Zerlegung kann der Fleck als Verbindung von rechter und linker Seite aufgefaßt werden. D.h. hier läge eine Synthesis nach der Zerlegung vor. Alle Empfindungen sind sowohl zeitlich als auch räumlich beliebig (in frei wählbarer Weise) zerstückbar. Synthesis im kantischen Sinn ist Synthesis nach dieser Zerstückung. Was bei diesem Begriff völlig unberücksichtigt bleibt, ist jedoch, daß eine solche Zerstückung schlichtweg nicht gegeben ist und sogar a priori nicht gegeben sein kann, da sie als konkrete nicht mehr beliebig wäre. Der Begriff eines reinen Mannigfaltigen der Anschauung ist a priori ein prinzipiell unanschaulicher abstrakter Grenzbegriff, der keiner Konkretion

---

[216]Seebohm (1994) S. 78f.

[217]Seebohm (1984)

[218]Dies geschieht der Sache nach in Anlehnung an Seebohm (1994), aber nicht in der Darstellung.

fähig ist. Deshalb bedarf es des Konzepts der passiven Synthesis, das beinhaltet, daß Zerstückbares gegeben ist, dessen Einheit aufgrund der Zerstückbarkeit als Verbindung beschrieben werden kann, wobei diese Verbindung aber nicht das Produkt einer spontanen Subjektivität ist, sondern vielmehr überhaupt kein Produkt. In Analysen passiver Synthesen wird dementsprechend die Beschaffenheit (Konstitution) von vorgefundenen Einheiten der Anschauung vor dem Hintergrund der Möglichkeit und keinesfalls der Wirklichkeit ihrer beliebigen Zerstückung untersucht. Diese Feststellungen haben Konsequenzen für den Intentionalitätsbegriff.

Die Formel der Intentionalität "Bewußtsein ist immer Bewußtsein von etwas" besagt für sich genommen nicht mehr, als daß es kein leeres Bewußtsein gibt. Ein intentionales Bewußtsein im husserlschen Sinn hat allerdings zwei weitere Aspekte:

1. "Vermeinen": Im Wechsel der Noese wird das Noema als Identisches in diesem Wechsel vermeint, z.B. der Tisch aus verschiedenen Perspektiven eben als dieser numerisch identische Tisch. Das transzendente Gegenstand (der Tisch von allen Seiten zugleich, "an sich") ist dabei nie originär gegeben. In diesem Sinn ist "Bewußtsein von etwas" gleich "Erlebnisstrom, in dem sich Identisches konstituiert, das selbst nicht Teil des Stroms ist."

2. "Gerichtet-Sein": Im allgemeinen Sinn handelt es sich dabei um die Richtung vom Hier auf ein Dort. Im engeren Sinn ist damit der kinästhetische Verlauf bezeichnet, der eine so geartete Noese ermöglicht, daß sich darin ein bestimmtes Noema konstituieren kann. Das Vermeinen dieses Noema ist die Bedingung für die bewußt motivierte Beibehaltung oder Änderung der Kinästhese. Andererseits setzt das Vermeinen zuvor irgendeine - evtl. unbewußt motivierte - Kinästhese voraus, in der sich ein noch unbestimmtes Noema konstituieren kann.

Was besagt nun in diesem Zusammenhang "Ichaktivität"? In einer strikt genetischen Perspektive, die sich rein an die deskriptiven Befunde hält, liegen zum einen "fertige" passive Einheiten im oben dargelegten Sinn vor und zum anderen Einheiten, die aus diesen passiven Einheiten gebildet sind. Letztere können das Produkt einer Synthese sein, in der die Erwartung stets in Erfüllung übergeht. Solche Synthesen - wie sie z.B. bei Kinästhesen vorliegen können[219] - können als "Hervorbringungssynthesen" bezeichnet werden.

---

[219]Bei gelingender Bewegung geht der Horizont der Bewegung stets in Erfüllung über aber nicht unbedingt das Gegebene in anderen Feldern.

Aufgrund des Vorliegens solcher selbsterfüllender Synthesen konstituiert sich genetisch das Bewußtsein einer Instanz, die diese Erfüllung gewährleistet. "Ichaktivität" im direkten Wortsinn genommen ist also genetisch gesehen eine Verdrehung der Konstitution: es ist nicht zuerst ein "reines Ich" da, welches die obigen Synthesen erzeugt; vielmehr bezeichnen wir mit "Ichaktivität" lediglich das Vorliegen solcher Synthesen. Beachtet man diese genetischen Verhältnisse, so ist klar, daß jede Aktivität von Passivität abhängig ist. Seebohm unterscheidet drei Deutungsweisen des Verhältnisses von passiver und aktiver Synthesis:

1. Es wird davon ausgegangen, daß der Unterschied lediglich graduell ist. Im Grunde ist auch die passive Synthesis einschließlich derjenigen, die das Zeitbewußtsein konstituiert, eine Spontaneität und Aktivität. [...] In der Literatur über Husserl ist das die sowohl von Kritikern wie aber auch von wohlwollenden Interpreten bevorzugten Sehweise. [...]

2. Ein mittlerer Weg [...] wird der passiven Synthesis Eigenständigkeit zubilligen in dem Sinne, daß das Bewußtseinsfeld eine vorgegebene Struktur hat, die aller subjektiven Aktivität genetisch vorangeht und sie einseitig fundiert. Es bleibt aber dabei, daß die aktive Synthesis und ihre Form einer [...] als eigenständiger Faktor hinzutretenden Spontaneität entspringt.

3. Es wird davon ausgegangen, daß das gesamte Strukturapriori der aktiven Synthesis genetisch durch passive Synthese determiniert ist und nur durch abstrahierende Reflexion von ihr abgehoben und so zum Gegenstand werden kann. Das würde bedeuten, daß phänomenologisch von einer "Selbständigkeit" der in aktiver Synthesis sich offenbarenden Spontaneität des Subjekts nicht die Rede sein kann.

[...]

Die eigentlich (3) tragenden Befunde wären, daß ein rein phänomenologischer Begriff intentionaler Aktivität [...] nur gewonnen werden kann, wenn zugegeben wird, daß die "Gerichtetheit" der Intentionalität nicht nur eine bloß temporale, sondern auch eine räumliche Dimension hat. M. a. W., sie geht aus von einem Subjekt, das sich nicht nur von einem Jetzt protentional in den Erwartungshorizont richtet, sondern immer auch unterliegend von einem Hier sich auf ein Dort, das nicht Hier ist, aber eines werden kann, richtet.[220]

Daß sich die bisherigen Deskriptionen - insbesondere diejenigen zu Innen und Außen - genau mit diesen (3) tragenden Befunden decken, ist offensichtlich. Es gilt nun, das in dieser Arbeit favorisierte Verständnis des Problemkomplexes Intentionalität, Ich, Leib, Welt und aktiv vs. passiv, sowie statisch vs. genetisch gegenüber dem verbreiteten Verständnis 1. abzugrenzen. Als stellvertretendes aktuelles Beispiel dieser Richtung gehe ich auf Lees Phänomenologie der Instinkte[221] ein.

Lee bestimmt die Instinktintentionalität als wertende und praktische und als solche ist sie ihm „nicht eine bloße rezeptive Fähigkeit, sondern sie ist eine spontane Fähigkeit des Ich, welche, indem sie tätig ist die Gegenständlichkeit [...] produziert."[222] Hier wird Konstitution systematisch vom Ich her gedacht. Die gestellte Alternative von Rezeptivität und Spontaneität zeigt, daß der Autor die Möglichkeit eines ichlosen Bewußtseinsgeschehens nicht in seine Analyse mit einbezieht. Zwar sieht auch Lee die Phänomenologie als "indifferent" gegenüber traditionellem Idealismus und Realismus an, aber diese Indifferenz erwächst ihm nicht methodologisch aus der Logik von Teil und Ganzem, sondern daraus, daß sich nicht die Vernunft, sondern Instinkt und Mitsubjekte als letztfundierend erweisen. Es handelt sich für Lee also nicht um eine methodologische Indifferenz, sondern um eine phänomenologisch fundierte metaphysische.[223] M.E. zeigt jedoch Lees Intentionalitätsbegriff in obigem Zitat, daß die Metaphysik die Untersuchung von vornherein leitet. Dies hat zur Folge, daß Lee eine Unterscheidung von objektivierenden und nicht-objektivierenden Akten aufrechterhält, die ich im Zusammenhang mit Husserls Ethikvorlesungen als verwirrend verworfen habe: Lee kommt zu dem Ergebnis, daß objektivierende Akte in nicht-objektivierenden Akten genetisch, aber nicht geltungsmäßig fundiert sind. Es ist diese Trennung von Genese und Geltung[224], die ich angesichts meiner Methodenreflexion als unhaltbar ansehe. Dafür gibt es zwei Gründe:
1.   Nach FtL ist Geltung in Genese fundiert

---

[220]Seebohm (1994) S. 69-71

[221]Lee (1993)

[222]Lee (1993) S. 136

[223]s. Lee (1993) S. 242-243

[224]s. Lee (1993) S. 17-37

2. Die Unterscheidung objektivierend vs. nicht-objektivierend betrifft den Aktcharakter und nicht die Aktmaterie. D.h. diese von Husserl unternommene Unterscheidung ist im Hinblick auf wertend vs. setzend aufzugeben, da sonst Aktmaterie und Aktcharakter vermischt werden. Der entscheidende Unterschied ist niederstufig der zwischen Vordergrund und Hintergrund - wie Ideen II zeigt - und höherstufig der zwischen Graden der intersubjektiven Gebbarkeit.

Worauf Lee m.E. abhebt, ist, daß der Aktcharakter der Objektivierung, im Sinne des Vermeinens einer reidentifizierbaren Gegenständlichkeit, fundiert ist in Erlebnismomenten, welche diesen Bezug auf Reidentifizierbares überhaupt erst ermöglichen, ohne dabei selbst gegenständlich zu werden, wie z.B. Kinästhesen. Für diese Differenzierung halte ich jedoch die Terminologie von Vordergrund - Hintergrund und aktiv - passiv für angemessener als die Unterscheidung objektivierend - nicht-objektivierend.

Aus dem in dieser Arbeit favorisierten Verständnis von Intentionalität ergeben sich folgende für das Thema der Arbeit relevante Konsequenzen:

- In einer idealistischen Interpretation sind Wertungen und Handlungen genetisch auf eine Aktivität des absoluten Subjekts zurückführbar. Dieser Weg ist in meiner Interpretation nicht gangbar, vielmehr bleibt die komplexere Problemlage, wie sie in der Exposition der problematischen Verhältnisse herausgestellt wurde, bestehen. Dieser "Nachteil" ist jedoch angesichts der deskriptiven Befunde unumgänglich.

- Ein "Vorteil" ergibt sich hinsichtlich der Behandlung von Kinästhesen: Eine rein zeitliche Interpretation von Intentionalität steht vor dem Dilemma, daß die Konstitution eines subjektiven Raums Kinästhesen voraussetzt und in dieser Sicht Kinästhesen wiederum einen Raum voraussetzten, der noch gar nicht konstituiert ist. Das Dilemma entfällt, wenn die primäre Lokalisation von Tastempfindnissen und damit eine ursprüngliche Räumlichkeit von Intentionalität anerkannt wird.[225]

- Die spezielle Richtung der Intentionalität auf ein Inneres anstatt eines Äußeren ist eine besonders zu berücksichtigendes Problem für die Phänomenologie der Befindlichkeit in 2.1.3.

---

[225] s. Seebohm (1994) S. 69-70 Anm. 16, der auf Claesges (1964), Rohr-Dietschi (1974), Mishara (1989) und Held zur Behandlung des Dilemmas verweist.

- Typusbildungen sind nicht nur auf ihre Weisen der zeitlichen Erfüllung, sondern auch auf den Ort dieser Erfüllung hin zu untersuchen. Dies gilt in besonderem Maße für die Analyse des Verhältnisses der Typen Ding und Wert.

- Da Intersubjektivität ein räumliches Phänomen ist, liefern Ortsanalysen von Typen entscheidende Aufschlüsse über die Objektivierbarkeit dieser Typen.

## 2.1.3 Phänomenologie der Befindlichkeit

Mit "Befindlichkeit" ist dasjenige gemeint, wonach man sich mit der Frage "Wie geht es Dir?" erkundigt. Eine der klarsten Auskünfte auf diese Frage dürfte die Antwort "Ich habe Schmerzen." sein. Für eine erste Annäherung an den Phänomenbereich der Befindlichkeit untersuche ich daher das Wie der Gegebenheit von Schmerzen, um dann auch zu weniger greifbaren Befindlichkeiten überzugehen. Ziel ist es dabei, schließlich die allgemeine intentionale Struktur von Emotionen herauszuarbeiten.

### 2.1.3.1 Annäherung an den Phänomenbereich

Ich beginne mit einem Schmerz "von außen", wie ich ihn erlebe, wenn ich mir z.B. die Finger verbrenne. Mit dem Schmerzempfindnis geht ein Reflex des Zurückzuckens einher. Zum Schmerz als Ganzem gehört also eine Tendenz zur Abwendung als Moment, auf dessen genaue innere Struktur ich unten zurückkommen werde. Die Tendenz zur Abwendung fundiert genetisch ein Vermeidungsverhalten gegenüber dem Schmerz. Vermeidung ist Abwendung aufgrund der Erwartung. Der Schmerz wird im Vermeidungsverhalten in einen umfassenderen Kausalzusammenhang eingeordnet. Ein weiteres, in der Tendenz zur Abwendung fundiertes Verhalten, ist der Versuch der Beendigung, der eine Art Umwegverhalten darstellt. Man erträgt beispielsweise weitere Schmerzen, um danach keine mehr zu haben.

Beim Schmerz "von innen" (z.B. Bauchschmerzen) manifestiert sich die Tendenz zur Abwendung eher in einer Veränderung der Körperstellung (z.B. sich krümmen) als in einer Bewegung im engeren Sinne. Vermeidung und Beendigung sind beim "inneren" Schmerz analog zum "äußeren" Schmerz gelagert. Allerdings liegt die Besonderheit vor, daß das Leibesinnere in den Kausalzusammenhang eingeordnet wird (z.B. in der Medizin).

Wie steht es nun mit der "dinglichen Ursache" des Schmerzes? Im Fall einer äußeren Ursache (z.b. heiße Herdplatte) liegt im Schmerzerlebnis eine Trennung von Ding als Ursache und Leib als Empfindnisorgan vor; der Reflex des Zurückzuckens wäre sonst "sinnlos". Im Vermeidungsverhalten hat das Ding den Charakter eines Dispositionsträgers und der Leib den des Dispositionsverwirklichenden (die Herdplatte ist schmerzhaft, wenn ich sie anfasse). Soweit die Beendigung nicht einfach die Vermeidung von weiterer Exposition betrifft, steht hier eine dingliche Veränderung des Leibes (Wunde etc.) dem Leib als Empfindnisorgan gegenüber. Hier wird wieder die Sonderstellung des Leibes als zugleich Empfindendes und Empfundenes deutlich; das Moment des Empfundenen ist der Verdinglichung zugänglich. Im Fall einer inneren Ursache (z.B. Zerrung) fungiert der Leib im Schmerzerlebnis schlicht als Empfindnisorgan. Erst in der Vermeidung (z.B. von ruckartigen Bewegungen) liegt eine Trennung von Leib als Ursache und Leib als Empfindnisorgan vor. Im Gegensatz zur Vermeidung von Äußerem liegt hier keine Disposition vor, denn die ruckartige Bewegung ist "in sich" schmerzhaft, es muß nichts hinzukommen. In der Beendigung gibt es keinen wesentlichen Unterschied.

Diese noch recht oberflächliche Beschreibung führt zu folgenden Anhaltspunkten:

- In höherstufigen Akten - wie Vermeidung und Beendigung - wird der Leib in den Kausalzusammenhang eingeordnet, ohne aber bloßer Körper zu werden.

- Äußeres wird typischerweise als Dispositionsträger von Befindlichkeiten für den Leib aufgefaßt; Inneres dagegen nicht.

- Zum Schmerz gehört unablösbar eine Tendenz zur Abwendung[226], die allerdings höherstufig durch andere Tendenzen überlagert werden kann.

Die Tendenz zur Abwendung beim Schmerz bedarf einer genaueren Untersuchung, denn sie betrifft nur das Empfindnisfeld, während die anderen Felder gleichzeitig eine Tendenz zur Zuwendung aufweisen. Man zuckt zurück, schaut aber gleichzeitig dort hin wovor man zurückgezuckt ist, oder zur Leibesstelle, an der das Schmerzempfindnis war oder noch ist. Die Abwendung vom Schmerz ist zumeist unvollkommen, da er in der Regel trotz dieser Abwendung andauert: Man zuckt zurück, aber es tut immer noch

---

[226]Die Abwendung von einem Schmerz im Leibesinneren kann durch Veränderung der Körperhaltung oder durch, später noch zu untersuchende, intentionale Abwendung geschehen.

weh. Die Schmerzquelle geht so von einem äußeren Ding auf den Leib selbst über; nicht mehr die Herdplatte, sondern die Verbrennung ist jetzt die Quelle. Dementsprechend sind Akte der Beendigung bei Äußerem wie Innerem gleich konstituiert - im Gegensatz zu den direkten Erlebnissen und dem Vermeidungsverhalten. Es zeigt sich also, daß die Tendenz zur Abwendung mit einer Tendenz zur Verdinglichung der Quelle einhergeht. Die Verletzung des Leibes wird in den dinglichen Kausalzusammenhang eingeordnet, und man verhält sich dementsprechend (höherstufig Medizin u.ä.). Der ungehemmte Ablauf beim Schmerz ist also folgender:

1. Kinästhetische Abwendung im Empfindnisfeld
2. Kinästhetische Zuwendung in den anderen Feldern
3. Übergang der Quelle vom Ding auf den Leib (entfällt bei direkt inneren Quellen)
4. Verdinglichung der Quelle im Sinne der Einordnung in einen Kausalzusammenhang
5. Akte der Beendigung

Hemmungen dieses Ablaufs sind auf allen Stufen möglich und können z.T. auch positiv beendend sein wie z.B. ein Nichtstattfinden von 3, wenn keine Verletzung erlitten wurde.

Diese Beobachtungen führen auf zwei grundlegende Tendenzen, die sich bereits in der Aufspaltung der Zuwendung und Abwendung im direkten Erlebnis zeigen und im gesamten Ablauf schließlich zur vollen Auswirkung gelangen:

- Die Tendenz zur Abwendung vom Unangenehmen (Abwendung vom Innenaspekt)
- Die Tendenz zur Integration der Erwartungsstrukturen (Zuwendung zum Außenaspekt)

Diese Tendenzen können sich ergänzen wie in der Vermeidung; sie können sich aber auch widerstreiten wie in manchen Fällen der Neugier.

Das Gegenstück zur Abwendung vom unangenehmen Innenaspekt ist die Zuwendung zum Angenehmen im Innenaspekt: Ich nehme ein Bad. Ich gleite ins Wasser, Wärme umgibt mich, mein Körper wird leicht, meine Muskulatur entspannt sich. Eventuell schließe ich die Augen, um diesen Zustand aufrechtzuerhalten. Zuwendung beinhaltet hier Abwendung von Ablenkendem. Die ungehemmte Zuwendung zum Angenehmen zeichnet sich durch die Abwesenheit anderer oder weiterführender Tendenzen aus. Die kinästhetischen Tendenzen sind ziellos und spielerisch (z.B. räkeln im Bad). Im ungehemmten "Genuß" liegt weiterhin keine Tendenz zur Integration der Erwartungsstrukturen vor. Vielmehr ist der erwartungsgemäße, aber nicht unbedingt sehr bestimmt erwartete, Verlauf Voraussetzung für den Genuß. Der ungehemmte Ablauf ist also folgender:

1. Kinästhetische Zuwendung im Empfindnisfeld
2. Kinästhetische Abwendung von "störenden" Feldern
3. Tendenzarmes Verbleiben in diesem Zustand, bzw. ziellose Abschattung desselben

Hemmungen dieses Ablaufs sind wiederum auf allen Stufen möglich. Gegenüber der Abwendung vom Unangenehmen ist hervorzuheben, daß der gesamte Ablauf keinen strukturgleichen Gegenpol darstellt. Dieser Asymmetrie ist weiter nachzugehen; vorläufig bleibt festzuhalten:

- Die Tendenz zur Zuwendung zum Angenehmen ist anders strukturiert als die Tendenz zur Abwendung vom Unangenehmen.

An dieser Stelle bietet es sich an, einige Klärungen zur Sprache der Deskriptionen vorzunehmen, wozu gewisse Vorgriffe auf die Intersubjektivitätsproblematik nötig sind: Mit "körperlichen Schmerzen" bezeichnen wir einen relativ klaren Bereich von Empfindnissen, in dem freilich unendlich viele Unterschiede nach Qualität (bohrend, stechend etc.) oder Intensität auftreten können. "Körperlicher Genuß" ist dagegen eher durch den Ablauf und die Tendenzen umrissen, als daß es möglich wäre, hier bestimmte Qualitäten oder Intensitäten anzugeben. Dies hat einen wesensmäßigen Grund: Die Beschreibung von Empfindnissen findet - wie die Untersuchungen zur Intersubjektivität noch zeigen werden notwendigerweise - in einer verdinglichten Sprache statt. Beim Schmerz liegt eine Tendenz zur Verdinglichung vor, beim Genuß aber ist sie entgegengesetzt. Allgemein läßt sich feststellen, daß der Zug zur Objektivität beim Unangenehmen stärker ist.

Jedes Empfindnis hat eine Qualität ("brennend") und eine Lokalisation ("im Finger"). Des weiteren kann zu einem Empfindnis eine kinästhetische Tendenz ("weg von dort") gehören. Lokalisation und Tendenz können veräußerlicht werden als Ort und Richtung im intersubjektiv zugänglichen Raum. Die Empfindnisqualität allerdings ist nur dem sie erlebenden Subjekt gegeben. Dies ist anders bei äußeren Empfindungsqualitäten, die ja mehreren Subjekten zugleich, wenn auch in verschiedenen Perspektiven, gegeben sein können. Dies hat zur Folge, daß man sich im Außen auf Qualitäten zeigend beziehen kann, während man im Innen nur die Lokalisation und die zugehörige Tendenz zeigen kann. Wenn man versuchte, die Empfindnisqualität selbst zu zeigen, dann wäre das in etwa so als würde man jemandem sein

Auge zeigen, um ihm mitzuteilen, daß man etwas Grünes sieht. Eine mir gegebene innere Qualität kann ich dem Anderen also nur zugänglich machen, indem ich versuche, diese Qualität in seinem Innen hervorzurufen. Etwas ähnliches liegt freilich auch im Außen vor: Wenn ich jemandem etwas zeige, dann veranlasse ich ihn, seine Aufmerksamkeit darauf zu richten und rufe damit in gewissem Sinn auch die äußere Qualität beim Anderen hervor. Der wesentliche Unterschied liegt allerdings darin, daß diese äußere Qualität intersubjektiv identisch mit der meinigen lokalisiert und mir originär zugänglich ist, während die inneren Qualitäten (auch intersubjektiv) verschieden lokalisiert sind und mir das Empfindnis des Anderen nicht originär zugänglich ist. Die darin begründete Unmöglichkeit, sich auf Empfindnisqualitäten zeigend zu beziehen hat zur Folge, daß der sprachliche Bezug auf Gefühle in zwei Formen auftritt:

(1) Durch sprachlichen Bezug auf die Lokalisation und die zugehörige Tendenz

(2) Auslösend wie z.B. in Lyrik oder Musik, oder auch im heftigen Streit.

Die Alltagssprache bedient sich vorwiegend des Bezugs (1).[227] Auch die folgenden Deskriptionen werden sich vornehmlich des Bezugs (1) bedienen, wobei jedoch zu beachten ist, daß dieser - was die Qualität angeht - ein indirekter ist.

Die Untersuchung des Verhältnisses von Innen und Außen beim Empfindnis sowie des Verhältnisses von Empfindnis und Gefühl ist der nächste Schritt auf dem Weg zur Deskription der intentionalen Struktur von Emotionen. Ich beginne wieder mit einem Beispiel: Mir ist heiß und ich suche einen kühlen Ort auf. Dort empfinde ich eine Kühle, die ich zugleich als angenehm erlebe. Ein Gefühl der Entspannung stellt sich ein. Nach einiger Zeit wird mir jedoch kalt. Die Kühle erlebe ich jetzt als unangenehm, ich fühle eine gewisse Unruhe. In diesem Erlebnisverlauf bleibt die Kühle des Ortes durchaus als identisch bewußt. Ist dieses Bewußtsein in einer Abstraktion fundiert oder direkt in einer originären Wahrnehmung? Gefühlsqualität und Tendenz haben sich offenbar geändert. Die Frage nach der Abstraktion kommt also der Frage gleich, ob Gefühlsqualität und Wärmeempfindung eine ursprüngliche qualitative Einheit bilden oder ob sie erst durch Synthese zu einer Einheit werden.

---

[227] Aufgrund einer Unterscheidung zwischen "feeling-quality" und "feeling-flow", die parallel zu meiner Unterscheidung von Qualität und Tendenz ist, schlägt Quentin Smith vor, eine Systematik von Gefühlen im Sinne von (1) zu entwickeln. S. Smith (1976) S. 98-104.

Ein Beispiel rein äußerer Wahrnehmung kann hier weiterhelfen: Ich betrete einen dunklen Raum, in dem ich kaum etwas erkennen kann. Nach einiger Zeit zeichnen sich aber doch Gegenstände ab, ich sehe jetzt etwas. Auch hier bleibt die Dunkelheit als identisch bewußt. Meine Augen haben sich angepaßt. Wie originär ist dieses Bewußtsein der Anpassung? Es setzt eine gewisse Typik der Veränderung voraus: Es wird eine gewisse Geschwindigkeit des Wieder-etwas-Sehens erwartet etc. Innerhalb dieser Typik bildet sich das Bewußtsein eines eigenen (leiblichen) Anteils und eines fremden (außenweltlichen) Anteils heraus. Ein prädikatives Bewußtsein dieser Anteile ist allerdings eine relativ hochstufige Angelegenheit.

Die Identität der Kühle im ersten Beispiel beruht auf der gleichen Typik. Die Gefühlsqualität fällt aber offenbar aus dieser Typik heraus. Sie fällt auf die Seite des Eigenen. Das Eigene ist insofern im ersten Beispiel ein Doppeltes: Der Leib kühlt sich ab, mir ist nicht mehr heiß und das Gefühl geht von angenehm zu unangenehm über. Wir haben also:

(1) Ein äußeres Identisches
(2) Ein inneres sich veränderndes Empfindnis
(3) Ein inneres sich veränderndes Gefühl

(1) und (2) sind korrelativ verbunden, wobei sich (1) aber erst im Rahmen einer Typik ergibt. (2) und (3) sind dagegen originär verbunden. Das Beispiel weist also auf eine Kette Gefühl - Empfindnis - Gegenstand hin. Unterwirft man diese Kette der Variation, so ergibt sich folgendes: Gefühle und andere Empfindnisse (Tasten und Bewegung) können unabhängig voneinander auftreten. Soweit sie allerdings zugleich und nahe beieinander auftreten, sind sie unmittelbar zu einer einzigen Empfindnisqualität verbunden, die nur abstraktiv auflösbar ist in einen Gefühlsanteil und einen Anteil anderer Empfindnisse. In der Gegenstandsauffassung findet nun genau diese Trennung statt: Die anderen Empfindnisanteile werden als Abschattung einer Eigenschaft des Gegenstandes aufgefaßt, während der Gefühlsanteil dem Leib-Ich zugerechnet wird. D.h. die Trennung zwischen Subjekt und Objekt verläuft mitten durch die einheitliche Empfindnisqualität. Die Trennlinie ist allerdings vorkonstituiert durch das unabhängige Auftreten von Gefühls- und anderen Empfindnisqualitäten.

An dieser Stelle ergeben sich zwei mögliche Untersuchungsrichtungen: Entweder man geht von hier aus nach "oben" und untersucht, wie sich auf der Grundlage dieser Trennung die Regionalisierung der Welt in Sachen, Dinge und

Werte ergibt, oder man geht nach "unten" und untersucht en detail die genetische Schicht, in der noch nahezu alles einen Gefühlscharakter aufweist. Letzteres hat Glen A. Mazis in „Emotion and Embodiment" im Ausgang von Maurice Merleau-Ponty unternommen. Trotz einiger methodischer Differenzen können die Ergebnisse dieser Arbeit nach "unten" für den hier verfolgten Weg nach "oben", soweit nötig, herangezogen werden.[228] Das für die Metaethik wichtigste Ergebnis Mazis' ist die "Phänomenalität von Emotionen":[229]

> There is a prominent sense of the object not as mere object standing over and against me, but rather it is an object with which I am caught up in relation that is revealed in e-motion[230]. This palpability of "object-in-relation" accounts for why we are so apt to remark upon the way in which our "subjective" contribution "colors" the object as revealed by e-motion: here the identity of the object comes forth as linked inseparably with my stance within the relationship to the object. Although it is as true that my stance towards the perceptual object of intellection is part of its coming forth, it is not announced as such in the appearing of the object and thus can remain hidden in a way not the case with the object of e-motion.[231]

Wie auch Mazis anmerkt[232], bedeutet dies, daß bei Emotionen die Noesis-Noema Korrelation als Korrelation bewußt ist im Gegensatz zur natürlichen Einstellung bei äußeren Wahrnehmungen. Dieser Unterschied in der Intentionalität ist der für die Regionalisierung entscheidende und daher in der folgenden Analyse der intentionalen Struktur von Emotionen besonders zu beachten.

---

[228]Mazis hat diese Trennlinie der Richtungen nicht erkannt oder zumindest nicht erwähnt und schreibt der eigenen Untersuchung daher einen universelleren Charakter zu, als ich es für richtig halte. Das hat seinen Grund vermutlich in dem Anliegen Mazis', der ursprünglichen Gefühlsschicht gegenüber einer rationalistischen philosophischen Tradition wieder zu ihrem Recht zu verhelfen und sie konkret als Erlebnisdimension zugänglich zu machen.

[229]s. Mazis (1993) S. 116-136

[230]Mazis führt den Trennstrich ein, um den Aspekt des Bewegenden der Emotion zu betonen.

[231]Mazis (1993) S. 123

[232]Mazis (1993) S. 191 Nr. 22

## 2.1.3.2 Die intentionale Struktur von Emotionen

Es lassen sich folgende intentionale Richtungen unterscheiden:
(1)  Vom Hier auf das Hier selbst
(2)  Vom Hier auf ein Dort im Leib
(3)  Vom Hier auf ein Dort im Außen.

Nicht in jedem Erlebnis treten alle diese Richtungen in den Vordergrund, sondern es handelt sich in der Regel um Abfolgen, bei denen aber u.U. auch nur eine Richtung in den Vordergrund tritt. Der Fall (1) liegt vor, wenn ich von einem Gefühl voll und ganz ergriffen bin. Das Gefühl liegt im Hier und aufgrund dieser Lokalisation bin ich sozusagen ganz dieses Gefühl. Nehmen wir eine Panik als Beispiel: Sie "steigt auf" und ergreift Besitz von mir. Dieses "Besitz ergreifen" besagt nichts anderes, als daß das Gefühl sich im Hier, also dem Ort des Ich, manifestiert. Zugleich prägt dieses Gefühl aber auch die Weise, in der ich meinen Leib und seine Umgebung auffasse. In der Intentionalität vom Hier auf ein Dort (3) überträgt sich aufgrund der beständigen Paarung von Hier und Dort die Verfassung des Hier auf die Verfassung des Dort. In der Panik verliert der Leib seine Zuverlässigkeit und die Umgebung ihre Ordnung. Diese Verhältnisse sind korrelativ im Sinne der Phänomenalität: Ebenso wie eine "grundlos" aufsteigende Panik das Dort destrukturiert, kann eine Destrukturierung des Dort eine Panik aufsteigen lassen. Was geschieht nun, wenn man sich wieder "in den Griff" bekommt? Das Gefühl verliert seine alles durchdringende Charakteristik. Es lokalisiert sich stärker in einem Bereich des Leibes, der typischerweise der Rumpf ist. Zugleich trennt sich das Hier vom Gefühl. Das Gefühl wird so zu einem Objekt gegenüber dem Ich (2). Die intentionale Richtung geht typischerweise vom Kopf auf den Rumpf. Die Leibesstelle, an der das Gefühl empfunden wird, wird in einen typisierten Erwartungshorizont integriert, durch den das Gefühl - in ebenfalls typisierten Grenzen - manipulierbar wird. Das Ich beginnt seine Umgebung wieder zu strukturieren (man holt eine Karte hervor, wenn man sich verlaufen hat etc.) und den Leib wieder funktionsfähig zu machen (z.B. ruht man sich aus, ißt und trinkt etwas etc.). Sich gehenlassen bzw. positiv sich öffnen gegenüber sich beherrschen bzw. sich verschließen sind also durch die verschiedenen Intentionalitäten (1) gegenüber (2) charakterisiert. Die Intentionalität (3) ist in beiden Fällen mit im Spiel, fungiert jedoch unterschiedlich. Der Unterschied zwischen sich öffnen und sich verschließen ist ein gradueller, d.h. die Intentionaltäten (1) und (2) sind stets zugleich und auch - wie gesagt - zusammen mit (3) vorhanden, aber Vordergrund und Hintergrund wechseln. Im Wechselspiel dieser Intentionalitäten bildet sich eine Typik von Gefühl - Leib - Umgebung Korrelationen heraus, die höherstufig auch prädikativ erfaßt werden kann: "Wenn ich länger als 6 Stunden einkaufen gehe, werde ich schlecht gelaunt.", "Wenn ich schlecht gelaunt bin, sehe ich die anderen nur noch als Hindernisse in meinem Weg." etc. Entscheidend für die Ausbildung der Typik sind die mit den Gefühlen verbundenen Tendenzen.

Die Aufspaltung der Intentionalität, wie sie bei der innenaspektlichen Abwendung und außenaspektlichen Zuwendung beim Schmerz herausgestellt wurde, wiederholt sich in der Aufspaltung in (1) und (2) beim Gefühl. Das allgemeine Charakteristikum dieser Aufspaltung ist die Selbstdistanzierung im Sinne eines räumlichen Auseinandertretens von Ich und betroffener Leibesregion. In der Selbstdistanzierung wird ein leibliches Hier zu einem Dort, wodurch das ursprüngliche Hier als Teil des Subjekts zu einem Objekt - gegenüber und räumlich getrennt vom Ich als Subjekt - wird. Man kann hier auch, sofern man negative Konnotationen ausblendet, von einer Abspaltung sprechen. Abspaltung im vollen Sinn beinhaltet allerdings, daß die ursprüngliche Zugehörigkeit des entstandenen Dort zum Ich nicht mehr zugänglich ist, m.a.W. daß die Intentionalität (1) völlig in den Hintergrund tritt und nicht mehr in den Vordergrund treten kann. Selbstdistanzierung beinhaltet dagegen gerade das Wechselspiel von (1) und (2). Die Unfähigkeit von (1) auf (2) überzugehen könnte man als Gefangenheit bezeichnen, welche z.B. bei "blinder Wut" vorliegt.[233]

Es besteht also insgesamt folgendes Gefüge von Intentionalitäten: Es lassen sich zwei Ebenen unterscheiden, die ich als "emotiv" und "kognitiv" bezeichnen möchte, da ihre Charakterisierung als phänomenologisches Explikat der unklaren Unterscheidung in emotionale und kognitive Anteile an Bewußtseinsprozessen dienen kann. Auf der emotiven Ebene liegt eine identische Lokalisation des Hier und der Gefühlsqualität vor. Dem Ich kommt auf dieser Ebene unmittelbar die Gefühlsqualität zu. Es "hat" nicht nur diese Qualität, sondern "ist" diese vielmehr. Zugleich liegt eine Gerichtetheit von diesem emotiven Hier auf ein Dort vor. Dieses hat aufgrund der Paarung von Hier und Dort ebenfalls einen emotiven Charakter. Die Stimmung "färbt" die

---

[233]Die Metapher "blind" ist hier erstaunlich treffend, da sie die Unfähigkeit anzeigt, das Gefühl zu veräußerlichen; der Sehsinn ist ja paradigmatisch für Gegebenheit im Außenaspekt. "Taub" wäre da viel weniger treffend.

Wahrnehmung des Dort. Diese gängige Metapher ist jedoch auf der emotiven Ebene irreführend, da sie bereits von einem nicht-emotiven Dort ausgeht. Die Lage ist vielmehr so, daß die zu der Gefühlsqualität gehörige Tendenz der Gesamtsituation zukommt. Die Qualität ist im Hier lokalisiert und nicht im Dort. Die Paarung führt nicht dazu, daß die Qualität als auch im Dort lokalisiert gegeben ist. Aber die Tendenz als kinästhetisches Verhältnis von Hier und Dort gehört unmittelbar zu beidem. D.h. der emotive Charakter des Hier und des Dort sind hinsichtlich des Moments der Tendenz der Emotion korrelativ verbunden und zwar in einer solchen Weise, daß der emotive Charakter des Dort völlig verschwindet, wenn die Korrelation nicht als Korrelation erlebt wird. In diesem Befund liegt der wesentliche Unterschied zur bloßen äußeren Wahrnehmung, die paradigmatisch für die kognitive Ebene ist. Bei der äußeren Wahrnehmung liegt die wahrgenommene Qualität im Dort, sie ist Teil eines Objekts im engeren Sinne als eines Etwas, das mir gegenüber steht, von dem ich getrennt bin. Ein Gegenstand als Gegenstand rein äußerer Wahrnehmung konstituiert sich als von meinen Kinästhesen und damit auch von meinen emotiven Tendenzen unabhängig (diese Konstitution beinhaltet eine Abstraktion, die später noch eingehend untersucht wird).

Richtet man sich aber von einem kognitiven Hier auf das emotive Hier, so wird dieses zu einem quasi-äußerlichen Dort. Aufgrund seiner Zugehörigkeit zum Leib bleibt es zwar mein Gefühl, aber es ist in einer Intentionalität gegeben, welche die gleiche Hier-Dort Struktur aufweist wie eine äußere Wahrnehmung. Richtet man sich vom kognitiven Hier auf das emotive Dort, so ist dieses Dort wesentlich auf das emotive Hier bezogen, zu ihm gehört eine emotive Tendenz, die auch prädikativ erfaßt werden kann: Das Dort hat eine Atmosphäre, der eine Stimmung auf der Seite des Hier korreliert. Atmosphäre und Stimmung können nicht losgelöst voneinander auftreten. Andererseits kann aber die Emotion in den Hintergrund treten und das emotive Dort zu einem kognitiven Dort werden, und umgekehrt. Die kognitive Charakteristik des Dort bleibt dabei unverändert und so werden die emotiven Charakteristika vom Kognitiven aus gesehen als hinzutretende erlebt. Dasselbe kognitive Dort kann als verschiedenes emotives Dort erlebt werden. Der genetische Gang der Konstitution ist vermutlich so, daß das emotive Dort ursprünglicher ist, da sich das kognitive Hier zuerst vom emotiven räumlich trennen muß. Das ist aber für diese Arbeit nicht entscheidend. Entscheidend ist dagegen, welche Rolle diese Intentionalitäten in der Gegenstandskonstitution spielen.

Als zentrales Ergebnis gilt es daher festzuhalten, daß sich zwei mögliche Einstellungen gegenüber dem Dort ergeben, die jederzeit beide im Spiel sind und graduell im Vorder- oder Hintergrund liegen. Erst wenn diese Gradualität abstraktiv um die emotive Dimension reduziert wird, ergibt sich eine rein kognititve Einstellung. Diese Abstraktion ist vorkonstituiert durch das Vorliegen relativ schwacher Emotionen und durch die Erhaltung der kognitiven Charakteristika auch in der emotiven Einstellung.

Von besonderem Interesse ist nun, wie die Emotionen selbst zu einem kognitiven Dort werden können. Eine Emotion muß in den Hintergrund treten, um kognitiv erfaßt werden zu können. Das steht im Gegensatz zur äußeren Wahrnehmung, in der gerade Vordergrund und Zentrum das kognitive Dort bilden. Zur vollen Gegebenheit einer Emotion gehört es, daß das Ich im emotiven Hier lebt. Ein Gefühl zu explizieren, seinen Facetten und Nuancen "nachzuspüren" setzt von daher ein beständiges Wechselspiel von kognitivem und emotivem Vorder- und Hintergrund voraus. D.h. die Entwicklung einer emotionalen Typik findet im Spiel der Selbstdistanzierung und Selbstannäherung statt.

Nun gehören zur Emotion nicht nur lokalisierte Gefühlsqualität und kinästhetische Tendenz, sondern die Emotion als Ganze fundiert eine Tendenz zur Selbstdistanzierung oder Selbstannäherung. Emotionen ziehen das Ich entweder an ins emotive Hier oder stoßen es ab ins kognitive Hier. Anders gesagt: Es gibt Emotionen, die sich in den Vordergrund drängen und solche, die sich in den Hintergrund drängen. Die Stärke dieser graduellen Tendenz ist konstitutiv für die subjektive Wertordnung; sie ist das gesuchte komplex fundierte Moment von Emotionen, in dem subjektive Werte fundiert sind. Dabei müssen aktives und passives Werten deutlich voneinander unterschieden werden: Das passive Werten liegt schlicht in dem Folgen der Tendenz zur Distanzierung oder Annäherung. Wenn ich z.B. wütend bin und voll in dieser Wut lebe, so ist sie passiv positiv bewertet. Die Motivation, in dieser Wut aufzugehen und sich nicht von ihr zu distanzieren, bleibt unbewußt. Wenn ich mich nun im nachhinein aktiv kognitiv dieser Emotion zuwende, so sehe ich z.B., daß sie unberechtigt oder kontraproduktiv war. Dabei wird allerdings die passiv positiv bewertete Emotion in explizite, jetzt bewußte Motivationszusammenhänge und Erwartungsstrukturen gestellt, die eine aktiven negative Bewertung der passiven positiven Wertung ergeben. Aber auch diese aktive Wertung bezieht sich letztlich auf passive Wertungen, nur wird jetzt die ursprüngliche Emotion im Vergleich und Zusammenhang mit anderen Emotionen gebracht, die in der passiven Wertung keine oder eine unbekannte Rolle gespielt haben. Das wird im Abschnitt 2.3 über aktive Synthesis näher zu untersuchen sein; an dieser Stelle kommt es lediglich darauf an, zu sehen, daß aktive und passive Wertung auseinandergehen können.

## 2.1.3.3  Zusammenfassung der Phänomenologie der Befindlichkeit

1. Es gibt eine wertkonstituierende Tendenz, die den Ort des Ich betrifft.
2. Diese Tendenz betrifft in emotiver Hinsicht den Ort des Ich im Leib. Eine passive positive Wertung besteht in der Tendenz des Ich, im emotiven Hier zu verbleiben. Eine passive negative Wertung besteht in der Tendenz des Ich, sich in das kognitive Hier zu verlagern.
3. Diese Tendenz betrifft in empfindnismäßiger Hinsicht den Ort des Leibes im Raum. Eine passive positive Wertung besteht in der kinästhetischen Tendenz des Leibes, an diesem Ort zu bleiben.
4. Die wertkonstituierende Tendenz ist von der affektiven Tendenz zu unterscheiden. Letztere betrifft die Richtung des Ich, erstere den Ort des Ich. Wertkonstituierende und affektive Tendenz können gegenläufig sein.
5. Es lassen sich kognitive und emotive Intentionalität unterscheiden. In der kognitiven Intentionalität besteht kein qualitativer Zusammenhang von Hier und Dort; Hier und Dort sind lediglich durch die Richtung vom Hier auf das Dort gepaart. In der emotiven Intentionalität liegt dagegen zusätzlich ein qualitativer Bezug vor.
6. Dieser Bezug ist so geartet, daß die Gefühlsqualität zwar allein dem Hier zukommt, die emotive Tendenz, die zu der Qualität gehört, kommt allerdings dem Hier und dem Dort zu.
7. Die Noesis-Noema Korrelation ist in der emotiven Intentionalität stets greifbar. Die "natürliche" Einstellung, in der man im Noema lebt, ist von daher eine kognitive natürliche Einstellung und keine emotive. Die natürliche emotive Einstellung ist sozusagen präreflexiv phänomenologisch.
8. Kognitive und emotive Intentionalität sind stets zugleich vorhanden. Die Einstellung ist eine graduelle Frage von Vordergrund und Hintergrund.

9. Emotionen können Noemata der kognitiven Einstellung werden. Das emotive Hier wird dann zum quasi-äußerlichen Dort.

10. Die Abstraktion einer rein kognitiven Einstellung ist vorkonstituiert durch relativ emotionslose Erlebnisse und die Erhaltung der kognitiven Charakteristika in der emotiven Einstellung

## 2.1.4 Das Verhältnis von Protosachen, Protodingen und Protowerten

Unter Protogegenständen verstehe ich Gegenstände für mich. Gegenüber der lebensweltlichen Gegebenheit von Gegenständen sind die Eigenschaften und Relationen von Protogegenständen abstraktiv beschränkt auf solche, die mir originär gegeben sind oder waren. D.h. das Zeugnis Anderer[234] von diesen Gegenständen, sowie das Innenleben Anderer als Gegenstand sind ausgeschlossen. Diese Beschränkung auf die Eigenheitssphäre führt Husserl z.B. zu Beginn von EU durch[235]. In der Erkenntnisrichtung auf Logik eingestellt, beschränkt sich Husserl jedoch auf äußere Wahrnehmung als Modus schlichter Gegebenheit. Diese Beschränkung ist für diese Arbeit zu stark. Das ganze eigene Innenleben muß mit in die Untersuchung einbezogen werden. Also ist der Bereich der im folgenden untersuchten Protogegenstände nicht die "pure universale Natur", von der Husserl in EU ausgeht, sondern die Welt für mich. Die pure universale Natur stellt gegenüber der Welt für mich eine weitergehende Abstraktion dar: Die Welt für mich ist eine "genetische" Abstraktion, indem hier das Immer-schon-da-Sein von Anderen weggestrichen wird. Die pure universale Natur ergibt sich durch eine darauf aufbauende "statische" Abstraktion, indem das Stets-mitgegeben-Sein meines emotionalen Innenlebens weggestrichen wird. Als positive Charakteristika kommen Protogegenständen Identifizierbarkeit und Permanenz, d.h. Erwartung der Gegebenheit bei entsprechender Kinästhese, zu. Protogegenstände weisen also eine gewisse temporale Stabilität auf und sind nicht einfach weg, wenn sie gerade

---

[234]Hier wie im folgenden steht "Anderer" großgeschrieben als terminus technicus für Menschen im allgemeinen, genauer gesagt für diejenige Gestalt auf der jeweils untersuchten Konstitutionsstufe, die bei voller Gegenstandskonstitution als Mensch gilt.

[235]EU §12

nicht originär gegeben sind, sondern bestimmen u.U. die Protention.

Emotionen betreffen immmer die Gesamtsituation. Dennoch besitzen sie eine gewisse Bindung an einzelne Gegenstände. Ich gehe z.b. die Straße entlang und sehe eine überfahrene Taube. Mit dieser Wahrnehmung geht meine Emotion z.b. von Gelassenheit in Ekel über. Der Ekel wird als durch den Anblick der zerquetschten Taube "hervorgerufen" erlebt. Was geschieht hier genau? Die Taube ist in einem bestimmten Sinn "Quelle" des Ekels. Sie ist Quelle eines visuellen Eindrucks in dem Sinn, daß kinästhetische Abwendung, Distanzierung etc. möglich ist. Emotionen als solche lassen, aufgrund ihrer Lokalisation im Leib, keine kinästhetische Abwendung zu. Möglich ist allein die im vorangehenden Abschnitt beschriebene Selbstdistanzierung. Die Taube ist also nicht direkt Quelle der Emotion, sondern sie ist Quelle von Sinneseindrücken, die in irgendeiner Weise die Emotion "auslösen". Aufgrund dieser Struktur können Emotionen mit einzelnen Gegenständen verbunden werden, obwohl sie nicht in diesen lokalisiert sind. Die einzelnen Gegenstände erhalten dadurch den Sinn von Emotionsauslösern. Demgegenüber werden andere sinnliche Qualitäten direkt als zum Gegenstand gehörig erlebt. Das Grau des Asphalts erlebe ich nicht als etwas Ausgelöstes, sondern als unmittelbar im Dort lokalisierte Qualität. Eine neurophysiologische Theorie würde auch das Grau als in irgendeiner Weise ausgelöst beschreiben. Diese Auslösung wird allerdings nicht erlebt. Die phänomenologische Deskription zeigt, daß im Fall der Verbindung einer Emotion mit einem einzelnen Gegenstand eine Assoziation vorliegt, die durch gleichzeitige Veränderung von sinnlichem Eindruck und Emotion gestiftet ist. Im Fall der Verbindung von sinnlicher Qualität und Gegenstand liegt dagegen keine Assoziation vor, vielmehr ist der Gegenstand das Identische der sinnlichen Qualitäten. Die Verbindung von Emotion und Einzelgegenstand unterscheidet sich auch von der Verbindung heterogener Sinnesqualitäten in einem Gegenstand, da letztere Verbindung nicht auf Gleichzeitigkeit, sondern auf gleicher Lokalisation beruht. Dieser Unterschied wird im Hinblick auf Intersubjektivität entscheidend, da gleiche Lokalisation unmittelbarer intersubjektiv gegeben ist als Gleichzeitigkeit.

Nun war oben davon die Rede, daß die Sinneseindrücke "in irgendeiner Weise" die Emotionen auslösen. Die bisherigen Deskriptionen haben den Tast- und Bewegungssinn als das einzig mögliche originär konstituierende Verbindungsglied zwischen Emotion und anderen sinnlichen Qualitäten herausgestellt. D.h.

jedes unmittelbar erlebte Auslösen von Emotionen durch Gegenstände verweist zurück auf eine derartige ursprüngliche Verbindung. Die konkreten Ausformungen dieser Verbindungen hängen von der individuellen Lebensgeschichte ab und können beliebig komplex sein. Der unmittelbar erlebte Auslösungszusammenhang ist das Ergebnis einer zumeist passiven Genese, die u.U. nicht mehr zugänglich gemacht werden kann. Die Ausbildung neuer Habitualitäten der Verbindung von Emotionen und Gegenständen muß nicht auf der originären Ebene ansetzen, sondern kann sich durch Neuordnung einer genetischen Schicht ergeben, ohne noch tiefere zu berühren.

Durch das Erlebnis von Verbindungen von Emotionen mit Gegenständen konstituiert sich ein allgemeiner Charakter der Ausgelöstheit von Emotionen. Wenn ich z.B. in einem Raum mit einer niederdrückenden Atmosphäre bin, so führt der Charakter der Ausgelöstheit dazu, einen isolierten Aspekt des Raums (z.B. Beleuchtung oder Geruch) als für die Emotion auslösend zu betrachten, obwohl das Erlebnis als solches den Raum als Ganzen betrifft. Es gibt also zwei mögliche Einstellungen (mit graduellen Übergängen) gegenüber dem Dort in Emotionserlebnissen:

(1) Das Dort als Ganzes ist Gegenstand der Emotion.

(2) Ein Teil des Dort ist Gegenstand der Emotion.

Welche Einstellung eingenommen wird ist zunächst passiv determiniert durch die Weise des Auftretens der Emotion. Tritt die Emotion zugleich mit einer Veränderung eines Teils (typischerweise Auftreten eines Gegenstands wie Taube oder Veränderung eines Moments wie Beleuchtung) ein, so wird (2) eingenommen, ansonsten (1). Höherstufig wird (2) zu einer stets möglichen Einstellung gegenüber (1), und da (2) Intersubjektivität begünstigt, wird (2) zur habituellen Einstellung. In der Welt für mich stehen (1) und (2) aber noch gleichberechtigt nebeneinander. Dennoch gilt es, aufgrund des Erkenntnisinteresses dieser Arbeit, insbesondere (2) weiter zu verfolgen:

Da wir uns im Bereich der passiven Synthesis bewegen, sind explikative Leistungen zunächst außer acht zu lassen, d.h. als Auslöser der Emotion ist hier immer das zu verstehen, was unmittelbar als solcher Auslöser erlebt wird und nicht etwa ein Teil dieses Etwas, der sich bei genauerer Betrachtung als "eigentlich" auslösend herausstellte. Was geschieht nun im Fall (2) mit dem Rest des Dort? Indem der Auslöser die Emotion sozusagen auf sich zieht, wird der Rest des Dort als emotional neutral in Hinsicht auf die betreffende Gefühlsqualität aufgefaßt. Im Fall (1) gibt es eine solche Neutralität nicht. Der Übergang von (1) zu (2) ist durch eine

Art Auskristallisation der Emotion an Gegenstandskeimen gekennzeichnet. Die Emotion liegt nicht mehr diffus auf dem gesamten Dort, sondern konzentriert sich auf einen Teil und läßt damit das übrige leer zurück. D.h. die einzelnen Gegenstand und Emotion verbindende Assoziation fundiert für die Gegenstände zugleich die mögliche Eigenschaft der Emotionsauslösung wie auch die mögliche Eigenschaft der emotionalen Neutralität. Ich habe also in der Welt für mich:

- Emotionale Gesamtsituationen, in denen die Emotion dem gesamten Dort zukommt
- Emotionsauslösende Gegenstände
- Emotional neutrale Gegenstände

Mit dem zuvor entwickelten Modell des passiven subjektiven Wertens lassen sich auf dieser Grundlage die Verhältnisse von Protosachen, Protodingen und Protowerten analysieren:

Zunächst ist nach dem Zusammenhang der Einstellungen (1) und (2) mit dem Einstellungswechsel bei der Selbstdistanzierung zu fragen. Kann man den Übergang vom In-der-Emotion-Leben zur Selbstdistanzierung unabhängig von einem Übergang von (1) nach (2) vollziehen und umgekehrt? Nehmen wir an, ich will mit dem Fahrrad dringend nach A fahren. Unterwegs reißt mir die Kette. Ich werde wütend. Jemand spricht mich an. Ich reagiere gereizt. Einen Moment später entschuldige ich mich. Was vollzieht sich hier? Die Fahrradkette wird als Auslöser der Emotion erlebt. Dennoch legt sich die Emotion über die Gesamtsituation, indem ich einfach in ihr lebe. Erst die Selbstdistanzierung ermöglicht die Beschränkung der Emotion auf ihren Auslöser. D.h. die bisherige getrennte Beschreibung von Selbstdistanzierung und Gegenstandsanbindung ist ungenau, da sich beide verschränken. Folgende Befunde sind für eine genaueres Bild zu berücksichtigen:

- Das In-der-Emotion-Leben kann durch einen Einzelgegenstand ausgelöst werden.
- Das In-der-Emotion-Leben kann auch "von selbst", ohne bewußten Auslöser, eintreten.
- Im In-der-Emotion-Leben betrifft die Emotion die Gesamtsituation.
- Die Selbstdistanzierung kann durch eine "fehlgeleitete" Emotion ausgelöst werden, d.h. indem sich die Emotion nicht am Auslöser, sondern an anderen Gegenständen manifestiert.
- Die Selbstdistanzierung kann auch von selbst eintreten.
- In der Selbstdistanzierung kann die Emotion sowohl die Gesamtsituation als auch Einzelgegenstände betreffen.

Also wird in obiger Beschreibung, von dem was im Fall (2) mit dem Rest des Dort geschieht, noch die Voraussetzung der Selbsdistanzierung übersehen. Erst in dieser ergeben sich emotional neutrale Gegenstände. Eine durch einen Einzelgegenstand ausgelöste Emotion breitet sich also zunächst unmittelbar auf die Gesamtsituation aus, und erst in der Selbstdistanzierung wird sie auf den Auslöser beschränkt. D.h. der Auslöser wird zwar unmittelbar als Auslöser erlebt, er ist dadurch aber noch nicht alleiniger Gegenstand der Emotion. Das ist eine merkwürdige Eigentümlichkeit der Emotion; es ist in etwa so, als ob ich immer, wenn etwas Blaues im Zentrum meines Sehfeldes ist, alles andere auch blau oder zumindest bläulich sehen würde.

Das Gegenstück zur ausgelösten Emotion ist die "von selbst" auftretende, d.h. die Emotion verändert sich, ohne daß eine anderweitige Veränderung erlebt wird. Solche Erlebnisse gibt es und es ist nicht a priori entscheidbar, ob alle "spontanen" Emotionen auf unbewußte Auslöser zurückgeführt werden können, oder ob es hier ein schlichtes Auftreten wie in anderen Sinnesfeldern gibt. Dabei handelt es sich strenggenommen nicht um eine phänomenologische, sondern um eine kausale Frage. Phänomenologisch entscheidend ist allein die oben beschriebene Assoziation von Emotion und Auslöser. Diese Assoziation motiviert eine Explikationsrichtung für alle Emotionen auf ihre eventuellen Auslöser hin, die intersubjektiv habituell wird. Ob diese Richtung immer zum Erfolg führt, ist dabei irrelevant. Anders liegt der Fall der Selbstdistanzierung: Hier ist das passive, schlichte Geschehen des Auseinandergehens von emotivem und kognitivem Hier fundierend für alle Formen der Auslösung dieses Auseinandergehens. Das obige Beispiel der "fehlgeleiteten" Emotion als Auslöser ist insofern ein höherstufiges; es setzt schon die habituelle Selbstdistanzierung voraus.

Insgesamt ergibt sich also folgender Fundierungszusammenhang für die hier besonders interessierende Gegenstandsbindung von Werten: Emotionen binden sich an Gegenstände ursprünglich durch eine Assoziation, die auf dem gleichzeitig erlebten Auftreten der Emotion und des Gegenstandes beruht. Die Beschränkung der Emotion auf den Gegenstand setzt Selbstdistanzierung voraus, die unabhängig vom Gegenstand entweder eintritt oder nicht. D.h. die emotionale Charakteristik als Eigenschaft eines einzelnen Gegenstandes (z.B. die Ekelhaftigkeit der zerquetschten Taube) ist genetisch fundiert in:

1. der Gleichzeitigkeit von sinnlicher Gegebenheit und emotionalem Charakter (zerquetschte Taube und Ekel)

2. dem passiven negativen Werten des emotionalem Charakters (Ekel), ansonsten bleibt der emotionalem Charakters auf die Gesamtsituation ausgedehnt.

Wenn dieser genetische Zusammenhang gegeben ist, erhält der Gegenstand den Sinn, die emotionale Charakteristik als Eigenschaft zu haben und zwar in einem auslösenden Sinn (Die Taube ist "ekelerregend"). Der auslösende Sinn kann auch als absolute Eigenschaft aufgefaßt werden (Die Taube ist "ekelhaft"), in der Art, wie allgemein relationale Merkmale lebensweltlich häufig zu Gegenstandsmerkmalen werden. Durch die Anbindung der Emotion an den Gegenstand vermittelt, wird auch die passive Wertung an den Gegenstand gebunden. Ein passiver Wert als Eigenschaft eines Gegenstandes ist also genetisch fundiert in:

1. der Anbindung der Emotion an den Gegenstand (s.o.)
2. der Übertragung der passiven Wertung der Emotion auf den Gegenstand aufgrund assoziativer Paarung.

Betrachtet man sich diese Fundierungsverhältnisse insgesamt, so scheint es auf den ersten Blick unmöglich zu sein, daß ein positiver Wert einem einzelnen Gegenstand zukommt. Und in der Tat ist es so, daß diese Verknüpfung eine höherstufige Leistung ist: Sie setzt eine Habitualisierung der Selbstdistanzierung voraus, so daß die passive positive Wertung überlagert wird von einer allgemeinen Tendenz zur Selbst-distanzierung, die in früherem passiven negativem Werten genetisch fundiert ist. Plakativ ausgedrückt: Solange die Welt schön und angenehm bleibt, ist es egal, woran das liegt. Man lebt im ungebrochenen Genuß selig vor sich hin. Erst wenn die Welt häßlich und unangenehm wird, spielt es eine Rolle, welche Teile dafür verantwortlich sind. Ist die schlichte Glückseligkeit aber erst einmal hinreichend zerstört, dann wird es zur Gewohnheit, die Teile der Welt aus der Distanz zu betrachten.

In welchen mereologischen Verhältnissen finde ich nun Protosachen, Protowerte und Protodinge in der Welt für mich vor, soweit die soeben beschriebene genetische Konstitution stattgefunden hat? Die Ontologie der Welt für mich ist (noch) bis zu einem gewissen Grad im Fluß. So ergibt sich beispielsweise aus der gegenstandsanbindenden Assoziation ein Supervenienzverhältnis von Protowerten auf Protodingen. Andererseits kann sich der Protowert einer Protosache beim In-der-Emotion-Leben auch unabhängig von der dinglichen "Basis" ändern. Ob Supervenienz vorliegt ist also in der Welt für mich von der Einstellung abhängig. Dennoch lassen sich einige Ergebnisse festhalten:

1. In der Welt für mich begegnen mir sowohl Protosachen als auch Protodinge als konkret Ganze. Also ist partielle Dinglichkeit - im Gegensatz zu universeller, die alle Protogegenstände beträfe - keine Abstraktion, sondern wird konkret in emotionsarmen Zuständen erlebt.

2. Passive Wertungen sind komplex fundierte Momente von Emotionen. Aufgrund der Phänomenalität von Emotionen gehört zu jeder Emotion unauflöslich ein Dort, auf das sich die Emotion bezieht. Diese Sachverhalte erlauben eine definitorische Bestimmung des Begriffs "Protowert": Der Protowert einer Protosache ist derjenige Teil der Sache, in dem die emotionale Charakteristik der Sache fundiert ist. Der Protowert ist also diejenige noematische Bestimmung der Protosache, der - vermittelt über die Emotion - die passive Wertung noetisch korreliert.

3. Protogegenstände sind passiv entweder als Protosachen oder Protodinge vorgegeben. Ob etwas eine emotionale Charakteristik aufweist liegt auf der Ebene der Passivität nicht im Belieben des Subjekts. Insofern ist die Verwandlung eines Protowertmomentes einer Protosache in ein dingliches Moment und damit der Protosache in ein Protoding eine ursprünglich aktive abstraktive Leistung. Die Gliederung einer Protosache in ein Protowertstück und ein Protodingstück (z.B. der toten Taube auf der Straße als Gesamtsituation in Taube und Straße als Stücke) kann allerdings in der oben beschriebenen Weise auch ursprünglich passiv ablaufen und beinhaltet keine Abstraktion.

4. In der Welt für mich ist die emotionale Charakteristik einer Protosache nicht relativiert durch das Zeugnis Anderer. Gleichwohl zeigt die gegenstandsanbindende Assoziation eine gewisse "Beliebigkeit", die allerdings in der Welt für mich nicht als Beliebigkeit erlebt sein kann. Eine eventuelle Aufspaltung der emotionalen Charakteristika in "subjektive" und "objektive" kann erst durch Intersubjektivität eintreten. D.h. erst im Zusammenhang der Intersubjektivität ist zu untersuchen, ob bestimmte Formen der Assoziation (z.B. über den Tastsinn) objektive emotionale Charakteristika liefern, während andere dies eventuell nicht leisten.

## 2.1.5 Intersubjektivität

Die phänomenologische Theorie der Intersubjektivität ist Gegenstand schwieriger Auseinandersetzungen innerhalb der Phänomenologie und auch ein zentraler Punkt äußerer Kritik. Innerhalb der Phänomenologie besteht allerdings eine relative Einigkeit über die Grobstruktur der Intersubjektivität, die Diskussion dreht sich im wesentlichen um die Feinstruktur. Der Standpunkt, auf dem diese Arbeit in bezug auf die innerphänomenologische Intersubjektivitätsdiskussion steht, ist als erstes zu erläutern. Dieser Standpunkt ist im übrigen so beschaffen, daß der externe Standardvorwurf des Solipsismus keinen Angriffspunkt mehr hat, was allerdings zugleich auf Kosten eines phänomenologischen Letztbegründungsanspruchs geht. Darauf folgt die Anwendung der allgemeinen Theorie auf die Probleme der intersubjektiven Gegebenheit von Emotionen und Werten. Zum besseren Verständnis will ich jedoch mit einem einführenden Beispiel beginnen.

### 2.1.5.1 Einführendes Beispiel

Ich sitze einem Anderen beim Kartenspiel gegenüber. Von seinen Karten sehe ich nur die Rückseite. Die mir abgewandte Vorderseite ist mir aber nicht völlig unbekannt, vielmehr weiß ich, daß sie Spielkartenmotive und nicht etwa Landschaftsbilder zeigt. Das weiß ich von meiner früheren Erfahrung mit Spielkarten her; ich brauche mich dabei nicht explizit zu erinnern, sondern apperzipiere die Vorderseite in einem Horizont der Vorbekanntheit anläßlich der Perzeption der Rückseite. Die Rückseite motiviert die Erwartung, daß ich, wenn ich die Vorderseite zu Gesicht bekomme, Spielkartenmotive sehen werde. Diese Erwartung kann ich überprüfen, (1) indem ich um den Tisch herumgehe und dem Anderen über die Schulter sehe. Ich kann (2) ihn auch bitten, mir zu sagen, was er sieht. Irgendeine Motivation zu einem alltäglich völlig selbstverständlichen Vorgang der Art (2) setzt offenbar voraus, daß ich weiß, daß der Andere die für mich unsichtbare Seite tatsächlich jetzt sieht. Woher weiß ich das, wo ich doch nicht mit seinen Augen sehen kann? Wie komme ich dazu, daß dieser Körper dort überhaupt etwas sieht, und auch noch gerade das, wonach ich frage? Der Fall (1) gibt hier einen ersten Hinweis: Der Andere sieht das, was ich sehen würde, wenn ich an seiner Stelle wäre. Allerdings sieht er es jetzt; die ihm zugewandte Seite ist für ihn jetzt wirklich, so wie für mich jetzt die ihm abgewandte Seite wirklich ist. D.h. in der intersubjektiven Welt ist simultan all das wirklich, was zum jeweiligen Zeitpunkt Gegenstand möglicher Wahrnehmung ist. Diese Welt ist also ihrem Sinn nach unabhängig von meinem Bewußtsein von ihr; sie ist bewußtseinstranszendent im vollen Sinne. Wie wird aber überhaupt diese Einfühlung der Art "wie wenn ich dort wäre" motiviert? Husserls allgemeine Antwort darauf lautet, daß dies durch die Ähnlichkeit des Körpers des Anderen mit meinem Körper geschieht. Eine genaue Explikation dieser Antwort ist das Grundproblem der allgemeinen Phänomenologie der Intersubjektivität, dem sich der nächste Abschnitt widmet.

Das bisher Gesagte bezieht sich darauf, daß der Andere auf seine Karten schaut; davon läßt sich unterscheiden, wie er auf sie schaut. Nehmen wir an mein Gegenüber zieht eine neue Karte und verzieht das Gesicht. Daraufhin nehme ich an, daß er eine für ihn schlechte Karte gezogen hat. Sein Gesichtsausdruck indiziert eine Wertung. Ebenso kann in einem anderen Zusammenhang auch seine Bewegung im Raum (z.B. Hingehen, Zurückweichen) eine Wertung indizieren. Hier liegt offenbar ein gewisser Unterschied zu der Gegebenheit der Spielkartenmotive vor, da ich mir die Wertung des Anderen nicht kinästhetisch zugänglich machen kann, sondern in einer besonderen Weise auf seinen Ausdruck angewiesen bin, worauf beim Kartenspiel z.B. das Pokerface basiert. Andererseits könnte ich seine Wertung aber auch erschließen, wenn ich die Karte sehen würde, die er zieht. Diese und ähnliche Probleme sollen auf der Grundlage der als nächstes behandelten allgemeinen Theorie der Intersubjektivität im übernächsten Abschnitt zur Intersubjektivität von Emotionen und Werten angegangen werden.

## 2.1.5.2 Zur allgemeinen Phänomenologie der Intersubjektivität

Die Grobstruktur der Intersubjektivität läßt sich mit Iso Kern folgendermaßen zusammenfassen:

Das Innen des Anderen kommt nie zu originärer Gegebenheit, sondern wird "appräsentiert":

> The primary motivational foundation of empathy [Einfühlung] is the perceptual similarity between my body and an externally perceived body inside the primordial sphere, [...] an immediately felt correspondence between the kinesthetically perceived intentional movements of the own-body [...] and the outwardly perceived movements of an external body [...] This similarity motivates an apperceptive

transfer in which the external body is apprehended in analogy [kein Analogieschluß!] with the own-body as a sensing and perceiving body.[236]

Da mein Leib und der andere Leib gleichzeitig anwesend sind, findet eine Paarungsassoziation statt, durch die der Sinn "Leib" (i. Ggs. zu "Körper") auf den anderen Leibkörper übertragen wird. Diese Sinnübertragung muß sich bewähren:

> the now perceived external body motivates (indicates, expresses) by its perceivable form and behavior a psychic side, and this not perceivable psychic side motivates (requires as its expression) a further continuation in my expectation of the perceivable behavior of the external body. [...] and so on.[237]

Das Hauptproblem liegt im Status der Paarung in dieser Struktur; es wird diskutiert, ob diese passiv, aktiv, weiter genetisch fundiert oder ursprünglich ist. Diese Auseinandersetzung wird zumeist im Spannungsfeld von Letztbegründung und Solipsismus in der transzendentalen Reduktion geführt. Anlaß zu dieser Diskussionslinie sind Husserls CM; insbesondere die V. CM, welche die einzige von Husserl selbst veröffentlichte Darstellung seiner Intersubjektivitätstheorie ist. Bezüglich der CM scheint klar zu sein, daß sie für sich genommen widersprüchlich oder zumindest in wesentlichen Punkten unvollständig sind.[238] Mir geht es nun darum, zu erläutern, daß man nicht in diese Diskussion eintreten muß, um Phänomenologie zu betreiben, wobei diese Enthaltung allerdings einen klar zu benennenden Preis hat, nämlich den, keine Antwort auf einen hinreichend radikalen Relativismus im behandelten Gebiet zu haben. Unerläßlich ist allerdings eine deskriptive Antwort auf den Status der Paarung.

Das Relativismusproblem ist nach Seebohm ein Spezialfall des "Paradoxes der Subjektivität":

> The universal form of this 'paradox of subjectivity' runs as follows: every reflection that analyzes the activities in which the subject both knows what is and tries to determine the justifiable validity claims of such a knowing must consider the world or sum total of beings known as the correlate of

---

[236]"Intersubjectivity" in EoPhen

[237]"Intersubjectivity" in EoPhen

[238]s. Forrest (1989) für einen kurzen Überblick über die Intersubjektivitätstheorie in den CM, der zugleich die gröbsten Mißverständnisse ausräumt.

the knowing subject. However, in such a mundane reflection the being of the knowing subject can only be understood as 'being in the world'. Hence, the knowing of the world is also in the world. Since every being in the world is what it is only as determined by its environment or its place in the world, this is the case as well with the subject's 'knowing of the world'. Thus, if one raises the question of the 'being' of the subject in the mundane attitude, the consequence of the most general answer is relativism. This relativism destroys the very possibility of the claims for universal validity, which is at least assumed to be a possibility at the beginning of every epistemological reflection.

[...] Thus it follows that: (a) mundane phenomenology is in the final instance uncapable of refuting relativism and scepticism. (b) It is impossible to refute the critcism [...] that (especially) morphological and material eidetic necessities, possibilities and impossibilities are valid only relative to a certain subject, which for unknown reasons is unable to 'think or represent things otherwise'. (c) One should stop criticizing naturalists and historists merely because their reflections lead to relativism.[239]

Entscheidend für diese Arbeit ist (b), da es hier ja um genau diese Art von Notwendigkeiten geht. Wenn ich mich also auf eine mundane Phänomenologie beschränke und damit letztlich das Paradox der Subjektivität aus dem Problembereich ausklammere, dann sind die Ergebnisse dieser Arbeit letztlich auf konkrete intersubjektive Überprüfung angewiesen. Es liegt also bei den Leserinnen und Lesern, zu prüfen, ob meine Deskriptionen auch für sie gelten und des weiteren, ob sie zur Lösung metaethischer Probleme beitragen. Daß ich in dieser Hinsicht zuversichtlich bin, liegt daran, daß ich die transzendentalphänomenologische Behandlung des Paradoxes der Subjektivität für plausibel halte[240], ohne hier aber eine abschließende Position einnehmen zu wollen.

In der transzendentalen Reduktion wird Bewußtseinstranszendenz von Gegenständen und damit letztlich Intersubjektivität in einer solchen Weise zum Problem, daß ein Solipsismusvorwurf zumindest prima facie formulierbar wird und, wie die umfangreiche Sekundärliteratur zeigt, nicht einfach zu

---

[239]Seebohm (1989) S. 356

[240]Zu dieser Behandlung s. Seebohm (1989)

behandeln ist. Von diesen Schwierigkeiten habe ich mich um den Preis des Anspruchs, Erste Philosophie, also Letztbegründung, zu betreiben, freigekauft. Die Arbeit wird so zum Vorschlag einer Herangehensweise an metaethische Probleme, der sich an seinem Erfolg messen lassen muß.

Kommen wir also zum Status der Paarung zurück und betrachten zunächst Husserls eigene Ausführungen. Die sehr knappen Angaben Husserls in CM §51 können durch die ausführlichen Analysen im 2. Teil der Vorlesung „Einführung in die Phänomenologie" von 1926/27 ergänzt werden und sind auch darin enthalten. Dort kommt Husserl zu folgenden Ergebnissen:[241]

(1) Der Körper des Anderen ist originär gegeben, seine Subjektivität ist zunächst leer vergegenwärtigt.

(2) Vergegenwärtigt ist eine andere aktuelle Gegenwart, die analog ist zu meiner originären Gegenwart.

(3) Das vergegenwärtigte Hier-Jetzt[242] beinhaltet "der Hauptsache nach" dieselben äußeren Dinge wie meines, aber in anderer Perspektive, nämlich so wie wenn ich dort wäre. Eine besondere Stellung hat dabei mein Leibkörper, da er auch im Einverstehen bleibt wo er ist.

(4) Der Andere unterscheidet sich von mir nicht nur darin, daß er an einem anderen Ort ist, sondern zeigt auch ein anderes körperliches Verhalten in der gemeinsamen Umwelt und dadurch ein anderes Ich (als Substrat von Habitualitäten).

(5) Es gibt Stufen der Vergegenwärtigung des anderen Ich: „Das Ich dieser Leiblichkeit und in Bewusstseinsbezug auf diese seine Umwelt ist zunächst ganz unbestimmt und bestimmt sich erst fortschreitend durch Ausdruck; und das sagt, auf dem Grund der unbestimmte ersten Interpretation, die nur die Strukturschicht Leib und Umwelt mit konkretem Bestimmungsgehalt zeigt, bestimmt sich der übrige Leergehalt der eben sonst leer vorstelligen Subjektivität in

---

[241] s. Hua XIV Text Nr. 35

[242] Dieser Begriff steht so nicht bei Husserl, bringt aber das von Husserl Gemeinte prägnant zum Ausdruck, wenn Husserl in diesem Punkt sagt: „Die Aussenkörper meines gegenwärtigen Wahrnehmungsfeldes sind im Bewusstsein interpretierenden Einverstehens vorgefunden in der vergegenwärtigten fremden Originalsphäre, aber in einer auf ihren Innenleib bezogenen Orientierungsgegebenheit (also auch mit den zugehörigen Erscheinungsweisen), die identifiziert wird mit derjenigen Orietierungsgegebenheit, die ich haben würde, wenn ich statt hier dort wäre." Hua XIV S. 523

fortschreitenden    Indikationen    also    in    weiteren
Interpretationen."[243]

(6) Jede Vergegenwärtigung weist auf originale Erfahrung zurück.
Die Vergegenwärtigung des anderen Hier-Jetzt unterscheidet
sich aber von einer Erinnerung: Bei einer Erinnerung weckt ein
gegenwärtiger  Gehalt  einen  vergangenen  und  die
Aufmerksamkeit  richtet  sich  auf  diesen.  Bei  der
Vergegenwärtigung des anderen Hier-Jetzt verweist der andere
Körper auf meinen stets anwesenden Körper, zu dem stets ein
Leibaspekt gehört, und wird dadurch assoziativ mit einem
Leibaspekt verbunden. Die Aufmerksamkeit bleibt dabei beim
anderen  Leibkörper:  „Indem  im  Ablauf  dieser
Einzelerfassungen fortgesetzt Ähnlichkeitsverweisung und wie
zu jeder Ähnlichkeitsverweisung konstitutiv gehörig, Deckung
statthat, findet eben jene "Einlegung als ob" [eines dem
meinen analogen Leibaspekts] statt, sie besteht in dieser
Deckung. Nämlich diese Verweisung besagt nicht Ablenkung
der Aufmerksamkeit auf das Verwiesene [den eigenen Leib],
ein Thematischwerden desselben. Assoziation als passive
Intentionalität ist schon möglich und beständig wirksam ohne
Ichaktivität, wenn auch unvollkommen."[244]

Damit sind wir bei der Paarung angelangt und wie bei der
Vergegenwärtigung sind auch hier Besonderheiten der Paarung von
Ich und Anderem gegenüber einfacher wahrnehmungsmäßiger
Paarung zu beachten:

> In unserem Fall wird die Ähnlichkeit jenes Aussenkörpers
> dort (fremder Leib) mit meinem Leibkörper erfahren, bei
> einer so verschiedenen Orientierungsgegebenheit, dass für
> beide eine Orientierung, wie sie je der andere Körper zeigen
> kann ausgeschlossen ist. Daher das Problem, wie
> phänomenale Paarung möglich werden soll. Zwei
> Aussenkörper können leicht gepaart erscheinen.
> Aufzuklären ist, wie sie hier bei diesem Nullkörper und
> einem Aussenkörper möglich werden soll, und dann, in
> welcher Art es ermöglicht wird, dass aufgrund dieser
> Paarung eine Appräsentation der Art motiviert wird, die wir

---

[243]Hua XIV S. 526
[244]Hua XIV S. 529

167

von der direkten Analyse des Gehalts der Einfühlungswahrnehmung her kennen.[245]

In der Vorlesung von 1926/27 macht Husserl nun einen Vorschlag, wie dieses Problem zu lösen sei. Ich übergehe diesen, da ich ihn, aus Gründen, die erst nach den folgenden Ausführungen einsichtig werden können, für ungeeignet halte. Ich schlage nun die genetische Richtung ein mit der Frage, wie die ursprünglichste, genetisch erste Konstitution der Paarung aussieht. Sie liegt m.E. in der direkten körperlichen Berührung von mir und einem Anderen vor: Wenn ich den Körper eines Anderen berühre, dann ist mir eine haptische Qualität gegeben, die sich mit derjenigen deckt, die ich erlebe, wenn ich meinen eigenen Leibkörper berühre. Der Unterschied liegt darin, daß ich bei der Berührung des Anderen nicht die bereits beschriebene Doppeltheit der Tastempfindung von berührender und berührter Stelle habe. Mit der Aufhebung der abstraktiven Reduktion auf eine Welt ohne Andere teilt sich also der erste der drei reinen Fälle des Tasterlebens in 2.1.1.2 auf in "Ich berühre etwas, das nicht zu meinem Leib gehört und (a) dieses etwas hat die Qualität eines leiblichen Außen oder (b) es hat sie nicht". Damit ist als erstes Ergebnis festzuhalten, daß die Anderen bereits bei der Konstitution des eigenen Innen und Außen zumindest in rudimentärer Form auftreten; sie sind also genetisch gesehen immer schon da und sie sind in dieser Form passiv vorgegeben. Der entscheidende Punkt des Falles (a) ist, daß in der Genese des eigenen leiblichen Außen und Innen ein leibliches Außen mit originärem Innen als Eigenes und ein leibliches Außen ohne originäres Innen als Anderes auseinandertritt. Nun wäre es denkbar, daß dieses Andere einfach in den Bereich der äußeren Gegenstände eingegliedert wird. Das wird aber dadurch verhindert, daß mit der haptischen Empfindung eines leiblichen Außen ohne Innen stets zugleich die Empfindung des eigenen Innen gegeben ist und so ein anderes Innen auf der Seite des empfundenen Außen bei jeder solchen Empfindung assoziativ indiziert wird. Das Erlebnis der Berührung eines Anderen weckt das Erlebnis der Selbstberührung, zu dem immer ein Innenaspekt an der berührten Stelle gehört; das Wechselspiel von Innen und Außen bei der Selbstberührung wiederholt sich im Wechselspiel von Berührung durch den Anderen und Berührung des Anderen durch mich. Die Konstitution des anderen Leibkörpers ist demnach in die Konstitution des Innen und Außen in Bezug auf den eigenen

[245]Hua XIV S. 533

Leibkörper eingegliedert und umgekehrt. Die eigene Außenwelt als Ganzes ist also nicht nur durch Abwesenheit von originären Empfindnissen charakterisiert, sondern es gibt dort de facto Körper, deren Außen ein Innen als Raum von Empfindnissen indiziert, die also Leibkörper sind, und es gibt dort de facto Körper, deren Außen kein Innen indiziert, die also "bloße" Körper sind, und bei alledem ist stets mein Innen originär anwesend. Die Gliederung der Welt in Ich, Andere und äußere Gegenstände beruht auf diesen gleichursprünglichen Unterschieden im Wie der Gegebenheit. Im Rahmen dieser Struktur wird auch meine Körperlichkeit für mich zum leiblichen Außen für Andere. Das Wechselspiel von Innen und Außen bei der Selbstberührung überträgt sich auf die Berührung eines Anderen; es wird nicht nur ein anderes Innen appräsentiert, sondern auch ein Außen für dieses Innen, welches bei der Berührung eben der Körperaspekt meines Leibkörpers ist und höherstufig allgemein der mögliche intentionale Gegenstand des Anderen.

Dieser Befund liefert das zweite wichtige Ergebnis, daß Ich, Anderer und äußerer Gegenstand Momente eines Strukturzusammenhangs sind, der passiv vorgegeben ist und dessen Elemente sich wechselseitig fundieren und nur abstraktiv herausgelöst werden können. Von einem Solipsismus kann also keine Rede sein. Vielmehr ist bereits die Apperzeption der Körperlichkeit meines Leibkörpers als äußerem Gegenstand, also die erste Stufe der Selbstobjektivation, fundiert in der von mir vorichlich appräsentierten Gegebenheit meines Leibkörpers für Andere. Ohne die apperzeptive Dezentrierung (die perzeptive Zentrierung bleibt immer erhalten) meiner Welt "durch" die Anderen bin ich mir selbst gar nicht objektiv gegeben.

Auf der beschriebenen urstiftenden Paarung baut sich eine Typisierung des Anderen auf: Der berührte Andere sieht typischerweise so und so aus, bewegt sich in einer Art, macht diese und jene Geräusche, riecht und schmeckt in einer bestimmten Weise. Wie jede andere Typik von Erfahrungsgegenständen ist auch diese an den Rändern unscharf und ihre Gegenstände sind häufig Modalisierungen unterworfen. Aufgrund dieser Typik des Anderen ergibt sich eine habitualisierte Paarung in sekundärer passiver Assoziation zwischen meinem Körper und dem Körper des Anderen. Ich nehme dann den Anderen auch visuell aus der Entfernung unmittelbar als Anderen wahr; oder ich nehme eine Stimme als Ausdruck eines Anderen wahr, ohne ihn zu sehen oder zu berühren. Diese Typisierung unterliegt einem Bewährungsstil, der auf die Berührung als letztes Kriterium verweist. M.E. macht

Husserl (auch in der Vorlesung von 1926/27[246]) den Fehler, die habitualisierte Paarung, insbesondere die visuelle, zu untersuchen, ohne auf die urstiftende haptische Paarung genetisch zurückzugehen. Am nächsten kommt Husserl meines Wissens der von mir vertretenen Auffassung in einer Analyse von 1931:

> Ich kann den Andern betasten – "fleisch"ähnliche Körperlichkeit, ich in der Ruhe, er im Dort ebenfalls. Brauche ich da mehr? Den andern Leibkörper habe ich dann bald in der, bald in jener Entfernung in all seinem gewandelten Aussehen, seinen perspektivischen Seitengegebenheiten, und er bleibt meinesgleichen - körperlich. Ist es also nicht richtig zu sagen, die Aussenvorstellung "mein Leib an irgendeiner Raumstelle" als perspektivische Vorstellung komme erst auf dem Weg über die andern Leibkörper als gleich erkannte Körper mit meinem Leib zustande? Diese Vorstellung hat mir immer wieder Schwierigkeiten gemacht. Liegt hier nicht die Lösung?[247]

Zu dem Ergebnis der passiven Gleichursprünglichkeit von Ich und Anderem kommen auch Yamaguchi (1982), Seebohm (1984), Stoelger (1994) und Iribarne (1994), meines Wissens untersucht aber niemand den haptischen Ursprung der Paarung. Seebohm behandelt das Problem auf einer abstrakteren Ebene und gewinnt dadurch einerseits das bereits angesprochene weiterreichende Ergebnis, daß dem Bewußtsein immer schon eine Räumlichkeit zukommt, die in Hier und Dort strukturiert ist, andererseits geht er nicht auf die konkreten genetischen Stufen der Paarung ein. Auch Stoelger, der sich in diesem Punkt an Seebohm orientiert, führt nichts zur Trennung von urstiftender und habitualisierter Paarung aus. Ebenso konkretisiert Iribarne die Gleichursprünglichkeit erst auf der Stufe der habitualisierten Paarung.[248] Yamaguchi dagegen untersucht, von folgendem allgemeinen Ergebnis aus, die konkrete genetische Konstitution des Strukturganzen.

> Also ist das 'wenn ich dort wäre' nicht eine Wiedererinnerung an das Ich, das früher dort gewesen war oder zukünftig dort sein wird, sondern eine unmittelbare paarende Wahrnehmung, eine Situationsauffassung der

---

[246] s. insbes. Hua XIV Text Nr. 36

[247] Hua XV S. 249f.

[248] s. Iribarne (1994) S. 112-114

Koexistenzen, der Simultaneität beider Leiber in einer lebendigen Gegenwart, und zwar bereits mit dem Bewußtsein vom Unterschied des Hier und Dort.[249]

Er beschreibt allerdings ebenfalls nicht die urstiftende Rolle der Berührung des Anderen[250], kommt aber zu dem Schluß:

> Diese Differenz des Hier-Dort entsteht allmählich entsprechend der vollständigen Ausbildung der Leiblichkeit, der sicheren Unterscheidung von äusserer und innerer Leiblichkeit. Dieses Phänomen hat Husserl mit der Kombination der akustischen und visuellen Wahrnehmung und mit ihrer assoziativen Verbindung erläutert. Dabei muss man nachdrücklich betonen, dass diese Differenz des Hier-Dort vom Gewinn des Selbstbewußtseins unabhängig ist, als Grundkenntnis des eigenen Leibes schon in der Frühkindheit ausgebildet, vor dem reflexiven Denken vorhanden ist, und bei der paarenden Fremdleiberfahrung ohne meine reflexive, aktive Setzung des Urteils sinnlich unmittelbar vorgegeben ist.[251]

Dieser Befund scheint auf den ersten Blick Seebohms Ergebnis von der Universalität der Hier-Dort Struktur zu widersprechen. Ich denke jedoch, daß in obigem Zitat deutlich wird, daß Yamaguchi mit "Hier-Dort" genau das meint, was in dieser Arbeit als "Innen-Außen" bezeichnet wird und was nach meinen bisherigen Analysen einer Genese und passiven Synthese unterliegt, während die universelle Hier-Dort-Differenz im engeren Sinne keiner Genese unterliegt, sondern zur Topographie des hyletischen Feldes gehört. Gegen die von mir und den genannten Autorinnen und Autoren vertretene Auffassung richtet sich die aktivistisch-idealistische Auffassung Römpps.[252] Zwar kommt auch Römpp zum Ergebnis der Gleichursprünglichkeit von Ich und Anderem, er sieht hier aber aufgrund seiner idealistischen Grundposition eine aktive Leistung und meint zudem, daß sich die Gleichursprünglichkeit auf die Momente der Einfühlung als Ganzer bezieht und lehnt daher einen letztfundierenden Status der Paarung ab. Das scheint mir angesichts

---

[249]Yamaguchi (1982) S. 97f.

[250]Leider greift Yamaguchi an den entscheidenden Stellen, bei denen Husserls Analysen zu spärlich sind, auf außerphänomenologische Untersuchungen zurück, statt selbst phänomenologisch zu analysieren. s. Yamaguchi (1982) S. 114

[251]Yamaguchi (1982) S. 120

[252]ausdrücklich gegen Yamaguchi s. Römpp (1992) S. 95 Anm. 10

obiger Deskriptionen nicht haltbar zu sein.[253] Des weiteren tritt der Zirkel von körperlicher Ähnlichkeitsauffassung als Voraussetzung für Intersubjektivität und intersubjektiver Konstitution der Körperlichkeit meines Leibes, den Römpp auf diese Weise vermeiden will, auch in der von mir vertretenen Position nicht auf.

Auf der Grundlage der habitualisierten Paarung findet die lebensweltliche Einfühlung in ihren Stufen statt, von denen im folgenden wichtig sein werden:

1.  Appräsentation im Modus des "Wie wenn ich dort wäre": Der Andere als simultanes Hier-Jetzt mit einer gemeinsamen Umwelt, deren Perspektiven kinästhetisch überführbar sind.
2.  Appräsentation im Modus des "Wie wenn ich diesen Ausdruck hätte": Der Andere als simultanes Hier-Jetzt mit aktuellen Empfindnissen, die mir über seinen Ausdruck indiziert sind.
3.  Appräsentation im Modus des "Wie wenn ich das erlebt hätte": Der Andere als simultanes Hier-Jetzt mit einer individuellen Geschichte, die seine Motivationen bestimmt und mir über sein Verhalten indiziert ist.

Das "Wie wenn" in den obigen Formulierungen ist im Sinne einer gebundenen Phantasie zu verstehen; gebunden ist sie durch das faktische Verhalten des Anderen, durch seine wahrgenommene Körperlichkeit. Es liegt also keine Neutralitätsmodifikation, bei der ich mich nicht wirklich, sondern bloß phantasiert in den Anderen hineinversetzen würde vor, sondern vielmehr eine Analogie zur Antizipation der abwesenden Seiten bei der Dingerfahrung.[254]

## 2.1.5.3 Intersubjektivität von Emotionen und Werten

Mit Hilfe der allgemeinen phänomenologisch gewonnenen Theorie der Intersubjektivität ist der Grund der Objektivitätsproblematik im Emotionsbereich relativ leicht zu identifizieren: Während die äußere Wahrnehmung des Anderen rein kinästhetisch in eine meinige Wahrnehmung überführt werden kann, ist dies bei den Empfindnissen im allgemeinen nicht möglich. Es gibt allerdings einen Bereich von Fällen, in denen dies möglich ist; z.B. wenn sich jemand stößt, schneidet o.ä. Das Charakteristikum dieser Fälle ist, daß ein direkter leibkörperlicher

---

[253]Vgl. auch Iribarnes Kritik an Römpp. Iribarne (1994) S. 149-158

[254]s. Iribarnes Darstellung der Diskussion Held - Aguirre über den Status des "Als ob". Iribarne (1994) S. 86-100

Kontakt zum Objekt besteht. Im allgemeinen jedoch sind mir die Emfindnismomente der Emotionen und Wertungen des Anderen nicht durch kinästhetische Überführung zugänglich, sondern lediglich durch die Tendenzen (die körperliche Bewegung im weitesten Sinne, d.h. inklusive Mimik, Gestik und Haltung) des Anderen indiziert gegeben. Wenn der Andere sich plötzlich krümmt, appräsentiere ich einen Schmerz in seinem Leibkörper; wenn der andere vor etwas zurückweicht appräsentiere ich im einfachsten Fall eine negative Wertung usw. Ich werde auf diese Appräsentationen gleich im Detail zu sprechen kommen. Um die Evidenz der Appräsentation zu bestimmen, müssen hinsichtlich der Tendenzen des Anderen folgende Fragen gestellt werden:[255]

(1) Handelt es sich um eine emotive, wertende oder affektive Tendenz?

(2) Wie evident ist die Tendenz selbst?

(3) Ist die Tendenz rein kinästhetisch in eine Meinige überführbar oder hängt sie von weiteren Faktoren ab?

Während (1) zunächst eine wichtige Klassifizierung darstellt, die unten genauer ausgearbeitet wird, ist (3) letztlich die Frage nach der Kontextabhängigkeit und damit weiterführend der "Relativität" von Werten. Die Evidenz der Tendenz selbst, also die Evidenz des Indizierenden, in (2) ist dagegen recht schlicht die Voraussetzung dafür, daß überhaupt eine Indizierung stattfinden kann. Ich beginne also mit (1), um schließlich über das Zusammenspiel und den Widerstreit der verschiedenen Aspekte des Ausdrucks des Anderen zur Frage der Kontextabhängigkeit (3) zu kommen.

Allgemein handelt es sich bei den Tendenzen in (1) um ein Gesamtverhalten des Anderen als Gestalt mit emotiven, wertenden und affektiven Tendenzen als Elementen, die unterschiedlich dominant sind. Es ergeben sich Gestalttypen wie Freude, Furcht, Zuneigung, Aggression, Konzentration etc. Die Evidenz der ersten Gestaltwahrnehmung (z.B. der Stimmung einer Person, die gerade den Raum betritt) hängt von (2) und insbesondere (3) ab. Die Bewährung der ersten Gestaltwahrnehmung hängt dann von der Interaktion mit dem Anderen ab.

In einer ersten idealisierenden Aufteilung kann man die verschiedenen Tendenzen in (1) folgendermaßen Momenten der Gestalt des Anderen zuordnen: Die Ausrichtung des anderen Leibkörpers zeigt eine affektive Tendenz an. Der Ort, bzw. die

---

[255]In diesem Abschnitt muß ich recht häufig solche Unterscheidungen und Problemzerlegungen vornehmen. Die Nummern im Text beziehen sich jeweils auf die letzte vorgenommene Unterteilung.

Ortsbewegung zeigt eine wertende Tendenz an, und die "Form" (Haltung, Mimik) schließlich eine emotive Tendenz. Diese, auf die abstrakten Möglichkeiten körperlicher Veränderung bezogene, Einteilung ist idealisierend, da es Übergänge zwischen "Form", Ort und Richtung gibt, aber in ihr ist jeweils der paradigmatische Kern getroffen: bei der Affektion das Hinwenden, bei der Wertung das Hin- oder Weggehen und Greifen oder Fallenlassen und bei der Emotion das Strahlen, Zusammenkauern etc.

Man kann eine Systematik in diese komplexen Zusammenhänge bringen, indem man von der subjektiven Erlebnisdimension (Affektion, Wertung, Emotion) ausgeht, sich dann die entsprechende leibliche Manifestation (Richtung, Ort, Empfindnis) und schließlich den zugehörigen körperlichen Ausdruck (Hinwendung, Bewegung, Mimik/Haltung) betrachtet. Unter "leiblicher Manifestation" verstehe ich die Weise, in der sich die Erlebnisdimensionen im subjektiven Körperempfinden bemerkbar machen; die Richtung der Affektion ist leiblich spürbar, ebenso nehme ich hinsichtlich der Wertung leiblich wahr, wie ich mich im Raum bewege und was ich dabei berühre. Die Emotion schließlich besteht geradezu in ihrer leiblichen Manifestation, da sie Empfindnis ("Ziehen im Bauch" etc.) und kinästhetische Tendenz ("erhebend" etc.) als Momente hat.

Sodann ist zu untersuchen, welche Weise der Appräsentation dieser Ausdruck motiviert, wenn er an einem Anderen vorliegt (Strukturmomente (2) und (3)). Auf diese Weise läßt sich im Einklang mit der allgemeinen Phänomenologie der Intersubjektivität der Weg vom subjektiven Erlebnis zur Objektivation des Erlebten nachzeichnen. Schematisch läßt sich der Weg vom subjektiven Erlebnis über die leibliche Manifestation zum körperlichen Ausdruck wie folgt darstellen:

| Erlebnis-dimension | leibliche Manifestation | Körperlicher Ausdruck |
|---|---|---|
| Affektion | | |
| | Richtung auf Außen | Hinwendung zu einem äußeren Gegenstand |
| | Richtung auf Innen | Hinwendung zum eigenen Leibkörper im Außenaspekt |
| | Richtung auf Abwesendes | fehlende Hinwendung |
| Wertung | | |
| | Ort des Leibes im Raum | Hinbewegen, Greifen |
| | | Verbleiben, Festhalten |
| | | Wegbewegen, Wegstoßen |
| | Ort des Ich im Leib | nur teilweise ausgedrückt durch die Intensität des emotionalen Ausdrucks |
| Emotion | | |
| | kinästhetische Tendenz | Haltung, Mimik, Laute |
| | Gefühl | nicht selbst ausgedrückt, sondern nur mittelbar durch den Ausdruck der kinästhetischen Tendenz |

Mein körperlicher Ausdruck ist auf der in diesem Abschnitt betrachteten Stufe durch die leibliche Manifestation der Erlebnisdimensionen determiniert. Er wird dadurch zum indexikalischen Zeichen für das Erlebnis im Gegensatz zum sprachlichen Ausdruck, der als symbolisches Zeichen durch Gewohnheit und Lernen mit dem Erlebnis in einer im Prinzip willkürlichen Beziehung steht. Darauf werde ich später zurückkommen, wenn es um den sprachlichen Ausdruck von Emotionen und Werten geht. An dieser Stelle ist lediglich zu beachten, daß sich körperlicher Ausdruck im folgenden auf indexikalische Zeichen beschränkt. Symbolischer körperlicher Ausdruck wie Kopfschütteln für Verneinung und Nicken für Bejahung (oder eben umgekehrt) sei für diesen Abschnitt ausgeschlossen.

Im Ausdruck, der eine einheitliche Gestalt bildet, lassen sich nach obigem Schema die Momente Hinwendung, Ortsverhalten (Bewegung und Berühren) und emotionaler Ausdruck unterscheiden, die nun im einzelnen betrachtet werden sollen:

Die Hinwendung indiziert den intentionalen Gegenstand des Anderen und zwar am evidentesten beim Hinschauen auf einen äußeren Gegenstand. Natürlich kann der Andere auch in eine Erinnerung versunken sein und sozusagen bloß zufällig auf diesen äußeren Gegenstand die Augen gerichtet haben, während seine Aufmerksamkeit bei einem vergangenen oder phantasierten Erlebnis ist. Diese Möglichkeiten schwächen zwar die Evidenz der Indizierung, ändern aber nichts an der Indizierung selbst, denn damit diese Möglichkeiten selbst evident werden und die erste Evidenz der Richtung auf einen äußeren Gegenstand durchstreichen, müssen sie selbst durch einen körperlichen Ausdruck angezeigt sein, z.B. keine Reaktion auf äußere Veränderungen etc. Die Appräsentation einer Richtung auf ein aktuell im Außen Gegebenes erhält ihren Vorzug daraus, daß sie sich direkt aus einer kinästhetischen Überführung meiner Stellung in die Stellung des Anderen ergibt. Sie ist die einfachste Weise der Appräsentation unter den möglichen und stellt von daher eine Art Standard da, von dem aus sich die weitere Explikation des Innenlebens des Anderen ergeben kann.

Unter dem Ortsverhalten wird hier sowohl Bewegung und Ruhe des Körpers als Ganzem in Bezug auf einen Gegenstand, als auch die Berührung oder das Befühlen eines Gegenstandes verstanden. Das Ortsverhalten indiziert die subjektive Wertung eines Gegenstands, ohne selbst die gegenstandsgebundene Emotion des Anderen anzuzeigen. Diese wird in diesem Moment der Appräsentation übersprungen, obwohl sie ja subjektiv fundierend für die Wertung ist. Die Appräsentation der Wertung über das Ortsverhalten findet im Modus "wie wenn ich dort wäre" statt, daher gibt es hier starke Abgrenzungsschwierigkeiten gegenüber der Affektion, die im gleichen Modus appräsentiert ist. Wenn ich sehe, wie jemand einen Gegenstand eingehend betrachtet, dann indiziert dieses Verhalten sowohl Affektion als auch Wertung; genauer gesagt kann ich nicht ersehen, ob derjenige (1) bloß betrachtet, (2) die Betrachtung genießt, also positiv wertet oder (3) die Betrachtung anderweitig motiviert ist, evtl. auch durch eine negative Wertung. Im Unterschied zur Affektion kann eine Wertung nicht als Wertung überhaupt appräsentiert werden, sondern muß immer graduell positiv oder negativ sein; eine Wertung überhaupt, unabhängig von der Tendenz wird nicht appräsentiert. Diese zusätzlich Anforderung verkompliziert die Appräsentation der Wertungsdimension des Erlebnisses des Anderen. Nun ließ sich allerdings bei der negativen Wertung bereits eine gespaltene Affektion feststellen, bei der leibliche Distanzierung mit anderweitiger Zuwendung einhergeht. Wenn jemand also bei der eingehenden Betrachtung auf Distanz bleibt, dann kann dies eine negative Wertung zumindest von Aspekten des Gegenstands indizieren. Der Fall (3) läßt sich also von (1) und (2) unterscheiden.

Hinsichtlich (1) kann man unterscheiden zwischen einem flüchtigen Hinschauen und einem explizierenden Verbleiben beim bzw. Nähertreten zum Gegenstand. Letzteres ist von (2) dem reinen Ortsverhalten nach nicht zu unterscheiden. Insofern indiziert also jede ungebrochene, ungespaltene Explikation auch eine positive Wertung. Insgesamt ist festzustellen, daß das Ortsverhalten als Moment für sich eine sehr dürftige Evidenz der Wertindizierung liefert. Nur in dem bereits angesprochenen speziellen Fall der negativen Wertung mit unmittelbarer Leibbeteiligung (z.B. Zurückzucken beim Schmerz) indiziert es mit einer Evidenz, die einen Standard abgibt.

Was läßt sich nun zum Moment des emotionalen Ausdrucks sagen? Diesen kann man weiter in die Momente Mimik, Haltung und Laute[256] unterteilen; der emotionale Ausdruck bildet also eine Untergestalt der Gesamtgestalt des körperlichen Ausdrucks. Die Appräsentation der Emotion des Anderen verläuft im Modus "wie wenn ich diesen Ausdruck hätte". Wenn ich so lächeln, das Gesicht verziehen, die Arme ausbreiten, mich zusammenkauern, lachen oder schreien würde, wie dieser Leibkörper dort, dann hätte ich zugleich diese oder jene Emotion. Aber ich weiß ursprünglich ja nicht, wie ich bei meinen Emotionen aussehe. Also ist auch hier, wie bei der zugrundeliegenden allgemeinen Appräsentation einer Leiblichkeit zu dem wahrgenommenen Körper, zu fragen, in welchem Verhältnis diese Appräsentation zur Selbstapperzeption meines Körpers steht. Und auch hier muß man von einer wechselseitigen Konstitution ausgehen und die urstiftenden Verhältnisse angeben, von denen die Typisierung des emotionalen Ausdrucks des Anderen ihren Ausgang nimmt. Von der subjektiven Seite her ist da zunächst folgendes festzustellen:

(1) Meine Emotion bestimmt meinen Ausdruck; wenn ich starke Schmerzen habe, schreie ich, ich kann das zwar aktiv unterdrücken, aber nur bis zu einem gewissen Grad, in jedem Fall werde ich keinen Freudentanz aufführen. Das gleiche gilt für Belustigung, Furcht, Wut etc. (2) Der Ausdruck des Anderen kann in mir eine Emotion auslösen, die stark vom Kontext mitbestimmt ist. Wenn man aber davon ausgeht, daß in sehr frühen Entwicklungsstadien so gut wie kein Kontext außer dem aktuellen vorliegt, dann kann man sagen, daß zu Beginn der Genese der Ausdruck des Anderen meine Emotion bestimmt, wenn ich selbst in einem relativ emotionsarmen Zustand bin oder die Emotionen gleichartig sind und sich

---

[256]Die Gestik im engeren Sinn gehört nicht dazu, weil sie bereits Konventionen, also symbolische Zeichen, enthält.

verstärken. Die urstiftende Appräsentation findet in Interaktionen im Wechselspiel von (1) und (2) statt. Dabei muß man wegen der Einschränkungen in (2) weiter unterscheiden zwischen (a) spielerischen Interaktionen, bei denen sich die wechselseitige Bestimmung voll entfalten kann und (b) fixierten Interaktionen, bei denen die jeweils eigene Emotion durch andere Faktoren als dem Ausdruck des Anderen festgelegt ist. Die Fähigkeit zur Interpretation des emotionalen Ausdrucks des Anderen bildet sich also in spielerischer Interaktion heraus. Wenn nur fixierte Interaktionen erlebt würden, wäre der Ausdruck des Anderen nicht als emotionaler, sondern als rein volitiver über das zugehörige Verhalten konstituiert. Der Ausdruck wäre dann als Begleiterscheinung eines Verhaltens des Anderen gedeutet, wie man z.B. das Gesicht verzieht, wenn man etwas Schweres hebt, und indizierte dann höchstens ein Wollen als Innenaspekt, aber keine Emotion. In der spielerischen Interaktion jedoch fungiert der Andere quasi als mein Spiegelbild, wodurch eine Verbindung von meinem Innenaspekt meines Ausdrucks und seinem Außenaspekt zustandekommt. Insbesondere für das Verständnis der Mimik ist dieses "Spiegeln" unerläßlich, da mir meine Mimik ja nicht im Außenaspekt gegeben ist. Was Laute und Haltung angeht, liegen die Dinge einfacher, da mir dabei mein Ausdruck auch selbst, zumindest partiell, im Außenaspekt gegeben ist.

Soweit ist das Wie der Gegebenheit der Emotion des Anderen klar. Es bleibt nun die Wertung dieser Emotion zu betrachten: Die Wertung seiner eigenen Emotion durch den Anderen, d.h. der Ort seines Ich im Leib, ist nur sehr vage durch die Intensität seines emotionalen Ausdrucks gegeben. Wenn jemand tobt und rast, dann zeigt das an, daß er in seiner Wut lebt, wenn er dagegen nur schmallippig wird und die Augen verkneift, deutet dies darauf hin, daß er sich beherrscht und seine Wut dabei als Objekt hat. Andererseits können diese Möglichkeiten aber auch einfach die Intensität seiner Emotion indizieren. Es ist prima facie nicht zu unterscheiden, ob die Intensität des Ausdrucks die Intensität eines Empfindnisses oder den Grad des Lebens in der Emotion anzeigt. Beim ersten Gestalteindruck indiziert die Intensität des Ausdrucks jedoch typischerweise die Intensität eines Empfindnisses, wie z.B. der Schrei beim Schmerz. Das bedeutet aber, daß mir der emotionale Ausdruck des Anderen im wesentlichen eine emotive Qualität gewisser Intensität anzeigt, ohne die Wertung dieser Qualität durch den Anderen anzuzeigen. Die Wertung der appräsentierten Emotion ist daher im wesentlichen meine Wertung.

Bei dieser Wertung der anderen Emotion muß man sogleich zwei Fälle unterscheiden:

(1) "Mitfühlen": Meine Wertung der anderen appräsentierten Emotion wie wenn ich sie hätte. Der Andere ist hier als genuines Subjekt aufgefaßt.

(2) "Bewerten": Meine Wertung der Emotion, die ich anläßlich der anderen appräsentierten Emotion, erlebe. Die Emotion des Anderen ist dabei Gegenstand meiner Emotion und die Emotionen können gegenläufig sein (z.B. Schadenfreude). Der Andere ist hier als Objekt aufgefaßt.

In der Passivität hängt das Eintreten von (1) oder (2) davon ab, welche sinnliche Fülle die Appräsentation der anderen Emotion besitzt. Die Fülle hängt ab von den Faktoren gemeinsame Gegenstandsbindung, Intensität des Ausdrucks und räumliche sowie persönliche "Nähe" des Anderen. In der Aktivität besteht eine gewisse Freiheit gegenüber diesen Vorgaben, und "Mitfühlen" und "Bewerten" sind dann mögliche Einstellungen gegenüber dem Anderen. Verbleibt man aber im passiven Bereich, so ist es sinnvoll, zunächst nur (1) zu betrachten, da (2) den komplexeren Fall darstellt.

Damit liegt eine ausreichende Deskription der für diese Arbeit zentralen drei Momente (Hinwendung, Bewegung / Berührung, emotionaler Ausdruck) der Gestalt des Anderen vor. Es ist wichtig zu sehen, daß diese Momente immer zu einem Gesamteindruck vom Anderen verbunden sind. Solche Gestalten sind Freude, Zuneigung, Abneigung, Begeisterung, Trauer etc. Sie zeigen Übergänge und Mischformen und sind unterschiedlich deutlich; ein Lachen kann wie ein Schluchzen klingen, Tränen können auch Freudentränen sein usw. Trotz dieser Vagheiten besitzen diese Gestalten einen idealtypischen Kern, der ein Höchstmaß an Evidenz für die indizierte Emotion und Wertung liefert. Solche Idealtypen können z.B. für die pantomimische Darstellung herausgearbeitet werden. Lebensweltlich begegnen wir jedoch Gestalten, in denen sich die Momente auch widerstreiten können, und dies führt uns auf das Problem des Zusammenspiels der Momente und der Bedeutung der Stimmigkeit dieses Zusammenspiels für die Evidenz der Indizierung und die Motivation zu einer Explikation des Ausdrucks des Anderen.

Die Momente indizieren jeweils Verschiedenes: (1) die Hinwendung zu einem Objekt indiziert eine intentionale Richtung auf dieses Objekt, (2) das Ortsverhalten in Bewegung und Berührung indiziert eine Wertung, (3) der emotionale Ausdruck indiziert eine Emotion, die aber von mir gewertet wird. Der einfachste Fall des Zusammenspiels ist, daß sich das Ortsverhalten aus (2) auf das Objekt in (1) bezieht und die Wertung aus (2) mit der Wertung aus (1) übereinstimmt und zudem mit meiner Wertung des Objekts aus (1) übereinstimmt. Das wird z.B. in der Regel der Fall sein, wenn das eigene Kind gerade auf die heiße Herdplatte faßt.

Bereits in diesem einfachsten Fall zeigt sich eine grundlegende Kontextualität der Wertung, nämlich die des "wie wenn ich dort wäre". Meine Wertung der Herdplatte ist nur im Kontext der Berührung eine negative und andernfalls eher positiv. Da ich mir diesen Kontext durch Kinästhese zu aktuellen Gegebenheit bringen könnte, kann man ihn als äußeren Präsenzkontext bezeichnen. Ich appräsentiere den Anderen als in diesem Kontext stehend und eine Wertung vollziehend, die in seinem Ortsverhalten ihren Ausdruck findet. Zugleich ist mir der emotionale Ausdruck des Anderen gegeben, der meine Wertung der Emotion des Anderen auslöst, die ich im ersten Eindruck als seine appräsentiere. Die Wertung des Anderen ist dabei im Modus "wie wenn ich diesen Ausdruck hätte" appräsentiert. Wenn man diese Appräsentation aus dem Ganzen herauslöst, so zeigt sie sich als akontextuell, wie z.B. auf Portraitfotografien. Für sich genommen verweist der emotionale Ausdruck ausschließlich auf das Innen des Anderen; eine Beziehung zum Außen erhält er nur durch die weiteren Momente der Gesamtgestalt Ortsverhalten und Richtung. Die Wertung des Anderen ist also zugleich in zwei Weisen und aufgrund verschiedener Momente der Gestalt des Anderen appräsentiert.

Zwischen diesen zwei Weisen, die ich kurz "Orts-" und "Emotionswertung" nennen werde, kann es zu Unstimmigkeiten kommen. Wenn jemand etwas mit einem angewiderten Gesichtsausdruck in die Hand nimmt, dann widersprechen sich Orts- und Emotionswertung. Im Beispiel würden wir dies normalerweise so deuten, daß er den Gegenstand aus seiner Umgebung entfernen will und ein entsprechendes weiteres Verhalten erwarten. Ein solcher Widerspruch verweist also auf eine über die lebendige Gegenwart hinausreichende Motivation des Anderen, deren Appräsentation sich bewährt oder enttäuscht. Das Ortsverhalten ist also nicht nur Ausdruck der Wertung, sondern auch eingebettet in einen lebensweltlichen Zweck-Mittel Zusammenhang. Wenn sich Orts- und Emotionswertung widersprechen, so verliert das Ortsverhalten seine ohnehin vage Wertindizierung für die lebendige Gegenwart und diese wird vom emotionalen Ausdruck alleine getragen. Unstimmigkeiten zwischen Ortsverhalten und emotionalem Ausdruck (klarer äußerer

Gegenstandsbezug vorausgesetzt) beim Anderen motivieren also meinerseits eine Appräsentation, die über die lebendige Gegenwart hinausgeht und auf lebensweltliche Zusammenhänge verweist. Der Andere wird als simultanes Hier-Jetzt mit einem inhaltlich näher bestimmten Vergangenheits- und Zukunftshorizont appräsentiert. Die Unstimmigkeit verweist auf einen größeren motivationalen Zusammenhang in dem der Andere steht und innerhalb dessen die Unstimmigkeit in der lebendigen Gegenwart zu einer Stimmigkeit im weiteren Horizont wird.

Mein Streben nach Stimmigkeit in der Appräsentation des Anderen ist motiviert, wenn wir in einem gemeinsamen motivationalen Zusammenhang stehen, also einen Interaktionskontext, eine Lebenswelt teilen, wie es typischerweise in der Kooperation der Fall ist. Das Streben nach Stimmigkeit als Richtung auf Evidenz der Appräsentation, der hier wie im folgenden nachgegangen wird, ergibt sich also im Rahmenkontext der kooperativen Interaktion für die Appräsentation der Wertungen des Anderen.

Bisher wurde nur die innere Stimmigkeit der Gestalt des Anderen betrachtet. Nun folgen Untersuchungen zur Stimmigkeit zwischen eigener Wertung und fremder Wertung, wobei ein gemeinsamer äußerer Gegenstandsbezug ebenso vorausgesetzt sei wie eine relativ klare Appräsentation der Wertung des Anderen. Arten von Unstimmigkeiten ergeben hier eine Stufung von Kontextualitäten für Wertungen:

1. Abhängigkeit der Wertung vom äußeren Präsenzkontext, wenn der Andere den Gegenstand in einer anderen kinästhetischen Perspektive gegeben hat, meine Wertung allerdings von allem sonstigen unabhängig die gleiche wäre, wenn ich seine Perspektive hätte.

2. Abhängigkeit der Wertung vom Emotionskontext, wenn die Gegenstandsbindung der Emotion des Anderen von meiner verschieden ist, meine Wertung allerdings von allem sonstigen unabhängig die gleiche wäre, wenn ich die gleich Emotion hätte.

2.1. Abhängigkeit des Emotionskontextes von gegenwärtigen leibkörperlichen Dispositionen des anderen (z.B. Hunger, Verletzungen).

2.2. Abhängigkeit des Emotionskontextes von einzelnen früheren Erlebnissen des Anderen.

3. Abhängigkeit der Wertung des Anderen von globalen Charakteristika seiner Geschichte, wenn unsere Wertungen derselben Emotion auseinandergehen.

Ad 1.

Wertungen, die von nichts anderem abhängen als dem gegenwärtigen Umfeld des Anderen sind empfindnisgebunden. Wenn jede Abhängigkeit von über die lebendige Gegenwart Hinausgehendem ausgeschlossen ist, dann ist auch jede Abhängigkeit vom Ich als Substrat von Habitualitäten und der korrelativen Lebenswelt ausgeschlossen. D.h. Präsenzkontextualität ist, wenn man von der kinästhetischen Perspektive absieht, gleichbedeutend mit Akontextualität.

Lebensweltlich ist der Horizont möglicher Empfindnisse von einem Gegenstand beschränkt durch die typischen Erfahrungen mit diesem Gegenstand. Diese Beschränkung ist wesentlich für die Möglichkeit der Zuschreibung eines bestimmten, bleibenden Wertes zu einem Gegenstand (s.u.). Wenn wir diese Beschränkung fallen lassen, dann erhalten wir eine so weite Perspektivität des Gegenstands, daß kein bestimmter Wert über Erwartungshorizonte konstituiert wird; z.B. wird annähernd jeder Gegenstand negativ gewertet, wenn er meinen Leibkörper verletzt, gleich welchen "normalen" Wert er im Kontext einer Lebenswelt haben mag. Im strengen Sinne akontextuell kann also nur der Wert eines leibkörperlichen Zustands sein. Damit ist nicht gemeint, ob jemand krank, gesund, groß oder klein ist, sondern wie sich dieser Zustand anfühlt; ebenso bedeutet "akontextuell" nicht, daß der leibkörperliche Zustand nicht Teil eines Wertganzen sein könnte, sondern lediglich, daß er als einziger ein selbständiges Wertganzes darstellen kann. Auf die Wertung eigener und anderer leibkörperlicher Zustände im Verhältnis zu Gegenständen wird also noch besonders einzugehen sein. Insbesondere dahingehend, ob sie aufgrund ihrer - möglicherweise strengen - Akontextualität eine nichtrelativistische Wertbasis bilden.

Ad 2.1

In diesem Fall sind die Wertungen des Anderen durch spezifisch "innere" Empfindnisse bestimmt, also solche, die mir nicht kinästhetisch zugänglich sind, sondern deren Auftreten mir in gewissen größeren Zusammenhängen vertraut ist. Auf dieser Stufe der Kontextualität sind die Zusammenhänge leibkörperlicher Art; d.h. die Wertung des Anderen wird im Kontext einer Typisierung des eigenen Leibkörpers verstanden (z.B. Hunger, Durst und ihre Stillung). Wenn die Wertungen unter 1. aufgrund ihrer Sinnendingartigkeit als "physische" bezeichnet werden können, dann handelt es sich hier um "biologische" oder "organische" Wertungen. Eine Unstimmigkeit zwischen eigener und anderer

Wertung verweist hier auf eine verschiedene gegenwärtige leibkörperliche Verfassung und wird im Rahmen der Typisierung des eigenen Leibkörpers aufgehoben und in einen Erwartungshorizont gestellt.

Man kann intersubjektive Wertgegebenheiten, die unter 1. und 2.1. fallen, als "leibkörperlich objektiv" bezeichnen, was Objektivität unter der Bedingung leibkörperlicher Ähnlichkeit besagen soll.

Ad 2.2.

Eine Unstimmigkeit der Wertungen entsteht hier dadurch, daß ich und ein Anderer mit demselben Gegenstand jeweils Verschiedenes verbinden. Der wesentliche Unterschied zu den Fällen 1. und 2.1. besteht in der Verweisung auf für uns beide gegenwärtig Abwesendes. Damit hier überhaupt eine Stimmigkeit bestehen kann, bedarf es einer gemeinsamen Lebenswelt als begrenztem Raum möglicher Abweichungen individueller Erlebnisse. Die von der meinigen verschiedene Gegenstandsbindung der Emotion des Anderen kann ich nur verstehen, wenn ich mir mein bisheriges Erleben als in entsprechender Weise abgewandeltes vorstellen kann, in der Art "wenn ich damals dieses oder jenes Erlebnis gehabt hätte, dann hätte ich jetzt die gleiche Emotion in seiner Situation". Damit diese Appräsentation zu einer Objektivität der Wertung führt, muß der Spielraum des "dieses oder jenes Erlebnis" durch eine gemeinsame Lebenswelt begrenzt sein.

Ad 3.

In diesem Fall geht es um Unterschiede darin, ob man in der Emotion lebt, oder sich von ihr distanziert. Wir haben bereits festgestellt, daß es bei der Selbstdistanzierung primäre und sekundäre Passivität gibt: Es gibt eine Habitualisierung der Distanzierung und Annäherung gegenüber einer Emotion, die über die Verknüpfung der Distanzierung und Annäherung gegenüber dieser Emotion mit anderen Emotionen konstituiert ist. Wenn auf blinde Wut typischerweise Reue folgt, dann führt dies zu einer habituellen Selbstdistanzierung gegenüber dann nicht mehr ganz blinder Wut, falls dem nicht wieder anderes entgegensteht. Habitualisierungen dieser Art betreffen den Kern des Ich als Substrat von Habitualitäten; sie machen einen großen Teil des Charakters einer Person aus. Daher verweisen Unstimmigkeiten zwischen mir und Anderem in diesem Bereich auf globale Differenzen unserer individuellen Geschichten. Dies Unstimmigkeiten können so weit gehen, daß man von verschiedenen Lebenswelten sprechen kann. Eine Aufhebung kann dann nur durch aktiv rekonstruierenden Rückgang auf die leibkörperliche Objektivität erreicht werden. Im allgemeinen genügt aber die Kontextualisierung in einem weiter gehaltenen lebensweltlichen Rahmen.

Man kann intersubjektive Wertgegebenheiten, die unter 2.2 und 3. fallen, als "lebensweltlich objektiv" bezeichnen, was Objektivität unter der Bedingung gemeinsamer Lebenswelt besagen soll.

Kurz gesagt haben wir einen relativ großen Bereich von Werten, deren Objektivität jedoch an die relativ starke Bedingung gemeinsamer Lebenswelt geknüpft ist, und wir haben einen relativ kleinen Bereich von Werten, dessen Objektivität dafür aber an die relativ schwache Bedingung leibkörperlicher Ähnlichkeit geknüpft ist.

Wenn man von der lebensweltlichen Typik als Beschränkung des Horizonts von äußeren Gegenständen abstrahiert, dann kann man eine ontologische Schicht freilegen, die über Lebenswelten hinweg die Ausformung verschiedener Lebenswelten fundiert. In dieser Schicht stellen Leibkörper die einzigen Wertgegenstände dar. Das ist aus zwei Gründen der Fall:

1. Subjektiv: Eidetische Variation hat bereits gezeigt, daß jeder Wert in einem Empfindnis fundiert ist. Die möglichen Empfindnisperspektiven eines Gegenstandes sind so vielfältig, daß kein einheitlicher Wert konstituiert werden kann, wenn man nicht eine lebensweltliche Beschränkung dieser Perspektiven voraussetzt. Es bleibt also eine Wertung von Empfindnissen ohne über die lebendige Gegenwart hinausreichende Gegenstandsbindung übrig. D.h. der eigene Leibkörper als bleibender Träger dieser Empfindnisse ist der einzige dauerhafte Wertgegenstand.

2. Intersubjektiv: Die Wertung des Anderen ist in seinem Präsenzkontext appräsentiert. Soll diese Wertung sich über die lebendige Gegenwart hinaus auf einen Gegenstand beziehen, so setzt dies eine gemeinsame lebensweltliche Typik von Gegenständen voraus. Ohne eine solche Typik bezieht sich die Appräsentation lediglich auf die lebendige Gegenwart des Anderen, und das Einzige, was sich durch jede Gegenwart durchhält, ist sein Leibkörper als Träger seiner Empfindnisse. D.h. bei Abstraktion von einer lebensweltlichen Typik ist der andere Leibkörper als einziger dauerhafter Gegenstand der Wertung des Anderen appräsentiert.

Eine kurze genetische Betrachtung macht klar, wie sich eigener und anderer Leibkörper im Wechselspiel als primäre Wertgegenstände konstituieren: Wenn ich und Anderer sich wie in der urstiftenden Paarung berühren, dann findet ein wechselseitiges Annäheren und/oder Zurückweichen statt, bei dem mein Ortsverhalten in einer Einheit mit dem Ortsverhalten des Anderen steht. Wir sind gegenseitig Gegenstand unserer wertenden Tendenzen. Insbesondere ist mir mein Leibkörper auch als Gegenstand der Tendenz des Anderen gegeben. D.h. in der urstiftenden Konstitution von Innen und Außen werden zugleich eigener und anderer Leibkörper als intersubjektive Wertgegenstände konstituiert.[257]

An dieser Stelle ist auf den oben erwähnten Unterschied zwischen Mitfühlen und Bewerten zurückzukommen, da er konstitutiv ist für einen wesentlichen Unterschied in der Auffassung des Anderen und, dadurch vermittelt, auch meiner selbst und der gemeinsamen äußeren Gegenstände. Der Unterschied zwischen Mitfühlen und Bewerten kreuzt sich mit dem zwischen emotiver und kognitiver Einstellung, die ich beim Mitfühlen und Bewerten einnehmen kann. Wir erhalten so vier verschiedene intentionale Systeme:

(1) intraempatisch (emotives Mitfühlen): Ich appräsentiere die Emotion des Anderen als ob sie meine wäre und lebe in dieser appräsentierten Emotion. Ich und die Anderen stehen hier in einer als unmittelbar erlebten emotionalen Beziehung; z.B. wenn ich dabei bin, wenn eine mir nahestehende Person sich in einer unangenehmen Situation befindet.

(2) extraempatisch (kognitiv erfaßtes Mitfühlen): Ich appräsentiere die Emotion des Anderen als ob sie meine wäre, lebe aber nicht in der Emotion, sondern bin auf sie als quasi-äußerliches Dort kognitiv gerichtet. Ich und die Anderen stehen hier ebenfalls in einer als unmittelbar erlebten emotionalen Beziehung, aber diese Beziehung und ihre Teile werden von mir als Objekte mir gegenüber aufgefaßt. Im Beispiel der unangenehmen Situation, kann die Sachlage z.B. so sein, daß mein Ausleben des Mitgefühls die Situation verschlimmern würde; ich mich also aufgrund einer sekundären Assoziation von der Emotion distanziere.

(3) intraevaluativ (emotives Bewerten): Der emotionale Ausdruck des Anderen löst in mir eine Emotion aus und die appräsentierte Emotion des Anderen bleibt im Hintergrund;

---

[257]Man kann hier wieder in der Richtung nach "unten" diese Schicht detailliert beschreiben, z.B. den Blick des Anderen in meine Augen als Blick in mich hinein, dies muß ich hier jedoch übergehen, um weiter dem Erkenntnisinteresse dieser Arbeit zu folgen.

des weiteren lebe ich in der ausgelösten Emotion. Der Andere ist dabei ein emotives Dort mit Auslösungscharakter mir gegenüber. Bei gegenläufigen Emotionen wie Schadenfreude ist dieser Fall besonders deutlich, er kann aber auch bei Gleichklang der Emotionen vorliegen; z.b. wenn ein Lachen mich an eine lustiges Ereignis erinnert, bei dem jemand ähnlich gelacht hat.

(4) extraevaluativ (kognitiv erfaßtes Bewerten): Die Lage ist wie bei der intraevaluativen Einstellung, außer daß ich nicht in meiner Emotion lebe, sondern sie als quasi-äußerliches Dort mir gegenüber habe. Die Auslösungsbeziehung und ihre Teile werden als Objekte mir gegenüber aufgefaßt. Dies ist z.B. der Fall, wenn ich meine Schadenfreude habituell negativ werte.

Mit dieser Herausarbeitung von möglichen Einstellungen zum Anderen und seiner Emotion und damit auch Wertung haben wir die passive Grundlage für die Analyse aktiv eingenommener Einstellungen und ihrer korrelativen Ontologien gewonnen, der sich der nächste größere Abschnitt widmen wird. Bevor ich zu einem Resümee der passiven Analysen und zur Planung des weiteren Vorgehens komme, will ich den Problemkomplex, der sich hinsichtlich der Einstellungen ergibt, andeutungsweise skizzieren.

In den verschiedenen Einstellungen ergeben sich unterschiedliche Möglichkeiten der Zerstückung des intentionalen Zusammenhangs: Bei (1) ist keine Zerstückung möglich. (2) kann in Ich und emotionale Beziehung zerlegt werde. (3) läßt eine Zerstückung in Ich und Anderen zu. (4) erlaubt eine Zerstückung in Ich, eigene Emotion und Anderen. Nimmt man diese Zerstückungen vor, so lassen sich echte Relationen als Bindeglieder der Stücke einführen. Genau das geschieht bei einer Naturalisierung der betrachteten Erlebnisse; die Art der Relation (kausal, korrelativ, nomologisch, notwendig etc.) wird dann zum zentralen Untersuchungsgegenstand. D.h. in der Passivität sind die möglichen Weisen der wissenschaftlichen Modellierung vorkonstituiert. Des weiteren ergeben sich aus den Einstellungen (1)-(4) jeweils verschiedene Einstellungen gegenüber äußeren Gegenständen und Anderen, die aktiv eingenommen werden können, d.h. die Einstellung bestimmt die Ontologie mit. Lebensweltlich befinden wir uns einmal eher in der einen, ein anderes mal eher in der anderen Einstellung und haben daher auch eine gemischte Ontologie, die z.T. durch praktische Bedürfnisse bestimmt wird. Wissenschaftlich müssen wir uns aber ontologisch festlegen, d.h. wir greifen eine Einstellung heraus, arbeiten sie methodisch aus und idealisieren ihr gemäß die Lebenswelt. Diese Zusammenhänge müssen nun für das weitere Vorgehen etwas genauer betrachtet werden.

## 2.1.6 Resümee und weiteres Vorgehen

Bevor ich zum weiteren Vorgehen komme, sollen zum Abschluß dieses größeren Abschnitts noch einmal kurz die Ergebnisse im Hinblick auf die in der Exposition (1.5) formulierten Probleme zusammengefaßt werden. Wenn die bisherige Analyse gelungen ist, sollten diese Ergebnisse jetzt einigermaßen trivial anmuten, denn es ist eine Merkwürdigkeit und zugleich Stärke phänomenologischer Deskriptionen, nach ihrer Durchführung die Ergebnisse als selbstverständlich erscheinen zu lassen. Es drängt sich dann der Gedanke auf, man hätte auch ohne all diese Umständlichkeiten zu den Resultaten kommen können; man sollte sich dann aber ins Bewußtsein rufen, daß man zu Beginn wirklich vor einem Problem gestanden hat. Dieses Problem bestand für uns in der Aufklärung folgender Fundierungszusammenhänge:

1.  Fundierung der Ordnung von Werten
2.  Fundierung von Werten in Dingen
3.  Fundierung von Werten in Kontexten

Subjektiv ist eine Wertordnung in der passiven Selbstdistanzierung und Annäherung gegenüber Empfindnissen (haptischen und emotiven Körpergefühlen) fundiert. Der Grad der Distanzierung oder Annäherung bzw. des Verbleibens ist ein Maß für die negative oder positive Wertung. Damit ist aber keine eigentliche Wertvergleichung gegeben, sondern lediglich ihre Möglichkeit aufgewiesen. In der Passivität ist stets nur ein Ganzes (sei es ein Einzelgegenstand oder eine Gesamtsituation) Gegenstand der Wertung. In einer Wertvergleichung müssen wenigstens zwei solche Ganze mit ihren Werten in einer Intentionalität erfaßt sein und eine solche Zusammenstellung bzw. Zergliederung von passiv vorgegebenen Einheiten ist gerade das Merkmal der Aktivität. Wertvergleichung im eigentlichen Sinn ist also eine aktive Leistung auf dem Boden des passiv vorgegebenen Grades der Selbstdistanzierung und Annäherung gegenüber dem Gewerteten. Zur Aufklärung der intersubjektiven Wertvergleichung bedarf es zuvor einer Analyse der Rolle der verschiedenen Einstellungen zum Anderen in der Aktivität (s. weiteres Vorgehen).

Das Problem der Fundierung von Werten in Dingen stellt sich als zweistufiges heraus: Es gibt eine urstiftende Assoziation von Ding und Wert, die zu einer allgemeinen Gegenstandsbindung von Werten führt. Das Sinnending hat einen in perzeptiver Weise gegebenen Wert durch seinen Empfindnisaspekt, zu dem ja immer ein Moment der Distanzierung oder Annäherung gehört. Wenn nun ein Sinnending in anderen Aspekten (visuell etc.) gegeben ist, dann weckt es diesen Empfindnisaspekt und erhält so assoziativ den zugehörigen Wert. Werte sind also insofern in Dingen fundiert, als Wertungen entweder primär oder sekundär, aber immer anläßlich der Gegebenheit eines Dinges, stattfinden.

Mit dieser Zweistufigkeit der Fundierung von Werten in Dingen ist auch das Problem der Fundierung von Werten in Kontexten angesprochen: Jede sekundäre Wertung verweist auf eine primäre, d.h. die subjektive Wertung ist im allgemeinen abhängig von den jeweiligen früheren Erfahrungen mit dem Gegenstand.

Für das Verhältnis von Sachen, Dingen und Werten ergibt sich daraus folgendes: Lebensweltlich sind uns typischerweise Sachen gegeben, da aber das Wertmoment dieser Sachen in ihrem Empfindnisaspekt letztfundiert ist und dieser Aspekt ein Stück der Sache darstellt, können wir, indem wir vom Empfindnisaspekt (vornehmlich als Erwartungshorizont) abstrahieren, auch vom Wertmoment abstrahieren und behalten das Ding als selbständiges Ganzes zurück. Diese Abstraktion ist allerdings eine aktive Leistung und lediglich durch die Gegebenheit von Sachen mit schwachem Wertmoment vorgezeichnet. Die Durchführung dieser Abstraktion liefert uns eine reine Natur als Residuum.

Die Differenz von primärer und sekundärer Assoziation von Werten und Dingen führt intersubjektiv zu der Unterscheidung von leibkörperlicher und lebensweltlicher Wertobjektivität. Die sekundären Assoziationen sind nur im Rahmen einer lebensweltlichen Typik von Gegenständen intersubjektiv evident, da sie über die gemeinsame lebendige Gegenwart als Grund hinausweisen. Die primären Assoziationen dagegen sind in der gemeinsamen lebendigen Gegenwart evident und verweisen lediglich auf eine ähnliche Leibkörperlichkeit als Grund. Diese Unterschiede sind fundamental für eine Einschätzung des Objektivitätsstatus von Werten. In der Verfolgung der starken Leibkörperlichen Objektivität sind wir bereits einen Schritt gegangen und haben vier Einstellungen herausgearbeitet, von denen eine Analyse der starken Wertobjektivität ihren Ausgang nehmen kann. Kommen wir nun also zum weiteren Vorgehen.

Bei jeder Analyse eines Objektivitätsproblems muß man zwischen wissenschaftlicher und lebensweltlicher Objektivität unterscheiden. Wissenschaft ist durch das aktive Streben nach größtmöglicher Evidenz in ihrem Gebiet gekennzeichnet, während in der Lebenswelt ein häufig passives Streben nach gelingender

Praxis leitend ist. Das allgemeine Verhältnis von Wissenschaften und Lebenswelt ist nach Husserls Krisis-Schrift so, daß Wissenschaften aus lebensweltlicher Praxis erwachsen, in ihr fundiert sind und als kulturelle Errungenschaften auch selbst Teil der Lebenswelt sind. Andererseits verselbständigen sich Wissenschaften aber, wenn sie erst einmal entstanden sind. Dabei besteht eine Tendenz, die Fundierung in der Lebenswelt zu vergessen und dadurch die Ontologie der jeweiligen Wissenschaft zur Ontologie "an sich" und die wissenschaftlichen Aussagen zu Aussagen darüber, wie die Dinge "wirklich" jenseits des subjektiven "Scheins" sind, zu überhöhen. Der Philosophie kommt hier (u.a.) die kritische Funktion zu, die Wissenschaften an die Lebenswelt rückzubinden. Andererseits hebt Husserl aber die positive Funktionalität der Ablösung von der Lebenswelt für das Erkenntnisinteresse der Wissenschaften hervor.

Vor diesem Hintergrund sehe ich eine doppelte Aufgabe für diese Arbeit, nämlich einerseits die Grundlinien einer wissenschaftlichen Axiologie, d.h. eine Ontologie der Werte, zu entwickeln, die um Abstraktionen und Idealisierungen nicht herumkommen wird, und andererseits diese Axiologie zugleich an die Lebenswelt rückzubinden. Diese Rückbindung ist möglich, da die Ontologie aus der passiven Vorkonstitution heraus entwickelt wird. Die praktische Funktion einer wissenschaftlichen Axiologie sehe ich darin, auch dann evidente Werturteile und dadurch begründete Entscheidungen zu ermöglichen, wenn der common sense versagt.

Für die Entwicklung einer Wertwissenschaft müssen wir aus der Vielfalt lebensweltlicher Einstellungen die ethische Einstellung und die ihr korrelierende Axiologie herausstellen. Die möglichen Einstellungen zum Anderen und seinen Emotionen liefern dafür den Ausgangspunkt. Die wissenschaftliche Axiologie ist also auf der Grundlage einer Reflexion auf die lebensweltliche Wertobjektivierung zu gewinnen. Daher folgt nun - in Fortsetzung der Untersuchungen zur passiven leibkörperlichen Intersubjektivität - die Untersuchung der sozialen Intersubjektivität und der in ihr stattfindenden Wertgenerierung unter besonderem Fokus auf die Einstellung zum Anderen. Auf die dabei zur Abhebung gebrachten Strukturen ist dann zu reflektieren und schließlich im Rahmen der Untersuchung aktiver Synthesen eine wissenschaftliche Axiologie zu entwickeln.

## 2.2 Lebensweltliche Objektivierung von Werten

Das Problem der lebensweltlichen Objektivierung von Werten betrifft die Struktur der intersubjektiven Wertgenerierung in Gemeinschaften. Die Abhebung dieser Struktur fällt in den allgemeinen Problemkreis des Verstehens. Thema der folgenden Ausführungen ist demnach, wie Werte im Verstehen des Anderen in Interaktionen sowie im Verstehen des gemeinsamen Interaktionskontextes intersubjektive Geltung erhalten. In diesen Verstehensprozessen spielen auch aktive Urteile über Werte und Fakten eine Rolle, so daß zunächst ein allgemeines Modell diesbezüglicher Urteilsaktivitäten benötigt wird, in dem allerdings noch nichts über die Struktur und Evidenz einzelner Urteile gesagt wird, sondern lediglich der Rahmen der Überlegung beim Urteilen festgehalten wird. Anschließend kann mit Hilfe dieses Modells eine Typologie des Wertverstehens entworfen werden, die eine Spezifizierung von Seebohms allgemeiner Typologie des Verstehens ist. Ziel dieser Typologie ist die Angabe eines Gesamtfundierungszusammenhangs lebensweltlicher Wertgenerierung. Auf diesen Zusammenhang ist dann zu reflektieren, um die Basis der Wertevidenz im Sinne der untersten fundierenden Schicht auszumachen. Des weiteren zeigt die Reflexion, welche Teilsysteme der Wertgenerierung sich verselbständigen, d.h. sich von der ursprünglichen Evidenzbasis lösen können, was zu Antagonismen in der lebensweltlichen Wertgenerierung führt.


## 2.2.1 Allgemeines Modell der Urteilsaktivität bezüglich Werten und Fakten

Ich benötige als Ausgangspunkt einen Begriff von Fakten, in dem nicht bereits Vorentscheidungen über das Werte - Fakten Verhältnis getroffen sind und beginne daher mit der „Duden"-Definition von "Faktum":

> etw., was tatsächlich, nachweisbar vorhanden, geschehen ist; [unumgängliche] Tatsache[258]

Die innere philosophische Problematik des Faktenbegriffs, soweit sie nicht das Verhältnis zu Werten betrifft, liegt in der Bestimmung des Verhältnisses von Fakten, Relationen und

---

[258] „Duden. Das große Wörterbuch der deutschen Sprache" (1993). Ergänzung „[unumgängliche]" im Original.

Dingen.[259] Es geht nun darum, einen konsistenten, phänomenologisch explizierten Begriff von Fakt zu gewinnen, der obiger Definition genügt. Dies muß auf der Grundlage der formalen Ontologie und im Hinblick auf die Thematik der Arbeit geschehen.

Urteile über Fakten sind im allgemeinen das Produkt von "Explikationen". Unter "Explikation" wird in der Phänomenologie die weitergehende Bestimmung von etwas im Lauf der Erfahrung verstanden. Gegeben ist dabei zunächst ein konkret Ganzes, das nach seinem Innenhorizont in Teile zerlegt werden kann und nach seinem Außenhorizont in echten Relationen zu anderen konkret Ganzen oder ihren Teilen stehen kann. Feststellungen wie "Die Tischplatte ruht auf dem Tischbein, der Stuhl steht vor dem Tisch" sind paradigmatische Faktenurteile. Sie sind das Produkt zerstückender Explikationen; in ihnen wird entweder ein konkret Ganzes in Stücke zerlegt oder es werden mehrere bereits getrennt aufgefaßte Stücke zugleich erfaßt. Die Stücke stehen in einer räumlichen oder zeitlichen Relation, die von den Stücken ausgesagt wird. Die Explikationsstruktur zu einem Urteil der Art "Der Tisch ist weiß" ist grundlegend anders: Der Tisch wird nicht in eine echte Relation zu einer selbständigen Entität "Weißheit" gestellt, sondern es wird lediglich ein Moment des Tisches, das unmittelbar gegeben ist, als Eigenschaft prädiziert. Die erste Stufe der Aktivität liegt also in den zuerst genannten paradigmatischen Fällen in der Zerstückung, die auch durch Gestaltbildung vorgegeben sein kann, im zuletzt genannten Fall dagegen in der Hervorhebung. Eine zweite Stufe der Urteilsaktivität ergibt sich, wenn die Relation oder das hervorgehobene Moment unklar sind. Dann ergeben sich je nach Art der Relation (z.B. größer-kleiner, vor-hinter) oder des Momentes (z.B. Farbe, Härte) verschiedene weitere Verläufe der Explikation. Eine dritte Stufe ergibt sich, wenn die Art der Relation (z.B. kausal oder bloß zeitlich) unklar ist oder wenn unklar ist, ob das Moment nicht ein Moment eines Stücks des Ganzen ist, was auf eine Explikation der Relation dieses Stücks zum Ganzen führt.

In einer vierten Stufe werden Momente als allgemein durch Relationen explizierbar aufgefaßt. Damit ist aber die Stufe eines besonderen methodisch-wissenschaftlichen Vorgehens erreicht, in dem die Ontologie des Erlebens ersetzt wird durch eine Ontologie, die einem bestimmten Erkenntnisinteresse (z.B. Vorhersagbarkeit) genügt, wie z.B. in der "Erklärung" des Moments Farbe durch die kausalen Relationen der Sinnesphysiologie und der physikalischen

---

[259] s. "Handbook of Metaphysics and Ontology" Eintrag "Fact"

Optik. Bei radikaler Durchführung dieser Methode bleibt das Moment raumzeitlicher Extension als Residuum, das sich ja durch beliebige Zerstückbarkeit und damit totale Relationalisierbarkeit auszeichnet. Alle Eigenschaften der Raumzeitstücke sind dann relationale Eigenschaften, die über ihre Relationen zu anderen Raumzeitstücken meßbar und quantifizierbar sind.

Für den Problemkreis der alltäglichen Urteilsaktivität lassen sich also allgemein unterscheiden: (1) präexplikative Urteile, z.B. "Da ist ein Tisch", (2) explikative Urteile, die wiederum in (2a) akzidentielle Urteile, z.B. "Der Tisch ist weiß", und (2b) relationale Urteile, z.B. "Die Platte des Tisches ruht auf den Beinen des Tisches" zerfallen. Zu jedem präexplikativen Urteil über reale Dinge gehört aufgrund der wesentlichen Inadäquatheit der Evidenz der Erfahrung immer ein unendlich offener Horizont ideal möglicher Explikation. Je nach dem aktuellen Grad der Explikation kann ein Urteil über einen realen Sachverhalt also im Prinzip beliebig komplex werden.

Was kennzeichnet nun eine Klasse solcher Urteile als Urteile über Fakten im Sinne der „Duden"-Definition? Zwei Kriterien sind nach dieser Definition wesentlich: Intersubjektive Gültigkeit und Unabänderlichkeit. Beide Kriterien erlauben Grade. Die Unabänderlichkeit läßt eine erste Strukturierung des Problems zu, die sich bereits in der Definition andeutet: Erlebte Vergangenheit und Gegenwart als Gegenwart sind a priori unabänderlich. D.h. insofern hinsichtlich Vergangenheit oder Gegenwart intersubjektive Übereinstimmung besteht, liegen Fakten vor. Der problematische Fall und zugleich der für diese Arbeit relevantere ist die Zukunft. Hier können folgende Stufen der Unabänderlichkeit unterschieden werden:

(1) Typik des Leibkörpers, insbesondere elementare Bedürfnisse
(2) Schranken der Bewegungsfreiheit
(3) Schranken der unmittelbaren leibkörperlichen Einwirkung auf Dinge
(4) Schranken der mittelbaren Einwirkung auf Dinge
(5) Schranken der unmittelbaren Einwirkung auf Andere
(6) Schranken der mittelbaren Einwirkung auf Andere
(7) Naturgewalten, Wille Gottes u.ä.
(8) Naturgesetze
(9) Apriori

Die Unabänderlichkeiten (1)-(6) sind technologieabhängig im weitesten Sinne. D.h. von einem Standpunkt, der Technik im engeren Sinne von Naturtechnik und soziale Institutionen und Interaktionsformen als veränderbar ansieht, sind (1)-(6) keine Unabänderlichkeiten. Die Stufen (8) und (9) dagegen ändern sich zwar historisch in ihrem konkreten, jeweils erkannten Inhalt, werden aber, soweit sie überhaupt anerkannt werden, als absolut unabänderlich begriffen. Die Stufe (7) stellt einen Übergang dar, da sie einerseits über das technisch Verfügbare hinausreicht, andererseits aber (z.B. in Ritualen) Elemente der Beeinflussung des die Lebenswelt Umgrenzenden beinhaltet. Ich werde dementsprechend zwischen der Faktizität im Rahmen von Festem (1)-(9) und im Rahmen von Festem (7)-(9) bei (partiell) Veränderbarem (1)-(6) zu unterscheiden haben. Damit liegt ein für die weiteren Untersuchungen hinreichend genaues Modell der Faktizität als intersubjektiv gegebener Struktur von Unabänderlichkeiten vor; es fehlt jetzt noch ein allgemeines Modell der Wahl als Urteilsaktivität gegenüber Werten.

Zu jeder Sachlage gehört ein Erwartungshorizont, der in einen willensunabhängigen (unabänderlichen) und einen willensabhängigen (abänderlichen) Teil zerfällt. Letzterer fundiert Wahlmöglichkeiten, also künftige Sachlagen, die sich als Folge der verschiedenen hypothetischen Entscheidungen ergeben. Diese Sachlagen werden einzeln gewertet - wie diese Wertung konkret aussieht, sei hier offen gelassen - und sie werden nach einer Maxime der Wahl verglichen, die hier ebenfalls unbestimmt bleibt, wie auch die Frage der Vergleichbarkeit jetzt nicht interessiert. Es wird also allgemein gesprochen eine Entscheidung gefällt, was eine Fixierung des Erwartungshorizonts der Ausgangssachlage zur Folge hat. Nachdem ich mich für A entschieden habe, erwarte ich, daß A zu gegebener Zeit auch eintritt. Der Ausgangssachlage kommt dadurch der Wert der besten Alternative zu, die von ihr offen gelassen wird. Genauer gesagt ist jetzt der Wert des Gesamtverlaufs fixiert, während zuvor noch die Zukunft in wertrelevanten Gesichtspunkten offen war. Das ist freilich eine idealisierende Betrachtungsweise, da im algemeinen auch nach der Entscheidung wertrelevante Aspekte der Zukunft offen bzw. ungewiß bleiben. Die grundlegende Begrenztheit unseres Wissens über die Zukunft wird bei der endgültigen Ausarbeitung eines Modells des Wertens in 2.3.2 die entscheidende Rolle spielen. Für einen Vorgriff sollen diese idealisierenden Ausführungen genügen.

Aus diesem Modell des Wertens ergibt sich eine hierarchische Schachtelung von Sachlagen, Wertungen und Entscheidungen, in der jeder Sachlage ein bestimmter Wert zugewiesen werden kann, indem die Werte der in ihr beschlossenen Wahlmöglichkeiten bestimmt werden und jeweils die beste Alternative gewählt wird. Diese Zuweisung steht aber in einem doppelten unendlich offenen Horizont der Explikation: Zum einen können die

Wahlmöglichkeiten selbst wieder Wahlmöglichkeiten zulassen, zum anderen kann der willensunabhängige Teil des Erwartungshorizonts stets weiter expliziert werden und sich so die Wahlmöglichkeiten ändern. Die Zuweisung eines absolut bestimmten Wertes zu jeder Sachlage ist also eine ideale Möglichkeit, die realiter allerdings immer unter dem Vorbehalt der Näherbestimmung steht.

Ontologisch hat also jede Sachlage einen bestimmten Wert als Moment. Jede Sachlage hat als Stück einen willensunabhängigen Kern von Fakten. Die Sachlage kann in willensabhängige alternative Zukünfte zerstückt werden, die jeweils den Faktenkern als Stück enthalten. Die Sachlage ist also eine Gestalt mit dem Faktenkern als einheitsbildendem Stück. Der Wert der Sachlage bestimmt sich nach der Alternative, die gemäß der Maxime der Wahl am besten ist.

Diese Ontologie führt auf zwei epistemische Explikationsrichtungen:

(1)  Die Bestimmung des Faktenkerns
(2)  Die Zerstückung in Alternativen

(1) ist grundlegend für (2), d.h. der aktuelle Wissensstand nach (1) ist die Voraussetzung für die Festlegung von (2), gibt sie aber nicht vor. Andererseits kann eine allgemeine Unzufriedenheit mit (2) eine Näherbestimmung von (1) motivieren. Wir können also zwei Urteilsaktivitäten unterscheiden:

(1)  Aktivitäten zur Bestimmung des Faktenkerns
(2)  Aktivitäten zur Zerstückung in Alternativen der Wahl unter Voraussetzung eines bestimmten Faktenkerns.

Welche Struktur das Wechselspiel dieser Urteilsaktivitäten und damit auch das Werte-Fakten Verhältnis hat, wird nun auf den verschiedenen Stufen der Interaktion in der Lebenswelt untersucht.

## 2.2.2 Typologie des Verstehens von Werten

Die folgenden Untersuchungen bauen auf Seebohms allgemeiner Typologie des Verstehens[260] auf, in der folgende Stufen des Verstehens zur Abhebung gebracht werden, die zunächst zur Orientierung knapp vorgestellt werden und später noch genauer expliziert werden. Seebohms Typologie wird für die Zwecke dieser Arbeit zu spezialisieren sein.

---

[260] s. Seebohm (2002); dieser Artikel deckt nicht den gesamten Bereich der hier verwendeten Ergebnisse ab. In vollem Umfang werden diese voraussichtlich 2003 von Seebohm veröffentlicht. (Anmerkung TP 2011: so geschehen in Seebohm (2004))

1. Animalisches Verstehen (aV): Das aV ist das Verstehen des Anderen als anderem Leibkörper, wie es bereits im vorigen Kapitel zu Intersubjektivität untersucht wurde. Es heißt animalisches Verstehen, da es auch gegenüber und zwischen Tieren stattfindet. Ich habe in diesem Zusammenhang bereits den Unterschied von mitfühlender und bewertender Einstellung zum Anderen herausgearbeitet, der für die Spezialisierung der allgemeinen Typologie auf das Werte-Fakten Problem wesentlich ist. Das Mitfühlen hat sich dabei als genetisch fundierend für das Bewerten herausgestellt; allerdings liegt diese Fundierung so tief, daß sich das Bewerten gegenüber dem Mitfühlen verselbständigen kann.

2. Elementares Verstehen (eV): Im eV wird der Andere im Kontext der Artefakte einer Kultur verstanden. Die Artefakte bilden ein netzartiges Zeichensystem, in dem jedes Artefakt wechselseitig auf andere Artefakte (z.B. der Hammer auf den Nagel), Rohmaterialien (das Brett auf den Baum) oder Verbrauchsgüter (die Mühle auf das Mehl) verweist. Der Umgang eines Anderen mit Artefakten in der lebendigen Gegenwart verweist auf einen durch das System der Artefakte vorgegebenen größeren Handlungszusammenhang, der die Erwartung weiterer Handlungen des Anderen, sowie die Appräsentation seines Innenlebens bestimmt. Dieses Verstehen ergibt sich ursprünglich in der kooperativen Interaktion mit Anderen bei Handhabung, Produktion und Verbrauch von Artefakten, die im allgemeinen auch Sprache in Form von Rede und Gesten erfordert. Das eV ist einseitig im aV fundiert.

3. Höheres Verstehen 1. Ordnung (hV1): In Störungen des eV durch Artefakte, Personen oder auch Naturgewalten wird es nötig, den größeren Kontext der Interaktion für sich zu thematisieren, um die Kooperation fortsetzen zu können. Das hV1 besteht im wesentlichen in Akten freier Imagination (frei von den Zwängen innerhalb des eV), in denen Interpretationen erzeugt werden, die aber nicht als Kreationen aufgefaßt werden, sondern als Realitäten in Sinne einer Weltanschauung (z.B. Götter). Die Kreationen sind auch keinesfalls "bloße" Imaginationen, sie werden im Gegenteil ausgesprochen wirksam, da sie das System des eV bestimmen (z.B. Recht, Mythen). Inhaltlich handelt es sich um Interpretationen des Gesamtkontexts der im eV vorgegebenen Lebenswelt, die folgende Dimensionen aufweist: (a) soziales System, (b) Perspektiven dieses Systems je nach Rolle, (c) subjektive

Erinnerungen, (d) natürliche Umgebung als Lebensgrundlage und höhere Gewalt, (e) Technik. EV und hV sind wechselseitig ineinander fundiert, da hV einerseits die Gegebenheiten des eV zum Gegenstand hat und andererseits eV nicht dauerhaft funktioniert, wenn es nicht durch hV stabilisiert und gegebenenfalls weiterentwickelt wird.

4. Höheres Verstehen 2. Ordnung (hV2): Die Kreationen des hV1 (z.B. Recht, Mythen, Riten, Berichte, Anleitungen) müssen selbst wieder verstanden werden, um in anderen Fällen als dem Anlaß ihrer Kreation appliziert oder auch zurückgewiesen werden zu können. Dieses Verstehen ist hV2 und es ist wesentlich für die Tradierung der Kreationen des hV1.

5. Methodisches Verstehen: Methodisches Verstehen im Rahmen einer Wissenschaft (z.B. Geschichtswissenschaft) ergibt sich aus einer Reflexion auf die Stufen aV bis hV2. Es spielt für diese Untersuchung zunächst keine Rolle, da jetzt nicht interessiert, wie wir uns die faktischen Werte vergangener oder fremder Kulturen als Kulturprodukte objektiv zugänglich machen können, sondern "nur", welcher Objektivitätsstatus Werten bzw. Arten von Werten als Werten zukommt.

Diese allgemeine Typologie wird für die Zwecke dieser Untersuchung zu spezialisieren sein. Neben der bereits eingeführten Unterscheidung von mitfühlendem aV und darin fundiertem bewertendem aV werden sich hinsichtlich des eV und des hV jeweils gleichgeordnete Differenzen in den Stufen ergeben, und zwar nach Objektbezug der Interaktion auf Personen oder Sachen, nach der auf Dominanz von mitfühlendem oder bewertendem aV beruhenden persönlichen Nähe resp. Ferne der interagierenden Personen und nach der Einfachheit oder Komplexität des Gesamtsystems der Interaktion. Die Stufen des Verstehens sind nun auf die in ihnen auftretende Konstitution von Werten und Fakten auf der Grundlage des allgemeinen Modells der Faktizität und der Wahl zu untersuchen. Das Ergebnis wird ein Gesamtsystem des Wertverstehens sein, auf dessen Struktur wir reflektieren können, um die Grundlagen der Wertevidenz und Wertkritik aufzuklären.

## 2.2.2.1 Animalisches Verstehen

Im aV gibt es die vier in 2.1.5.3 beschriebenen Einstellungen zum Anderen. Es geht nun um die Interaktionsformen, die sich aus diesen Einstellungen ergeben, sowie um die Verlaufsstruktur der Interaktionsformen. Von besonderem Interesse für die weiteren Stufen des Verstehens ist der Unterschied von direkter Interaktion zwischen Ich und Anderem gegenüber der Interaktion im Dreieck Ich, Anderer und gemeinsamer Gegenstand, wobei der gemeinsame Gegenstand im aV immer ein für beide lebendig gegenwärtiges Sinnending mit Wertaspekt ist. Wenn wir die Möglichkeiten der emotiven Verhältnisse durchspielen, dann erhalten wir auf Seiten jedes Interaktionspartners folgendes: (a) den Bezug der originären Emotion auf ein Ding, auf den Ausdruck des Anderen, auf die appräsentierte Emotion und (b) die Lage der originären oder der appräsentierten Emotion in Vordergrund oder Hintergrund und schließlich (c) die positive oder negative Wertung der im Vordergrund befindlichen Emotion. D.h. es ergibt sich bereits bei Nichtberücksichtigung der Gradualität von Vorder- und Hintergrund sowie von positiver und negativer Wertung eine große Vielfalt verschiedener Interaktionsverhältnisse. Diese Möglichkeiten müssen aber nicht einzeln untersucht werden, sondern es genügt, die Möglichkeiten unter dem Aspekt der Symmetrie und Asymmetrie zu betrachten, wodurch man zugleich die Gradualitäten in Form von Graden der Symmetrie berücksichtigen kann. Die (A-)Symmetriebetrachtung setzt einen symmetrischen Objektbezug voraus, also Bezug auf einen gemeinsamen Gegenstand oder den jeweils Anderen. Neben Symmetrie und Objektbezug gibt es noch das Ziel der Interaktion als allgemeine Dimension. Das Ziel und die Teilziele konstituieren sich über die Wertungen und Teilwertungen. Dabei ist grundlegend zu unterscheiden zwischen fixierten Interaktionen, in denen das Ziel eine bestimmte Sachlage ist, und freien Interaktionen, in denen die Interaktion selbst das Ziel ist. Entsprechend dieser Dimensionen der Interaktion ergeben sich die Dimensionen der Verlaufsstrukturen, nämlich Wechsel der Einstellung (insbes. bei Asymmetrie), Objektwechsel und Terminierung. Ich betrachte aber zunächst Symmetrie, Objektbezug und Ziel etwas eingehender.

Als typische direkte Interaktionsformen findet man im aV den Kampf als bewertende Form und den Austausch von Zärtlichkeiten als mitfühlende Form. Diese Formen sind symmetrisch hinsichtlich der Wertung und der Einstellung zum Anderen. Beide Formen können in ihrem Ziel frei sein als Tollen oder Erotik oder fixiert sein als Gewalt oder Paarungsverhalten.

Bei gegenstandsbezogenen Interaktionen tritt die appräsentierte Emotion immer in den Hintergrund, obwohl sie natürlich die Richtung auf den Gegenstand anfänglich motivieren kann. Daher spielt die Einstellung zum Anderen als bewertende oder mitfühlende in der gegenstandsbezogenen Interaktion eine untergeordnete Rolle. Als typische symmetrische Formen findet man hier den Kampf um etwas mit einem fixen gegenläufigen Ziel und das freie Spiel mit etwas.

Für die asymmetrischen Interaktionsformen gilt, daß die Asymmetrie nicht den Objektbezug, sondern die Einstellung zum Anderen oder das Ziel, d.h. die Wertung, betrifft. Typische direkte asymmetrische Formen sind Angriff und Flucht oder Annäherung und Zurückweisung. Gegenstandsbezogene asymmetrische Interaktionen sind im Rahmen des reinen aV keine echten Interaktionen, sondern ein bloßes Nebeneinander. Erst im eV ist durch den Kontext der Artefakte eine Überbrückung für die aktuell fehlende Gemeinsamkeit gegeben. Allgemein führt Asymmetrie im aV zum Abbruch der Interaktion oder zum Übergang zur Symmetrie (z.B. vom Angriff zum Kampf).

Bevor ich aber zu den Verlaufsstrukturen komme, verdient eine besondere Form der Interaktion Beachtung: Die Hilfe bei Verletzung, Erschöpfung etc. stellt eine halbdirekte Interaktionsform dar, da der Leibkörper eines Beteiligten quasi-dinglich aufgefaßt, also in einen Kausalzusammenhang gestellt wird. Auch die Symmetrie ist nur "halb", da zwar ein gleiches fixes Ziel vorliegt, aber nur der Helfende in mitfühlender Einstellung ist, während der Andere die originären Empfindnisse im Vordergrund hat. Eine bewertende Einstellung beim Helfenden kann sich erst im eV ergeben, wenn der Andere z.B. für eine Tätigkeit wieder "fitgemacht" werden muß. Im aV kann Hilfe nur genuin mitfühlend motiviert sein. Auf diese Besonderheit einer genuinen Motivation zum Handeln für den Anderen, wie sie sich ursprünglich in mitfühlender Einstellung ergibt, werde ich auch in den höheren Stufen des Verstehens zurückkommen.

Das Durchspielen der Gradualitäten zwischen den oben angeführten typischen Interaktionsformen sei den Leserinnen und Lesern überlassen. Rein animalische Interaktionen, also solche, in denen Artefakte keine explizite oder implizite Rolle spielen, sind in unserer Kultur rar, aber als fundierende Unterschicht ist das aV stets anwesend.

Die Verlaufsstrukturen der animalischen Interaktionen sind so geartet, daß prinzipiell jede Form in jede andere übergehen kann. Es ist jedoch zugleich so, daß Symmetrie eine Voraussetzung für andauernde Interaktion ist, da es im aV keine größeren Kontexte gibt, die den Verlauf im Fall der Asymmetrie aufrecht erhalten würden. Allgemein dauern die Interaktionen nur solange, wie eine entsprechende Wertung aktuell über eine Emotion gegeben ist. Des weiteren liegt kein mehr als rudimentäres deliberatives Moment vor, denn dieses setzt eine Anwesenheit der Vergangenheit durch lebendig gegenwärtige fixierte Lebensäußerungen (Artefakte) voraus, ohne die eine sehr beschränkte Komplexität der Überlegung nicht überschritten werden kann. Insofern kann man die Objekte der animalischen Interaktion als Triebobjekte bezeichnen und die Interaktionen terminieren, wenn der Trieb befriedigt oder das Objekt abwesend ist oder ein anderer Trieb dominant wird. Unter einem Trieb ist hier ein Wertverhalten zu verstehen, bei dem zwischen der Wertung als Moment einer Emotion oder allgemein eines Empfindnisses und dem körperlichen Ausdruck keine aktive Überlegung liegt und auch keine Habitualisierung einer früheren aktiven Überlegung. Wir bewegen uns also beim aV noch ganz im Bereich der Passivität.

Dementsprechend sind Werte im aV Momente von Triebobjekten, die Sinnendinge oder Andere sein können; wobei der Wert in dem zu den Objekten unmittelbar gehörigen Erwartungshorizont leibkörperlicher Zustände (Sättigung, sexuelle Erregung, Schmerz etc.) fundiert ist. Die Triebobjekte sind zugleich dasjenige, was affiziert; ein Bewußtsein von wertneutralen Fakten besteht also nur in Form des jeweils momentan irrelevanten Randes des Bewußtseinsfeldes, also als Vorbewußtes. Das fehlende deliberative Moment erlaubt kein explizites Bewußtsein eines Faktenkerns. Nicht nur für das animalische Bewußtsein, sondern auch "tatsächlich" liegt in konkreten Systemen des reinen aV keine Technologie vor. Diese recht schlichte Werte-Fakten Lage von innerhalb des aV gesehen ändert sich drastisch, wenn man in das aV hochstufige ethische Überlegungen hineinbringt; genauer gesagt, wenn man elementare Bedürfnisse zu Gegenstand und Grundlage methodisch geleiteter Wahlentscheidungen macht. Vorerst interessiert aber nur die innere Struktur der Stufen des Verstehens, so wie sie sich vormethodisch darstellen; die Reflexion auf das Gesamtsystem muß noch warten.

## 2.2.2.2 Elementares Verstehen

Ein paradigmatisches Beispiel für eV ist die eingespielte handwerkliche Zusammenarbeit. Die Beteiligten haben ein gemeinsames fixiertes bewußtes Ziel, z.B. in der Herstellung eines Produkts. Jeder weiß, wie es zu erreichen ist, d.h. welche Rohmaterialien benötigt werden, wie diese zugerichtet werden müssen, welche Werkzeuge dabei wie zu handhaben sind und wie die Aufgaben auf die Beteiligten verteilt werden. Beim störungsfreien Verlauf der Interaktion sind keine Überlegungen nötig; man tut die Dinge, wie sie gewohnheitsmäßig getan werden und muß sich nur sporadisch explizit erinnern, wo etwas ist oder wie es weiter geht. Der Diskurs beschränkt sich auf kurze Anweisungen, die aus dem aktuellen Kontext der Interaktion heraus unmittelbar verständlich sind. Der Andere wird dabei als in Übereinstimmung mit dem Verweisungszusammenhang der Artefakte Tätiger verstanden; die Erwartung seines weiteren Handelns ergibt sich aus diesem Zusammenhang. Dabei tritt der emotionale Ausdruck gegenüber dem Bewegungsausdruck in den Hintergrund. Es ist irrelevant, ob der Andere seine Arbeit freudig oder lustlos tut, solange er seine Funktion in der Zusammenarbeit erfüllt. Verstanden wird also im wesentlichen der Wille des Anderen wie er sich in der Tätigkeit ausdrückt; die aktuelle Emotion und ihre Wertung sowie die weiterreichende Motivation zur Mitarbeit überhaupt spielen keine Rolle im störungsfreien eV. Die Einstellung zum Anderen in diesen sachbezogenen Interaktionen ist eine bewertende. Auch wenn ich nicht am Miteinander der Anderen direkt beteiligt bin, verstehe ich ihr Tun als Ausübung einer Rolle im sozialen System, d.h. ich verstehe sie auch im Nebeneinander als Kunstfertige im System der Artefakte. Außer dem Miteinander, bei dem sich die Ziele decken, und dem Nebeneinander, bei dem sich die Ziele nicht berühren, findet man im eV auch die allgemeine Interaktionsform des Gegeneinander, bei dem sich die Ziele widerstreiten. Auch das Gegeneinander setzt ein Verstehen des Anderen im Kontext der Artefakte voraus, wie z.B. den Waffengebrauch.

Bisher habe ich nur Interaktionen betrachtet, bei denen der Sachbezug im Vordergrund steht. Im eV gibt es aber auch Interaktionen, bei denen die persönliche Beziehung im Vordergrund steht. Sie ergeben sich aus einem ursprünglich mitfühlenden aV, z.B. im Zusammenhang der Sorge der Eltern für die Nachkommen, und können in einfachen Gemeinschaften alle Mitglieder umfassen. In komplexeren Gemeinschaften gibt es immer Kreise von nahen und fernen Anderen, die man gegeneinander nach der Dominanz der mitfühlenden resp. bewertenden Einstellung graduell abgrenzen kann. Im Rahmen einer komplexen Kultur ist das sachliche eV der Nahgemeinschaft durchsetzt vom eV der Ferngemeinschaft. Wenn später die wechselseitige Fundierung von eV und hV betrachtet wird, zeigt sich, daß es wesentliche Unterschiede zwischen nahem und fernem Verstehen gibt, die für die Theorie der Ethik relevant sind.

Störungen des eV können durch Sachen oder Andere entstehen. Bei Störungen durch Andere kann entweder ein Übergang zum hV stattfinden, wenn ein allgemeines Mit- oder Nebeneinander Ziel bleibt, oder es kann ein Übergang zum aV stattfinden, wenn allein das aktuelle Interaktionsziel leitend ist. Der Übergang zum hV ermöglicht dauerhafte Kooperation, indem die Verfahrensweisen des eV so geändert werden, daß die weiterreichende Motivation zur Störung entfällt. Von dem allgemeinen Ziel der dauerhaften Kooperation aus, ergibt sich so im sachlichen eV eine Motivation zur empathischen Einstellung zum Anderen und damit auch zur Anerkennung seiner individuellen Wertungen. Wenn dagegen dauerhafte Kooperation irrelevant ist, genügt es auch, den Störenden gewaltsam zur zeitweiligen Kooperation zu zwingen und so das aktuelle Interaktionsziel zu verwirklichen. In diesem Fall ergibt sich ein Machtverhältnis, das letztlich auf dem aV physischer Gewalt beruht. Beide Reaktionen auf Störungen können auch nebeneinander, aber nach Personengruppen getrennt bestehen, z.B. Anerkennung zwischen den Herrschenden und Macht gegenüber den Sklaven. Solche Unterdrückungsverhältnisse sind nicht nur deshalb labil, weil sich die Machtverhältnisse ändern können, sondern auch, weil immer die Möglichkeit des hV und der Anerkennung der Unterdrückten besteht; stabile Unterdrückungsverhältnisse brauchen daher eine selbst im hV verankerte Sanktionierung der Realisierung dieser Möglichkeit (allgemeine Abwertung, Kontaktverbote etc.).

Aus den Interaktionsformen des Miteinander und des Gegeneinander ergeben sich die idealtypischen Möglichkeiten einer kooperativen und einer konfrontativen Kultur. In der kooperativen Kultur ist das Gemeinwohl das leitende Ziel der Interaktion, in der konfrontativen Kultur ist es das individuelle Interesse. Auch in der konfrontativen Kultur gibt es Phasen der Kooperation, die aber durch die einseitige Funktionalität für individuelle Interessen begrenzt sind. Diese idealen Möglichkeiten unterscheiden sich wesentlich hinsichtlich der Strukturen, die sie voraussetzen, und der

Werte, die sich in ihnen konstituieren. Die allgemeine Orientierung auf das Gemeinwohl setzt folgende Strukturen voraus:

- Eine Sanktionierung oder Ritualisierung des Gegeneinander in Form des Brauchs als Protorecht
- damit zusammenhängend eine Überformung der animalischen Triebstrukturen durch Sitten
- die Habitualisierung des Übergangs zum hV bei Störungen, also die Anerkennung des Anderen
- Zugehörigkeitskriterien zum kooperativen System als Ganzem und im Falle komplexer Gemeinschaften auch zu Untergruppen.

In kooperativen Kulturen konstituieren sich folgende Personenwerte:

- als Kunstfertiger im System der Artefakte, d.h. relativ zu den Sachwerten
- als Angehöriger im System der persönlichen Beziehungen, d.h. unabhängig von den Sachwerten
- als Zugehöriger zur Gemeinschaft überhaupt oder zu einer Gruppe.

Diese Werte können wechselseitig auseinander hervorgehen, die einfachste Form liegt aber vor, wenn jemand in die Kultur hineingeboren wird, denn andere Interaktionsformen setzen nicht nur aV, sondern auch hV voraus. Die Sachwerte (Güter) ergeben sich nach ihrer Stellung im System der Artefakte; man kann sie in Rohstoffe, Werkzeuge und Verbrauchswerte in weitesten Sinne einteilen. Werte von größeren Ganzen wie Natur, Kultur, Heiliges etc. ergeben sich erst im hV. Die Werte des eV stellen sich dann als von diesen abgeleitet dar, woraus sich eine Zweiseitigkeit der Wertevidenz des eV vom aV oder vom hV aus ergibt, die noch näher zu untersuchen sein wird. Im hV ergeben sich dann auch Güter, die ihren Wert allein vom hV aus haben, wie z.B. Kultgegenstände.

Eine Kultur der Konfrontation ist aufgrund der Dominanz des aV bei Störungen stets von Selbstzerstörung bedroht. Wenn sie dennoch eine gewisse Dauer haben sollen, müssen folgende Strukturen bestehen:

- Phasen der Kooperation, die aber durch gegenseitigen Nutzen begrenzt sind und für die eine zeitweilige Suspendierung der Triebstrukturen nötig ist
- Phasen stabiler Machtverhältnisse, die aber durch Gewalt aufrecht erhalten werden, wozu eine Habitualisierung des

Übergangs zum aV bei Störungen, m.a.W. eine hinreichende Brutalität nötig ist

- Ein Kodex der Auseinandersetzung zwischen den Mächtigen
- In komplexen Gemeinschaften eine Kategorisierung Anderer.

Die Sachwerte sind die gleichen wie in kooperativen Kulturen, aber Personen haben bis auf eine Ausnahme nur Wert relativ zu Sachwerten; d.h. als Kunstfertige. Eine Ausnahme bildet die Ehre als "Anerkennung" im Rahmen des Kodex.

Reale Kulturen sind in der Regel Mischformen der vorgestellten Idealtypen. Insbesondere sind Kulturen oder auch Untergruppen in einer Kultur häufig nach innen kooperativ und nach außen konfrontativ eingestellt. Da aber diese Einstellungen auf Habitualisierungen der Mitglieder beruhen, lassen sich die Einstellungen nach außen und nach innen nicht scharf trennen. In einer Gemeinschaft, die von Bewertung, Kampf und Macht geprägt ist, werden die genuinen mitfühlenden Anteile der nahen persönlichen Beziehung unterdrückt. Umgekehrt können diese im mitfühlenden aV fundierten Anteile auch Machtverhältnisse untergraben und persönliches hV an die Stelle des instrumentellen hV der im bewertenden aV fundierten Kultur der Konfrontation setzen und eine Kultur der Kooperation motivieren.

Ich komme nun zu den Fakten im eV: Im eV sind die Faktizitäten (1)-(6) (s. 2.2.1.) starre Vorgegebenheiten. Überlegungen zur Veränderung dieser Vorgegebenheiten gehören zum hV. Aufgrund der stets möglichen Störung des eV ist das eV auf Phasen des hV angewiesen. Die Betrachtung der Faktizitäten (1)-(6) als absolut unabänderliche Faktenarten ist daher eine methodische Abstraktion, die dazu dient, das Wechselspiel von eV und hV aufzuklären. Diese Abstraktion hat jedoch auch einen realen Gehalt in der Wahl ohne weitere Explikation des Faktenkerns. Auch im eV ist nicht jede Handlung völlig vorgezeichnet, sondern es gibt auch hier Wahlmöglichkeiten, die im Hinblick auf das aktuelle Ziel der Interaktion entschieden werden können, ohne den weiteren Kontext, in dem das Ziel steht, zu thematisieren. Die Beschränkung des Horizonts der Wahlmöglichkeiten ist dabei keine methodische Abstraktion, sondern ergibt sich aus den Zwängen des eV selbst (Zeitdruck o.ä.) und ist funktional für den störungsfreien Ablauf. Nicht die ständige Wirklichkeit, sondern die ständige Möglichkeit und anlaßweise Wirklichkeit des hV ist fundierend für das eV. Die methodische Abstraktion sieht von der Möglichkeit allgemein ab, die Wahl im Rahmen des eV realisiert sie bloß nicht. Ich gehe nun die Stufen (1)-(6) einzeln durch:

Ad (1): Die die Wahlmöglichkeiten beschränkende Typik des Leibkörpers (Hunger, Durst, Müdigkeit, Erschöpfung etc.) ist im eV zwar in ein System des Brauchs eingebunden (Essenszeiten etc.), bleibt aber ein naturhaftes Faktum, da die Typik nur in sehr begrenztem Maß durch den Brauch veränderbar ist. Die Schranken der Abänderlichkeit sind daher durch die verfügbare Naturtechnik (Medizin, Training etc.) gegeben.

Ad (2): Die Schranken der Bewegungsfreiheit sind ebenfalls der Hauptsache nach von der Naturtechnik (Transportmaschinen, Tiernutzung etc.) abhängig.

Ad (3): Die Schranken der unmittelbaren leibkörperlichen Einwirkung auf Dinge liegen in Kraft und Geschicklichkeit. Sie sind extrem verschieden bei individueller und kollektiver Einwirkung, d.h. sie sind im wesentlichen von der Sozialtechnik abhängig.

Ad (4) Die Schranken der mittelbaren Einwirkung auf Dinge sind durch die zur Verfügung stehenden Werkzeuge gegeben. Hier greifen Sozialtechnik und Naturtechnik ineinander, denn die Überschreitung eines gewissen Komplexitätsgrades der Werkzeugproduktion und Werkzeugnutzung ist an Kooperation und Tradierung gebunden. In der Entwicklung von (4) verliert die ursprünglich grundlegende Schicht (3) zunehmend an Bedeutung, verschwindet aber niemals völlig. Das Gesamtsystem der Artefakte bestimmt die Schranken der Abänderlichkeit, wobei im eV dieses System selbst als unabänderlich angesehen wird, genauer gar nicht in Frage steht.

Ad (5): Die Schranken der unmittelbaren Einwirkung auf Andere sind komplexer strukturiert als bei Dingen. Zunächst ist hier unter "unmittelbar" nicht nur leibkörperlicher Kontakt, sondern allgemein Interaktion von Angesicht zu Angesicht zu verstehen, im Gegensatz zur mittelbaren Einwirkung über Dritte oder Medien. Die Einwirkung ist komplexer, da sie über Rede und Gesten stattfindet und zudem ohnehin aV voraussetzt. Im eV wird die Rede im Kontext der aktuellen Interaktion und der Artefakte verstanden. Dieses Verstehen setzt beim Empfänger Vertrautheit mit diesem Kontext voraus, die in komplexen Systemen nicht immer gegeben ist. Diese Beschränkung der Einwirkung auf andere kann nur im persönlichen hV überwunden werden, d.h. wenn man sich explizit macht, was der Andere weiß, kann etc.. Die Rolle des Anderen im sozialen und technischen System ist daher im eV ein unabänderliches Faktum, das der Einwirkung auf den Anderen einen beschränkten typischen Horizont vorgibt.

Ad (6): Die mittelbare Einwirkung auf Andere ist im eV neben der Einschränkung durch (5) noch auf das zur Verfügung stehen eines raumzeitliche Beschränkungen überwindenden Mediums (Schrift) angewiesen. D.h. sie ist durch die Existenz und Verbreitung von Kulturtechniken beschränkt. Diese Stufen der Faktizität bilden ein Gesamtsystem, in dem sie sich wechselseitig bedingen. Es lassen sich natürliche Fakten (leibkörperliche Typik, Verfügbarkeit von Rohstoffen etc.), im engeren Sinne technische Fakten (Werkzeuge und ihr Gebrauch) und soziale Fakten (Rollen, Brauch etc.) unterscheiden, aber nicht voneinander trennen. Im hV werden diese Fakten interpretiert und u.U. kreativ verändert. In diesen Interpretationen entsteht ein explizites Bewußtsein der Veränderbarkeit und Unabänderlichkeit. Die Faktizitäten des eV, wie sie sich in methodischer Abstraktion ergeben, sind offensichtlich normativ durchsetzt und zu großen Teilen nicht "wirklich" unabänderlich. Dennoch bilden sie die Grundlage der alltäglichen kleineren Entscheidungen, in denen der Veränderung enge praktische Grenzen gesetzt sind, die erst im hV als veränderbar erkannt werden, oder in ihm gerade festgeschrieben werden.

## 2.2.2.3 Höheres Verstehen

Motiviert ist höheres Verstehen entweder aus Unterbrechungen des eV oder aus der praktischen Notwendigkeit, das Umgrenzende der Lebenswelt (Natur und radikale soziale Veränderungen) zu verstehen, um die Lebenswelt gegenüber den Einflüssen des Umgrenzenden flexibel stabil zu halten. HV ermöglicht die Anpassung des eV an Kontingenzen im eV und unkontrollierbare Veränderungen an den Grenzen des eV.

Unterbrechungen des eV können entweder durch beschädigte Artefakte bzw. allgemeine Untauglichkeiten im System der Artefakte oder durch Personen auftreten. Die Analyse des hV des Systems der Artefakte als solchem wird hier nicht interessieren, da es in den Bereich der Philosophie der Technik und der Wissenschaftstheorie führt. Im Fall der Unterbrechungen ist das hV nicht frei vom eV; es stellt nur ein Zwischenspiel dar, das direkt funktional für die Fortsetzung des eV ist. Die Interpretation des Umgrenzenden dagegen ist frei von den direkten Anforderungen des eV und frei für die kreative Imagination, z.B. für die Erzeugung von Schöpfungsmythen. Diese Kreationen haben für den Erzeuger im hV1 wie für die Adressaten und Reproduzenten im hV2 den Charakter von Realitäten. Schaffung von reiner Kunst im Bewußtsein der bloßen Imagination oder freien Phantasie setzt eine kritische Reflexion auf den vermeinten Realitätsbezug "normaler"

Kreationen der Einbildungskraft voraus, die sich erst im Rahmen einer Tradition mit zugänglichen Brüchen zwischen den zu verschiedenen Zeiten vermeinten umgrenzenden Realitäten ergibt. Solche hochstufigen Entwicklungen (wie z.B. auch der methodischen Wissenschaft) lasse ich vorerst außer acht. Die im hV1 kreierten Interpretationen werden im hV2 tradiert und appliziert. Die vermeinten Realitäten (z.B. Götter) dieser Interpretationen wirken auf das eV, indem sie sowohl faktische Erwartungen (z.B Zorn der Götter) als auch Normen (z.B. Vorbilder, Riten) vorgeben.

Es besteht jederzeit die ideale Möglichkeit, die Interpretationen des hV zu kritisieren und zwar entweder auf ihre Wahrheit und Konsistenz hin oder auf ihren ethischen Gehalt. Auf die realen Voraussetzungen zur Wirksamkeit und die materiale Basis der Kritik will ich hier nicht eingehen. Beide Formen der Kritik haben in unserer Kultur selbst schon Tradition.

Ich werde im folgenden den Gesamtfundierungszusammenhang zwischen den Formen des aV, eV und hV untersuchen, um schließlich in einer Reflexion auf denselben die möglichen Grundlagen auszumachen, auf denen eine evidente Kritik des ethischen Gehalts stehen kann. Die Kritik der Wahrheit und Konsistenz eines Systems des Verstehens als eigenständiger Bereich liegt außerhalb der Grenzen der Arbeit. Überhaupt besteht an dieser Stelle die Gefahr der Ausuferung bzw. die Gelegenheit zu vielfältigen weiterführenden Untersuchungen. Der Bereich des hV ist zu weitläufig - er umfaßt im Grunde alle höheren kulturellen Leistungen wie Religion, Rechtsprechung, Kunst, Wissenschaft, Literatur etc. - um in dieser Arbeit im einzelnen untersucht zu werden. So wird hier insbesondere keine differenzierte materiale Axiologie angestrebt, in der Konsumwerte, religiöse Werte, künstlerische Werte usw. in ihren Besonderheiten untersucht werden. Ich bleibe vielmehr im Abstrakten, insofern die Untersuchung auf Wertevidenz im allgemeinen beschränkt wird. Im Hinblick auf die Durchführung dieser Beschränkung zeigt eine erste Reflexion auf die bereits behandelten Stufen des Verstehens, daß die Einstellung zum Anderen der Leitfaden für die weitere Untersuchung sein muß, da sich die Wertgenerierung je nach dieser Einstellung stark unterscheidet. D.h. ich generalisiere im folgenden über Wertarten hinweg, bringe also nur das zur Abhebung, was für sie alle zutrifft, differenziere aber zugleich nach der Einstellung zum Anderen. Dennoch sind einige allgemeine Anmerkungen zu den ausgesparten Themen für das Verständnis der weiteren Ausführungen nötig.

Zur materialen Axiologie ist zu sagen, daß es "neue" Werttypen gibt, die sich relativ unabhängig vom eV direkt aus dem hV ergeben. Im Laufe der kulturellen Entwicklung findet eine Ausdifferenzierung dieser Typen statt, die analog, aber nur partiell parallel, zur Ausdifferenzierung literarischer (schriftlicher) Genres (Gesetzestexte, Berichte, Poesie etc.) ist. Der Wert eines Kultgegenstandes etwa ergibt sich ursprünglich ausschließlich aus dem religiösen hV. Im Zuge der Ausdifferenzierung von Kunst und Religion kann dieser Kultgegenstand sowohl religiösen als auch künstlerischen Wert haben; es kann sogar der künstlerische Wert allein übrig bleiben, wenn die religiöse Bedeutung verloren geht. Unter diesen Umständen kann der Gegenstand auch Gebrauchswert im Rahmen des eV erhalten; wie etwa religiöse Bauten als Rohstoffquellen für Häuserbau verwendet wurden.

Zweierlei ist in diesem Zusammenhang von allgemeiner Bedeutung: Erstens ergeben sich zwei Richtungen der Wertableitung "von oben nach unten" und "von unten nach oben". Ein Tempel hat z.B. vom hV aus Wert als Kultstätte, vom eV mit einem anderen hV aus z.B. als Rohstoffquelle und vom aV aus z.B. als Wetterschutz. Der Wert vom hV aus durchstreicht, soweit er vorhanden ist, typischerweise widersprechende andere Werte. Wenn das eV umfassend auf die Interpretationen des hV hin ausgelegt wird, dann erhalten die Teile des Systems des eV ihren Wert nicht mehr von "unten" aus der Funktionalität für die elementaren Bedürfnisse des aV, sondern von "oben" aus dem hV. Derartige Wertordnungen sind offensichtlich kulturell relativ, d.h. nur de facto innerhalb der betreffenden Kultur gültig, da sie sich mit Veränderungen des hV mitverändern. Zweitens entsteht durch die Ausdifferenzierung des hV das Problem der Vergleichbarkeit von Werten verschiedenen Typs. Die Etablierung einer Hierarchie von Werttypen findet selbst im hV statt und ist kulturell relativ. Es sind dabei prima facie beliebige Verhältnisse denkbar. Eine Untersuchung material apriorischer Strukturen von Werthierarchien setzt daher umfangreiches kulturwissenschaftliches Material über reale Wertstrukturen voraus, ohne das die anzustellenden Variationen nicht durchführbar sind. Ich werde das Problem der Vergleichbarkeit im Rahmen der Evidenztheorie und nicht der Kulturtheorie behandeln und bin daher nicht auf empirischen kulturellen Vergleich angewiesen.

Wenn man, wie ich mit Husserl zu begründen versucht habe, die Geltung nicht von der allgemeinen Struktur der Genesis trennen kann, dann muß die Ableitung "von unten nach oben" als evidente Ableitungsrichtung betrachtet werden, wodurch zugleich die Frage der Vergleichbarkeit auf die Frage nach der Einheit des genetischen Ursprungs zurückgeführt wird. Wenn dieser Ursprung nicht kulturell relativ ist, dann gibt es eine transkulturelle Basis der Wertevidenz und damit auch der Kulturkritik, im Sinne der Kritik kultureller Praktiken. In einer nicht-genetischen Kritik werden dagegen direkt neue Interpretationen kreiert, die alten verworfen, und so eine geänderte Ableitung an die Stelle der alten gesetzt, deren Richtung aber weiterhin von oben nach unten geht.[261]

Für die Kritik der Wahrheit und Konsistenz der Kreationen des hV sind diese als Feststellungen von Fakten thematisch. Dabei ist zu unterscheiden zwischen einer Perspektive, die selbst von dem Interesse an der Feststellung der Fakten geleitet ist, (z.B. der Streit "Vernunft vs. Glaube" in der Kosmologie) und einer im weitesten Sinne kulturwissenschaftlichen Perspektive, deren Interesse auf die historisch vorgefundene Weise der Feststellung von vermeinten Fakten und nicht auf die Fakten selbst geht (z.B. Analysen von Machtstrukturen in der Durchsetzung von Theorien). Die Feststellung von Fakten obliegt in unserer Kultur (in der ersten Perspektive) der modernen Wissenschaft. Der wesentliche Unterschied zwischen Prophetie und moderner Wissenschaft liegt in der Weise des Zugangs zu den Fakten. Die Prophetie beruht auf der vom Propheten erlebten singulären Offenbarung, bei der das hV1 gnadenhaft und selbst vom Propheten nicht zu wiederholen ist. Die moderne Wissenschaft dagegen ist methodisch, d.h. das hV1 ist wiederholbar durch Befolgen der Methode.[262] Im Fall der Naturwissenschaften kommt noch die gelingende Vorhersage als Differenz hinzu, die eine Ausweitung der Beherrschung auf Teile der einst umgrenzenden Natur ermöglicht, worin zugleich ihre kulturelle Macht (im Sinne der zweiten Perspektive) begründet ist. Die wissenschaftliche Kritik an der Faktenstruktur anderer Systeme des hV (z.B. gegen Wunder) setzt eine Anerkennung der Autorität der Wissenschaft im betroffenen Bereich voraus, und diese Anerkennung ist selbst kulturgebunden. Wir stehen also vor einem zweiseitigen Problem: Einerseits stellt sich die Frage, ob es einen Bereich, zumindest implizit, transkulturell anerkannter Faktizität gibt; andererseits ist problematisch, wie groß der Bereich

---

[261] In welcher Weise die Befürwortung der Ableitung "von unten nach oben" selbst eine Interpretation darstellt, sei hier außer acht gelassen, da diese Frage in den ausgeklammerten Problemkreis der Phänomenologie als Erster Philosophie fällt.

[262] Es gibt hier Übergänge von seiten der Prophetie in den Meditationstechniken und von seiten der Wissenschaft in der Hypothesenfindung, aber nicht in der Überprüfung.

transkulturell bestehender Faktizität ist, auch wenn er nicht in jeder Kultur anerkannt ist. Das läuft letztlich auf die Frage hinaus, was das für alle Menschen Unabänderliche ist. Glücklicherweise brauche ich auf diese Frage keine allgemeine Antwort zu finden, da es genügt, den Faktenkern im allgemeinen Modell der Wahl auf die unmittelbar wertrelevanten Fakten zu beschränken und Probleme der Erwartung dieser Fakten als Konsequenzen von Handlungen an die Epistemologie zu delegieren. Wenn sich also beispielsweise physisches Leid als unmittelbar relevantes Faktum erweist, dann ist die Antwort auf die Frage, ob es bei bestimmten Handlungen als vermittelte Konsequenz eintreten wird, abhängig vom zugrundegelegten hV der Situation. Welchem hV hierbei erkenntnistheoretische Priorität zukommt, braucht in dieser Arbeit nicht entschieden zu werden. Wenn also das Problem der Wertevidenz gelöst werden kann, dann ist der Streit um die richtige Wahl auf den Faktenhorizont zu reduzieren. Welche Art von Fakten im allgemeinen unmittelbar relevant ist und welcher Art von Objektivität diese zugänglich sind, wird eine Lösung des Problems der Wertevidenz allerdings angeben müssen.

Ich versuche, diese Ergebnisse noch einmal an der Thematik von Abänderlichkeit und Unabänderlichkeit zu verdeutlichen: Es ist zu unterscheiden zwischen (1) Urteilsaktivitäten zur Bestimmung des Faktenkerns und (2) Urteilsaktivitäten zur Zerstückung der Sachlage in Alternativen der Wahl unter Voraussetzung eines bestimmten Faktenkerns. Nun können wir innerhalb des Faktenkerns weiter unterscheiden in praktische Unabänderlichkeiten, die sich im eV ergeben und theoretische Unabänderlichkeiten, die sich aus dem hV ergeben. Die theoretischen Unabänderlichkeiten (je nach hV z.B. Apriori, Naturgesetze, Wille Gottes) geben dabei einen als absolut vermeinten Rahmen der praktischen Möglichkeiten vor. Eine Änderung dieses Rahmens setzt eine Änderung der Interpretation des hV voraus. Die intersubjektive Gültigkeit dieses Rahmens ist in einer homogenen Kultur stets gewährleistet, stellt aber in pluralistischen Kulturen und im interkulturellen Kontakt ein Problem dar. Wenn wir also nach einer genetischen Basis für starke (transkulturelle) Wertobjektivität suchen, so werden wir auf das aV verwiesen, genauer auf das mitfühlende aV, da nur das aV unabhängig von der Kultur ist und nur das mitfühlende aV eine Gemeinsamkeit der Wertung garantiert. Das aV ist sowohl generativ eigenständig, als auch genetisch grundlegend für die höheren Formen des Verstehens. Da auch die Genese des Faktenbewußtseins diesem Fundierungszusammenhang unterliegt, kann man innerhalb des Faktenkerns ein selbständiges Stück isolieren, das dem aV angehört. Dieses Stück ist die erlebte Leib-Umgebung Typik. Ich habe bereits herausgearbeitet, daß Werte in originären und appräsentierten Empfindnissen fundiert sind, d.h. die erlebte Leib-Umgebung Typik ist zugleich der unmittelbar relevante Teil des Faktenkerns.

Die Beschränkung der Untersuchung liegt nun darin, die mittelbar relevanten Teile und ihre Verknüpfung untereinander sowie zur Leib-Umgebung Typik nicht zum Thema zu machen. Diese Beschränkung ist statthaft, da ein selbständiges Stück thematisch bleibt. Die genaueren Zusammenhänge gehören in das Gebiet der Mereotopologie der Lebenswelt, das unter dem Titel der "ökologischen Ontologie" in 2.3.1.1 noch eingehend behandelt wird. An dieser Stelle genügt folgende Illustration: Wenn mein Leibkörper am Beginn einer alltäglichen Ursachenkette steht und ein Anderer an deren Ende, dann sind die Zwischenglieder im elementaren Fall nicht selbst wertrelevant, sondern nur mittelbar durch Anfang und Ende. Das Verstehen des kausalen Zusammenhangs als solchem kann somit aus der werttheoretischen Untersuchung ausgeklammert werden. Es wird allein wichtig sein, daß seine Evidenz stets unvollkommen ist. Worauf ich allerdings eingehen muß, ist, daß die erlebte Leib-Umgebung Typik selbst zum Gegenstand des hV wird und so typischerweise als interpretierte Leib-Umgebung Typik explizit bewußt ist.

Ich komme nun zur Ausarbeitung des Gesamtfundierungszusammenhangs aV→eV↔hV unter dem Fokus auf die Einstellung zum Anderen zurück. Der Zusammenhang kann in ein Schema gebracht werden, das anschließend erläutert wird:[263]

---

[263] Die Pfeile zeigen einseitige bzw. wechselseitige Fundierungszusammenhänge an.

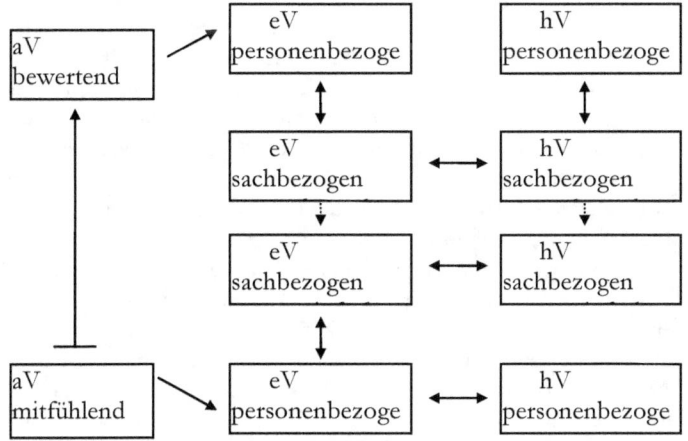

Für das aV habe ich bereits festgestellt, daß es eine mitfühlende und eine bewertende Einstellung zum Anderen gibt. Die mitfühlende Einstellung ist dabei genetisch fundierend für die bewertende, da sie die Appräsentation einer zum Ausdruck des Anderen gehörigen Emotion ermöglicht. Allerdings kann sich die bewertende Einstellung insofern statisch verselbständigen, als die appräsentierte Emotion völlig im Hintergrund bleibt und eine originäre Emotion auslöst.[264] Im eV habe ich zwischen sachbezogenen und personenbezogenen Interaktionen unterschieden, wobei die personenbezogenen Interaktionen wiederum in "nahe" oder "ferne" unterteilt werden müssen, je nachdem, ob in ihnen die mitfühlende oder die bewertende Einstellung dominant ist. Personen- und sachbezogene Interaktionen stehen in einem wechselseitigen Fundierungsverhältnis, da sowohl die Personen im Kontext der Artefakte, die sie ihrer Rolle gemäß benutzen oder herstellen, als auch die Artefakte im Kontext der Personen, die sie benutzen oder herstellen, verstanden werden. In komplexen Systemen des eV kann de facto kein durchgängiger Nahbezug aufrecht erhalten werden. In einfachen Systemen ist dies dagegen prinzipiell möglich. Im allgemeinen verweist jedoch das Nahsystem durch die anwesenden Artefakte über sich hinaus auf das Fernsystem. Das eV im Nahsystem ist daher in seinem sachbezogenen Aspekt im allgemeinen im sachbezogenen Aspekt des eV im Fernsystem

---

[264] Dies wird durch den Querstrich am Pfeil angedeutet.

fundiert.[265] Wenn ich hier von "Fernsystem" und "Nahsystem" spreche, so ist damit primär ein System des Verstehens gemeint und nur sekundär ein Personenkreis, in dem dieses System realisiert ist. Denn wir können dieselbe Person mitfühlend oder bewertend verstehen und je nachdem gehört diese Person sowohl zum Nah- als auch zum Fernsystem. Es hängt von vielerlei realen kulturellen und individuellen Faktoren ab, welche Personen typischerweise zum Nahsystem und welche zum Fernsystem gehören. Die Personen werden daher im Folgenden rollenneutral die "Nahen" und die "Fernen" genannt.

Ich komme nun zum hV in obigem Schema: Allgemein gilt, daß jede Art des eV in einem wechselseitigen Fundierungsverhältnis zu einer Art des hV steht. Dieses fällt aber verschieden aus: Das sachbezogene eV steht in einem direkten wechselseitigen Fundierungsverhältnis zum hV. Wenn wir aber das hier besonders interessierende personenbezogene hV betrachten, dann ist die Lage etwas komplexer. Personenbezogenes hV besteht in einem Interesse an der individuellen Lebensgeschichte des Anderen, im Gegensatz zum personenbezogenen eV, in dem die Person ausschließlich im Kontext ihrer Rolle im System der Artefakte verstanden wird. Das personenbezogene hV unterscheidet sich vom sachbezogenen hV nicht so, daß Personen im sachbezogenen hV nicht vorkämen, sondern in der Weise, wie Personen betrachtet werden: Im sachbezogenen hV werden nicht Einzelpersonen, sondern Rollen von Personen im sozialen System interpretiert.

Das Interesse an der Lebensgeschichte eines Einzelnen kann genuiner oder instrumenteller Art sein. Instrumentelles hV von Einzelpersonen setzt bei Unterbrechungen des eV durch diese Personen ein. Zur Fortführung der Interaktion kann es nötig sein, auf die individuellen Motive und Gründe für die Störung einzugehen und eventuell die Interaktionsweise zu ändern. Dies kann auch zu nötigen allgemeinen Änderungen des sachbezogenen hV führen. Wesentliches Charakteristikum für das instrumentelle hV von Personen ist, daß es in keiner direkten Beziehung zum personenbezogenen eV steht, sondern immer über den sachlichen Kontext vermittelt ist und letztlich einem konfliktarmen Ablauf dient. Denn bei einer bewertenden Grundhaltung zum Anderen ist das Verständnis seines Rollenverhaltens nur dann auf ein Verständnis seiner Geschichte angewiesen, wenn diese den gemeinsamen Sachbezug stört, indem der Andere gerade nicht seiner Rolle gerecht wird. Umgekehrt ist auch das erwartete

---

[265] Der gestrichelt Pfeil deutet an, daß dies nur im allgemeinen gilt.

Rollenverhalten des Fernen nur relevant, soweit es den aktuell gestörten Sachbezug betrifft.

Genuines hV von Personen ergibt sich, was das Werten angeht, aus scheiterndem mitfühlenden eV. Ein solches Scheitern liegt vor, wenn ich zwar die Emotion des Anderen mitfühle, aber ihren Anlaß oder die Motivation der Handlungen des Anderen durch die Emotion nicht verstehe.[266] In der mitfühlenden Einstellung besteht ein genuines Interesse daran, das Leid des Anderen zu verringern. Um in dieser Hinsicht tätig werden zu können, muß dieses Leid aber entweder unmittelbar animalisch verständlich sein, oder in das System des eV integriert sein. Das Erleben und Verhalten des Anderen muß also im Kontext der sozialen Rollen und Institutionen, sowie des Systems der Artefakte verständlich sein. Das personenbezogene hV als Interpretation seiner individuellen Geschichte leistet diese Integration. Das so motivierte Interesse an der Geschichte des Nahen könnte man also als instrumentell für handelnde Anteilnahme bezeichnen. Es ist aber besser als genuines hV zu bezeichnen, da es nicht durch ein äußeres Ziel motiviert ist, sondern sich aus dem Mitgefühl heraus ergibt, sein Ziel also im Nahen selbst und nicht in den Sachen hat.[267] Das sachbezogene hV ist dabei nur insofern notwendig für das Verständnis der Geschichte des Nahen, als es das eV, in dem sich diese Geschichte vollzieht, bestimmt.

Wir haben also im Fernsystem und im Nahsystem aufgrund der verschiedenen Grundeinstellungen auch unterschiedliche Fundierungszusammenhänge. Eine Reflexion auf das Gesamtsystem, seine Subsysteme und insbesondere auf das Verhältnis von Nah- und Fernsystem wird im folgenden die Grundlagen für eine Theorie der Wertevidenz liefern und eine Möglichkeit transkultureller Kulturkritik aufzeigen.

---

[266] Vgl. hierzu die detaillierteren Ausführungen zu Unstimmigkeiten im Werten in 2.1.5.3.

[267] Ein durch den eventuell vorhandenen kulturellen Wert der Individualität, also aus dem hV selbst, motiviertes Interesse an einem Einzelnen ist eine andere Angelegenheit, da es eine Wertableitung von oben nach unten beinhaltet. Die Generation des Wertes der Individualität wäre selbst auf ihre Basis im mitfühlenden Verstehen des Nahsystems hin zu untersuchen.

## 2.2.3 Reflexion auf die Typologie des Verstehens von Werten

In der oben entwickelten Typologie des Verstehens von Werten können sich Teilsysteme[268] verselbständigen. Diese entwickeln dann eine Eigendynamik der internen Wertgenerierung, die nicht mehr in ständigem Austausch mit dem übrigen System steht. Insbesondere bei den hV-Anteilen solcher Teilsysteme spricht man dann davon, daß sie "den Bezug zur Wirklichkeit verloren" hätten. Zwei solche Verselbständigungsmöglichkeiten sind hervorzuheben: die des sachbezogenen hV gegenüber dem eV und die des Fernsystems gegenüber dem Nahsystem.

Die Verselbständigung des sachbezogenen hV gegenüber dem eV ist der Kern des gesellschaftlichen Problems von Wandel und Tradition. Das hV des Umgrenzenden hat seinen Kontext in sich und kann sich daher vom eV ablösen. Wenn z.B. eine bestimmte Interpretation von sozialen Rollen in Auseinandersetzung mit dem damaligen System des eV entwickelt wurde, so kann dieses Rollenverständnis im Prinzip beliebig lange weiter diskutiert und ausdifferenziert werden, oder auch einfach ruhen, ohne auf das inzwischen gewandelte eV appliziert zu werden, bzw. unter Ignorieren des Wandels appliziert werden. Sollte es dann doch einmal zur echten Applikation kommen, so führt dies entweder zu drastischen Veränderungen im eV oder zu Anpassungen des hV. Das Verhältnis von Religion und Gesellschaft bietet hier zahlreiche kleinere und größere Beispiele (z.B. fundamentalistische Revolutionen). Auf die genaueren Strukturen von Wandel und Tradition will ich hier nicht eingehen, da es sich dabei um ein komplexes Problem der Dynamik des Verstehens handelt, das aber kein spezifisch ethisches ist, sondern genauso andere Bereiche (z.B. Wissenschaft) betrifft. Es ist vielmehr selbst ein ethisches Problem, wie diese Dynamik gesellschaftlich zu organisieren ist.

Die Verselbständigung des Fernsystems gegenüber dem Nahsystem stellt dagegen ein statisches, d.h. stets vorhandenes, Problem dar, das spezifisch ethischer Natur ist. Das Fernsystem ist vom Nahsystem nur durch die genetisch frühe Fundierung des bewertenden aV im mitfühlenden aV abhängig. Die Verselbständigung findet allgemein dann statt, wenn der mitfühlende Anteil ständig im Hintergrund bleibt; die konkreten betreffenden Phänomene sind aber nicht so einfacher Art. Die

---

[268]Z.B. die obere Hälfte des Diagramms als System der bewertend-instrumentellen Einstellung zum Anderen.

Verselbständigung führt zu einem ständigen Antagonismus von Nah- und Fernsystem, den ich anhand folgender exemplarischer Deskriptionen verdeutlichen will:

Die Bezeichnungen "Nah-" und "Fernsystem" beziehen sich primär auf Systeme des Verstehens und erst sekundär auf Personenkreise. Die Bindung einer dieser Weisen des Verstehens an bestimmte Personen ist einerseits sozial vorgegeben, kann aber auch singulären oder dauerhaften individuellen Wandlungen unterliegen. In Gesellschaften mit einem hinreichenden Komplexitätsgrad gibt es für die Individuen nicht nur nahestehende Bezugspersonen, sondern auch ferne Interaktionspartner, die anonym in ihrer Rolle verstanden werden. Wer zu den Nahen und wer zu den Fernen gehört, ist mir als Individuum zunächst einmal vorgegeben. Es gibt gewisse, in unserer Kultur recht starre, Normen der Anteilnahme, die meine Einstellung zu Anderen passiv vorstrukturieren. Wenn ich in der Fußgängerzone einfach fremde Leute auf ihren Gemütszustand ansprächte, könnte ich mir überwiegend zurückweisender Reaktionen sicher sein. Eine solche Form der Anteilnahme wird in der Regel als aufdringlich, als Eindringen in die Privatsphäre empfunden. So ist denn auch die Frage "wie es geht" gegenüber fernen Bekannten zumeist eine bloße Floskel. Ebenso entsprechen unvermittelte Mitteilungen der eigenen Befindlichkeit an Ferne nicht der Norm. Andererseits wird Anteilnahme und auch Mitteilung zwischen Nahen erwartet; das Fehlen der Erkundigung nach dem Wohlergehen bzw. die ausweichende Antwort erregen Befremden. Nähe und Ferne in diesem sozial vorgegebenen System von Erwartungshaltungen ist eine graduelle Angelegenheit, und gerade Beziehungen, die sich im Zwischenbereich bewegen, können recht kompliziert sein. Andererseits gewährleistet die Einteilung von Personen in Nahe und Ferne eine Reduzierung von Komplexität, indem sie es gestattet, den Fernen bis zu einem gewissen Grad als bloßen Rollenträger zu betrachten, ohne dabei soziale Normen zu verletzen. Die Einschränkung verweist auf das Phänomen singulärer Übergänge von ferner zu naher Einstellung gegenüber Einzelnen.

Ein solcher Übergang liegt z.B. bei Hilfeleistung vor, in der ich mich plötzlich in einer mitfühlenden Beziehung zu einem Anderen befinde, die durch einen starken emotionalen Ausdruck auf seiner Seite ausgelöst ist, von meiner Seite her aber auch eine gewisse Empfänglichkeit voraussetzt. Normalerweise endet die mitfühlende Beziehung wieder, wenn die Hilfe geleistet ist; sie eröffnet aber auch einen Horizont bleibender Anteilnahme gegenüber der Person. Allgemein gilt, daß derartige singuläre Durchbrechungen der Nah-Fern Einteilung jederzeit möglich sind, wobei die konkreten Anlässe einerseits von der Sozialstruktur abhängen und andererseits von den charakterlichen Dispositionen der beteiligten Individuen geprägt werden. Auch die Beziehung zu einem Nahen kann singulär in eine Fernbeziehung kippen, wenn meine normale Empfänglichkeit für den Ausdruck des Anderen durch andere Faktoren, insbesondere intensive eigene Befindlichkeiten, unterdrückt ist. Zur Nahbeziehung ist in diesem Zusammenhang anzumerken, daß in einer alltäglichen sachbezogenen Interaktion der mitfühlende Charakter der Einstellung zum Nahen nur spürbar ist, wenn auch ein emotionaler Ausdruck des Nahen vorliegt. In einer emotionsarmen Interaktion ist der Unterschied von bewertend und mitfühlend hinfällig, da nichts zum Mitfühlen oder Bewerten da ist. Die Differenz von Nähe und Ferne kommt dann erst im personenbezogenen hV zum tragen, je nachdem ob mein Interesse am Anderen sich als instrumentell oder genuin erweist.

Die singulären Übergänge zwischen Nah- und Fernverstehen von Personen können Anlässe für dauerhafte Wandlungen der Personenbindung von Mitgefühl und Bewertung sein. Entstehen und Vergehen von Freundschaften können als Beispiel dienen: Als wesentliches Merkmal der Freundschaft gilt, daß das Wohlergehen des Anderen - wie immer dieses näher bestimmt sei - ein selbständig motivierendes Handlungsziel für mich darstellt, daß ich also gewillt bin, etwas um des Anderen willen zu tun. Dies setzt auf der Ebene das aV eine Empfänglichkeit für die Befindlichkeit des Anderen voraus. Auf der Ebene das hV ist ein Verständnis des Charakters nötig, und schließlich muß eine positive Bewertung der Beziehung, so wie sie im Umgang erlebt wird, vorliegen. Die Freundschaft kann auf allen drei Ebenen des Verstehens ihren Ausgang nehmen: Der emotionale Ausdruck eines Anderen kann mich in einer Weise berühren, die mich besonders empfänglich stimmt. Der alltägliche Umgang kann besonders angenehm sein. Ein Gespräch kann ein besonderes Interesse an der Geschichte des Anderen auslösen. Zumeist sind alle Ebenen im Spiel und es bildet sich eine Gestalt des Anderen heraus, zu der eine Bezogenheit gehört, die ihn aus dem Fernsystem in das Nahsystem treten läßt. Umgekehrt kann es auch zum Bruch der Freundschaft kommen, wenn diese Gestalt gestört wird, etwa durch hervortretende negative Charakterzüge, welche die Grenzen des höheren mitfühlenden Verstehens sprengen. Freundschaften können durch Mangel an Kontakt schleichend enden; es kann aber auch zum Bruch kommen, dem eventuell kleinere Brüche vorausgehen. Es ist ein eigentümliches Erlebnis, wenn z.B. eine Äußerung des Freundes die Nähe zerbricht, einen auf Distanz gehen läßt. Die Situation kippt, die Gestalt des Anderen ändert sich mit einem Schlag. Diese Art Übergang verdeutlicht, daß es sich um zwei ausgesprochen verschiedene Einstellungen zum Anderen handelt, die gleichwohl gegenüber ein und derselben Person auftreten können.

Die unterschiedliche Weise des Verstehens der Nahen und der Fernen zieht auch einen Unterschied in der moralischen Beurteilung derselben nach sich: Wir finden im Nahbereich eine Tendenz zum Partikularismus, zur Parteilichkeit und Bevorzugung. Demgegenüber besteht im Fernbereich die Tendenz zur Gleichgültigkeit und instrumentellen Benutzung. Positiv liegt im Nahbereich Anteilnahme und genuines Interesse am Anderen vor, dem wiederum auf seiten der Ferne die Möglichkeit zu Universalismus und unparteiischer Gerechtigkeit gegenüber steht. Damit sind allerdings, was die Beurteilung von Personen angeht, zunächst nur prima facie Tendenzen angezeigt, da wie gesagt die Einstellung wechseln kann.

Für eine theoretische Behandlung des beschriebenen Antagonismus muß man die Einstellungen für sich betrachten und von ihrem realen Wechselspiel absehen. Das reale Wechselspiel offenbart eine charakterliche Tendenz, im Nahsystem oder im Fernsystem des Verstehens zu leben. Bezogenheit ist für Individuen und auch Gesellschaften selbst ein Wert oder Unwert. Die Wertung von Bezogenheit und Empfänglichkeit wird in unserer Kultur häufig mit Stereotypen von Männlichkeit und Weiblichkeit verbunden; des weiteren stehen diese Werte auch in Beziehung zu den Idealtypen einer konfrontativen und einer kooperativen Kultur, wie sie im Zusammenhang des eV herausgearbeitet wurden. Die Geschlechtsbindung (sei es "gender" oder "sex") von Wertungen ist phänomenologisch nicht zu behandeln, da hier kein materiales Apriori feststellbar ist. Da der Antagonismus von Nah- und Fernsystem in unserer Kultur aber unter anderem die Form eines Geschlechterkonflikts angenommen hat, können insbesondere feministische Ethikdiskussionen zur Verdeutlichung herangezogen werden.

Wenn man sich die "justice vs. care" Diskussion als Beispiel[269] vor Augen hält, wird klar, wie das materiale Apriori des Verstehens von Werten eine Debatte der ethischen Theorie strukturieren kann. Allgemeine Beschreibungen der Care-Einstellung decken sich mit dem Verstehen im Nahsystem:

---

[269] Feministische Ethik sollte nicht mit Care-Ethik identifiziert werden.

Unless one is taken up with, or engrossed in, the Object – "feels with" the person; is pleased and relieved when the person is doing better; feels concerned, worried, or anxious when things are going badly for her or him - one does not really care. Yet caring has a cognitive dimension as well. It involves at least a putative knowledge or understanding of the other person's needs, welfare, situation. [...]

Care involves a receptivity or openness - a responsiveness - toward the other; one must attend to the other as other, not assuming that one knows what the other's good consists in but being ready to guide one's actions and views by the other's own reality.[270]

Gegenpol zu dieser Haltung ist die des unparteiischen, interesselosen Beobachters, wie er in der Regel in Gerechtigkeitsdefinitionen auftritt. Dieser Gegenpol deckt sich allerdings nicht unmittelbar mit dem Fernsystem. Dieses kann nach verschiedenen moralischen oder amoralischen Standards funktionieren, wie bereits die Ausführungen zu Kooperation und Konfrontation gezeigt haben. Vielmehr sind sowohl die faktischen als auch die wünschenswerten Normen für das Fernsystem Gegenstand der Diskussion in der ethischen Theorie. Der auf das Fernsystem eingeschränkte Blick wird von feministischer Seite kritisiert und z.T. eine Care-Ethik als Gegenmodell favorisiert. Die Diskussion "justice vs. care" zeigt exemplarisch die Schwierigkeiten bei der Applikation des genuinen hV auf das instrumentelle hV und umgekehrt. Die Strategien reichen von gleichberechtigter Trennung der Systeme über wechselseitige Adaption und einseitige Adaption bis zur Elimination einer Seite. Dieser Teil der Arbeit ist allerdings nicht der Ort, um auf außerphänomenologische Diskussionen einzugehen.

An dieser Stelle muß der genetische Fundierungszusammenhang über die Priorität der Evidenz des Nah- oder des Fernsystems entscheiden. In dieser Hinsicht haben die bisherigen Untersuchungen ergeben, daß das mitfühlende aV die Evidenzbasis bildet, und insofern die Wertgenerierung im Nahsystem des Verstehens erkenntnistheoretische Priorität vor der Wertgenerierung des Fernsystems besitzt. Die faktische Dominanz der Wertableitung vom Fernsystem her, wie sie in unserer Kultur vorliegt, ist daher zu kritisieren. Genauer gesagt, ist sie auf ihre

---

[270] Encyclopedia of Ethics Eintrag "care"

Funktionalität für die Realisierung von im Nahsystem generierten Werten hin zu überprüfen. Diese positive Funktionalität dürfte vor allem in Komplexitätsreduzierung und Entlastung liegen. In diesem Zusammenhang ist nochmals darauf hinzuweisen, daß sich die Differenz von Nah- und Fernsystem primär auf die Einstellung zum Anderen bezieht. D.h. es wird nicht die Priorität von z.b. Familientraditionen gegenüber gesellschaftlichen Normen behauptet, da solche Traditionen sehr wohl von der bewertenden Einstellung dominiert sein können, genauso wie gesellschaftliche Normen durchaus von der mitfühlenden Einstellung dominiert sein können.

Der Antagonismus von Nah- und Fernsystem kann kulturell als Konflikt zwischen "echten" persönlichen Beziehungen und herrschender Kultur auftreten, wenn die Kultur konfrontativ ausgelegt ist. Die Ausweitung der mitfühlenden Einstellung zum Anderen, d.h. auf der Ebene des hV eine inklusive Anerkennung der Anderen als Andere in ihrer konkreten Individualität, steht im Widerspruch zu einer Kultur des Kampfes. Die Möglichkeiten, diesen Konflikt zu entschärfen, bestehen darin, entweder die Kultur kooperativer zu gestalten, oder eine abstrakte Form der Anerkennung, wie z.B. Gerechtigkeit oder Gesellschaftsvertrag, in das instrumentelle hV einzuführen. Ich bin der Auffassung, daß ein Großteil der gesellschaftstheoretischen Debatten in der ethischen Theorie letztlich als Streit um die Priorität bzw. die geeignete Vermittlung von Nah- und Fernsystem interpretiert werden kann.

Welche Ergebnisse und Konsequenzen ergeben sich aus dieser Reflexion? Das Problem der Wertevidenz war eines der zentralen Ausgangsprobleme dieser Untersuchung. Die angestellten Analysen und Überlegungen ermöglichen es, die Grundlagen einer allgemeinen Theorie der Wertevidenz auszumachen. Das Problem der Wertevidenz ist primär ein Problem der Evidenz der Kerne von Werturteilen, d.h. es sind in erster Ordnung nicht die logischen Konsequenzen von einmal festgestellten Werten, welche Schwierigkeiten bereiten, sondern die Wertungen selbst. Die Frage ist dabei, wie das Fundierungsverhältnis des Wertmoments im Sachverhalt, von dem Werthaftigkeit ausgesagt wird, genau beschaffen ist und ob das Wertmoment in irgendeiner Weise intersubjektiv zugänglich ist. Die Diskussion von Husserls Scheitern in den Ethikvorlesungen macht klar, daß diese Frage nur in einer genetischen Analyse, d.h. letztlich in einem Rückgang auf die passive Schicht der Sinnlichkeit zu lösen ist. Durch diese Verknüpfung von allgemeiner Struktur der Genese und Geltung ist die Richtung der Wertevidenz von "unten nach oben" vorgezeichnet. Daher sind die Evidenzen des mitfühlenden animalischen Verstehens die Grundlage für jede höherstufige Wertevidenz. Sie sind es, auf die wir letzten Endes zur ethischen Begründung unserer Handlungen verweisen müssen.

Die weiterführende Aufgabe dieser Arbeit besteht nun darin, zu untersuchen, wie und in welchen Grenzen auf der Grundlage der Evidenzen des mitfühlenden animalischen Verstehens objektive und eindeutige Werturteile aktiv gebildet werden können.

Gegenüber den unmethodisch gewachsenen Wertevidenzen, wie sie konkret in Kulturen vorgefunden werden, hat dieser methodische Zugang eine kritische Funktion. Ein Beispiel analog vorgehender Kritik wäre die utilitaristische Ablehnung der Rechtfertigung von Strafe durch ausgleichende Gerechtigkeit. Entscheidend für die konkrete Ausübung der kritischen Funktion ist, welche allgemeine Faktenstruktur angesetzt wird. Das typische Faktenmedium von Wertkritik ist eine als partiell veränderlich begriffene Lebenswelt. Die Relativität dieser typischen Ausgangslage stellt ein schwieriges Problem für die Herstellung objektiver Wertevidenz dar, selbst wenn man von einer methodischen Einigkeit über die Evidenzbasis im mitfühlenden aV ausgeht. Des weiteren sind auch die kritisch zu prüfenden höherstufigen kulturellen Werte selbst nur zu verstehen im Kontext der entsprechenden Lebenswelt, d.h., daß z.B. der Wert des Eigentums in der einen Kultur der kritischen Prüfung standhalten kann, in der anderen dagegen nicht, aufgrund des verschiedenen Kontextes, in dem dieser Wert jeweils steht. Wenn man also nicht gute Lebenswelten völlig utopisch konstruieren[271], sondern als realistische - d.h. innerhalb eines gewissen Faktenrahmens verbleibende - Möglichkeiten aufweisen will, dann ist man auf die Kenntnis möglichst vielfältiger unterschiedlicher konkreter Wertsysteme in Lebenswelten angewiesen.

## 2.3 Aktive Synthesis

Die Herangehensweise dieser Arbeit an die Metaethik ist axiologisch, d.h. ethische Objektivität wird auf Wertobjektivität zurückgeführt. Werte werden dabei als auf irgendeiner sinnlichen Basis beruhend aufgefaßt und es wird nach einem Modell dieser Basis gesucht, das ein befriedigendes Modell des Wertens erlaubt. Die Kriterien für ein befriedigendes Modell sind der allgemeinen

---

[271] Über die allgemeinen Züge des Paradieses dürfte relativ leicht Einigkeit zu erzielen sein.

metaethischen Diskussion entnommen. Der Abschnitt zur passiven Synthesis diente der Entwicklung eines Modells der sinnlichen Basis des Wertens. Der Abschnitt über die lebensweltliche Objektivierung von Werten hat gezeigt, welche Einstellung zum Anderen die sinnliche Basis des Wertens zu einer Basis des ethischen Wertens macht. Nun geht es darum, welche Ontologie sich aus diesem Modell ergibt und welche epistemologischen Konsequenzen diese Ontologie hat. In der Aufarbeitung der metaethischen Diskussion zu Beginn dieser Arbeit habe ich zwischen der höheren Ebene der Werturteile und der niedrigeren Ebene, aus der die Urteilsmaterie stammt, unterschieden. Ich begebe mich nun auf die höhere Ebene, die gemäß der Methodologie der genetischen Phänomenologie durch die niedrigere bestimmt ist, aber auch wesentlich Neues in sich birgt.

Husserls Schwierigkeiten mit der Verflechtung der Vernunftarten haben gezeigt, daß zwischen passiver Vorgegebenheit, aktiver Erfassung und prädikativem Urteil unterschieden werden muß. Nachdem im vorigen Abschnitt die passive Vorgegebenheit geklärt wurde, ist nun die Frage, welche Urteilsmaterie uns in aktiver Erfassung so gegeben ist, daß sie ein direktes theoretisches Urteil gestattet. Ein Urteil, das ohne Einbeziehung anderer Urteile auf der aktiven Erfassung beruht, kann man als direktes Urteil bezeichnen. Ein äußerer Wahrnehmungsgegenstand gestattet z.B. direkt ein theoretisches (betrachtendes, wert- und willensfreies) Urteil über seine Farbe. Ein direktes wertendes Urteil setzt die originäre oder vergegenwärtigte Gegebenheit eines Empfindnisaspekts voraus, andernfalls kann die Wertung nur durch Ableitung zustande kommen. Ich behandele also zunächst die Frage, wie die Gegenstände beschaffen sind, auf die sich unsere direkte Urteilsaktivität richtet. Die Gegenstände, auf die sich unsere direkten Urteile beziehen, können als Basisentitäten bezeichnet werden; sie machen den Kern unserer Ontologie aus.

Die bisherigen Ergebnisse legen für die Ontologie eine Dispositionstheorie von Werten nahe. Werte sind in solchen Theorien (s. Teil I 1.2.3 Modelle des Wertens) Eigenschaften, deren Auftreten von spezifischen Umständen abhängt. Im Falle des Auftretens von Werten an Dingen wären diese Umstände nach unseren Befunden die qualitative Beziehung zu einem Leib. In den dispositionalen Theorien von McDowell und Wiggins wird der dispositionale Charakter von Werten in Analogie zum dispositionalen Charakter von Farben betrachtet: Farben gehören in dieser Sichtweise nicht zur natürlichen Ausstattung der Welt, sondern treten nur in Beziehung zum menschlichen

Wahrnehmungsapparat auf. Gegen diese Analogisierung von Werten und sekundären Qualitäten gibt es schwerwiegende Einwände z.B. von Blackburn.

Hinsichtlich dieser Dispute müssen zwei Ebenen unbedingt unterschieden werden: Auf der phänomenalen Ebene sind Farben Eigenschaften von Dingen, auf der physiologischen Ebene sind sie Dispositionen von Dingen, die physikalisch in Relationen und nicht qualitative Eigenschaften aufgelöst werden. Dementsprechend müssen Disziplinontologien wie die der Physik von unserer lebensweltlichen Ontologie unterschieden werden. Auch die lebensweltliche Ontologie hat vorwissenschaftliche physikalische Elemente, die aber grundlegend anders strukturiert sind als die der theoretischen Physik.[272] Die Untersuchung des phänomenalen Aspekts von Werten hat gezeigt, daß sie nicht Eigenschaften schlechthin von Dingen sind. Vielmehr sind Werte bereits auf der phänomenalen Ebene Dispositionen. Wir erleben Farben nicht als in irgendeiner Weise von uns abhängige Eigenschaften, obwohl wir sie natürlich in Perspektiven wahrnehmen, aber die Farbe als Eigenschaft ist das sich in diesen Perspektiven durchhaltende qualitative Moment von gewisser Allgemeinheit. Wenn sich nichts durchhält, bleibt die Farbe eben unbestimmt, bzw. wird als "unbestimmt" bestimmt ("schillernde oder changierende Farbe"). Auch bei Werten treffen wir das Phänomen der Perspektivität an und auch hier gibt es Unbestimmtheiten. Aber in dieser Perspektivität spielt der Leib eine andere Rolle und die Erwartungen bestimmen das emotive Verhältnis mit. Die emotionale "Färbung" ändert sich mit der Erwartung; in der (problematischen) Analogie von Farben und Werten wäre das so, als ob sich die Farbe der Vorderseite ändert, wenn sich die Erwartung der Farbe auf der Rückseite ändert. Die Analogie von Farben und Werten überschneidet verwirrenderweise die Ebenen von Phänomen und Physik; Farben sind phänomenal keine Dispositionen sondern Eigenschaften. Die Analogie stößt recht schnell an ihre Grenzen, deutet aber wichtige Probleme an. Im folgenden wird es also zunächst darum gehen, genauer zu bestimmen, worin der dispositionale Charakter von Werten auf phänomenaler Ebene besteht und wie dementsprechend Werte in eine phänomenologische Ontologie einzuordnen sind. Ziel ist es dabei, eine phänomenologisch korrekt fundierte dispositionale Theorie von Werten zu entwickeln.

---

[272] Vgl. Smith, Casati (1994)

Wir werden sehen, daß der Dispositionsbegriff dabei statt physikalisch ökologisch verstanden werden muß. Die ökologische Ontologie hat die gleiche Struktur wie unsere lebensweltliche Ontologie.[273] Auf dieser ontologischen Grundlage gehe ich dann über zur epistemischen Untersuchung von Werturteilen.

## 2.3.1 Axiologie: Ontologie der Werte

An dieser Stelle will ich noch einmal herausstellen, welcher Mangel der metaethischen Debatte um das Verhältnis von Werten und Fakten durch die nachfolgenden Untersuchungen behoben werden soll: In dieser Debatte bleibt unklar, daß die Kriterien für die Sinnhaftigkeit einer konkreten Supervenienzbehauptung durch die Ontologie der supervenierenden Ebene festgelegt werden (s. I,1.2.2.1). Daher muß zu einer Klärung und eventuellen Entscheidung der Werte-Fakten Debatte zuerst bestimmt werden, welche Art Entitäten Werte überhaupt sind und wie sie sich in die Ontologie der verschiedenen Faktenarten einfügen bzw. nicht einfügen.

Ich werde zunächst auf der Grundlage der bisherigen Deskriptionen eine Ontologie identifizieren, die strukturell Werte als Entitäten zuläßt, um dann im Detail die Korrelation von Einstellungen und Gegenstandsstrukturen, sowohl im Bereich der Wahrnehmungsgegenstände als auch der Verstandesgegenstände, zu untersuchen. Dabei werde ich eine grundlegende strukturelle Differenz von praktischer und theoretischer Einstellung, sowie die korrelierende ontologische Struktur der "basalen Relationalisierung" ausmachen, auf deren Grundlage abschließend bestimmt werden kann, welche Art Entitäten Werte sind und auch eine Antwort auf das Supervenienzproblem gegeben werden kann.

### 2.3.1.1 Ökologische Ontologie

Ich verbleibe zunächst bei der Anknüpfung an die Metaethikdebatte. In Teil I wurde das Werte-Fakten Verhältnis als grundlegendes ontologisches Problem der aktuellen Metaethik herausgearbeitet. Es stellt sich sofort die Frage, mit welcher Art Fakten Werte ins Verhältnis gesetzt werden sollen. Im Hinblick auf das Problem der Wertobjektivität läßt sich darauf antworten, daß Werte mit möglichst unumstrittenen Fakten ins Verhältnis gesetzt

---

[273] Vgl. Smith, Casati (1994)

werden sollen. Nun läßt sich durchaus eine ungefähre Hierarchie der Umstrittenheit des Objektivitätsstatus der Fakten verschiedener empirischer Wissenschaften angeben: Physik-Chemie, Biologie, Psychologie / Soziologie. Diese Reihenfolge ist wohlgemerkt eine Hierarchie der Umstrittenheit, über das wissenschaftstheoretisch zu bestimmende Verhältnis (z.B. Reduzierbarkeit) ist damit noch nichts ausgesagt; es geht nur darum, daß die Objektivität psychologischer Fakten prima facie angreifbarer ist als die Objektivität physikalischer Fakten. Wenn man nun beispielsweise herausfindet, daß Werte einen ähnlichen Objektivitätsstatus haben wie psychologische Fakten, dann sind Werte ähnlich angreifbar bzw. anerkennbar wie psychologische Fakten. Wenn wir also die maximal erreichbare Objektivität für Werte suchen und zunächst einmal von der prima facie Hierarchie der Wissenschaften ausgehen, so ist es sinnvoll, zu fragen, welcher wissenschaftlichen Faktenart Werte ähnlich sind. Zum Einstieg in den ontologischen Problembereich betrachte ich deshalb das Problem des "placing" der Werte.

Was heißt dabei Ähnlichkeit des Status? Zuallererst darf man nicht das Verhältnis von Werten und Fakten mit dem spezifischen Verhältnis bei Fakten über empirisch vorliegende Wertungen verwechseln. Beispielsweise unterscheiden sich Wertungen als soziologische Fakten von Werten genauso wie sich z.B. Aberglaube als soziologisches Fakt von physikalischen Fakten unterscheidet. Die Frage ist gerade, ob Wertungen richtig oder falsch sein können, während z.B. die Soziologie die Wertungen selbst unabhängig von ihrer Richtigkeit zum Gegenstand hat. Kehren wir zurück zur Frage, was Ähnlichkeit von Werten und Fakten heißen soll, also zur Frage, worum es genau geht, wenn wir Werte mit Fakten bestimmter Wissenschaften ins Verhältnis setzen, sie in ihrem Rahmen plazieren wollen: Wenn man bei der prima facie Hierarchie bleibt und eventuelle Reduktionsmöglichkeiten einmal ausblendet, so läßt sich angeben, welche Entitäten die jeweiligen Wissenschaften als grundlegend annehmen, d.h. es läßt sich - zumindest im Prinzip - angeben, welche Disziplinontologien Physik-Chemie, Biologie, Psychologie, Soziologie etc. haben. Beispielsweise gehören mentale Zustände auch dann zur Disziplinontologie der Psychologie, wenn man in allgemeiner Hinsicht davon ausgeht, daß sie prinzipiell auf physische Zustände des Gehirns reduzierbar seien. Die epistemische Leistung einer Disziplin, d.h. der Objektivitätsstatus ihrer Fakten, bemißt sich nicht nach der prinzipiellen Reduzierbarkeit der Disziplinontologie, sondern nach der erreichbaren Intersubjektivität innerhalb der

Disziplinontologie. Die Frage nach dem Werte-Fakten Verhältnis im Hinblick auf Wertobjektivität ist demnach die Frage, in welche Disziplinontologie sich Werte einfügen, genauer: Welches ist die am wenigsten umstrittene wissenschaftliche Disziplin, in deren Ontologie sich Werte gemäß der Phänomenologie ihrer niedrigststufigen Gegebenheit einfügen? Höherstufige Wertgegebenheiten fügen sich dann möglicherweise in die Ontologien umstrittenerer wissenschaftlicher Disziplinen ein.

Die vorausgehenden Untersuchungen haben gezeigt, daß Werte ursprünglich Momente von Leib-Ding Beziehungen sind. Werte sind fundiert in diesen Beziehungen; nicht im Leib für sich allein und nicht im Ding für sich allein, sondern nur in der Beziehung von Leib und Ding sind sie gegeben. Dieser Sachverhalt wird in der bereits beschriebenen Weise verkompliziert durch Verdinglichung von Leibteilen u.ä. Die entscheidende ontologische Besonderheit von Werten besteht jedenfalls darin, daß sie Aspekte von qualitativen Eigenschaften von Beziehungen sind. Der Wert ist somit weder eine direkte Eigenschaft des Dinges, noch eine direkte Eigenschaft des Leibes, sondern nur in der Beziehung von Ding und Leib erhalten beide ein Wertmoment vermittelt durch die Beziehung, deren Qualität das Wertmoment (Selbstdistanzierung, Selbstannäherung) bestimmt.

Derartige ontologische Verhältnisse finden wir nicht in der Physik, aber in der Biologie, genauer in der Ökologie. Das Organismus-Umwelt Verhältnis wird in der ökologischen Ontologie so bestimmt, daß eine Umwelt immer eine Umwelt für einen Organismus und ein Organismus immer ein Organismus für eine Umwelt ist. Nur in Beziehung aufeinander sind die Begriffe sinnvoll. Läßt man die Beziehung weg, so bleibt eine selbständige physikalische Umgebung und ein selbständiges physikalisches System zurück, dessen Grenze beliebig wird. Physikalische Systemgrenzen sind rein pragmatische Setzungen; das physikalische Universum ist beliebig kognitiv zerstückbar. Ökologisch dagegen sind Organismen nicht zerstückbare Ganze. Die Grenze von Organismus und Umwelt ist in der ökologischen Perspektive natürlich vorgegeben und keine pragmatische Wahl. Die Topologie des ökologischen Raums ist eine andere als die des physikalischen.[274] Das zentrale Merkmal der klassischen physikalischen Ontologie ist die beliebige Zerstückbarkeit der

---

[274]Zur Topologie des ökologischen Raums s. Smith, Varzi (1999); auch die Toloplogie des physikalischen Raums wird noch erforscht (Superstring Theorie); ich kontrastiere hier mit dem klassischen vierdimensionalen Raum-Zeit-Kontinuum.

Raumzeit. Beliebige Zerstückbarkeit schließt apriori die reale Existenz von in Relationen fundierten Eigenschaften aus, denn solche Eigenschaften sind abhängig von der Weise der Zerstückung. Die Zerstückung, welche die Relate vorgibt, ist abhängig von unserer Wahl, also nicht real. M.a.W. reale Werte sind in einer physikalischen Ontologie ein Unding und zwar nicht weil die Physik als Wissenschaft nicht von Werten handelt, sondern weil ihre Ontologie der beliebigen Zerstückbarkeit die Realität von Entitäten verbietet, welche die Struktur haben, die ich für Werte phänomenal aufgewiesen habe. Erst durch die Aufhebung der Beliebigkeit wird die Existenz derartiger Entitäten möglich. Genetisch korrekter sollte man davon sprechen, daß die Aufhebung der Einschränkung die Existenz von Werten verunmöglicht. Auf solche Übergänge werde ich unten noch genauer eingehen. Wesentlich für das Vorhaben, das Werte-Fakten Verhältnis zu bestimmen, ist, daß sich Werte, so wie ich ihre Gegebenheit auf niedrigster Stufe beschrieben habe, in eine ökologische Ontologie problemlos einfügen. Betrachten wir diese Einfügung noch etwas genauer:

James J. Gibson hat für die ökologische Psychologie[275] den Begriff der "affordance" geprägt:

> The affordances of the environment are what it offers the animal, what it provides or furnishes, either for good or ill. The verb to afford is found in the dictionary, but the noun affordance is not. I have made it up. I mean by it something that refers to both the environment and the animal in a way that no existing term does. It implies the complementarity of the animal and the environment.[276]

Ich werde "affordance" im folgenden als fremdsprachlichen Terminus technicus verwenden.[277] Gibson betont wiederholt die

---

[275] Zu Geschichte und philosophischem Hintergrund der ökologischen Psychologie s. Lombardo (1987).

[276] Gibson (1986) S. 127

[277] "Affordance" ist ein Kunstwort, das inzwischen ein etablierter Begriff geworden ist. Der Begriff, den "affordance" bezeichnet, läßt sich laut Gibson durch eine Objektivierung des Begriffs des Aufforderungscharakters von Kurt Lewin herleiten. (s. Gibson (1986) S. 138). In der deutschen philosophischen Terminologie dürfte Heideggers Begriff der Zuhandenheit dem der affordance am nächsten kommen. Ich werde später auf diese Bezüge zurückkommen. An dieser Stelle erscheint es mir jedoch sinnvoll, den Begriff der affordance nicht durch Übersetzungsversuche von "affordance" zu komplizieren.

eigentümliche Stellung der affordances zwischen Subjekt und Objekt, d.h. zwischen Organismus und Umwelt:

> An important fact about the affordances of the environment is that they are in a sense objective, real, and physical, unlike values and meanings, which are often supposed to be subjective, phenomenal and mental. But, actually, an affordance is neither an objective property nor a subjective property; or it is both if you like. An affordance cuts across the dichotomy of subjective-objective and helps us to understand its inadequacy. It is equally a fact of the environment and a fact of behavior. It is both physical and psychical, yet neither. An affordance points both ways, to the environment and to the observer.[278]

Ich habe Werte phänomenologisch als Momente von Leib-Ding Bezügen beschrieben. In einer ökologischen Ontologie, wie sie der Biologie und der ökologischen Psychologie als Disziplinontologie zugrundeliegt, sind solche Bezüge grundlegende Entitäten, denen Gibson die Bezeichnung "affordances" gegeben hat. Es liegt nahe, Werte als direkte Eigenschaften von affordances zu betrachten; über ihre Intersubjektivität wäre damit noch nicht entschieden.

Die Einführung von affordances als grundlegenden Entitäten unterscheidet die ökologische Psychologie von der "gängigen" Psychologie:

> We have thousands of names for [tools]. They can all be said to have properties or qualities: color, texture [...] Orthodox psychology asserts that we perceive these objects insofar as we discriminate their properties or qualities. [...] The psychologists assume that objects are composed of their qualities. But I now suggest that what we perceive when we look at objects are their affordances, not their qualities. We can discriminate the dimensions of difference if required to do so in an experiment, but what the object affords us is what we normally pay attention to. The special combination of qualities into which an object can be analyzed is ordinarily not noticed.[279]

Die "gängige" Psychologie nimmt ihren Ausgang von dem, was phänomenologisch als theoretische Einstellung zu charakterisieren ist. Die ökologische Psychologie dagegen geht von der praktischen

---

[278] Gibson (1986) S. 129
[279] Gibson (1986) S. 134

Einstellung aus. Man kann an obiger Bemerkung Gibsons erkennen, wie der phänomenologisch bereits niedrigstufig aufweisbare Einstellungsunterschied die Ontologie von Wissenschaften prägt. Es zeichnet sich ab, daß sich Werte in eine ökologische Ontologie einfügen und daß diese Ontologie auf der praktischen Einstellung beruht.

Nach diesem Vorlauf in die für die Metaethikdebatte relevante hochstufige Sphäre der Wissenschaft komme ich nun wieder zurück zur genetischen Perspektive und untersuche, wie sich aus den möglichen Einstellungen auf Gegenständlichkeiten die wissenschaftlichen Ontologien ergeben und warum sich Werte in die einen Ontologien einfügen und in die anderen nicht.

## 2.3.1.2 Einstellungen und Gegenständlichkeiten

Die oben durchgeführte Argumentation für die Einfügung der Werte in die ökologische Ontologie geschah in der Form eines Rückgriffs auf die Metaethikdebatte. Die Argumentation folgte daher nicht ganz der Logik der genetischen Phänomenologie, lieferte aber wertvolle Hinweise für die phänomenologische Untersuchung. Im Rahmen der genetischen Phänomenologie darf man nicht die Disziplinontologien der Wissenschaften für gegeben erachten, sondern muß diese selbst als gewordene begreifen. Man muß also von der Lebenswelt ausgehen und fragen, welche Einstellungen auf Gegenständlichkeiten und auf diesen Einstellungen beruhende Abstraktionen schließlich zu der Gegenüberstellung von physikalischer und ökologischer Ontologie führen und warum aus letzterer die Werte nicht abstrahiert sein müssen, gleichwohl aber herausabstrahiert werden können. Ich komme damit auch zurück zum Problem der Verflechtung der Vernunftarten, wie es sich aus Husserls Ethikvorlesungen ergeben hatte.

Thema ist nun also das Verhältnis von theoretischer, axiologischer und praktischer Einstellung. Innerhalb dieser Einstellungen ist mit EU wiederum zu unterscheiden zwischen Einstellungen auf Wahrnehmungsgegenstände und auf Verstandes-gegenständlichkeiten. Die Orientierung an EU liefert die grundlegenden Begrifflichkeiten; die Deskriptionen werden aber entscheidend zu erweitern sein, da Husserl sich in EU auf die theoretische Einstellung beschränkt. Diese Deskriptionen werden auch eine gewisse Revision traditioneller Begriffe nötig machen.

Die Ordnung der folgenden Untersuchungen ist durch die Ordnung in EU vorgezeichnet, die auf der in FtL gewonnenen

Einsicht beruht, daß jede Evidenzuntersuchung letztlich mit der Untersuchung der Kerne von Urteilen beginnen muß.[280] Ich werde also stufenweise das Wie der Gegebenheit von Werten von Wahrnehmungsgegenständen und Verstandesgegenständlichkeiten sowie die jeweilige Rolle der Einstellung bei der Wertkonstitution untersuchen. In ethischen Überlegungen, speziell der ethischen Entscheidung aus Gründen, ist stets all dies im Spiel; die Klärung der Verhältnisse zwischen den Konstituenten muß aber in methodischer Abstraktion geschehen. Die Klärung der ethischen Überlegung soll uns im Abschnitt über Werturteile auf Normen ethischer Überlegung führen und die Analyse bestehender ethischer Überlegungen ermöglichen.

## 2.3.1.2.1 Wahrnehmungsgegenstände

### 2.3.1.2.1.1 Charakteristik der Einstellungen

Husserl unterscheidet (EU §22) drei Stufen der betrachtenden Wahrnehmung konkreter Gegenstände: (1) Die schlichte Erfassung, in der nichts weiter geschieht, als daß der Gegenstand sinnlich gegeben ist. (2) Die explizierende Betrachtung und (3) die relative Bestimmung. Die besondere Intentionalität der Explikation (EU §24) besteht darin, daß eine Gegenstand in dauerndem Griff behalten wird (EU §23) und sich der Gegenstand dabei mit Bestimmungen anreichert. Der Gegenstand ist dabei als Substrat von Bestimmungen aufgefaßt, die mit fortschreitender explizierender Betrachtung mehr werden. Das Substrat ist nicht als klassische Substanz zu verstehen, von der z.B. Erhaltung ausgesagt werden könnte, sondern bloß als die vorgegebene Einheit der Bestimmungen. Wie wir bereits gesehen haben, ist diese Einheit durch Gestaltbildung und gemeinsame Lokalisation gewährleistet.[281] Der Sinn des Substrats, der sich angereichert hat in der aktiven Explikation sedimentiert sich und wird als Horizont von Bestimmungen passiv geweckt, wenn ein Teil der Bestimmungskonfiguration wieder begegnet. Dies führt zur typischen Vorbekanntheit von Gegenständen, die auch dann vorliegt, wenn

---

[280]Vgl. EU S. 20f zur Wiederholung dieser Einsicht

[281] Um Mißverständnisse zu vermeiden sei hier nochmals betont, daß diese Einheit durch passive Synthesis vorgegeben ist. D.h. sie wird nicht zusammengesetzt, sondern ist zerlegbar. Erst nach der aktiven Zerlegung kann sie als zusammengesetzt aufgefaßt werden. (s. 2.1.2)

die Aktivität der ursprünglichen Explikation "vergessen" ist (EU §25). Explikation von typisch vorbekannten Gegenständen ist dann Verdeutlichung des horizontmäßig Antizipierten (EU §26). Dementsprechend kann unterschieden werden zwischen (1) ursprünglicher und (2) nicht ursprünglicher, d.h. (2a) antizipatorischer und (2b) erinnernder Explikation. Explikationen können geschachtelt sein, wenn man z.B. von der Farbe eines Gegenstandes S zur Helligkeit der Farbe übergeht. Dabei ist zu unterscheiden zwischen Explikationen, in denen S Hauptsubstrat bleibt und solchen, in denen das Explikat verselbständigt (substratisiert) wird und S nicht mehr Thema ist. Dabei gilt, daß jedes Explikat thematisch verselbständigt werden kann (EU §28), insbesondere also auch Werte. Allerdings ist zu beachten, daß die Möglichkeit der Verselbständigung den Unterschied von Substrat und Bestimmung nur statisch relativiert:

> Aber sobald wir genetisch nach den Erfahrungsleistungen fragen, aus denen in ursprünglicher Evidenz diese Scheidung von Substrat und Bestimmung entspringt, gilt diese Beliebigkeit nicht mehr.[282]

Die genetisch aufgedeckten Abhängigkeiten sind also auch im Bereich der Aktivität nicht hinfällig, sondern bestimmen weiterhin die Evidenz der aktiven Urteile. Für die Evidenzkritik ist es daher wesentlich, zunächst ontologisch festzustellen, welche Entitäten absolute Substrate (ursprünglich selbständige) und welche Entitäten relative Substrate (verselbständigte) sind. Nach EU sind vor allem raumzeitliche Körper, also Dinge, absolute Substrate:

> Ein absolutes Substrat zeichnet sich also dadurch aus, daß es schlicht erfaßbar, und daß seine Explikation unmittelbar in Gang zu setzen ist. Schlicht erfaßbar und damit Substrate in einem ausgezeichneten Sinne sind vor allem die individuellen Gegenstände der äußeren sinnlichen Wahrnehmung, also Körper. Darin beruht einer der entscheidenden Vorzüge der äußeren Wahrnehmung als derjenigen, die die ursprünglichsten Substrate der erfahrenden und dann prädikativ explizierenden Aktivitäten vorgibt.[283]

Diese Analyse ist für die Zwecke dieser Arbeit wesentlich unvollständig; die Unvollständigkeit ist eine Folge von Husserls

---

[282]EU S. 151f.

[283]EU S. 153

Beschränkung auf die außenweltlich betrachtende, theoretische Einstellung.

Die Hauptergänzung, die gegenüber Husserls Analyse vorzunehmen ist, besteht darin, daß der eigene Leib ebenfalls ein absolutes Substrat darstellt. Der eigene Leib ist Substrat originär gegebener Bestimmungen, nämlich der Empfindnisse, die Dingen nur leiblich vermittelt zukommen. Für unsere Thematik wird also insbesondere zu untersuchen sein, welches Verhältnis zwischen Dingen und eigenem Leib als absoluten Substraten besteht und welche besondere Verselbständigung Empfindnisse und dadurch auch Werte von Dingen erfahren können.

Ich kann die Objekte der Außenwelt entweder als in Beziehung zu meinem Leib (oder intersubjektiv auch in Beziehung zu einem Anderen) stehend auffassen oder ich kann sie als unabhängig von meinem oder einem anderen Leibkörper auffassen. Diese verschiedenen Auffassungsweisen bezeichne ich als "praktische" (handhabende) und als "theoretische" (betrachtende) Einstellung. Die so durch Erweiterung von Husserls Analysen gewonnene Differenzierung ist - freilich von einem anderen Ausgangspunkt - auch bei Heidegger zu finden. Wenn man Heideggers Deskriptionen des Komplexes Zeug, bloßes Ding, Zuhandenheit und Vorhandenheit in „Sein und Zeit" mit Føllesdal husserlianisch liest[284], dann erhält man eine recht klare Charakteristik der theoretischen und der praktischen Einstellung:

> Der je auf das Zeug zugeschnittene Umgang, darin es sich einzig genuin in seinem Sein zeigen kann, z.B. das Hämmern mit dem Hammer, erfaßt weder dieses Seiende thematisch als vorkommendes Ding, noch weiß etwa gar das Gebrauchen um die Zeugstruktur als solche. [...] je weniger das Hammerding nur begafft wird, je zugreifender es gebraucht wird, um so ursprünglicher wird das Verhältnis zu ihm, um so unverhüllter begegnet es als das was es ist, als Zeug. Das Hämmern selbst entdeckt die spezifische >>Handlichkeit<< des Hammers. Die Seinsart von Zeug, in der es sich von ihm selbst her offenbart, nennen wir die Zuhandenheit.[285]

---

[284] Føllesdal (1979)
[285] Heidegger (1963) S. 69

Die Differenz der theoretischen und der praktischen Einstellung ist damit hinreichend beschrieben.[286] Knapp gesagt handelt es sich um den Unterschied, ob ich etwas bloß betrachte oder es handhabe. Bei der Handhabung besteht eine qualitative Beziehung zwischen dem Zeug und meinem Leib. Beim Betrachten besteht nur eine schematische kinästhetische Beziehung zum Ding. "Bloßes" Betrachten bezeichnet den Grenzfall der leiblichen Ruhe bei der Betrachtung, so daß das Ding zur völlig selbständigen Entität abstrahiert wird. Diese Verhältnisse werden im folgenden noch präziser bestimmt. Was uns dabei besonders interessiert, sind der Wechsel zwischen diesen Einstellungen und die strukturellen Veränderungen der Ontologie, die mit ihm einhergehen. Die Kenntnis dieser Veränderungen wird es ermöglichen, den ontologischen Status der Werte zu bestimmen.

Heideggers Ausführungen können durchaus als Antwort auf die in Husserls Ethikvorlesung von 1914 gestellte Frage nach dem Verhältnis von Ding und Wert gelesen werden, da Heidegger diese Fragestellung selbst zur Einleitung seiner Ausführungen heranzieht[287]. Als Heideggers Antwort gilt im Einklang mit dem Index zu „Sein und Zeit"[288] folgendes Zitat:

> Werte sind vorhandene Bestimmungen eines Dinges. Werte haben am Ende ihren ontologischen Ursprung einzig im vorgängigen Ansatz der Dingwirklichkeit als Fundamentalschicht.[289]

Das kann vor dem Hintergrund von Heideggers emphatischer Herausstellung der Vorrangigkeit des Zuhandenen vor dem Vorhandenen als Ablehnung von Werten verstanden werden.[290] M.E. legt der Kontext des Zitats jedoch nahe, daß Heidegger hier, ohne dies explizit zu machen, unter "Werten" Werte als selbständige Entitäten im Sinne Schelers versteht.[291] Es sollte demnach präziser heißen: Das ontologische Konzept von Werten als selbständigen Entitäten hat seinen Ursprung im vorgängigen

---

[286] Vgl. auch Gurwitsch (1977) §§13-15 sowie Embree (1992) II für detailliertere Deskriptionen.

[287] Heidegger (1963) S. 67-68

[288] Feick (1991) Eintrag "Wert"

[289] Heidegger (1963) S. 99

[290] s. z.B. Stikkers (1997)

[291] Zur Diskussion des Verhältnisses von Schelers und Heideggers Position im Hinblick auf Werte s. Frings (1969) und Stikkers (1997).

ontologischen Ansatz der wertfreien, vorhandenen Dingwirklichkeit als Fundamentalschicht, aus dem das Problem der nachträglichen Verbindung der verselbständigten Entitäten Ding und Wert entsteht. Mit dieser Kritik steht die in dieser Arbeit entwickelte Position im Einklang. Allerdings werde ich Werte nicht aufgrund dieser Kritik aus der Ontologie verbannen wie es bei Heidegger der Fall zu sein scheint, sondern ihren ontologischen Status als unselbständige Entitäten neu bestimmen.

Die oben vollzogene Differenzierung von theoretischer und praktischer Einstellung ist präziser und konsequenter als Husserls Versuche in Ideen II. Dort gehen die Konnotationen von "theoretisch", "denkend-urteilend" und "betrachtend" zum Teil durcheinander. Ich habe mich nun eindeutig auf "betrachtend" im Gegensatz zu "handhabend" festgelegt und habe damit die Differenzierung der Einstellungen als Differenz des Wahrnehmungsmodus, also als Differenz innerhalb der Perzeption, beschrieben. Die Differenz von Perzeption und Kognition liegt in einer anderen Richtung.

Um die verschiedenen Aspekte, die in der Verwendung von "praktisch" und "theoretisch" bei Husserl, Heidegger und Gurwitsch eine Rolle spielen, auseinanderzuhalten ist auch zu beachten, daß ich für meine Bestimmung dieser Begriffe den Begriff des Zeugs nicht in seiner vollen Bedeutung gebraucht habe. Ich habe an dieser Stelle den Schwerpunkt auf den Leibesbezug von Zeug (Zuhandenheit) gelegt, während für Heidegger und im Anschluß auch Gurwitsch die Bestimmtheit des Zeugs durch den Verweisungszusammenhang in dem es steht das wichtigere Charakteristikum ist. Dieses Thema wurde bereits im Zusammenhang der Verstehensanalysen diskutiert und ich werde auch in diesem Abschnitt unter dem Titel "praktische Relationen" von einer etwas anderen Warte darauf zurückkommen.

Insgesamt sind also drei Differenzen zu unterscheiden, die leicht vermengt werden, da sie in der Tat in engem Bezug zueinander stehen:

(1) Der Unterschied des Wahrnehmungsmodus zwischen äußerer betrachtender und qualitativ leibesbezogener handhabender Wahrnehmung (theoretisch vs. praktisch).

(2) Der Unterschied zwischen dem Aufgehen in der Situation und der Distanzierung gegenüber der Situation (emotiv vs. kognitiv).

(3) Der Unterschied zwischen der Auffassung von Gegenständen als isolierten bzw. isolierbaren Entitäten und der Auffassung von Gegenständen als in Verweisungszusammenhängen stehenden Entitäten (Dingauffassung vs. Zeugauffassung).

Die Seiten dieser Differenzen gehen Verbindungen ein, die eher als Haltungen im Sinne habitualisierter Einstellungskomplexe, denn als Einstellungen im prägnanten Sinn zu bezeichnen sind. In diesem Sinne kann man von einer "theoretischen" Haltung sprechen, in der die äußeren Merkmale einer Situation distanziert und getrennt voneinander aufgefaßt werden. Dieser "theoretischen" Haltung läßt sich eine "praktische" gegenüberstellen, in der man in der Handhabung von Zeug aufgeht. Die Differenz von "theoretisch" und "praktisch", wie sie in den phänomenologischen Untersuchungen in Husserls Ideen II, Heideggers „Sein und Zeit" und Gurwitschs „Die mitmenschlichen Begegnungen in der Millieuwelt" beschrieben wird, ist die Differenz dieser Haltungen. Komplikationen bei der Verhältnisbestimmung von theoretischer und praktischer Haltung lassen sich vermeiden, indem man auf die Momente (1)-(3) ihrer Differenz zurückgeht. Die praktische Haltung ist der genetisch ursprüngliche Zugang zur Welt. Die Fähigkeit zum freien Wechsel von der praktischen zur theoretischen Haltung setzt die Fähigkeit zu Distanzierung von der Situation voraus.[292]

## 2.3.1.2.1.2 Perspektivität und Identität der Substrate

Die nun folgenden Deskriptionen dienen - ebenso wie die des nachfolgenden Abschnitts - der tentativen Annäherung an die in 2.3.1.2.1.4 folgende genaue Beschreibung des Verhältnisses von theoretischer und praktischer Einstellung und seinen ontologischen "Folgen".

In den verschiedenen Einstellungen reichert sich das Substrat mit Sinn an und der jeweilige Sinn kann auch reproduktiv für sich wieder thematisiert werden. Das Substrat wird in theoretischer oder praktischer Hinsicht oder Perspektive betrachtet. Wie steht es angesichts dieser Perspektivität um die Identität des Substrats? D.h. welche Arten des Widerstreits sind innerhalb und zwischen den Perspektiven möglich und können zu einem Urteil der Art "Nein, das ist kein A, sondern ein B" führen?

Für Identität ist eine innere, elementweise, wie ich es nennen möchte, "eins-zu-eins" Konsistenz der Explikationsrichtungen erforderlich: Aufgrund des jeweiligen materialen Apriori der

---

[292] s. Gurwitsch (1977) §13 „Zusatz" S. 104-109 für psychologische Fallbeispiele zum Fehlen dieser Fähigkeit, welche die tiefgreifende Differenz dieser Haltungen verdeutlicht, die durch die beständige Möglichkeit des Wechsels, mit der wir normalerweise leben, verdeckt wird.

beteiligten Sinnesfelder können Widersprüche zwischen einzelnen Explikaten auftreten, z.B. "rot" und "grün" mit Bezug auf eine räumliche Stelle. Dagegen ist zwischen den Explikationsrichtungen gar kein eins-zu-eins Widerspruch möglich. Die Explikate können sich über die Einstellungen hinweg, nicht eins-zu-eins widersprechen, sondern nur im Zusammenhang weiterer Explikate und unter Bezug auf eine normale Koordination des hyletischen Feldes, bzw. höherstufig eine gemeinsame Lebenswelt. So ist z.B. {groß, schwer, glatt, handlich} widersprüchlich, ohne eins-zu-eins Widersprüche. "Handlich" ist in praktischer Einstellung eine primitive Eigenschaft, die in theoretischer Einstellung hochkomplex ist. Folgende Perspektivität von Wahrnehmungssubstraten ist festzustellen:

- Innerhalb einer Einstellung können eins zu eins Widersprüche von primitiven Eigenschaften auftreten. (z.B. rund und eckig oder flauschig und hart)

- Primitive Eigenschaften der einen Einstellung sind (beliebig) komplex in anderen.

- Über Einstellungen hinweg können daher keine eins zu eins Widersprüche von primitiven Eigenschaften auftreten, allerdings können Widersprüche zwischen relativen Eigenschaften (z.B. Breite im Verhältnis zum Leibkörper und Passierbarkeit) auftreten.

- Die Beziehung der Einstellungen zueinander wird durch eine orthoästhetische Koordination des hyletischen Feldes, d.h. eine "normale" Sinnlichkeit und höherstufig durch eine gemeinsame Lebenswelt geleistet. (z.B. Koordination von Größe und Tragbarkeit oder höherstufig von Aussehen und Gebrauch eines Werkzeugs)

Der Einstellungswechsel ist vorprädikativ ein Wechsel des Wahrnehmungsmodus, d.h. ein Wechsel des Vordergrundes des hyletischen Feldes. Die vorprädikative Explikation ist beschränkt auf das in einer Wahrnehmung Gegebene, allerdings reichert sich dabei das Substrat mit Bestimmungen (auch aus dem Hintergrund) an, die den Erwartungshorizont gegenüber diesem Substrat von da an prägen. Der Horizont der Explikation selbst ist durch die Einstellung bestimmt. In vorprädikativer praktischer Einstellung weckt z.B. ein großer glatter Gegenstand die Unhandlichkeit, welche somit antizipiert wird und in der Handhabung zur originären Gegebenheit kommen kann. D.h. in praktischer Einstellung wecken die originären theoretischen Eigenschaften[293] aus dem Hintergrund die Antizipationen des praktischen Vordergrundes. Während die Einstellung also die Art des Vordergrundes und die Art der Antizipationen bestimmt, werden die Inhalte der Antizipationen dieser Art auch vom Hintergrund und den gesamten sedimentierten Bestimmungen des Substrats bestimmt. Im vorprädikativen Bereich fungiert also das Substrat mit all seinen bereits erworbenen Bestimmungen passiv als Einheit, die den konkreten Verlauf der Explikation des Substrats in der aktiv thematisch festgehaltenen Perspektive bestimmt.

Wir haben also insgesamt eine passiv vorkonstituierte Identität des Substrats, gegenüber der aktiv Perspektiven eingenommen werden. Dieses Verhältnis von Identität und Perspektivität des Substrats wird erst dann problematisch, wenn das Substrat zum identischen Subjekt perspektivischer Prädikation wird, weil dann keine Differenz von Vorder- und Hintergrund mehr besteht, sondern die perspektivischen Prädikate "gleichberechtigt" nebeneinander stehen und sich die Frage nach dem Verhältnis der Perspektiven ergibt. Für dieses Verhältnis ist die unterschiedliche intersubjektive Thematisierbarkeit der perspektivischen Eigenschaften bestimmend. Die Frage ist dabei, wie selbständig die jeweiligen Perspektiven thematisierbar sind.

Es läßt sich bereits erkennen, auf welches Problem das hinausläuft: Einen Begriff von einem konkreten Gegenstand zu haben heißt, ihn reidentifizieren zu können und dadurch die entsprechenden früher geprägten Erwartungen ihm gegenüber zu haben. Die Typusbildung auf der diese Fähigkeit beruht, läuft durch die Perspektivität der Einstellungen Gefahr, widersprüchliche Kategorisierungen von konkreten Gegenständen aufzubauen. Nichts kann a priori garantieren, daß gleiche theoretische Kennzeichnung auch die gleiche praktische rechtfertigt und umgekehrt. In Gibsons Terminologie bedeutet dies: Wir können beim Sehen von affordances immer auch Fehlinformationen erhalten, wenn wir z.B. gegen eine gut geputzte Glasscheibe laufen. Im Normalfall funktioniert die Verknüpfung von theoretischen und praktischen Merkmalen jedoch. Die "Sichtbarkeit" der affordance ist die materiale Voraussetzung für gelingende praktische Überlegung.

---

[293]"groß" und "glatt" sind letztlich relational

## 2.3.1.2.1.3 Intersubjektivität und Valenz von Empfindnisprädikaten

Die unterschiedliche subjektive Hier-Dort Struktur in den Einstellungen führt zu unterschiedlicher intersubjektiver Erfassung der Eigenschaften von Dingen: Subjektiv kann in jeder Einstellung das Ding als einziges Substrat expliziert werden: "Die Klinge ist silbrig", "Die Klinge ist schmerzhaft", "Die Klinge ist da drüben". Der Leibesbezug dieser Eigenschaften kann dabei stets implizit bleiben. Intersubjektiv ändert sich die Implizierung des Leibesbezugs, da der eigene Leib seine Sonderstellung verliert und selbst zum Objekt in der Außenwelt wird. "Die Klinge ist silbrig" hat intersubjektiv impliziten Bezug auf einen Begriff von normaler Leiblichkeit (in diesem Fall auf die Sehfähigkeit). Dieser Bezug ist lebensweltlich allerdings selten explizit, weshalb "silbrig" als inhärente Eigenschaft der Klinge aufgefaßt wird. M.a.W. "silbrig" ist aufgrund der Lokalisation der visuellen Qualitäten im Dort der Klinge ein einstelliges Prädikat. "Die Klinge ist schmerzhaft" dagegen ist intersubjektiv eine ungesättigte Aussage, denn die Klinge ist intersubjektiv nur schmerzhaft, wenn sich jemand an ihr schneidet, während sie intersubjektiv auch dann silbrig ist, wenn sie niemand sieht. "Schmerzhaft" ist also aufgrund der qualitativen Beziehung von Hier und Dort beim Empfindnis ein zweistelliges Prädikat. Auch "da drüben" ist offensichtlich ein zweistelliges Prädikat, allerdings kann in intersubjektiven Orts- und Bewegungsbestimmungen der Leib stets durch ein Ding vertreten werden, da die Hier-Dort Beziehung in diesem Fall nicht qualitativ, sondern schematisch ist. Empfindnisprädikate (von Dingen) sind also zweistellige Prädikate, an deren zweiter Stelle ein Leib steht.

Wir können in erster Näherung sagen, daß Empfindnisprädikate lebensweltlich die Struktur von Dispositionsprädikaten haben: Sie bezeichnen Eigenschaften von Dingen, die nur unter spezifischen Bedingungen (Leibesbezug) auftreten. Farbprädikate sind dagegen lebensweltlich nicht dispositional, da sie Eigenschaften bezeichnen, die unter typischen Bedingungen auftreten. Physiologisch gesehen sind sie dagegen dispositional, da die lebensweltlich typischen Bedingungen nun als spezifische Bedingungen expliziert werden.

Subjektiv kann der eigene Leib absolutes Substrat sein, dem die Empfindnisbestimmungen als inhärente Eigenschaften zukommen, z.B. "Au, mein Fuß tut weh". Solche einstelligen Empfindnisprädikate können stets in zweistellige umgewandelt werden, z.B. "Mein Fuß tut mir weh". Diese Umwandlung entspricht dem Übergang von der emotiven zur kognitiven

Einstellung. In der emotiven Einstellung auf Äußeres ist ursprünglich kein individueller Dingbezug gegeben, sondern die emotive Charakteristik kommt der Gesamtsituation zu. Die Situation als Ganze ist dabei zwar der "Gegenstand" des Empfindnisprädikats, stellt aber kein echtes Substrat dar, da sie in der emotiven Einstellung nicht weiter explikabel ist. Genauer gesagt wird die Situation durch Explikation zur Verstandesgegenständlichkeit; sie ist dann nicht mehr in einem Schlag erfaßt, sondern wird in Teile zerlegt, die nach ihrem Innen- und Außenhorizont bestimmt werden. Es bleibt also dabei, daß subjektiv individuelle Dinge und eigener Leib absolute Substrate sind.

Intersubjektiv habe ich oben nur Empfindnisprädikate betrachtet, die sich auf Dinge beziehen. Der andere Leib verweist jedoch über seinen dinglichen Aspekt auf subjektive Empfindnisse; er ist ein ambivalentes Substrat, sowohl Ding als auch Leib. Der andere Leibkörper ist zwar nur in seinem körperlichen Aspekt unmittelbares Substrat, aber insofern die Verweisung auf den leiblichen Aspekt schlicht passiv fungiert, ist auch die andere Leiblichkeit ein quasi-absolutes Substrat. Insbesondere in der mitfühlenden Einstellung werden die Empfindnisse des Anderen nicht bloß vergegenwärtigt, sondern als Bestimmungen der eigenen Leiblichkeit erlebt. Der andere Leib ist so ein quasi-eigener Leib, dem das mitgefühlte Empfindnis als einstelliges Prädikat zukommt. In der bewertenden Einstellung dagegen steht mir der Andere als Objekt gegenüber, so daß mein Empfindnis hier in Relationsform, also als zweistelliges Prädikat auftritt.

Zusammenfassend ist festzuhalten, daß sowohl subjektiv als auch intersubjektiv Empfindnisse entweder als Eigenschaften von Leibern oder als Relationen zwischen Dingen und Leibern aufgefaßt werden können, wobei die Auffassungsweise aber an die Art der Einstellung zum Anderen gebunden ist.

## 2.3.1.2.1.4 Die basale Relationalisierung: Grundlage der Werte-Fakten Problematik

Um den ontologischen Status der Empfindnisse mit Dingbezug noch genauer zu bestimmen, muß ich betrachten, was Selbständigkeit von äußeren Gegenständen genau bedeutet. Als Substrat theoretischer Eigenschaften (einstelligen Prädikaten äußerer Sinnlichkeit) ist der äußere Gegenstand absolut selbständig, wenn er als transzendenter Gegenstand konstituiert ist. Diese Konstitution besteht in einer Verselbständigung des Gegenstandes von meinem Bewußtsein von ihm. Transzendente Konstitution eines Substrats zieht hinsichtlich der theoretischen Eigenschaften absolute Selbständigkeit unmittelbar nach sich, da die einzige Fundierungsrelation, in der diese Eigenschaften stehen, die Intentionalität eines Bewußtseins ist und eben diese Fundierung durch transzendente Konstitution "aufgehoben" wird. Bei den axiologischen und praktischen Bestimmungen des Substrats ist das anders, da diese einen unaufhebbaren Leibesbezug haben. Daher verläuft die Verselbständigung des Substrats hinsichtlich seiner axiologischen und praktischen Teile zweistufig: Auf die Verselbständigung zum transzendenten Gegenstand folgt eine durch die theoretische Einstellung vermittelte Verselbständigung von Gegenstand und Leib, d.h. eine Trennung von Ding und Leib, durch welche das ursprüngliche Fundierungsverhältnis zwischen dinglichen und leiblichen axiologischen und praktischen Bestimmungen ersetzt wird durch eine echte Relation zwischen den selbständigen Substraten Ding und Leib. Diesen zweiten Schritt bezeichne ich als "basale Relationalisierung", da sich mit ihm eine Welt selbständiger Substrate ergibt, die untereinander ausschließlich in echten Relationen stehen und nur innerhalb ihrer selbst Fundierungsrelationen aufweisen.

Die basale Relationalisierung ermöglicht eine grundlegende Form der Abstraktion: Indem alle Beziehungen als echte Relationen zwischen selbständigen Ganzen begriffen werden, wird es möglich, beliebige Klassen von Ganzen aus der "Welt" herauszustreichen, ohne dadurch Eigenschaften der verbleibenden Ganzen zu verändern. Ich werde diesen Vorgang als "beschränkende Abstraktion" oder einfach "Beschränkung" bezeichnen. Bei Dispositionen erzeugt die Beschränkung offensichtlich ein Problem; wenn ich z.B. Wasser aus dem Universum streiche, dann wird die Aussage "Salz ist wasserlöslich" bedeutungslos. Salz verliert durch die Beschränkung auf eine Welt ohne Wasser seine "Eigenschaft" der Wasserlöslichkeit, zumindest sofern die Eigenschaft extensional interpretiert wird. Eine Möglichkeit mit diesem Problem fertig zu werden, besteht darin, "Löslichkeit" als echte Relation zu begreifen und nach Eigenschaften von Entitäten zu suchen, bei deren Vorhandensein die Relation besteht. In obigem Beispiel wäre das die elektrische Dipolarität von Wassermolekülen und die Ladung der Salzionen. Diese Antwort zeigt bereits, daß das beschriebene Vorgehen höherstufig einen Teil der naturwissenschaftlichen Methode bildet. Die Rückführbarkeit von Dispositionen auf Relationen zwischen Eigenschaften ist eine methodische Forderung der Physik, die sich aus der Unentbehrlichkeit der beschränkenden Abstraktion ergibt.

Worauf es also ankommt ist, daß die basale Relationalisierung über beschränkende Abstraktion und Reduktion von Dispositionen auf Relationen eine universelle theoretische Einstellung ermöglicht, denn man kann in der dieser Einstellung korrelierenden Ontologie den Leib herausstreichen, ohne das Residuum zu beeinträchtigen. Wenn man diese Ontologie für uneingeschränkt berechtigt hält, dann bleiben für Werte nur die Möglichkeiten, entweder mit herausgestrichen zu werden, oder zu verbleiben, das hieße aber Werte wären entweder radikal subjektiv oder prinzipiell auf Dingeigenschaften reduzierbar. Ob diese prinzipielle Reduzierbarkeit dann auch epistemisch eingelöst werden könnte, hängt von der Komplexität der für die Wertdisposition des Dinges postulierten Eigenschaften und Relationen ab. Phänomenologisch läuft die Frage der prinzipiellen Reduzierbarkeit letzten Endes auf die Frage nach der Struktur der zugrundeliegenden Erfahrung qua erlebter Erfahrung hinaus, da diese die letzte Evidenzquelle darstellt. Hinsichtlich dieser Struktur haben die Untersuchungen zur Passivität gezeigt, daß es fundamentale Unterschiede im Wie der Gegebenheit von Emotion und Haptik gegenüber äußerer Wahrnehmung gibt. Diese Unterschiede führen zu dem Unterschied der Einstufigkeit und Zweistufigkeit der basalen Relationalisierung (s.o.). Wenn man also den Gang der Konstitution betrachtet, so zeigt sich, daß die Verselbständigung der Empfindnisprädikate zu Eigenschaften von Dingen die Voraussetzung der prinzipiellen Reduzierbarkeit ist. Nun handelt es sich hierbei aber eben um eine Verselbständigung und nicht um ursprüngliche Selbständigkeit, weshalb die prinzipielle Reduzierbarkeit kein ontologisches Faktum, sondern ein methodisches Artefakt ist. Durch die basale Relationalisierung wird die Axiologie an die Ontologie physikalischer Naturdinge angeglichen.

Nach dieser Angleichung stellen sich Werteigenschaften als zum Ding in irgendeiner Weise hinzukommende Eigenschaften dar, gegenüber denen das Ding selbständig ist. Demgegenüber ist die gleich näher zu erläuternde genetische Gleichursprünglichkeit der theoretischen, axiologischen und praktischen Bestimmungen zu betonen, aufgrund derer sich das Ding qua Substrat rein theoretischer Eigenschaften als Abstraktion erweist. Beide Standpunkte haben ihre Berechtigung, aber ihr Verhältnis muß genau bestimmt werden:

Jeder äußere Gegenstand kann im Prinzip rein theoretisch expliziert werden: Beim subjektiven Wahrnehmungsgegenstand gehören dazu zwar typischerweise bestimmte kinästhetische Verläufe, aber der Gegenstand kann sich auch bei leiblicher Ruhe von verschiedenen Seiten geben. Ebenso kann der Gegenstand nur mit Empfindnissen gegeben sein, die einen neutralen Wertaspekt aufweisen. D.h. der subjektive Wahrnehmungsgegenstand kann aufgrund der Möglichkeit seiner Gegebenheit als Adiaphoron in leiblicher Ruhe, rein theoretisch expliziert werden. In der subjektiven Wahrnehmung stellt diese Gegebenheitsweise einen Sonderfall dar, der bei visueller und akustischer Gegebenheit auch des öfteren realisiert ist. D.h. die theoretische Einstellung gegenüber Wahrnehmungsgegenständen ist insofern selbständig, als eine Explikation in ihr stattfinden kann, ohne daß sich zugleich axiologische und praktische Bestimmungen sedimentieren. Allerdings ist diese Selbständigkeit nur dann realisiert, wenn sich der Gegenstand als Adiaphoron in leiblicher Ruhe gibt, was nur selten der Fall ist. In der axiologischen und praktischen Einstellung dagegen ist jede Explikation an gleichzeitige theoretische Gegebenheit im Hintergrund gebunden, da es keinen Nullfall (wie Adiaphoron und Ruhe) der theoretischen Gegebenheit gibt. D.h. axiologische und praktische Einstellung sind unselbständig gegenüber der theoretischen Gegebenheit. Wir finden also die Selbständigkeit des Dinges auch auf der Ebene der Gleichursprünglichkeit, wobei aber das Vorkommen in Selbständigkeit ein Sonderfall ist. Durch die basale Relationalisierung wird es möglich, diesen Sonderfall zum Normalfall zu machen.

Wenn wir die Wahrnehmungsgegenstände als Teile einer intersubjektiven und basal relationalisierten Welt betrachten, dann ist klar, daß sich die theoretische Einstellung als die "angemessene" Einstellung gegenüber dieser Welt schlechthin darstellt: In ihr sind die Eigenschaften der Dinge thematisch, die - weil äußerlich - direkt intersubjektiv zugänglich sind und zugleich - weil relationalisiert - unabhängig von allem anderen sind. Dieser "natürliche" Vorzug der theoretischen Einstellung macht sie zum Maßstab der Objektivität der anderen Einstellungen.

Ich befinde mich jetzt am Kernpunkt der ontologischen Untersuchung und will daher versuchen, die Ergebnisse noch einmal aus einer anderen Perspektive zu verdeutlichen: Ganz abstrakt gesehen lassen sich zwei ontologische Grundpositionen unterscheiden: (1) solche, die davon ausgehen, daß die ultimativen Basisentitäten selbständig und einfach sein müssen, d.h. daß Teile letzten Endes immer Stücke sind und (2) solche, die zulassen, daß Teile auch Momente sein können, daß die Basisentitäten innere Struktur haben können ohne zerstückbar zu sein. Die paradigmatische Konkretion von (1) ist der Atomismus, der lange Zeit die Physik prägte. Die paradigmatische Konkretion von (2) ist das Organismus-Umwelt Verhältnis in der Ökologie. Wenn ich verkürzend von physikalischer oder biologischer Ontologie spreche, so sind damit die paradigmatischen Disziplinontologien (1) bzw. (2) gemeint; damit sollen nicht anderweitige Ansätze in diesen Wissenschaften verleugnet werden.

Was ich oben herausgearbeitet habe, läßt sich vor diesem Hintergrund auch so darstellen, daß die ontologische Grundlage des Werte-Fakten-Problems in der Wahl zwischen der Anwendung einer atomistischen Ontologie oder einer ökologischen Ontologie auf das Leib-Ding Verhältnis liegt. Aufgrund der Selbständigkeit der theoretischen Einstellung ist beides möglich. Aber mit der Wahl einer atomistischen Ontologie machen wir einen Sonderfall der Gegebenheit - empfindnislose leibliche Ruhe - zum Normalfall. Dieser Sonderfall wird methodisch idealisiert zum unbeteiligten, perspektivlosen Beobachter. So ist es denn auch kein Zufall, wenn Gibson über das kinästhetische Moment der äußeren Wahrnehmung weg vom Atomismus und hin zu seiner ökologischen Psychologie kommt: Die Beachtung der Kinästhese macht es von vorneherein unmöglich, den Sonderfall als Normalfall zu betrachten. Beobachter und Umwelt bleiben bei Gibson in dem tatsächlichen Normalfall der unauflöslichen Beziehung und werden nicht getrennt. Die ontologische Festschreibung des Sonderfalls dagegen ist von einer unmerklichen aber folgenreichen Abstraktion begleitet: Der Sonderfall ist frei von praktischen und wertenden Aspekten, durch die Festschreibung seiner Struktur als allgemeiner Ontologie ist kein Platz mehr für die anders geartete Struktur der praktischen und wertenden Aspekte, wie wir sie im tatsächlichen Normalfall antreffen. Diese Aspekte erhalten so einen zweifelhaften ontologischen Status, der nicht gerechtfertigt ist, da sie bei der Festlegung des Maßstabs systematisch ignoriert wurden. D.h. die atomistische Ontologie ist nur als methodische Idealisierung zu rechtfertigen und ist als universale Ontologie irreführend. Wir müssen vielmehr von einer universalen ökologischen Ontologie ausgehen.

## 2.3.1.2.1.5 Praktische Relationen, Fakten und Naturgesetze

Wir können drei Arten von Beziehungen zwischen Dingen unterscheiden, die unmittelbar aktiv erfaßt werden: (1) raumzeitliche Beziehungen der Größe, Lage und Abfolge, aber auch des Enthaltenseins etc. (2) Qualitative Beziehungen von Intensitäten, Höhen etc. und (3) Beziehungen der mechanischen Einwirkung. Während ich (1) und (2) schon vielfach als in den Eigenschaften der Relate fundiert analysiert habe, stellt (3) eine Neuerung dar, die erst jetzt betrachtet werden kann. (1) und (2) können sich rein in der theoretischen Einstellung konstituieren, wogegen (3) ein wesentlich praktisches Element aufweist.

Bei der mechanischen Einwirkung bewegt oder deformiert ein Körper einen anderen. Die fundierenden Eigenschaften dieser Relation (Härte, Schwung und Kraft) kommen nur in der Handhabung von Dingen zur originären Gegebenheit, sie werden direkt nur durch und mit dem eigenen Leibkörper erfahren. D.h. sie werden erfahren, indem der eigene Leibkörper mit den Dingen in Beziehungen der mechanischen Einwirkung tritt. Allerdings kann die leibkörperliche Seite der Beziehung in einer zweiten Stufe auf den körperlichen Aspekt beschränkt werden, ohne daß sich die Einwirkungsbeziehung dadurch ändert. Der Leibkörper ist daher in dieser Beziehung im Prinzip durch ein Ding, z.B. eine Maschine vertretbar. Was dem vertretenden Ding natürlich fehlt, sind die begleitenden Empfindnisse, in deren Konstitution der Leib ja unersetzlich ist. In der Handhabung erweitern wir unser Körperschema in die Dinge hinein und erweitern so auch den Raum der Hervorbringungssynthesen, wir sind praktisch tätig und fungieren als Ursache für bestimmte Geschehnisse. Im Kontext dieser Analyse stellt sich die Ursache-Wirkung Beziehung als praktische Relation dar; es handelt sich nicht um wissenschaftliche Naturkausalität.

Unsere Meinung über die praktischen Relationen im Entscheidungsfeld ist der maßgebliche Faktor für unsere Unterscheidung von Abänderlichem und Unabänderlichem. Diese Unterscheidung ist ein wesentliches Element jeder Entscheidung. Wie bereits herausgestellt, weist die Faktizität dieser Relationen Grade auf, je nachdem wie stark die Unabänderlichkeit der Verweisungsstrukturen des eV ist. Es besteht stets die Möglichkeit der kreativen Zweckentfremdung von Artefakten und Rohstoffen, zugleich sind der Realisierung solcher Abänderungen aber Grenzen gesetzt durch den momentanen Entwicklungsstand des eV-hV

Systems und die natürlichen Ressourcen an seinen Grenzen. Während diese Grenzen selbst veränderlich sind, gibt es auch "absolute" Grenzen in Form von Naturgesetzen, deren Verlauf sich freilich erst im - insbesondere technologischen - Entwicklungsprozeß feststellen läßt; d.h. die kollektive Meinung über ihren Verlauf ist Veränderungen unterworfen, aber sie ändern sich nicht mit der kollektiven Meinung wie z.B. soziale Konventionen.

Von der praktischen Einstellung aus sind Naturgesetze die Invarianten allen Umgangs mit Dingen. Von der theoretischen Einstellung aus sind sie die Einwirkungsbeziehungen zwischen Dingen unabhängig von uns. Diese theoretisch-praktische Doppelperspektive wird im modernen experimentellen Vorgehen zur Methode.

Soweit habe ich Naturgesetze als Grenzen der Abänderlichkeit betrachtet; ihr zweites zentrales Moment ist die Vorhersageleistung, was auf den zeitlichen Aspekt der Einwirkungsbeziehungen führt: Wenn wir etwas in der Außenwelt bewirken, dann kann dies in folgenden Grenzformen geschehen: indem wir entweder permanent auf ein Ding einwirken (z.B. mit einer Schere Papier schneiden) oder indem wir eine zeitlang einwirken und dann den Dingen ihren Lauf lassen (z.B. einen Stein werfen). Während die Dimension der Abänderlichkeit die Breite unseres Entscheidungsspielraums bestimmt, legt die Vorhersagbarkeit die Sicherheit der Konsequenzen unseres Handelns, sozusagen die Tiefenschärfe, fest. Naturgesetze bieten das Höchstmaß an Sicherheit (und sei es Sicherheit über Wahrscheinlichkeiten) und ihre Kenntnis erweitert so den Spielraum an (relativ) konsequenzgesicherten Handlungsmöglichkeiten durch Technik. D.h. absolute Fakten in Form von Naturgesetzen beschränken qua Fakten das Entscheidungsfeld (man kann nicht zaubern), aber zugleich erweitern sie qua Kenntnisse der Handlungskonsequenzen das Entscheidungsfeld (man kann technisch planen).

Insgesamt läßt sich sagen, daß praktische Relationen stets einen Kern absoluter Faktizität in Form von Naturgesetzen beinhalten; da dieser Kern aber in den verschiedenen praktischen Relationen der gleiche ist, wird zugleich klar, daß hier noch mehr, nämlich die relative Faktizität des eV, vorliegt. Diese Faktizität ist nur im Hinblick auf ihre Veränderbarkeit in der Zukunft relativ, aktuell stellt das System des Verstehens insgesamt ebenfalls ein absolutes Faktum dar und die zeitlich nahen Möglichkeiten der Änderung sind durch den aktuellen Zustand bedingt. Die individuelle kreative Leistung im hV1 kann nur im trägen Rahmen des kollektiven eV-hV Systems umgesetzt werden. Das Gesamtsystem des Verstehens kann als solches gegenwärtiges oder vergangenes Faktum wissenschaftlich untersucht werden, dem einzelnen ist es in der Abschattung seiner Stellung in diesem System gegeben. Im Entscheidungsprozeß haben Alltagspsychologie und Rollenkenntnis für den einzelnen die gleiche kognitive Funktion wie Naturgesetze und Technikkenntnis. Fakten über Dinge und Fakten des Verstehens greifen in praktischer Hinsicht ineinander, wie es bereits die Verstehensanalysen gezeigt haben.

Praktische Relationen sind Relationen zwischen Dingen, mir und Anderen, die in Entscheidungen als Fakten fungieren, welche meine Handlungsmöglichkeiten und die Sicherheit ihrer Konsequenzen festlegen.

## 2.3.1.2.2 Verstandesgegenständlichkeiten

Die Konstitution von Verstandesgegenständlichkeiten ist in EU §§58-67 für die Zwecke dieser Arbeit genügend untersucht. Der Hauptunterschied zwischen Verstandesgegenständlichkeiten und Wahrnehmungsgegenständen besteht darin, daß erstere das Produkt einer Substantivierung sind. Es besteht ein intentionaler Unterschied zwischen einer Wahrnehmung, die auf das Urteil "Der Apfel ist rot" führt und einer Vergegenständlichung dieses Sachverhalts selbst, daß der Apfel rot ist. Der Sachverhalt ist der Verstandesgegenstand. Dieser Verstandesgegenstand kann als Substantiv dienen, daher die Rede von der Substantivierung. Deutlicher als bei eigenschaftlichen Bestimmungen wird der Unterschied bei relativen Bestimmungen: In dem Wahrnehmungsurteil "Der Apfel ist größer als die Aprikose" liegt eine zweistrahlige Intentionalität vor, die in eine einstrahlige aktiv überführt werden kann, so daß der Sachverhalt nun selbst als Substantiv in einem Urteil auftreten kann, z.B. "Das Größer-Sein des Apfels gegenüber der Aprikose / Daß der Apfel größer als die Aprikose ist, ist der Grund für ...". Die wesentliche Leistung der Bildung von Verstandesgegenständlichkeiten durch Substantivierung ist die Aufhebung der Beschränkung auf die Gegebenheit in einer Wahrnehmung; Gegenwärtiges und Vergegenwärtigtes können in einer Substantivierung zusammengefaßt werden. Die Bildung von Verstandesgegenständlichkeiten ist die Voraussetzung für begriffliches Denken und für die Erfassung komplexerer Sachverhalte.

Von der Bildung der Verstandesgegenständlichkeiten muß ihr Gebrauch unterschieden werden. Während die Bildung auf der oben angesprochenen Substantivierung beruht, besteht der Gebrauch im wesentlichen in der Reidentifikation von Gegebenem. Eine Gegebenheit wird dann korrekt als unter einen Begriff fallend identifiziert, wenn sich der Begriff auch aus dieser Gegebenheit bilden kann. Wenn der Begriff bereits gebildet ist, wiederholt sich die Bildung nicht, sondern eine Reidentifikation und eine Übertragung sedimentierter Bestimmungen findet statt. Solche Reidentifikation kann selbstverständlich fehlgehen und zwar genau dann, wenn das Etwas, auf das sich der Begriff beziehen soll, nicht die Bildung des Begriffs ermöglicht, m.a.W. wenn die Begriffsanwendung nicht zur originären Evidenz gebracht werden kann.

Von der Bildung und der Reidentifikation ist wiederum der bloß signifikative, unanschauliche Gebrauch des Begriffes in Überlegungen zu unterscheiden; auf diesen Aspekt werden ich im Abschnitt über Werturteile zurückkommen. Der signifikative Gebrauch eines Begriffs ist an den Gebrauch eines anschaulichen Zeichens (Lautfolge, Schriftzeichen etc.) gebunden. Die Anschaulichkeit des Zeichens ersetzt die Anschaulichkeit des Begriffs, wodurch die Perspektivität des Begriffs verdeckt werden kann. Das führt zu Problemen bei der Evidenz von Werturteilen und zu einem weiteren "natürlichen" Vorteil der theoretischen Einstellung. Für ein richtiges Verständnis des begrifflichen Denkens ist es unerläßlich, sich zunächst klar zu machen, daß Begriffsbildung nicht völlig frei ist.

## 2.3.1.2.2.1 Begriffsbildung zwischen Freiheit, Realität und Norm

Wir haben im Prinzip die Freiheit, beliebige Begriffe zu bilden wie z.B.: wir bilden den Begriff des regelmäßigen Fünfecks in der Mitte eines Tisches, das ein Fünftel der Fläche des Tisches hat und nennen diesen konkreten Teil eines Tisches sein "Mensapent". Das einzige was diesen Begriff prima facie von anderen, z.B. dem des Tischbeins, unterscheidet, ist seine Nutzlosigkeit. Wir können ansonsten mit dem Begriff des Mensapents all das tun, was wir auch mit anderen Begriffen tun können. Wir können beispielsweise feststellen, daß er verworren ist, da ohne die Angabe einer Orientierung des Fünfecks kein eindeutiger Teil des Tisches bezeichnet wird und können den Begriff entsprechend klären. Wir können sogar einen abstrakten Begriff von Mensapenten bilden, indem wir ihn nicht auf Tischplatten beziehen, sondern auf ebene geometrische Flächenstücke. Von da aus können wir verallgemeinern zu Mensagonen mit n Ecken, die ein n-tel eines Flächenstücks bedecken usw. Gibt es dennoch einen Unterschied zwischen Begriffen wie dem des Mensapents und anderen Begriffen, der über den prima facie Unterschied der Nutzlosigkeit hinausgeht? Wir können sagen, daß wir den Begriff des Mensapents zwar theoretisch bilden können, es aber praktisch nicht tun. Was ist mit dieser Redeweise angedeutet, das sich phänomenologisch aufweisen läßt?

Das Problem der Mensapente weist darauf hin, daß es so etwas wie natürliche und künstliche Begriffe gibt und daß Begriffe unter Normen der Zweckmäßigkeit stehen. Der Begriff der Mensapente ist offenbar künstlich und unzweckmäßig. Er ist künstlich, weil es Mensapente in einem bestimmten Sinn nicht "gibt". Es gibt sie nicht insofern sie nicht als Gegenstände passiv vorkonstituiert sind; sie sind stattdessen imaginiert. Natürliche Begriffe bilden sich dagegen in Bezug auf passiv Vorgegebenes und zwar primär in bezug auf selbständige Konkreta. Der wesentliche, aber bei fertigen Begriffen graduelle, Unterschied zwischen einem künstlichen und einem natürlichen Begriff liegt also darin, ob er durch Imagination oder durch originäre Wahrnehmung gebildet ist. Nehmen wir nun an, eine Kultur mißt Mensapenten eine religiöse Bedeutung zu und markiert sie dementsprechend auf Tischen, dann werden Mensapente zu passiv vorkonstituierten Gegenständen, die in originärer Wahrnehmung zugänglich sind. Soziale Praktiken können also künstliche Begriffe in natürliche überführen. Die originäre Wahrnehmung kann dabei durchaus auch durch indirektere Formen ersetzt werden, wenn z.B. die Mensapente nicht direkt markiert werden, sondern nur ein Verbot besteht, in diesen Bereich Gegenstände zu stellen. Für die Einhaltung eines solchen Verbots ist es freilich zweckmäßig, den Mensapentbereich direkt zu markieren, aber nicht unbedingt notwendig. In einer entsprechenden Kultur ist es dann selbstverständlich auch zweckmäßig, den Mensapentbegriff zu bilden, soweit man ein Interesse daran hat, sich in sie einzufügen.

Die prinzipielle Beliebigkeit der Begriffsbildung wird demnach de facto beschränkt durch die Gestaltvorgaben der Umwelt und durch die soziale Lenkung der Aufmerksamkeit. Wir bilden nicht beliebige theoretisch mögliche Begriffe, sondern praktisch relevante. Das gilt auch in der wissenschaftlichen Theoriebildung. Begriffsbildung funktioniert analog zum Erlernen von

Werkzeugbenutzung; nur selten wird neues Werkzeug hergestellt und noch seltener wird dies zum bloßen Spiel getan. Wenn man ohne weitere Einschränkung sagt, Begriffsbildung sei beliebig, dann erhebt man eine Möglichkeit zum Prinzip; das Analogon wäre zu sagen, daß Werkzeugherstellung und -benutzung beliebig sind, weil man auch zum Spiel Werkzeuge herstellen kann; gleichwohl ist die Möglichkeit des Spiels innerhalb gewisser Grenzen notwendig für die Erfindung von Neuem. Die Freiheit der Begriffsbildung ist eine Freiheit für die Anpassung an die Realität unter der Norm praktischer Zweckmäßigkeit. Sie ist eine relative Freiheit von den niedrigstufigen materialen Vorgaben. Sie kann ihre Zweckmäßigkeit nur erfüllen, wenn sie in einem gewissen Rahmen verbleibt. Das Bewußtsein der prinzipiellen Freiheit bei der Begriffsbildung ist eine Reflexionsleistung, die bei der Begriffsbildung selbst keine Rolle spielt.

## 2.3.1.2.2.2 Praktische Gattungen und Werte

Ich habe in 2.3.1.2.1.2 festgestellt, daß sich in der Wahrnehmung Substratbestimmungen verschiedener Einstellungen zugleich sedimentieren und ich habe auch darauf hingewiesen, daß diese Perspektivität zu Problemen bei der Reidentifikation führen kann. Es gibt keine Garantie apriori dafür, daß die Erwartungen, die durch die Gegebenheit einiger Eigenschaften eines Substrats geweckt werden, sich auch erfüllen. Jede Antizipation kommender Gegebenheiten kann enttäuscht werden. Wären solche Enttäuschungen ständig der Fall, dann könnten wir überhaupt keine Typen bilden. Wir sind auf de facto Regelmäßigkeiten angewiesen, um überhaupt Begriffe bilden zu können; unserer Antizipationsfähigkeit korreliert Regelmäßigkeit.

Welche Weckungs- und Erwartungsmechanismen wir material ausbilden, ist eine empirische Frage. Was sich jedoch phänomenologisch festhalten läßt, ist, daß wir zwischen leibesbezogenen und verselbständigten Typisierungen unterscheiden können. Leibesbezogene Typen wie "Greifbares", "Passierbares" sind nicht selbständig beschreibbar, sondern nur in Bezug auf den Leibkörper. Dabei kann freilich der Leibkörper verdinglicht werden, so daß "passierbar" als echte Relation zwischen Körper und Ding beschrieben werden kann (vgl. basale Relationalisierung). Dies kann auf zweierlei Weise geschehen: (1) die Relation kann rein dinglich betrachtet werden, d.h. sie ist erfüllt, wenn der Körper durch das Ding paßt wie ein Schrank durch eine Tür, oder (2) die Relation wird als Verhaltensweise untersucht, die auf einem Größenverhältnis von Organismus und Ding beruht. Ökologische Untersuchungen der Art (2) können erstaunliche Ergebnisse liefern, anhand derer sich wichtige Punkte illustrieren lassen:

William H. Warren und Suzanne Whang haben festgestellt, daß Menschen ihre Schulter zur Seite drehen, wenn das Objekt, durch das sie hindurch wollen, schmaler als ein Drittel ihrer Augenhöhe ist.[294] Passierbares ist durch diese Relation gekennzeichnet und bleibt unter Variation anderer Faktoren gleich. Die Typik "wenn eine Lücke breiter als ein Drittel meiner Augenhöhe ist, dann werde ich nicht an der Begrenzung hängen bleiben" kennzeichnet eine praktische Gattung, die normalerweise vorbewußt bleibt und passiv fungiert. Die Typik bleibt auch bestehen, wenn sie ab und zu enttäuscht wird (z.B. durch geputzte Glasscheiben); die Enttäuschung wird dann selbst typisiert "wenn ich trotzdem gegen etwas laufe, dann ist es eine Glasscheibe" usw. Der entscheidende Punkt ist, daß wir in der ursprünglichen praktischen Einstellung primär solche leibesbezogenen Eigenschaften wie "passierbar" wahrnehmen, wobei andere Eigenschaften wie Farbe, Form etc. keine eigenständige Rolle spielen[295], sondern lediglich vorbewußt bleibend die praktische Gattung indizieren. Die Indikation ist wesentlich vage, aber im Normalfall korrekt (z.B. Sichtbarkeit von Hindernissen).

Man kann praktische Gattungen unterscheiden in solche, die sich in unmittelbarem Leibesbezug konstituieren (wie "Passierbares") und solche, die sich mittelbar z.B. aus der Erweiterung des Körperschemas im Werkzeuggebrauch und weiter im Verweisungszusammenhang des eV ergeben. An dieser Stelle muß ich die in 2.2.2.3 vorgenommene Beschränkung der Thematik dieser Arbeit in Erinnerung rufen: In der Abzielung speziell auf Wertevidenz delegiere ich das Problem der Objektivität der Verweisungszusammenhänge selbst und der entsprechenden Gattungseinteilungen an die allgemeine Epistemologie und beschränke mich auf den Wertaspekt.

Es wird jetzt deutlich, daß Werte auf begrifflicher Ebene perspektivische Eigenschaften von praktischen Gattungen sind. Ich bleibe zunächst bei den unmittelbaren praktischen Gattungen. Passierbares ist passierbar unabhängig davon, ob es passiert wird oder nicht. Die affordance existiert unabhängig von ihrer Inanspruchnahme. Welchen Wert hat sie? Das hängt von der

---

[294] s. Warren, Whang (1987)

[295] Vgl auch Warren (1984), Whitmeyer (1999)

konkreten Situation ab. Die Situation liefert eine Perspektive auf die affordance, z.B. die einer Fluchtmöglichkeit, und in dieser Perspektive hat die affordance einen Wert. In anderen Perspektiven kann der Wert anders sein. Das zeigt, vielleicht wenig überraschend, daß eine Verstandesgegenständlichkeit bzw. ein Allgemeinbegriff als solcher keinen bestimmten Wert hat, sondern nur seine situative Instantiierung. Allerdings ist jetzt auch klar, welche Art von Allgemeinbegriffen, nämlich praktische Gattungen und nicht theoretische, via situative Instantiierung einen Wert erhalten kann. Die Instantiierung kann selbst typisiert sein, so daß die praktische Gattung einen normalen Wert hat, wie z.B. die Gattung Nahrungsmittel.

Klarheit über dieses Verhältnis von Werten und praktischen Gattungen klärt viele Verwirrungen in ethischen Überlegungen auf. Insbesondere der bloß sinnitive Gebrauch[296] von praktischen Gattungsbegriffen birgt Fallen: Wenn wir einen praktischen Gattungsbegriff durch ein Zeichen repräsentiert benutzen, ohne uns eine entsprechende Situation zu vergegenwärtigen, dann wird stillschweigend ein vermeintlich normaler Wert für die praktische Gattung angenommen. Die Perspektivität des Wertaspekts ist dann nicht mehr explizit und der normale Wert wird zum vermeintlich schlechthinnigen Wert. Auf dieser uneigentlichen Denkweise[297] beruht die Rede von Wertgattungen; diese sind eigentlich praktische Gattungen, denen über eine typisierte situative Instantiierung ein normaler Wert zugeschrieben wird. Das erklärt den Oberflächenrealismus des moralischen Diskurses:

Das Reale, auf das er sich eigentlich bezieht, sind praktische Gattungen des Systems des Verstehens, in dem er stattfindet. Man darf aber das uneigentliche Denken, das dabei vorliegt nicht mit systematischem Irrtum verwechseln. Vielmehr verweist das uneigentliche Denken implizit auf die Möglichkeit, sich die vermeinten Sachverhalte zur originären Evidenz zu bringen. Z.B. kann man sich die typisierte Situation explizit machen, von der eine praktische Gattung ihren normalen Wert bezieht, und sie mit anderen Möglichkeiten der Instantiierung kontrastieren. Dabei können dann Einschränkungen und Korrekturen des uneigentlichen Denkens auftreten. Ebenso gut kann sich aber auch die uneigentliche Wertung bestätigen. Die Wertzuschreibungen sind also nicht systematisch falsch, sondern lediglich fallibel.

---

[296] s. LU VI Kap. 8

[297] s. LU VI Kap. 8

## 2.3.1.3 Ökologische Ontologie, Situationen und Werte und Supervenienz

Wenn man die ökologische Ontologie als Grundlage ernst nimmt, also diejenigen Gegenstandsstrukturen, die sich uns lebensweltlich darbieten zum Ausgangspunkt nimmt, dann beinhaltet dies folgende Positionen: Die Disziplinontologien sind in der ökologischen Ontologie fundiert. Die Abstraktionen und Idealisierungen der Disziplinen sind als Mittel zum Zweck gerechtfertigt. Die Zwecke ergeben sich aus den Werten. Werte sind Eigenschaften von erlebten Leib-Umwelt Beziehungen, die wir "Situationen" nennen. Die Objektivität dieser Eigenschaften wird im Abschnitt über Wertevidenz (3) abschließend exponiert.

Der Gegensatz von ökologischer und atomistischer Ontologie ergibt sich aus dem Einstellungswechsel zwischen praktischer und theoretischer Einstellung. Einstellungswechsel im weitesten Sinn sind Wechsel der noetischen Fokussierung, d.h. auf perzeptiver Ebene Wechsel der Aufmerksamkeit und auf kognitiver Ebene Wechsel der Thematik. Einstellungswechsel im prägnanten Sinn liegen dann vor, wenn dem Wechsel der noetischen Fokussierung ein Wechsel der Ontologie korreliert, wie z.B. das "Verschwinden" der Werte beim Wechsel von der praktischen in die theoretische Einstellung. Die bisherigen Ergebnisse ermöglichen es, solche Wechsel besser zu verstehen: Der genetische Ansatz schreibt, wie gesagt, vor, von der reichhaltigen lebensweltlichen Ontologie auszugehen, die der praktischen Einstellung korreliert. In dieser Einstellung sind die theoretischen und axiologischen Aspekte im Hintergrund integriert, sie laufen sozusagen mit und bestimmen auch durch passive Weckungen das Handeln, ohne aber für sich thematisiert zu werden. Ich habe gezeigt, daß der Fokussierung der theoretischen Aspekte ein selbständiger Gegenstandsbereich korreliert. Diesen Gegenstandsbereich kann man als "bloße Natur" bezeichnen; er ist durch die Abwesenheit von handlungsbezogenen Bestimmungen und Werten gekennzeichnet. Diese materiale Abstraktion ermöglicht eine strukturelle Veränderung der Ontologie, die ich als basale Relationalisierung zwischen verselbständigten Ganzen beschrieben habe. Die idealisierende Fortsetzung dieser strukturellen Veränderung in Form beliebiger Zerstückbarkeit aller Objekte führt auf eine atomistische Ontologie, welche der klassischen Physik als Wissenschaft von der bloßen Natur zugrunde liegt und ihre (mengentheoretisch basierte) mathematische Modellierung im $\mathbb{R}^4$ ermöglicht.

Wenn man nun versucht, den ontologischen Status von Werten unter der Vorgabe einer basal relationalisierten Ontologie zu klären, was sich ja aufgrund des herausragenden epistemischen Erfolgs dieser Ontologie nahelegt, dann müssen Werte zwangsläufig einen fragwürdigen Status erhalten, da man versucht, sie in eine Struktur einzufügen, die sich erst durch eine Abstraktion von Werten als universale Struktur darstellen läßt. Demgegenüber ist die ökologische Ontologie nicht basal relationalisiert und Werte fügen sich in sie problemlos ein.

Es ist also ein prägnanter Einstellungswechsel zwischen praktischer und theoretischer Einstellung festzustellen. Demgegenüber ist die axiologische Einstellung lediglich als eine besondere Fokussierung innerhalb der praktischen Einstellung zu charakterisieren. D.h. die Ontologie, in der Wertung stattfindet, ist die lebensweltliche, und ein selbständiger Gegenstandsbereich der Werte existiert nicht. Werten und Wollen sind Momente der Praxis, die nicht im engeren Sinne in getrennte Einstellungen gefaßt werden können. An die Stelle der alten Dreiteilung in theoretische, axiologische und praktische Einstellung setzte ich also die Zweiteilung theoretisch vs. praktisch, wobei die alte Einteilung in axiologisch und praktisch als Momentstruktur der neuen praktischen Einstellung eingegliedert werden. Als höherstufige Leistung kann jedoch eine "ästhetische" Haltung eingenommen werden, in der durch Neutralisierung des Willensmoments der praktischen Einstellung das Wertmoment sozusagen in die theoretische Einstellung herübergenommen wird. Die Analyse der ästhetischen Haltung wird in dieser metaethischen Untersuchung ausgeklammert.

Die lebensweltliche Ontologie ist so strukturiert wie die wissenschaftliche ökologische Ontologie. Die formale Struktur dieser Ontologie wird von Barry Smith mereotopologisch untersucht.[298] Bisher sind diese Untersuchungen statischer Natur, für eine formale Behandlung des Wertmoments wäre aber gerade die Dynamik entscheidend. Die Formalisierung der von Husserl anvisierten formalen Axiologie zeichnet sich also ab, ist aber noch nicht entwickelt. Ich bleibe in dieser Arbeit bei den materialen apriorischen Grundlagen für eine eventuelle Formalisierung.

Unsere Basisentitäten, die Werteigenschaften aufweisen, sind Situationen, also erlebte Leib-Umwelt Beziehungen. Das Wie der Gegebenheit des Wertmoments von Situationen habe ich im Abschnitt über passive Synthesis ausführlich untersucht. Das

---

[298]s. Smith, Varzi (1999)

gleiche gilt für die Intersubjektivität des Wertmoments. In diesem Abschnitt wurde der ontologische Status von Situationen als Wertträgern erörtert und gegen die atomistische Ontologie verteidigt. Allgemeinbegriffe von situativ erlebten Objekten haben sich als praktische Gattungen herausgestellt, die in der ökologischen Psychologie Gibsons unter dem Titel der affordances untersucht werden. Allgemeinbegriffe von Situationen als Ganzen finden unter dem Titel "physico-behavioral units" Eingang in die ökologische Psychologie Barkers.[299] Eine detaillierte Untersuchung der Objektivität dieser Allgemeinbegriffe wird nicht vorgenommen; ich verweise hier phänomenologisch auf die Theorie des Verstehens, von der bereits Gebrauch gemacht wurde, sowie wissenschaftstheoretisch auf die biologische Fundierung der ökologischen Psychologie.

Die Supervenienzproblematik wird durch die nun erreichten ontologischen Ergebnisse in folgender Weise geklärt: Es ist eine notwendige Bedingung für die Sinnhaftigkeit von Supervenienzbehauptungen, daß sie sich auf Situationen als Ganze beziehen, also auf Leib und Umgebung. Der Leib muß mit in die Beschreibung genommen werden, sonst fällt der Wertaspekt heraus. Nur dann kann der Wertaspekt durch eine Beschreibung in Form von Fakten irgendwelcher Art überhaupt festgelegt sein. Das ist aber keine hinreichende Bedingung für die Wahrheit der Supervenienzbehauptung, denn es müßte hinzukommen, daß die Situation als Ganze auch tatsächlich supervenient auf der Faktenbasis ist, daß sich also z.B. bei physischen Fakten als Basis auch eine Supervenienz des Mentalen auf dem Physischen z.B. des Hirns nachweisen läßt. In dieser Form ist das Supervenienzproblem allerdings ein metaphysisches Problem, das außerhalb der Grenzen dieser Arbeit liegt. M.a.W. die hier angestellten phänomenologischen Untersuchungen sagen, worauf sich eine sinnvolle Supervenienzbehauptung für Werte beziehen muß, aber sie entscheiden nicht über die Richtigkeit einer solchen Behauptung. Es spricht phänomenologisch - zumindest im Rahmen der hier durchgeführten Untersuchungen - weder etwas dagegen, noch etwas dafür, Situationen als supervenient auf physikalischen Fakten zu betrachten, also zu sagen, daß der Wertaspekt einer Situation festgelegt ist, wenn Organismus und Umwelt sich in genau diesem physischen Zustand befinden, solange eben nicht die Umwelt unabhängig vom Organismus betrachtet wird. Was allerdings phänomenologisch feststeht ist, daß wir für die Evidenz unserer

---

[299] s. Smith (im Erscheinen)

Wertungen letzten Endes auf Situationen qua erlebte Situationen und nicht auf physikalische Fakten verweisen müssen.

Ich wende mich nun dem Urteilen im Rahmen der herausgearbeiteten Ontologie zu, um anschließend die Ergebnisse in einer Theorie der Wertevidenz zusammenzufassen und so auf das Problem der Wertobjektivität zurückzukommen.

## 2.3.2 Werturteile

## 2.3.2.1 Informelle Grammatik und Axiome

Zur Verdeutlichung der nachfolgenden Untersuchungen zu Werturteilen ist es hilfreich, einige Strukturen formal zu erfassen. Die Grammatik und die Axiome, die ich nun einführen werde sind für diesen Zweck gedacht, d.h. ich erhebe mit ihnen keinen Anspruch auf eine komplette formalisierte Logik des Werturteilens. Des weiteren will ich darauf hinweisen, daß die Grammatik und die Axiome erst nach den Analysen dieses Kapitels entwickelt wurden, so daß die nachfolgenden Ergebnisse nicht als aus dieser Grammatik und den Axiomen gezogene Ergebnisse verstanden werden dürfen. Vielmehr müssen Grammatik und Axiome den phänomenologischen Ergebnissen angemessen sein. Dementsprechend werden sie an dieser Stelle ohne weitere Begründung eingeführt:

Ganze
S: Situationen
$S_i$: primitive Situationen
$G\{S_i\}$: komplexe Situation bestehend aus primitiven Teilsituationen $S_i$

Teile
$W(S)$: Wertmoment von S
$S(G\{S_i\})$: primitive Teilsituation von G
$W(G)$: Wertmoment einer Gesamtsituation als Ganzer

<u>Prädikate</u>
+S: S ist gut
-S: S ist schlecht
0S: S ist wertfrei
$<,>,=$ zwischen W(X): kleiner, größer, gleich


<u>Abbildungen zwischen Teilen und Ganzen</u>
$G\{S_i\} \mapsto G$ : komplexe Situation als Ganze betrachten
$G \mapsto G\{S_i\}$ : ganze Situation als zusammengesetzte betrachten
$S_i \mapsto G\{S_i\}$ : primitive Situationen zu Ganzer zusammenfassen
$G\{S_i\} \mapsto S_i$ : primitive Situation aus Ganzer herauslösen
$W(G\{S_i\}) \mapsto W(S(G\{S_i\}))$ : komplexe Situation nach einer Teilsituation bewerten
$W(G\{S_i\}) \mapsto W(G)$ : komplexe Situation als Ganze bewerten


<u>Axiome</u>

(A1)  $\neg+S \to -S \lor 0S$ : Wenn eine Situation nicht gut ist, dann ist sie entweder schlecht oder wertfrei.

(A2)  $\neg-S \to +S \lor 0S$ : Wenn eine Situation nicht schlecht ist, dann ist sie entweder gut oder wertfrei.

(A3)  $\forall S(G\{S_i\})(+S \lor 0S) \to +G$ : Wenn alle relevanten (nicht wertfreien) Teilsituationen einer Gesamtsituation gut sind, dann ist auch die Gesamtsituation gut.

(A4)  $\forall S(G\{S_i\})(-S \lor 0S) \to -G$ : Wenn alle relevanten (nicht wertfreien) Teilsituationen einer Gesamtsituation schlecht sind, dann ist auch die Gesamtsituation schlecht.

(A5)  für $>,<,=$ gelten die üblichen Axiome

(A6)  $(+S_1 \& \neg+S_2) \to W(S_1)>W(S_2)$ : Wenn eine Situation gut ist und eine andere nicht, dann ist die gute Situation besser.

(A7)  $\forall S(G_1)S(G_2)(W(S(G_1))>W(S(G_2))) \to W(G_1)>W(G_2)$ : Wenn alle Teilsituationen einer Gesamtsituation besser sind als alle Teilsituationen einer anderen, dann ist auch die Gesamtsituation besser.


## 2.3.2.2 Absolute und vergleichende Werturteile

Zur Vermeidung von Sprachverwirrungen muß zunächst bei Werturteilen die Bejahung und Verneinung von der Differenz zwischen positiver und negativer Wertung unterschieden werden. Es besteht ein noetischer Unterschied zwischen dem Urteil "Das ist

schlecht" (-S) und dem Urteil "Das ist (doch) nicht gut" (¬+S).
Dem negierenden Urteil "Das ist (doch) nicht gut" (¬+S) geht
noetisch ein bejahendes Urteil "Das ist gut" (+S) voran; bei "Das
ist schlecht" (-S) ist dies nicht der Fall. In unserer Rede
berücksichtigen wir diese noetischen Differenzen oft nicht und
"Das ist nicht gut" wird synonym mit "Das ist schlecht" verwendet
und in der Tat bezeichnen ja beide Ausdrücke, wenn man, wie in
der Alltagssprache üblich, von Adiaphora (0S) absieht, denselben
noematischen Sachverhalt. Die noetische Differenz kann durch das
"doch" sprachlich ausgedrückt werden. Man kann demnach
folgende Konvention treffen: "doch nicht" negiert ein zuvor
gefälltes Urteil. Auf der noematischen Seite behalten "Das ist
schlecht" und "Das ist doch nicht gut" abgesehen von Adiaphora
denselben Bezug.

Zu diesen möglichen Sprachverwirrungen kommt hinzu, daß
"gut" (+) und "schlecht" (-) sich auf ein Kontinuum beziehen. In
einem Kontinuum kann ein Bereich nur unter Bezug auf einen
anderen Bereich verortet werden. Sind "gut" (+) und "schlecht" (-)
also verkappte Relationsprädikate; sollte man vielleicht präziser von
"besser" (>) oder "schlechter" (<) sprechen? "Gut" und "schlecht"
machen anscheinend nur unter Standardbezug auf eine Art
Normalnull der Befindlichkeit Sinn. Aber hier muß man vorsichtig
sein und einen genauen Blick auf die passiven Grundlagen werfen:
Zur Konstitution einer emotiven Tendenz "raus aus der Situation"
gehört nicht notwendig der Vergleich mit anderen Situationen, in
die man sich begibt, wenn man herausgeht. Das "Wohin" des
"Raus" ist unbestimmt und damit ist auch sein Wert unbestimmt.
Das Normalnull der Befindlichkeit ist also nicht eine Art
Durchschnittswert, sondern Unbestimmtheit des Wertes. Das
Adiaphoron ist demnach von unbestimmten Wert. "gut" und
"schlecht" sind also Wertbestimmungen von Situationen relativ zur
Unbestimmtheit der Situation. "Besser" und "schlechter" dagegen
sind Wertbestimmungen von Situationen relativ zu anderen
bestimmten Situationen $(W(S_1)>W(S_2))$; in diesem Kontext ist kein
Adiaphoron nötig. Sie sind also Bestimmungen in einem Horizont
von Alternativen, dagegen bleiben "gut" und "schlecht" auch im
Fall der Alternativenlosigkeit sinnvoll (+S, -S).

Entsprechend dem phänomenologischen Unterschied von
absoluter und vergleichender Wertung werden in der Grammatik
die einstelligen Prädikate "+" und "-" sowie "0" für absolute
Wertungen eingeführt und die Relationen ">", "<", "=" zwischen
Wertmomenten W(X) für vergleichende Wertungen. Die Differenz
von Negation und negativer Wertung ist in der Grammatik durch

den Unterschied zwischen ¬+S und -S festgehalten; die Entsprechungen sind in den Axiomen (A1) ¬+S → -S v 0S und (A2) ¬-S → +S v 0S festgehalten. Die Beziehung von absoluter und vergleichender Wertung ist in Axiom (A6) $(+S_1$ & ¬$+S_2)$ → $W(S_1)>W(S_2)$ festgehalten, nach dem zwar von absoluten Wertungen u.U. auf Wertverhältnisse geschlossen werden kann aber niemals umgekehrt.

## 2.3.2.3 Normen für objektive Werturteile

Die nun folgenden Untersuchungen werden zeigen, daß die Objektivierung von Werturteilen im Sinne eindeutiger intersubjektiver Bestimmbarkeit grundsätzlichen und für die ethische Theorie wichtigen Grenzen unterworfen ist. Ich gehe für diese Untersuchungen von den unproblemtischen zu den problematischen Fällen vor, um die Grenzen der Objektivierbarkeit genau feststellen zu können.

### 2.3.2.3.1    Objektivierung ohne Vergleich

Ich beginne mit einem Beispiel: Ein Kind A  traktiert ein anderes Kind B und jemand C sieht das, ohne von A oder B bemerkt zu werden. Wir können diese Gesamtsituation in Teilsituationen zerlegen: $(S_1)$ A's Traktieren von B, $(S_2)$ B's Traktiert-werden von A, $(S_3)$ C's Beobachten von A traktiert B bzw. B wird von A traktiert. $(S_1)$ und $(S_2)$ sind verschiedene Innenperspektiven auf die Traktierung T und $(S_3)$ ist eine Außenperspektive auf dieselbe. Diese Analyse der Gesamtsituation läßt sich formal folgendermaßen erfassen: G ↦ $G\{T\{S_1, S_2\}, S_3\}$. Die Traktierung ist gemeinsames Objekt von A, B und C, das sich in verschiedenen Perspektiven darstellt. Die verschiedenen Situierungen von A, B und C haben verschiedenen Wertmomente: Im Normalfall für A ein positives, für B ein negatives und für C ebenfalls ein negatives. Von besonderem Interesse ist, wie das Wertmoment von C zustandekommt, da C das phänomenologisch untersuchbare Äquivalent zur Fiktion des unbeteiligten (überhaupt nicht situierten) Beobachters darstellt. Um mich von dieser Fiktion abzugrenzen, nenne ich C einen "Außenstehenden" im Gegensatz zu den "Beteiligten" A und B.

Wenn wir uns den formalen Ausdruck $G\{T\{S_1, S_2\}, S_3\}$ betrachten, dann können wir uns daran verdeutlichen, daß im allgemeinen "beteiligt" und "außenstehend" Relationen von

Ebenen in einer verschachtelten Hierarchie sind. Die Komplikationen, die durch komplexere Verschachtelungen entstehen lasse ich außer acht, da bereits im Fall einfacher Schachtelung nicht immer eine eindeutige Wertung zu erzielen ist. Daß weitere Verschachtelungen evtl. "noch uneindeutiger" sind stärkt die in den folgenden Punkten durchgeführte Argumentation für die Grenzen der Objektivität, entsprechend meinem Vorgehen von den unproblematischen zu den problematischen Fällen, höchstens.

Der Außenstehende versteht die Situation der Beteiligten. Er versteht auch ihre Wertungen, ohne sie jedoch unbedingt nachzuvollziehen; so ist z.B. C klar, daß es A Vergnügen bereitet, B zu traktieren, ohne daß es C selbst Vergnügen breiten würde. Der Außenstehende befindet sich zugleich selbst in einer Situation, die ein Wertmoment hat; z.B. Mißfallen an der Traktierung. Ceteris paribus würden wir ein mißbilligendes Werturteil von C für richtig und ein Einschreiten für geboten halten.[300] Bei einem solchen Werturteil wird das Vergnügen von A ignoriert und mitfühlend mit B gewertet. Das läßt sich zu drei noch relativ unproblematischen ineinandergreifenden ethischen "Normierungen" für die Objektivierung des Wertes von Situationen außerhalb von Vergleichen verallgemeinern:

Symmetrie: Wer Andere in einer Situation nicht als Andere anerkennt soll selbst in dieser Situation nicht anerkannt werden, d.h. seine Wertung soll nicht in die Objektivierung eingehen. Formal entspricht dem die Streichung der $S_i$ der nicht die Anderen anerkennenden aus der zu bewertenden Gesamtsituation $G\{S_i\}$.

Kongruenz: Die Wertungen der übrigen gehen negativ (positiv) ein, wenn sie negativ (positiv) sind. Formal wird diese Forderung durch die Axiome (A3) $\forall S(G\{S_i\})(+S \vee 0S) \rightarrow +G$ und (A4) $\forall S(G\{S_i\})(-S \vee 0S) \rightarrow -G$ erfaßt.

In obigem Beispiel wird also A's Vergnügen aufgrund fehlender Anerkennung von B, d.h. fehlender Symmetrie, ignoriert und C wertet kongruent mit B. Die Beteiligten an einem Geschehen haben verschiedene Perspektiven auf dieses Geschehen; sie befinden sich in verschiedenen subjektiven Situationen. Diese subjektiven Situationen können sich hinsichtlich ihres Wertmoments

---

[300]Die ceteris paribus Bedingung ist wesentlich und ich werde auf sie unten zurückkommen.

widersprechen oder miteinander in Einklang stehen. Auch nach einer Objektivierung im Sinne der oben genannten Normen der Symmetrie und Kongruenz können Widersprüche bestehen bleiben. Für diese Fälle läßt sich zusätzlich folgende Norm formulieren:

Priorität: Soweit eine Gesamtsituation nicht in Vergleich mit anderen Situationen gestellt wird, ist sie schlecht, wenn mindestens eine Teilsituation schlecht ist und gut, wenn alle Teilsituationen gut sind. Formal ist die Norm der Priorität eine Verstärkung von Axiom (A4) zu $\exists S(G\{S_i\})(-S) \rightarrow -G$, die aber nur nach der Streichung der $S_j$ der nicht die Anderen anerkennenden Beteiligten eingeführt werden darf.

Auf der Handlungsebene läuft diese Norm darauf hinaus, daß die Abschaffung des Schlechten Vorrang vor der Erzeugung des Guten hat. Allerdings stößt die Anwendung dieser Norm im allgemeineren Fall der Vergleichung von Entscheidungsalternativen auf massive Probleme. Die für die nicht vergleichende Wertung angenommenen Normen führen immer zu einem eindeutigen Ergebnis der absoluten (nicht vergleichenden) Wertung (+G oder -G), da die Norm der Priorität als Verstärkung von Axiom (A4) zusammen mit Axiom (A3) alle Gesamtsituationen disjunktiv in gute und schlechte unterteilt. Die Komplikationen der Schachtelung spielen dabei keine Rolle, da über die primitiven Situationen quantifiziert wird. In Vergleichen steht es, wie ich noch zeigen werde, dagegen weitaus weniger günstig um die eindeutige Objektivierung.

Von der Objektivierbarkeit muß die Nachvollziehbarkeit von Wertungen unterschieden werden: Wenn B es genießt traktiert zu werden, dann ist die Beispielsituation ceteris paribus positiv zu bewerten. (Wie wir diese "abnorme" Charaktereigenschaft von B bewerten ist eine andere Frage; De facto verbreitete Bewertungen von Charaktereigenschaften können nur funktional ethisch gerechtfertigt werden, sie haben keinen Wert "an sich". Z.B. kann ich die positive Bewertung von Gutmütigkeit funktional dadurch rechtfertigen, daß ein solcher Mensch keinem Leid zufügen wird.) Nicht-Berücksichtigung aufgrund von Nicht-Nachvollziehbarkeit ist eine im allgemeinen nicht gerechtfertigte riskante Vereinfachung. Mit einen Verfahren der Art "Ich sehe keinen Grund warum er das so schlimm findet, also ignorieren wir seine Wertung" geht man leicht fehl, da sich die Nachvollziehbarkeit der Wertung oft erst im persönlichen hV ergibt. Die Erkennbarkeit der Wertung liegt dagegen meist auf der Ebene des aV.

Die Objektivierung des Wertes einer Situation steht nicht nur Außenstehenden offen, sondern auch den Beteiligten. Allerdings muß man dazu sich selbst als Anderen sehen ($G\{T\{S_1, S_2\}, S_3\}$ $\mapsto G\{T\{S_1, S_2\}, S_1'\}$), also eine Reflexionsleistung vollbringen, welche die Fähigkeit zur Selbstdistanzierung voraussetzt. Das fällt im allgemeinen leichter, wenn die Situation nicht gerade erlebt wird, sondern erinnernd oder antizipierend vergegenwärtigt wird. Aufgrund unserer begrenzten Reflexionsfähigkeit ist es auch erforderlich, den eigenen Charakter so zu bilden, daß die unreflektierten subjektiven Wertungen möglichst im Einklang mit der objektiven reflektierten Wertung stehen. Solche Fragen gehören allerdings in den Bereich der normativen Ethik und sind nur auf empirischer Basis (z.B. Psychologie) eingehend zu behandeln.

## 2.3.2.3.2 Grenzen der Objektivierung bei Vergleich

Wenn wir den Wert von Gesamtsituationen vergleichen, dann können wir dabei entweder in der Weise ein Ergebnis anstreben, daß wir (1) das Wertmoment der Gesamtsituation als Ganzer vergleichen, oder wir gehen so vor, daß wir (2) über den Vergleich von Teilsituationen der Gesamtsituation die Gesamtsituation vergleichen. Formal: (1) $W(G_1) > W(G_2)$ ?, (2) für einige $S_i$: $W(S(G_2\{S_i\})) > W(S(G_1\{S_i\})) \rightarrow W(G_1) > W(G_2)$ ?. Während (1) eindeutig bestimmt ist, bleibt (2) mehrdeutig, da die Implikation nur dann allgemein gilt, wenn sie für alle primitiven Teilsituationen von $G_1$ und $G_2$ gilt (Axiom (A7)). Sei z.B. $G_1\{S_1, S_2\}$ mit $G_2\{S_3, S_4\}$ zu vergleichen und sei außerdem $W(S_1) > W(S_3) > W(S_4) > W(S_2)$, dann ist die Ordnung von $W(G_1)$ und $W(G_2)$ nicht zu bestimmen. Im allgemeinen können also Gesamtsituationen nur als Ganze verglichen werden.

Aber auch Vergleiche dieser Art werfen Probleme auf, denn die oben angesetzten Normen der ethischen Objektivierung führen im Allgemeinen zunächst auf eine absolute Wertung +G oder -G. Wenn nun $+G_1 \& +G_2$ oder $-G_1 \& -G_2$, dann ist die Ordnung von $W(G_1)$ und $W(G_2)$ noch unbestimmt, da Axiom (A6) ($+S_1 \& \neg +S_2$) $\rightarrow W(S_1) > W(S_2)$ nicht angewendet werden kann. Um einen Vergleich zu ermöglichen müssen also weitere Spezifikationen hinzukommen. Dies kann auf materialer oder auf formaler Ebene geschehen. Auf materialer Ebene kann man versuchen, die Teilsituationen neu zu bewerten; im Kontext von Entscheidungen kann man auch einen Vergleich zu einer neuen Gesamtsituation aufmachen und den alten Vergleich fallen lassen, wenn sich die neue Gesamtsituation als besser herausstellt usw. Auf formaler Ebene kann man weitere Axiome hinzunehmen, die so geartet sind, daß jedes Problem entschieden wird. Allerdings enthalten solche Axiome Annahmen über die Quantifizierbarkeit von Werten, die keineswegs durch das materiale Apriori des Wertbewußtseins gedeckt sind. Ein Beispiel für ein solches Axiomensystem ist die für andere derartige Theorien grundlegende Theorie der "subjective expected utility" (SEU), nach der für Alternativen A1, A2 mit den möglichen Ausgängen $G1_i$ mit den Wahrscheinlichkeiten $P1(G1_i)$ bzw. $G2_i$ mit $P2(G2_i)$ gilt:

$$\sum_i P1(G1_i) * W(G1_i) > \sum_i P2(G2_i) * W(G2_i) \rightarrow A1 \succ A2.$$

Es gibt verschiedene Meßverfahren für die subjektive Quantifizierung des Wertes und der Wahrscheinlichkeit. Des weiteren gibt es verschiedene Grade der Entscheidbarkeit je nach der Exaktheit der Quantifizierung (totale Ordnung, Intervalle, Funktionen, exakte Werte).[301] All diese Modelle arbeiten mit Idealisierungen, die auf konkrete lebensweltliche Entscheidungen nicht anwendbar sind. Das wird im folgenden (2.3.2.5) unter dem Titel "begrenzte Rationalität" genauer diskutiert.

## 2.3.2.4 Horizont und Thematik von Werturteilen

Wenn wir eine konkrete Gesamtsituation beurteilen, dann gibt es verschiedene Dimensionen, in denen wir die Basis unseres Urteils im Prinzip beliebig erweitern können:

- Zeitliche Dimension: Wie lange dauert die Situation? Welche Folgesituationen sind zu berücksichtigen?
- Sozialräumliche Dimension: Wer ist beteiligt? Wen betrifft die Situation mittelbar? Welche Perspektiven können eingenommen werden?
- Verstehensdimension: Wie weit sind Rolle und persönliche Geschichte der Beteiligten zu explizieren?
- Machtdimension: Welche Aspekte der Situation sind veränderbar? Welche alternativen Folgesituationen sind dementsprechend zu vergleichen?

---

[301] s. z.B. Fishburn (1964)

Diese Dimensionen greifen ineinander, so kann z.B. eine Erweiterung der zeitlichen Dimension eine Erweiterung der sozialräumlichen Dimension nach sich ziehen und umgekehrt.

Der Wert, den wir einer Gesamtsituation zuschreiben, hängt offenbar davon ab, wie weit wir den Horizont in diesen Dimensionen wählen. Wenn wir aber bei einer konkreten Situation einen fest umgrenzten Horizont annehmen, dann ist der objektivierte Wert dieser Situation außerhalb von Vergleichen ebenfalls festgelegt. Die Werte von konkreten Gesamtsituationen außerhalb von Vergleichen sind nach den bisherigen Untersuchungen von einem festen außenstehenden Standpunkt und Horizont aus gesehen objektiv festgelegt. Die Frage nach Normen für die Weite des Horizonts und nach dem Wert in Vergleichen wird im nächsten Abschnitt unter der Thematik der begrenzten Rationalität behandelt.

Zuvor ist jedoch noch die Frage der Thematik von Werturteilen zu behandeln: Bisher habe ich mich auf Urteile über konkrete Situationen beschränkt. Aber konkrete Situationen stehen immer unter gewissen Rahmenbedingungen, die über sie hinweg gleich bleiben. Auch die Rahmenbedingungen können Gegenstand von Werturteilen sein. Vorgreifend kann gesagt werden: die Objektivierung des Wertes von Rahmenbedingungen unterscheidet sich wesentlich von der Objektivierung des Wertes konkreter Situationen, da sie unter eine regulative Idee gestellt werden kann.

In der Idee der Annäherung an ein Ideal der Erkenntnis eines Objekts wird die individuelle Überlegung als Teil einer unbegrenzten Rationalität verstanden. Aber das hat nur Sinn, wenn ein gleichbleibendes Objekt der Erkenntnis vorliegt, an dessen ideale Erkenntnis die reale Erkenntnis sich annähern kann. Die allgemeine Beziehung zwischen Mensch und Umwelt ist ein hinreichend gleichbleibendes bzw. sich immer wieder in hinreichend gleicher Weise entwickelndes Objekt für eine derartige Annäherung. Aber die individuelle ethische Überlegung ist nicht Teil einer auf diese Erkenntnis gerichteten Rationalität, sondern auf eine Entscheidung in der konkreten Situation gerichtet. Der Bereich, in dem wir demnach allein sinnvoll die Annäherung an ein Ideal anstreben können, ist der Bereich der Rahmenbedingungen. Die Wertung einzelner Situationen und Alternativen dagegen findet unter den Bedingungen begrenzter Rationalität statt und ist deshalb auch nur innerhalb dieser Grenzen zu rechtfertigen, was später noch zu erläutern ist. Ein Hinweis auf den "long run" ist sinnlos, da die jeweils aktuelle Entscheidung zählt. Damit ist nicht gemeint, daß Wahrscheinlichkeitserwägungen keine Rolle spielen würden. Der "long run" der Annäherung an ein Ideal darf nicht mit der Annäherung an einen Erwartungswert durch viele Versuche verwechselt werden.

Die Rahmenbedingungen menschlichen Wohlergehens sind empirisch untersuchbar. Die biologische Ebene dieser Rahmenbedingungen und vermutlich auch gewisse Elemente auf der psychologischen und sozialen Ebene sind transkulturell objektiv und ihr Wertaspekt ist im aV ebenfalls transkulturell zugänglich. Zu diesen Rahmenbedingungen gehören vermutlich Luft, Wärme, Unversehrtheit, Nahrung, Schutz, Bewegungsfreiheit, kooperative Interaktion, hinreichende Stabilität etc. Wir können allgemein Umweltbedingungen angeben, unter denen Menschen im Normalfall aufblühen und ebenso solche unter denen Menschen im Normalfall zugrunde gehen. Insbesondere niedrigstufige der letzteren Art sind kaum ernsthaft anzuzweifeln. Aber die Konkretisierung derartiger Bedingungen gehört in den normativen Bereich, und beinhaltet empirische Wissenschaft, für diese Arbeit genügt der Hinweis auf ihre Existenz. Allerdings sollten wir genauer nicht von Umweltbedingungen und Menschen im Normalfall sprechen, sondern von allgemeinen Beziehungen zwischen Mensch und Umwelt. Für einen Rollstuhlfahrer besteht die Beziehung der Bewegungsfreiheit unter anderen äußeren Bedingungen als für den Fußgänger. Der Wert der Beziehung ist das entscheidende, wir müssen uns entgegen der Neigung, uns auf die Umwelt allein zu beziehen, stets in Erinnerung rufen, daß in der ökologischen Ontologie die Umweltbedingungen immer Bedingungen für einen Organismus sind.

Die Beurteilung der Umwelt, in die Menschen hineinwachsen und die Gestaltung dieser Umwelt auf der Grundlage solcher Urteile ist kein begrenzt rationales Unterfangen, sondern ebenso auf unendliche Verbesserung angelegt bzw. anlegbar wie empirische Wissenschaft und ihre alltäglichen Pendants. Konkrete Entscheidungen dagegen müssen wir strikt unter den Vorzeichen begrenzter Rationalität behandeln.

Die Idee der Annäherung an ein Ideal kann in vielerlei Hinsicht mißverstanden werden, daher einige Erläuterungen: Die ständige Verbesserung kann nur in der Form der Elimination des Schlechten geschehen und nicht in der Form des freien Entwurfs des Besten, an das dann die Wirklichkeit anzupassen wäre. "Verbesserung" ist im Bezug auf Werturteile doppeldeutig: wir müssen zwischen der Verbesserung unserer Urteile über den Wert von allgemeinen Mensch-Umwelt Beziehungen und der Verbesserung dieser Beziehungen selbst unterscheiden. Wenn hier von einer

Annäherung an ein Ideal die Rede ist, dann ist damit primär ein Ideal der Erkenntnis gemeint. Das Ergebnis einer solchen Annäherung kann unmöglich vorweggenommen werden. Dagegen kann sekundär ein Ideal der Gestaltung realer Umwelten auf der Grundlage eines erreichten (nicht idealen) Erkenntnisstandes stets entworfen werden. Ein solcher Entwurf kann jedoch nur in seinen allgemeinen und nicht in seinen konkreten Zügen Anspruch auf Gültigkeit erheben. Des weiteren hat er keine absolute Gültigkeit, sondern ist immer relativ auf den erreichten Erkenntnisstand. Entwürfe idealer Lebenswelten sind also fallibel und müssen im Allgemeinen bleiben. Unsere Erkenntnisse über den Wert allgemeiner Mensch-Umwelt Beziehungen sind auf niedriger Stufe stets zu gewinnen, da sie in jeder Lebenswelt auftreten. Hochstufige Erkenntnisse dagegen sind auf die Existenz von spezifischen Lebenswelten angewiesen, in denen die entsprechenden Beziehungen realisiert sind. Für hochstufigen Fortschritt in der Werterkenntnis sind Vielfalt und Offenheit von Lebenswelten die materiale Voraussetzung.[302] Im Sinne der Annäherung an ein Ideal der Werterkenntnis und einer entsprechenden Gestaltung der Lebenswelt muß interkultureller Kontakt von gegenseitiger kritischer Anerkennung geprägt sein. An die Stelle des Versuchs der Unterwerfung und Zerstörung des Wertsystems der anderen Seite sollte der Versuch des Verstehens treten. Die niedrigstufigen transkulturellen Erkenntnisse bilden demgegenüber die Basis universalistischer Kritik der eigenen und auch der fremden Kultur. Auf diese Zusammenhänge werde ich bei der normativen Wendung der Ergebnisse zurückkommen.

## 2.3.2.5 Begrenzte Rationalität

Gibt es angesichts der Begrenztheit unseres Horizonts Normen für richtige Werturteile bei Entscheidungen? Die Tatsache, daß in dieser Begrenztheit eine gewisse Freiheit der Wahl der Grenzen besteht - so wie ein festes Volumenmaß durch verschiedenst geformte Oberflächen begrenzt sein kann - macht die Suche nach Normen sinnvoll.

Eine naheliegende Norm ist, zu sagen, daß auch das begrenzte Urteil dann richtig ist, wenn es so ausfällt, wie das unbegrenzte Urteil ausfallen würde. Das unbegrenzte Ideal wäre dann regulativ. Das setzt aber voraus, daß in irgendeiner Weise angegeben werden kann, wie man sich diesem Ideal annähert. Genau das ist aber, wie

---

[302]Vgl. Seebohm (1977)

ich oben gezeigt habe, bei konkreten einzelnen Entscheidungen nicht möglich. Die Lage ist analog zu Abduktionen: Die Richtigkeit der Entscheidung stellt sich - wie die Richtigkeit einer Hypothese - erst in der Zukunft heraus. Dennoch gibt es gute und schlechte Hypothesen bzw. gute und schlechte Entscheidungen und zwar unabhängig von ihrer Richtigkeit im absoluten Sinn.

Die in der philosophischen Literatur typischerweise herangezogenen entscheidungstheoretischen Modelle gehen von einer unbegrenzten Rationalität als normativem Ideal aus und modellieren die Grenzen der Rationalität als Restriktionen. Es gibt aber auch Modelle, die von vorneherein begrenzte Rationalität beschreiben. Die Psychologen Gigerenzer und Goldstein[303] unterscheiden hier drei Standpunkte zur Rationalität: Die klassische Sichtweise nimmt Wahrscheinlichkeitstheorie und Statistik direkt als Normen und Beschreibungen für Rationalität, z.B. beim Roulette. Die heuristische Sicht hält sie für falsche Beschreibungen, aber für richtige Normen. Die dritte Sichtweise ist die von Herbert Simon initiierte Theorie der begrenzten Rationalität ("bounded rationality"):

> Simon [...] argued that information-processing systems typically need to satisfice rather than optimize. Satisficing, a blend of sufficing and satisfying [...] Simon uses to characterize algorithms that successfully deal with conditions of limited time, knowledge, or computational capacities. [...] Let us stress that Simon's notion of bounded rationality has two sides, one cognitive and one ecological. [...] "Human rational behavior is shaped by a scissors whose two blades are the structure of task environments and the computational abilities of the actor" (Simon, 1990, p7)[304]

Es ist wesentlich zu sehen, daß in der Sichtweise der begrenzten Rationalität die Verfahren der klassischen Sicht nicht mehr

---

[303]Gigerenzer, Goldstein (1996)

[304]Gigerenzer, Goldstein (1996) S. 651 Der Ansatz der begrenzten Rationalität ist oft als heuristischer Ansatz mißverstanden worden: "For the most part, however, theories of human inference have focused exclusively on the cognitive side, equating the notion of bounded rationality with the statement that humans are limited information processors, period. In a Procrustean-bed fashion, bounded rationality became almost synonymous with heuristics and biases, thus paradoxically reassuring classical rationality as the normative standard for both biases and bounded rationality [...] Simon's insight that minds of living systems should be understood relative to the environment in which they evolved, rather than to the tenets of classical rationality, has had little impact so far in research of human inference." S. 651

Verfahrensnormen sind, an die es sich durch Erhöhung von Zeitaufwand und Information anzunähern gilt.[305] Vielmehr handelt es sich um gänzlich andere Verfahren, die z.T. Rationalitätsaxiome (wie z.B. Transitivität von Wertverhältnissen) verletzen[306], aber unter realen Bedingungen sehr gute - bei begrenztem Wissen z.T. sogar bessere - Ergebnisse liefern und weitaus effizienter sind als klassisch rationale Optimierungsalgorithmen.

Die Grundlage unserer einzelnen Entscheidungen ist prinzipiell begrenzt. Die Normen, die üblicherweise für Entscheidungen aufgestellt werden (klassische Rationalitätsaxiome) gelten aber für unbegrenzte Rationalität. Es gibt Normen für Entscheidungen, die unter begrenzten Bedingungen Resultate liefern, die systematisch näher am Ideal[307] liegen als die Resultate der klassischen Normen und die zugleich klassische Rationalitätsaxiome verletzen. Die Tatsache, daß Entscheidungsverfahren, die Axiome klassischer Entscheidungsrationalität verletzen, unter realen Bedingungen bessere Ergebnisse liefern, zeigt, daß die klassischen Axiome nicht als regulative Normen für konkrete Entscheidungen geeignet sind. Das bestätigt die oben gezogene Parallele zwischen Hypothesen und Entscheidungen.

Wir befinden uns also in einer recht merkwürdigen Lage: Wenn wir eine Situation als Außenstehende oder reflektierende Beteiligte erleben oder imaginieren, dann haben wir einen beschränkten Horizont, auch wenn wir den Wert objektivieren. Nur unter dieser Beschränkung, d.h. unter bewußter oder vorbewußter Grenzziehung gegen einen vermeintlich irrelevanten aber unendlichen Rest, den man im Prinzip auch in Betracht ziehen könnte, läßt sich die Situation als "gut" oder "schlecht" bestimmen. Das vermeintlich Irrelevante bleibt unbestimmt und fungiert als Adiaphoron. Die vermeintlich relevanten Folgen der Situation bestimmen dagegen den Wert der Situation mit. Je enger wir unseren Horizont halten, desto eindeutiger kann das Werturteil ausfallen. Eine aktuelle Situation hat, für sich genommen, gemäß den oben angesetzten Normen der Objektivierung einen eindeutigen Wert, aber sobald wir sie ins Verhältnis zu Alternativen setzen, wird die Wertung unklar. Kurz gesagt, es gibt keine

---

[305] s. Simon (1982)

[306] Gigerenzer, Goldstein (1996) S. 654

[307] Die Begrenztheit ist in diesen Untersuchungen simuliert; den Untersuchenden sind im Gegensatz zu den Algorithmen, die sie untersuchen, alle Informationen voll zugänglich.

universelle applizierbare oder regulative Norm für alle Entscheidungstoken.[308]

Was uns jedoch bleibt sind spezielle Normen für Entscheidungstypen. Die Paradigmen solcher Normen sind Bräuche und Gesetze. Wie können sich solche speziellen Normen als schlecht erweisen, wenn es keine universelle Norm gibt? Diese naheliegende Frage erweist sich als Scheinproblem, da es vielmehr darauf ankommt, ob sich die aufgrund einer speziellen Norm gefällten Entscheidungen als falsch erweisen; es geht also um die realen Konsequenzen, die sie bei ihrer Anwendung tatsächlich nach sich gezogen haben. Die Aufstellung solcher spezieller Normen sollte freilich so sein, daß gute Konsequenzen zu erwarten sind. Die Vagheit dieser Forderung ist nicht zu beseitigen. Auch hier wird wieder die Analogie zur Hypothese deutlich, denn auch Hypothesen über Naturgesetze sollten so gewählt werden, daß ihre Bestätigung zu erwarten ist, aber letztlich kann nur das reale Geschehen entscheiden.

Die begrenzte Rationalität von Entscheidungstoken verweist also auf ein induktives Verfahren zur Auffindung von Normen für Entscheidungstypen. Wie diese Normenbildung und Korrektur vor sich geht, wird als nächstes untersucht.

## 2.3.2.6 Normenbildung, Normenkorrektur und Normenkohärenz

Die Normenverbesserung ist, wie eben festgestellt, Teil einer unbegrenzten Rationalität. Aber die Bildung der "Hypothesen", die in diesen auf ein Ideal gerichteten Prozeß eingehen, muß doch unter begrenzten Bedingungen stattfinden. Es ist eine funktionale Logik, welche die Normenbildung unter begrenzter Rationalität ermöglicht: Zunächst wird ein Situationstypus (z.B. die Situation von Tieren in Massentierhaltung) akontextuell, also unter Ignorierung seines Verweisungszusammenhangs, bewertet. Bei einer negativen Wertung wird dann das Ziel, diesen Typus zu vermeiden, gesetzt. Schließlich wird eine Linie aus dem Verweisungszusammenhang des eV herausgegriffen, die zu dem Typus führt (z.B. Fleisch-Essen zu Massentierhaltung), was in einer Norm resultiert ("Iß kein Fleisch"), die funktional für die Vermeidung des Situationstyps (Massentierhaltung) ist. Diese Norm

---

[308] Vgl. auch Kane (1985) ch.5 "Relativistic Alternatives and R-Choice" entsprechend meinem Vorgehen von den unproblematischen zu den problematischen Fällen

regelt nach ihrer Bildung konkrete Entscheidungen (z.B. Einkauf). Die Vermeidung von Massentierhaltung ist unter dieser Bildung die "eigentliche Funktion"[309] der Norm kein Fleisch zu essen. Bei einer anderen Bildung ist die eigentliche Funktion von "Iß kein Fleisch" die Vermeidung von Gesundheitsschäden, unter wieder anderen Bildungsumständen ist es die Vermeidung von Umweltschäden durch Methan usw. Die Anwendungsbedingungen der Norm unterscheiden sich in diesen Fällen. Umgekehrt können sich auch bei gleicher Zwecksetzung verschiedene Normen ergeben, je nachdem welcher Verweisungszusammenhang herausgegriffen wird (z.B. kann man auch zu komplettem Verzicht auf Tierprodukte kommen). Zwecke und Normen strahlen entlang der Verbindungen des netzartigen Verweisungszusammenhangs aus und können dabei auch in Konflikt geraten. Wenn z.B. der Verzicht auf Fleisch doch gesundheitsschädlich sein sollte, dann ergeben sich von der Vermeidung der Massentierhaltung und der Erhaltung der Gesundheit her widersprechende Normen. Solche Widersprüche können nur durch Veränderung des Systems des eV aufgehoben werden (z.B. Einführung von Freilandhaltung). In unserem Beispiel verzweigt sich der Verweisungszusammenhang, und die Normen werden entsprechend qualifiziert zu "Iß kein Fleisch aus Massentierhaltung" und "Iß Fleisch aus Freilandhaltung". Die Lage ändert sich natürlich wieder, wenn andere Zwecksetzungen eine Rolle spielen (z.B. Vermeidung des Tötens von Tieren). Die Länge des Verweisungszusammenhangs zwischen Zweck und Norm kann verschieden sein und gegen Null gehen, wie beim direkten Verbot bestimmter Situationstypen (z.B. Folter).

Im engeren Sinn bewertet wird bei alledem der Zweck einer Norm, wobei ihre Funktionalität vorausgesetzt wird. Im weiteren Sinn wird auch die Funktionalität bewertet, da auch dysfunktionale Konsequenzen bewertet werden können und als neue Zwecksetzungen die alten ersetzen können, so daß die "gleiche" Norm unter veränderten Umständen einem neuen Zweck dient, also wieder funktional ist. Es sind diverse weitere Komplikationen in dieser Richtung denkbar, die hier aber nicht behandelt werden sollen. Mir geht es nur um den allgemeinen Mechanismus.

Wenn der Zweck einer Norm bewertet wird, dann wird ein Situationstyp akontextuell bewertet. Wir schneiden aus dem Verweisungszusammenhang einen Situationstyp heraus und bewerten ihn negativ. Nun ist sicher nicht bei allen Situationstypen

---

[309] Die Logik von "eigentlichen Funktionen" ("proper functions") wurde in Ruth Millikan (1984) besonders ch.1, 2 entwickelt.

eine eindeutige Wertung möglich. Daraus läßt sich aber kein Problem für die Normenbildung konstruieren. Eine solche Problemstellung würde den Bildungsprozeß von Normen verkehren, denn es werden von vornherein nur eindeutig bewertete Situationstypen als Zwecke bzw. zu Vermeidendes gesetzt. Diese Bewertung und auch ihre Eindeutigkeit können sich als falsch herausstellen. Eine Umkehrung der Bewertung bewirkt dann auch eine Umkehrung der Norm, aber ein Verlust der Eindeutigkeit zerstört die Norm insgesamt, da sie nicht mehr ihre komplexitätsreduzierende Funktion innerhalb der begrenzten Rationalität erfüllt. Sie verliert ihre Entscheidungsmacht, da der Zweifel am Wert des Zwecks einen Zweifel bei der Entscheidung nach sich zieht.

Die Bewertung eines Situationstyps kann sich ändern

(1) durch Enttäuschung der Erwartung des bestimmenden Wertmoments des Situationstyps bei Instantiierung des Typs in konkreten Situationen (z.B. glückliche Kühe in Massenställen).

(2) durch Wechsel der Teilsituation der Gesamtsituation von der der Situationstyp ein Teil ist (z.B. Bewertung der Situation des Viehbauers).

Eine Änderung in Weise (2) ist schon keine Änderung der akontextuellen Wertung mehr, sondern führt in den Bereich des Widerstreits von Normen, den ich oben bereits besprochen habe. Hier ist entscheidend, daß der Fall (1) möglich ist:

Einzelne Normen können sich durch Erfahrung unabhängig von Kohärenz als falsch erweisen. Inkohärenz von Normen führt dagegen nicht zur Ablehnung einer Norm, sondern zur Forderung nach Veränderung des Verweisungszusammenhangs des eV, auf dem die Inkohärenz beruht. D.h. kurz gesagt jede einzelne Norm ist deskriptiv, aber ihre Kohärenz ist präskriptiv für den Verweisungszusammenhang, der sie verbindet.

Präziser: Die Richtigkeit einzelner Normen ist abhängig von dem Werturteil über den Zweck für den sie funktional sind. Sowohl das Werturteil als auch das Urteil über die Funktionalität sind deskriptiv, d.h. objektiv wahr oder falsch. Aufgrund dieser Abhängigkeit von deskriptiven Urteilen können wir einzelne Normen als deskriptiv bezeichnen, obwohl ihre primäre Funktion im moralischen Diskurs natürlich präskriptiv ist. Die Kohärenz mehrerer Normen hängt von ihrer Verbindung durch den Verweisungszusammenhang des eV ab. Dieser Zusammenhang und auch die Handlungsvorschriften der Normen in diesem Zusammenhang sind Gegenstand deskriptiver Urteile. D.h. auch die Inkohärenzen sind als Fakten Gegenstand deskriptiver Urteile. Die

Folgerung, daß der Verweisungszusammenhang geändert werden muß, um eine Inkohärenz zu beseitigen, ist allerdings präskriptiv. Diese Präskription ist aus der vorschreibenden Kraft der Normen gezogen, die sie letztlich aus den ihnen zugrundeliegenden Werturteilen beziehen.

Man kann skeptisch fragen, woher denn die deskriptiven Werturteile ihre präskriptive Kraft beziehen. Darauf läßt sich nur mit dem Verweis auf die Anerkennung im mitfühlenden Verstehen antworten. Diese Anerkennung kann zwar verweigert werden, aber dann verläßt man eben die ethische Einstellung und auch den ethischen Diskurs. Auf einen radikalen Skeptizismus, bei dem die Forderung nach Anerkennung von vorneherein als unberechtigt angesehen wird, kann in dieser Arbeit, wie bereits erläutert, keine Antwort gegeben werden. Sie dient lediglich der Klärung und Explikation unserer Erkenntnismöglichkeiten im ethischen Bereich und nicht der Begründung, warum wir überhaupt solche Erkenntnisse anstreben und nach ihnen handeln sollten.

# 3 Theorie der ethischen Wertevidenz

Woher und mit welcher Sicherheit können wir wissen, was wir tun und lassen sollen? Diese Frage muß eine Theorie der Wertevidenz beantworten. Was wir tatsächlich tun und lassen sollen muß uns eine solche Theorie nicht sagen können. D.h. es werden im folgenden deskriptive Aussagen über die Möglichkeiten und Grenzen unseres Wissens von Werten getroffen und keine normativen ethischen Aussagen. Auch die normative Wendung der deskriptiven Aussagen über unser Wissen von Werten in Aussagen über die Weise in der wir dieses Wissen anstreben sollten, sind nicht Gegenstand dieses Kapitels, sondern werden im nachfolgenden Kapitel behandelt. Jetzt geht es aber nicht nur um die Bestätigung von Werturteilen, sondern - für die Theorie entscheidender - darum, wie sich ein Werturteil als falsch herausstellen kann und was geschieht, wenn es sich als falsch herausgestellt hat. Des weiteren muß eine solche Theorie auch angeben, welche idealen Möglichkeiten und Unmöglichkeit der Erreichbarkeit von Wertevidenz bestehen. Es geht also immer auch um die Grenzen der Evidenz.

Der bisherige Verlauf der Untersuchung läßt sich als Erarbeitung einer Theorie der Wertevidenz lesen, da der Rückgang auf die originäre Evidenz der Erfahrung stets mit Thema war. Die folgenden Ausführungen haben daher auch die Funktion, das Herausgearbeitete noch einmal zusammenzufassen und auf den Punkt zu bringen. Daher wird die Theorie der ethischen Wertevidenz, die sich aus der phänomenologischen Untersuchung ergibt, in Form von Thesen formuliert, deren ausführliche Begründung im vorangehenden Text der Untersuchung bereits gegeben worden ist. Die volle Bedeutung dieser Thesen für unser Wissen über Werte wird allerdings erst anhand ihrer - im nächsten Kapitel ausgeführten - normativen Konsequenzen deutlich.


1. Allgemeine Grenzen von Erfahrungsevidenzen

(T1)    Die Grundlagen der Wertevidenz liegen im Bereich sinnlicher Erfahrung.

(T2)    Für alle Evidenzen sinnlicher Erfahrung gilt, daß sie stets offen für Näherbestimmung und Durchstreichung sind, d.h. sie sind nie völlig adäquat.

(T3)    Also ist jedes Werturteil fallibel.

(T4) Fallibilität ist kein Mangel an epistemischem Status; bzw. sie ist ein "Mangel", der alle Erkenntnis aus Erfahrung betrifft.

## 2. Evidenz des Wertmoments der eigenen Situation

(T5) Es gibt eine wertkonstituierende Tendenz, die den Ort des Ich betrifft.

(T6) Diese Tendenz betrifft in emotiver Hinsicht den Ort des Ich im Leib. Eine passive positive Wertung besteht in der Tendenz des Ich, im emotiven Hier zu verbleiben. Eine passive negative Wertung besteht in der Tendenz des Ich, sich in das kognitive Hier zu verlagern.

(T7) Diese Tendenz betrifft in empfindnismäßiger Hinsicht den Ort des Leibes im Raum. Eine passive positive Wertung besteht in der kinästhetischen Tendenz des Leibes, an diesem Ort zu bleiben.

(T8) Die wertkonstituierende Tendenz ist von der affektiven Tendenz zu unterscheiden. Letztere betrifft die Richtung des Ich, erstere den Ort des Ich. Wertkonstituierende und affektive Tendenz können gegenläufig sein.

(T9) Es lassen sich kognitive und emotive Intentionalität unterscheiden. In der kognitiven Intentionalität besteht kein qualitativer Zusammenhang von Hier und Dort; Hier und Dort sind lediglich durch die Richtung vom Hier auf das Dort gepaart. In der emotiven Intentionalität liegt dagegen zusätzlich ein qualitativer Bezug vor.

(T10) Dieser Bezug ist so geartet, daß die Gefühlsqualität zwar allein dem Hier zukommt, die emotionale Tendenz, die zu der Qualität gehört, kommt allerdings dem Hier und dem Dort zu.

(T11) Die Noesis-Noema Korrelation ist in der emotiven Intentionalität stets greifbar. Die "natürliche" Einstellung, in der man im Noema lebt, ist von daher eine kognitive natürliche Einstellung und keine emotive. Die natürliche emotive Einstellung ist sozusagen präreflexiv phänomenologisch.

(T12) Kognitive und emotive Intentionalität sind stets zugleich vorhanden. Die Einstellung ist eine graduelle Frage von Vordergrund und Hintergrund.

(T13) Emotionen können Noemata der kognitiven Einstellung werden. Das emotive Hier wird dann zum quasi-äußerlichen Dort.

(T14) Die Abstraktion einer rein kognitiven Einstellung ist vorkonstituiert durch relativ emotionslose Erlebnisse und die Erhaltung der kognitiven Charakteristika in der emotiven Einstellung.

(T15) Man muß im Bereich der Aktivität kontextuelle und akontextuelle Wertungen unterscheiden.

(T16) Der Horizont einer Wertung ist immer beschränkt; passiv ist die Schranke vorgegebene, aktiv kann sie verändert werden, was wiederum die Wertung ändern kann.

(T17) Jeder kontextuelle Wert einer Situation kann genetisch auf akontextuelle Werte von Situationen zurückgeführt werden, da er sich durch Weckung früherer Erlebnisse ergibt. Sich diese Zusammenhänge transparent zu machen, ist eine ideale Möglichkeit; ihre tatsächliche Transparenz bei Wertungen ist beschränkt.

(T18) Es macht nur mit Bezug auf Situationstypen Sinn, von Erfüllung und Enttäuschung von Wertungen zu sprechen, da das Wertmoment der individuellen Situation eben dasjenige ist, wodurch Erfüllung und Enttäuschung eintritt.

(T19) Das akontextuelle Wertmoment der individuellen Situation ist die Basis aller Wertevidenz.

### 3. Evidenz des Wertmoments der Situation von Anderen

(T20) Die Wertobjektivität des elementaren Verstehens (eV) und des höheren Verstehens (hV) ist im animalischen Verstehen (aV) fundiert.

(T21) Die Wertobjektivität des aV ist transkulturell, da das aV ein selbständiger Teil jeder Lebenswelt ist.

(T22) Man muß ganz allgemein zwischen dem Verstehen der Wertung eines Anderen ("A findet das gut") und dem Nachvollzug dieser Wertung ("An A's Stelle würde ich das auch gut finden") unterscheiden. Viele Wertungen sind zwar animalisch verstehbar, aber nur im persönlichen hV nachvollziehbar.

(T23) Man muß demnach auch zwischen der Evidenz, mit der die Wertung des Anderen mir gegeben ist (Evidenz der Wertung) und der Evidenz mit, welcher der Wert der Situation des Anderen mir gegeben ist (Evidenz des Wertes) unterscheiden. Nur wenn meine Wertung an seiner Stelle sich mit seiner Wertung deckt, fallen diese Evidenzen zusammen.

(T24) Diese Einstimmigkeit liegt im aV nur dann vor, wenn die Wertung des Anderen sich akontextuell auf die aktuelle Beziehung seines Leibkörpers zu seiner Umwelt bezieht.

(T25) Transkulturelle Wertobjektivität ist also nur für das akontextuelle Wertmoment von Typen von Leibkörper-Umwelt Beziehungen zu haben; allerdings besteht stets die ideale Möglichkeit, sich ausgehend vom aV auch fremde kulturelle Wertobjektivität zugänglich zu machen.

(T26) Kontextuelle Wertungen Anderer sind im eV und hV nachvollziehbar, also zur Evidenz des Wertes zu bringen, der Ausdruck kann aber oft im aV verstanden werden, also zur Evidenz der Wertung gebracht werden. Wir können in der Regel verstehen, wie es einem Angehörigen einer fremden Kultur geht, ohne das wir verstehen, warum es ihm so geht. Das Warum verstehen wir, wenn der Andere in einem anderen System des eV und hV lebt nur, wenn es auf der Ebene der Leibkörper-Umwelt Beziehung liegt.

(T27) Jede nicht nachvollzogene, aber evidentermaßen vom Anderen vollzogene Wertung verweist auf ihre prinzipielle Nachvollziehbarkeit durch Verstehen des vom Anderen vermeinten Kontextes, in dem er die Wertung vollzieht.

(T28) Sowohl der Andere als auch ich können sich über die Situation und ihren Kontext irren. Die Wertung hängt von vermeinter Situation und vermeintem Kontext ab, so daß mit einem Irrtum über diese auch die Wertung falsch wird. Irrtümer über Situationen können z.B. Halluzinationen oder fehlerhafte Reidentifikationen sein. Irrtümer über Kontexte sind nicht Fehler im Herausgreifen von Zusammenhängen, sondern Irrtümer über das Bestehen derselben.

(T29) Was wir uns im Verstehen der Wertung des Anderen zur Evidenz bringen, ist das Wertmoment seiner vermeinten Situation (aV) und ihres vermeinten Kontextes (eV, hV). Die Richtigkeit der Meinung des Anderen im Bezug auf die objektive Situation und ihren objektiven Kontext ist dabei irrelevant, obwohl das Verstehen bei übereinstimmender Meinung in diesen Bereichen natürlich leichter und ein gewisses Maß an Übereinstimmung (im aV) sogar unentbehrlich ist.

(T30) Eine Wertung, die aufgrund von Irrtümern über die bewerteten Fakten als Fakten objektiv falsch ist, ist strikt zu unterscheiden von einer Wertung, die objektiv falsch ist, weil sie nicht den Normen ethischer Objektivierung genügt.

## 4. Evidenz des Wertes einer Gesamtsituation (Wert ohne Vergleich)

(T31) Die Beteiligten an einem Geschehen befinden sich in Teilsituationen einer Gesamtsituation, die sich einem Außenstehenden oder reflektierenden Beteiligten darbietet.

(T32) Die Gesamtsituation hat nicht ohne weiteres ein einheitliches Wertmoment, da die Teilsituationen verschiedene Wertmomente aufweisen können, die jeweils in oben beschriebener Weise zur Evidenz gebracht werden.

(T33) Auch die Gesamtsituation hat einen beschränkten, im Prinzip beliebig erweiterbaren Horizont. Sie ist eine eigene Situation für einen Außenstehenden oder reflektierenden Beteiligten, für sie gilt also ebenfalls, was hier unter 2. gesagt wurde.

(T34) Soweit die Gesamtsituation nicht verglichen wird, läßt sich, unter den Normen der ethischen Objektivierung Symmetrie, Kongruenz und Priorität, das Wertmoment der Gesamtsituation auf das Wertmoment einer oder mehrerer gleich bewerteter Gesamtsituationen zurückführen.

(T35) Die Evidenz des Wertmoments einer Gesamtsituation außerhalb von Vergleichen ist so auf die Evidenz des Wertmoments der Situationen ausgewählter Anderer zurückgeführt.


## 5. Evidenz des Wertes eines Situationstyps

(T36) Überzeugungen über das Wertmoment von Situationstypen werden durch Instantiierungen der Typen in der Erfahrung bestätigt oder enttäuscht.

(T37) Eine Enttäuschung kann zur Änderung der Überzeugung über den bestehenden Typ oder zur Aufspaltung des Typs führen.

(T38) Die Reidentifikation eines Typs ist dann korrekt, wenn sich der Typ auch aus der reidentifizierten Situation bilden kann.

(T39) Situationstypen sind im Rahmen einer ökologischen Ontologie Begriffe von Realitäten. In einer atomistischen Ontologie erscheinen sie als willkürliche Zerstückungen der Raumzeit.

(T40) Die Bildung von Situationstypen ist wie jede andere Typenbildung auch sozial gesteuert aber nicht beliebig.


## 6. Evidenz von Entscheidungen (Werte im Vergleich)

(T41) Entscheidungen in Normsystemen sind analog zu Hypothesen in Theorien.

(T42) Entscheidungen können sich nur durch ihre tatsächlichen Folgen bei ihrer Umsetzung als richtig oder falsch herausstellen. Es gibt kein Kriterium für die Richtigkeit von Entscheidungen, das von vorneherein angewendet werden könnte. (Analogie: Kreativität von Abduktionen, experimentelle Überprüfung)

(T43) Dennoch gibt es gute und schlechte Entscheidungen. Gute Entscheidungen sind vage dadurch gekennzeichnet, daß sie gute absehbare Konsequenzen erwarten lassen. (Analogie: Erklärung des Falles, für den die Hypothese gebildet wurde)

(T44) Normenentsprechung ist eine heuristische Hilfe für Entscheidungen, aber kein Kriterium für gute und schlechte Entscheidungen. (Analogie: Einfügung der Hypothese in die bestehende Theorie).

(T45) Wenn eine Entscheidung nach einer Norm getroffen wird, dann verlagert sich ihre Evidenz auf die Evidenz der Norm. (Analogie: Deduktion von "Hypothesen" aus Theorien).

(T46) Da es keine absoluten Kriterien für Entscheidungen gibt, ist für die moralische Bewertung einer Entscheidung die gute Absicht maßgeblich.

## 7. Evidenz von Normen

(T47)  Normen unterliegen einer Logik der Funktion.

(T48)  Eine Norm erhält ihren Wert von dem Zweck, für den sie gebildet wurde.

(T49)  Zwecke bzw. zu Vermeidendes sind Situationstypen, die eindeutig bewertet werden. Der Horizont ist dabei gerade so weit, daß die Eindeutigkeit bestehen bleibt.

(T50)  Die Bewertung und auch ihre Eindeutigkeit bei Zwecken unterliegen den selben Evidenzgesetzen wie bei allen Situationstypen (s.5.).

(T51)  Dementsprechend kann sich der vermeinte Wert einer einzelnen Norm durch Enttäuschung der Erwartung des Wertmoments bei einer Instantiierung des Zwecks bzw. des zu Vermeidenden als falsch erweisen.

(T52)  Normen sind durch den objektiven Verweisungszusammenhang des eV miteinander verbunden. Aufgrund dieser Verbindungen können sich Normen widersprechen. Die Werte zweier sich widersprechender Normen können zugleich evident sein. Der Fehler liegt dann bei der Verbindung durch den Verweisungszusammenhang, d.h. der Verweisungszusammenhang soll objektiv geändert werden.

# 4. Normative Wendung

Folgendes Beispiel illustriert den Grundgedanken einer normativen Wendung: Wenn ein Kind lesen kann, dann kann es sich notwendigerweise auch auf abwesende Objekte beziehen. Aber wenn ein Kind sich auf abwesende Objekte beziehen kann, dann kann es nicht notwendigerweise lesen und es wird auch nicht notwendigerweise lernen zu lesen. Daraus folgt: wenn ein Kind lesen lernen soll, dann muß es zuerst lernen, sich auf abwesende Objekte zu beziehen, was aber nicht garantiert, daß es auch lesen lernen wird. Ich habe diese spezifische Form der Abhängigkeit bereits ausführlich in I,2.3.1.2 diskutiert. Neu ist die Konsequenz solcher Abhängigkeiten für das Sollen; allgemein gilt, daß jede temporale Fundierung von A in B in folgender Weise normativ gewendet werden kann: Wenn wir A wollen, dann müssen wir zuerst B schaffen, aber B garantiert A nicht. Der Zusatz grenzt die normative Wendung der temporalen Fundierung von der normativen Wendung der Beziehung zwischen hinreichender Ursache und Wirkung ab.

Wir können die Erzeugung des Fundierenden im Einklang mit dem normalen Sprachgebrauch als "Voraussetzungen schaffen" bezeichnen; ein Satz der Art "Wir haben alle Voraussetzungen geschaffen, aber trotzdem geschieht nichts" ist durchaus sinnvoll. Die Frage nach der normativen Relevanz der Phänomenologie des Wertbewußtseins läßt sich dann in folgender Weise stellen: Welche allgemeinen Strukturen sind für den Gesamtprozeß einer ethischen Normenentwicklung in Individuum und Gemeinschaft aufgrund der phänomenologischen Fakten zu schaffen? Zur Beantwortung dieser Frage ist ein Modell der ethischen Normentwicklung nötig, das ich auf der Basis von II,2.3.2.6 erarbeiten werde, wozu aber zuvor die grundlegenden Konzepte der Entwicklung (Genese, Telos, Evolution) im Ausgang von Husserls Teleologie geklärt werden müssen. Zuallererst ist es jedoch wichtig, sich klar zu machen, daß phänomenologische Fakten nur in Form der Kritik bestehender normativer Systeme und nicht in der des Entwurfs von Utopien Eingang in einen konkreten Prozeß der Normentwicklung finden können.

## 4.1. Genetische Phänomenologie und Kritik normativer Systeme

Ein paradigmatisches Beispiel für die normative Wendung von Ergebnissen der genetischen Phänomenologie ist folgendes Fazit Behnkes zum Abschluß ihrer Ausführungen zu Husserls Phänomenologie des Leibes in den Ideen II:

> If Husserl is at all correct that my perception of another human being as a living, feeling person [...] is based on my ability to feel my own Body[310] [...], then we may expect a culture of violence to be based on practices of disembodiment. And this is in fact what we find in military training, for example, as well as in the perpetuation of violence by victims of child abuse, who were able to survive only by not feeling their own pain [...]. Conversely, it is also possible [...] to cultivate a Body of compassion, an embodied ethics, a culture of peace, in which genuine "co-existence in the flesh" would be possible.[311]

Wenn man die letztere Möglichkeit plausiblerweise positiv bewertet, dann ergibt sich aus dieser Wertung und dem im Zitat genannten genetischen Strukturgesetz der Einfühlung die positive Wertung von "embodiment" und die entsprechende negative Wertung von "disembodiment". Genau umgekehrt würde die Wertung ausfallen, wenn man (freilich weniger plausibel) davon ausginge, daß eine Kultur der Gewalt und des Kampfes wertvoll ist. Für eine solche Kultur ist es nötig, Mitgefühl zu unterdrücken, was sich sehr effektiv durch die Unterdrückung der notwendigen Bedingung für Mitgefühl erreichen läßt (selbstverständlich gibt es auch andere, selektivere Methoden).

Es lassen sich leicht analoge Zusammenhänge finden, die uns schließlich auf eine Schwierigkeit in der Verallgemeinerung von Behnkes Argumentation führen werden. Während Behnkes Argument primär auf direkte leibkörperliche Gewalt zielt, worauf, wie ich zeigen werde, letztlich die Richtigkeit ihres Arguments beruht, können wir z.B. für Indifferenz gegenüber Anderen eine andere Strukturgesetzmäßigkeit heranziehen: Originäre Einfühlung beruht auf leibkörperlicher Kopräsenz des Anderen, d.h. auf der Anwesenheit des konkreten Anderen. Wenn der Andere nur abstrakt behandelt wird, ohne je konkret zu begegnen, wie z.B. in gewissen bürokratischen Vorgängen, dann kann die Einfühlung

---

[310]In der englischen Übersetzung der Ideen II, auf die sich der Text bezieht, wird "Leib" als "Body" und "Körper" als "body" wiedergegeben. Siehe Behnke (1996) S. 140

[311]Behnke (1996) S. 155f.

habituell ausgeblendet werden. Die Bewertung dieser Struktur ist ambivalent, da Indifferenz zum einen Unparteilichkeit gewährleisten kann, zum anderen aber auch Schreibtischtätertum ermöglicht. Es hängt dann offensichtlich vom Kontext ab, wie das Maß originärer Einfühlung zu bewerten ist.

Derartige Ambivalenzen lassen sich an einem weiteren Beispiel genauer verfolgen: Jemand hat sich ein Bein gebrochen. Damit das Bein heilen kann, muß der Knochen durch einen Helfenden gerichtet werden, egal welche Schmerzen das aktuell für den Verletzten bedeutet. Auf seiten des Helfenden setzt die Zielsetzung, daß das Bein heilen soll, die Fähigkeit voraus, sich in den anderen Leib einzufühlen. Andererseits setzt das Richten des Knochens voraus, diese Einfühlung zeitweise außer Kraft zu setzen, um dem Verletzten derartige Schmerzen zufügen zu können. Das Ziel den Knochen zu richten ist funktional für das Ziel der Heilung. Der einbettende Zweck der Heilung "heiligt" in diesem Beispiel das eingebettete Mittel. Um geheiligten Mitteln gewachsen zu sein müssen wir phasenweise die mitfühlende Einstellung verlassen können und z.B. den Leibkörper des Anderen als Ding behandeln.

Die Fähigkeit einen anderen Leibkörper zu verdinglichen, die z.B. eine Chirurgin in ihrer Ausbildung erwirbt, soll sich in einer kontextgebundenen Habitualität manifestieren; nur im OP oder ähnlichen Situationen soll das Mitfühlen ausgeschaltet sein. Innerhalb des einbettenden Kontextes ist die nicht mitfühlende Einstellung funktional für das mitfühlende Ziel der Heilung. Dieses Ziel würde nur wegfallen, wenn sich die nicht mitfühlende Einstellung auf den einbettenden Kontext erstrecken würde. Problematisch ist die nicht mitfühlende Einstellung demnach nur, wenn sie sich außerhalb einer mitfühlenden Einbettung niederschlägt. Wenn wir uns diese Möglichkeit vorbehalten, dann halten wir uns die Möglichkeit moderater Kulturkritik offen. Ohne diesen Vorbehalt wären wir auf radikale Kulturkritik festgelegt, welche eine durchgängige Umgestaltung der Kultur unter der Maßgabe einer sich unter allen Umständen durchhaltenden mitfühlenden Einstellung verlangt, wie dies z.B. beim radikalen Pazifismus der Fall ist.

Wenn man zuläßt, daß es Zwecke gibt, die Mittel heiligen, dann können Konsequenzen aus den phänomenologischen Ergebnissen, soweit sie allgemein sein sollen, stets nur auf der Ebene der einbettenden Zwecke gezogen werden. D.h. man muß sich entweder auf die einbettenden Zwecke beziehen, die in einer realen Kultur vorgegeben sind, also Kulturkritik üben, oder man muß sich direkt auf die allgemeinste Ebene der Zwecksetzung kultureller

Entwicklung begeben, um Aussagen über Kulturen überhaupt machen zu können. In beiden Fällen handelt es sich nicht um den Entwurf von Utopien. Ich beschränke mich hier auf den transkulturellen Bereich, da es in dieser Arbeit um allgemeine ethische Theorie geht.

## 4.2. Klärung der Entwicklungskonzepte Teleologie und Evolution

Der Begriff der Teleologie ist vielschichtig und ich möchte daher einige prima facie Unterscheidungen vorausschicken:

Man kann zunächst drei Gebiete, in denen das Vorhandensein einer Teleologie diskutiert wird unterscheiden.[312] Im menschlichen Handeln verursacht das Ziel in einem gewissen Sinn die Handlung, was sich aber auch wirkursächlich so beschreiben läßt, daß die gegenwärtige Vorstellung des Ziels die Handlung verursacht. Problematischer ist die Diskussion um eine Teleologie in der (belebten) Natur. Das biologische Standardmodell, in dem Evolutionstheorie und Genetik verbunden sind, erklärt die Entwicklung von Genotyp und Phänotyp rein wirkursächlich. Schließlich wird noch im Bereich der Geschichte diskutiert, ob diese auf einen vorherbestimmten Endzustand zusteuert. Zur Teleologie scheint es zwei naheliegende kohärente Standpunkte zu geben: Im Bereich des menschlichen Strebens und auch der Geschichte, soweit sie durch menschliches Streben beeinflußbar ist, können wir sinnvoll von Zweckursachen sprechen. Im Bereich der Natur können wir die Rede von Zweckursachen eliminieren und ihr ein bloß heuristisches Recht einräumen. Das schwierige Problem ist dann, wie - insbesondere freies - menschliches Streben und naturalistische Metaphysik miteinander vereinbart werden können. Im Rahmen dieser phänomenologischen Arbeit kann ich das schwierige Problem ausklammern, indem ich mich auf den Bereich des menschlichen Strebens beschränke. Ich bleibe damit hinsichtlich des ontologischen und auch des methodologischen Status, welcher der Teleologie zugeschrieben wird, neutral.[313]

Die hier wichtigste Unterscheidung ist die zwischen extrinsischem und intrinsischem Ursprung der Teleologie in Bezug auf den betrachteten Prozeß.[314] Wenn ich in einer bestimmten

---

[312]s. „Enzyklopädie Philosophie" Eintrag „Teleologie"

[313]vgl. „Enzyklopaedie Philosophie und Wissenschaftstheorie" Eintrag „Teleologie"

[314]Vgl. EoPhil Eintrag „Teleology"

sozialen Rolle eine "äußere" Funktion erfülle, dann strebe ich "innerlich" bestimmte Ziele an. Zumindest was menschliche Aktivitäten angeht kann der Unterschied von extrinsischer und intrinsischer Teleologie von der Perspektive abhängen. Aber wir können auch innerhalb der Innenperspektive wiederum Prozesse von "innen" und "außen" betrachten. Das Ziel eines Aktes, z.B. visuelle Näherbestimmung, wird in diesem Akt angestrebt, aber es kann von einem umfassenden Thema (z.B. Auswahl eines Möbelstücks), dessen Teil es ist, vorgegeben sein, so daß das Erreichen des Ziels die Funktion des Aktes für das Thema ist. Die abstrakte Struktur, die in beiden Beispielen vorliegt, ist folgende: Ein (verselbständigtes) Stück eines Ganzen, das in diesem Ganzen eine Funktion hat, hat für sich betrachtet ein Ziel. Umgekehrt kann ein Ganzes, das Stück eines umfassenderen Ganzen ist (das "eingebettet" ist) und ein Ziel hat, eine Funktion für das umfassendere ("einbettende") Ganze haben. Vereinfacht kann man das auch so ausdrücken, daß Teilziele funktional für Gesamtziele sind. Die Problematik der Teleologie läßt sich anhand dieser verschachtelten Struktur als Problem der Terminierung nach oben verstehen: Welches Ganze gibt den Teilen eine Funktion, ohne selbst durch ein umfassendes Ganzes bestimmt zu sein? Der am besten akzeptierte metaphysische Kandidat ist der Prozeß der natürlichen Evolution. Wenn wir nun nicht-metaphysisch nach einer relativen Terminierung in einem bestimmten Bereich fragen, dann legt sich ein evolutionär strukturiertes Ganzes nahe, denn es ist die abstrakte Struktur evolutionärer Prozesse, welche ihrer funktiongebenden Kraft zugrundeliegt und nicht ihr materialer Inhalt. Ich werde zeigen, daß die Husserlsche Teleologie der Vernunft auf diese Weise im Modell der evolutionären Optimierung menschlicher Erkenntnis erfaßt werden kann.

## 4.2.1. Husserls Teleologie

Ich betrachte zunächst exemplarisch Husserls eigene normative Wendungen im Rahmen seiner Teleologie: Grundlegend für Husserls kategorischen Imperativ in der Vorlesung von 1914 war der materiale Wert der Einsicht. Im dritten Kaizo-Artikel „Erneuerung als individualethisches Problem"[315] von 1924 findet sich eine individualgenetische Begründung dieses Wertes. Sozialethische Konsequenzen aus demselben, zieht Husserl vor allem in dem unveröffentlichten Artikel „Erneuerung und

---

[315]Hua XXVII S. 20-43

Wissenschaft"[316] von 1922/23[317], darauf werde ich nicht eingehen, da es sich um den Entwurf eines Ideals handelt.

Ausgehend von der menschlichen Fähigkeit zur Reflexion und zur freien Aktivität hält Husserl fest, daß das Willenssubjekt nicht rein der Neigung folgt, sondern vielmehr zur Selbstbewertung durch Reflexion und zur Selbstveränderung durch freie Aktivität in der Lage ist. Das Leben des Subjekts verläuft stets in der Form des Strebens auf von ihm als positiv vermeinte Werte. Aus der Möglichkeit der Enttäuschung dieses Strebens ergibt sich das Streben auf ein gesichertes, gesamtbefriedigendes, d.i. glückseliges Leben. Dazu bedarf es der Kritik, die singulär oder allgemein sein kann. Husserl stellt hier eine durchaus pragmatische Anfangsmotivation fest:

> Das ursprüngliche Motiv, das Spiel seiner jeweiligen Affektivität außer Kraft zu setzen und zu freier Erwägung überzugehen, ist das peinliche Erlebnis der Negation und des Zweifels.[318]

Dadurch wird Evidenz zum Motiv des Vernunftstrebens und zum Maßstab der freien Selbstgestaltung nach Normen der Vernunft. Diese Analysen Husserls zeigen aber, daß die Teleologie der Vernunft letztlich in dem unangenehmen ("peinlichen") Charakter der Enttäuschung fundiert ist; eine Beobachtung, auf die ich zurückkommen werde, da sie für das Problem der Letztbegründung von großer Bedeutung ist.

Gegenüber der gewöhnlichen, auf partikulare Eigeninteressen gerichteten singulären Selbstkritik hebt Husserl die durch allgemeine Selbstkritik ermöglichte "ethische Lebensform" hervor: Der gewöhnlichen Lebensform fehlt laut Husserl die "habituelle Intention auf eine Kritik"[319], d.h. ihr freier Wille kann wieder naiv werden. Eine universelle Kritik hat dagegen folgende Aufgabe:

---

[316]Hua XXVII S. 43-59

[317]Die Kaizo Artikel sind unter dem Eindruck des ersten Weltkriegs geschrieben, von dem Husserl in einem Brief von 1920 sagt: „Dieser Krieg, der universalste und tiefste Sündenfall der Menschheit in der ganzen übersehbaren Geschichte, hat ja alle geltenden Ideen in ihrer Machtlosigkeit und Unechtheit erwiesen." (nach Hua XXVII, S. XII) Die Aufgabe einer in strenger Wissenschaft unverrückbar fundierten humanen Kultur wurde Husserl angesichts dieser Machtlosigkeit sehr dringend. (s. Hua XXVII „Einleitung der Herausgeber")

[318]Hua XXVII S. 25f.

[319]Hua XXVII S. 30

Eine solche Kritik soll das Handeln im voraus vor Enttäuschungen des sachlichen und wertenden Verfehlens sichern, aber auch hinterher der Erzielungsfreude ihre standhaltende und sich immerfort bewährende Kraft geben, sie vor nachkommenden Entwertungen [...] behüten.[320]

Hier zeigt sich wiederum ein pragmatisches Theorie-Praxis Verhältnis, sowie eine letztlich utilitaristische Begründung der Notwendigkeit von Kritik aus ihrer Funktion für Glückseligkeit. Die Vermeidung von Enttäuschung und Entwertung ist für Husserl das Motiv der Kritik, aus dem sich bei universaler Verfolgung das Streben nach dem vollkommenen Leben in vernünftiger Zufriedenheit ergibt:

Eine vernünftig begründete Zufriedenheit wäre also gelegen in der einsichtigen Gewißheit, sein ganzes Leben in größtmöglichem Maße in gelingenden Handlungen vollführen zu können, die hinsichtlich ihrer Voraussetzungen und Ziele vor Entwertungen gesichert wären.[321]

Insgesamt entstehe also aus der einzelnen bewußten Erfahrung einsichtiger Rechtfertigung und Handlung ein universales Verantwortlichkeitsbewußtsein der Vernunft oder ethisches Gewissen und der Wunsch und Wille das gesamte Leben vernunftgemäß zu gestalten.

Husserls Erläuterungen hierzu[322] sind m.E. zusammenzufassen unter dem husserlschen Unterschied zwischen Kausalität und Motivation: Die ethische Lebensform ist eine motivierte, d.h. die einzelne Person ist nicht kausal dazu bestimmt, so zu leben, sondern kann von ihr beliebig abweichen, bzw. das Ideal kann in der Person nur unvollkommen realisiert sein. Diese Bestimmungen haben Konsequenzen für die Teleologie; sie ist kein von selbst oder vorherbestimmt ablaufender Prozeß, sondern im freien menschlichen Streben fundiert. Die Existenz einer geschichtlichen Teleologie ist somit abhängig vom gemeinschaftlichen Streben im menschlichen Handeln. Die übliche Konzeption der geschichtlichen Teleologie als unausweichliches, höchstens beschleunigbares oder verzögerbares Zulaufen auf einen im voraus bestimmbaren Endzustand wird damit in den Bereich der spekulativen Metaphysik

---

[320]Hua XXVII S. 30

[321]Hua XXVII S. 32

[322]Hua XXVII S. 33-42

verwiesen. Husserl kommt zu dem Fazit, daß es einer Entscheidung bedarf, die zwar vernünftig motiviert ist, aber doch eine Entscheidung bleibt, um in die ethische Lebensform einzutreten:

> Jeder für sich muß einmal im Leben jene universale Selbstbesinnung vollziehen und den für sein ganzes Leben entscheidenden Entschluß fassen, mit dem er zum ethisch mündigen Menschen wird, sein Leben als ethisches ursprünglich begründet.[323]

Als zentrale Ergebnisse der Husserlschen normativen Wendung sind festzuhalten:

1) Der Wert der Einsicht ist im Übel der Enttäuschung fundiert.
2) Partikulare Einsicht motiviert das Streben nach universeller Einsicht; das auf dieses Streben ausgerichtete Leben ist die ethische Lebensform.
3) Der Übergang zur ethischen Lebensform bedarf eines Entschlusses.

In I,2.1.1 habe ich Husserls Idee der Philosophie als teleologische und ethische charakterisiert und darauf hingewiesen, daß die damit verbundenen Probleme erst nach einem Durchgang durch die Ethik zu behandeln sind. Husserls normative Überlegungen beruhen auf seiner Teleologie. In seinem Letztbegründungsprojekt verbindet Husserl die ethischen und teleologischen Überlegungen zur Idee der Philosophie mit der Kritik der Kritik. Auf diesen Problemkreis muß ich nun zurückkommen. Das besondere der Husserlschen Teleologie ist, daß sie nicht auf einer natürlichen oder geschichtlichen causa finalis beruht, sondern auf dem motivierten Entschluß, das eigene und kollektive Streben einer regulativen Idee zu unterstellen. Wie später deutlich werden wird, ermöglicht diese Besonderheit, wenn sie genauer spezifiziert, die Husserlsche Teleologie in eine nicht antagonistische Beziehung zu evolutionär strukturierter Entwicklung zu setzen. Auf dieser Grundlage läßt sich das Verhältnis von Teleologie und Evolution so weit klären, daß ein Modell der Normentwicklung im Einklang mit den phänomenologischen Ergebnissen formuliert werden kann.

Paolo Valori wies bereits vor Funke, den ich in I,2.1.1 herangezogen habe, wenn auch viel weniger umfassend, auf den engen Zusammenhang von Teleologie und Ethik bei Husserl hin.[324] Welcher Art diese Teleologie ist, konnte er dabei jedoch

---

[323]Hua XXVII S. 43
[324]Valori (1979)

nicht bestimmen. Aus der Untersuchung der Teleologie der Wahrnehmung gewinnt aber Rudolf Bernet folgende Charakterisierung der Teleologie:

(1) Adequate givenness of a thing is not something "real" but rather a teleologically anticipated idea [...]

(2) This idea is the idea of an infinite experiential process [...]

(3) The teleological anticipation of the idea of the thing-in-itself essentially structures every perceptual process; in other words, this teleologically anticipated idea has a regulative function.[325]

Das läßt sich analog in ein husserlsches Modell der Teleologie der Werterfassung und Realisierung übertragen:

(1) Absolut evidente Werte werden nicht faktisch erfaßt, sondern konstituieren sich als Limes von relativ evidenten Wertnehmungen. Perfekte Wertrealisierung konstituiert sich als Limes relativ gelingender Praxis.

(2) Dem Limes absoluter Werte korreliert der Limes unendlich dauernder, immer besser werdender Werterfassung; ebenso für die Wertrealisierung.

(3) Diese Ideale regeln die reale Werterfassung und Wertrealisierung

Berücksichtigt man die oben besprochenen Voraussetzung einer Entscheidung zum Streben, so muß (3) eingeschränkt werden zu:

(3') Diese Ideale sollen die reale Werterfassung und Wertrealisierung regeln.

Die husserlsche Teleologie ist also extrinsisch, weil der Entschluß zur ethischen Lebensform dem Leben ein Thema vorgibt, für das es funktional ist.

Entscheidend für das richtige Verständnis der Husserlschen Teleologie sind ihre Einschränkungen im Hinblick auf ihre reale Wirksamkeit und das Theorie-Praxis Verhältnis:

Obige Ergebnisse machen klar, daß die Teleologie bei Husserl keine kausale, sondern eine motivationale ist.[326] Deskriptiv ist nur eine Tendenz zur Evidenz feststellbar, aber keine kausale

---

[325]Bernet, Rudolf (1979) S. 129

[326]Insofern mißversteht Condie Husserl, wenn er kritisiert, daß das Vorliegen einer Teleologie zum Problem des Irrtums und der schuldhaften Immoralität im Widerspruch stehe. Siehe Condie (1988) S. 93 ff.

Festlegung des Subjekts, diese Tendenz zu verfolgen. Daher bedarf es der positiven Wertung der Ideale und des Entschlusses, das eigene Leben an diesen auszurichten. Daß die faktische Entwicklung des Individuums wie der Gesellschaft von der Teleologie abweichen kann, ist, wie die Beilage XXVIII zur Krisis zeigt, Husserl nur zu bewußt:

> Philosophie als Wissenschaft, als ernstliche, strenge, ja apodiktisch strenge Wissenschaft - der Traum ist ausgeträumt.[327]

Husserl erkennt, daß die von ihm antizipierte Teleologie nicht zur realen Entfaltung kommt, sondern vielmehr eine entgegengesetzte Entwicklung stattfindet:

> Ein mächtiger und ständig wachsender Strom [...] einer der Wissenschaft entsagenden Philosophie überflutet die europäische Menschheit.[328]

Mit dieser Erkenntnis verwirft Husserl aber gerade nicht sein Ideal, wie die §§ 3-6 der Krisis deutlich zeigen, sondern sieht sich vielmehr genötigt, in philosophiehistorischen Betrachtungen den Telos wieder neu ins Bewußtsein zu rufen. Wie dies zu bewerkstelligen sei, beantwortet der Text in Beilage XXVIII der Krisis nicht, wie ihn Husserl überhaupt als „erste verworrene Überlegungen" bezeichnet.[329] Die Intention bleibt damit die gleiche wie in den Kaizo Artikeln, aber es läßt sich eine zunehmend realistischere Einschätzung der realen Macht der Vernunft erkennen. Die Frage, ob die Teleologie der Vernunft schließlich trotz aller Rückschläge zur Entfaltung kommen muß, ist ein ungelöstes Problem.[330] Man tritt hier in metaphysische Fragen ein[331], von denen es fraglich ist, ob sie eine Lösung in der phänomenologischen Deskription erhalten können. In jedem Fall erhalten sie durch die Deskription einen spezifischen Sinn, durch den sie zu klaren Fragen werden.

Das Verhältnis von Theorie und Praxis wird von Husserl im Kontext des Problems des philosophischen Anfangs und Berufs diskutiert: Die Motivation, Phänomenologie zu betreiben,

---

[327]Hua VI (Krisis) S. 508

[328]Hua VI (Krisis) S. 508

[329]S. Hua VI (Krisis) „Textkritische Anmerkungen" S. 556

[330]s. Strasser (1979)

[331]S. Krisis §3

entstammt dem Scheitern der lebensweltlichen Praxis. Würde diese Praxis stets völlig einstimmig verlaufen, so wäre Phänomenologie höchstens ein intellektuelles Spiel. Da aber die lebensweltliche Praxis in den verschiedensten Bereichen tiefgreifend scheitert (für Husserl z.B. im Ersten Weltkrieg oder im Grundlagenstreit der Mathematik), kommt der Phänomenologie laut Husserl die außerordentlich wichtige Aufgabe zu, dieses Scheitern in Zukunft verhindern zu helfen. Husserl sieht in ihr das notwendige Mittel, um dieses Ziel zu erreichen. Damit steht am Anfang kein rein methodischer Zweifel, sondern ein begründeter realer Zweifel. Nimmt man nun ernst, daß die Aufgabe eine unendliche ist und daß die Teleologie der Vernunft nicht kausal, sondern motivational ist, so erhält die Forderung nach Letztbegründung einen realistischen Sinn, nämlich den, mit dem Streben nach Einsicht niemals endgültig aufzuhören ("Ethik des Denkens"). Das ist zu ergänzen durch das wechselseitige Theorie-Praxis Verhältnis: Theorie nimmt Praxis vorweg und Praxis motiviert Theorie. D.h. das Streben nach Einsicht kann zeitweilig ausgesetzt sein, wenn der Grad der Einsicht dem praktischen Problem angemessen ist. Andererseits zeigt die Praxis die Grenze der erreichten Einsicht auf und setzt so das Streben nach Einsicht wieder in Gang. In der Philosophie wird dem Streben nach Einsicht ohne praktisch vorgegebenen "Haltepunkt" nachgegangen; sie hat keine näher bestimmte Praxis zum Gegenstand, sondern Praxis überhaupt. Die Epoché hat hierbei die Funktion, Praxis, auch die theoretische der Wissenschaften, zum theoretischen Gegenstand zu machen. Weil diese Einstellung aufgrund der Eingebundenheit des Phänomenologen / der Phänomenologin in lebensweltliche Zusammenhänge nicht ständig aufrecht erhalten wird und auch gegenüber der natürlichen Einstellung genetisch später ist, muß sie als Berufseinstellung bezeichnet werden.

Ihre letzte Begründung findet Phänomenologie damit in ihrer Notwendigkeit für eine rationale Praxis. Husserls Letztbegründung ist also eine ethische Begründung dafür, in einen nie völlig endenden Prozeß rationaler Selbstbestimmung einzutreten, für den die Phänomenologie die in diesem Prozeß ständig weiterzuentwickelnde wissenschaftliche Grundlage ist.

## 4.2.2. Husserlsches Telos und evolutionäre Optimierung

Wenn wir uns vor die Alternative stellen, Normentwicklung als teleologischen oder als evolutionären Prozeß zu begreifen, dann scheinen wir auf dem ersten Blick vor der Alternative zu stehen, ob wir Normentwicklung als zielgerichtete Aktivität oder als blindes Geschehen begreifen sollen. Die erste Alternative scheint unrealistisch zu sein, die zweite scheint keinen Platz für ethische Normentwicklung zu lassen. Aber es gibt einen Weg "dazwischen", an den ich mich durch eine Betrachtung von Husserls Teleologie angenähert habe. Nun will ich mich auch von seiten der Evolution an diese "Mitte" annähern, indem ich das Verfahren der evolutionären Optimierung näher betrachte und es in Beziehung zur husserlschen Teleologie stelle.

Evolutionäre Optimierung ist ein Verfahren, das die Struktur der natürlichen Evolutionsprozesse verwendet, um Objekte an gewisse Anforderungen anzupassen, wobei zwar die Anforderungen, aber nicht die Zieleigenschaften der Objekte bekannt sind (wären diese bekannt, bräuchte man ja nicht zu optimieren). Es gibt vielfältige Algorithmen zur evolutionären Optimierung, die aber alle auf folgendem Grundprinzip aufbauen:

Die Objekte haben einen zu optimierenden Komplex von Eigenschaften. Es wird eine für alle Objekte gültige Fitnessfunktion definiert, die sich monoton mit der Güte der Anpassung des Objekts ändert. Ein Reproduktionsmechanismus für die Objekte wird definiert, der (1) nach dem Wert der Fitnessfunktion selektiert, welche Objekte reproduziert werden, und der (2) vorschreibt, wie die Objekte der nächsten Generation generiert werden (Kopie, Mutation, Rekombination von Eigenschaften etc.). Mit dem Durchlaufen von Reproduktionszyklen entwickeln die Objekte immer bessere Eigenschaften. In technischen Anwendungen kommt eine Abbruchbedingung hinzu, die angibt, wann das Ergebnis gut genug ist, um verwendet zu werden; ohne Abbruchbedingung handelt es sich im allgemeinen um einen unendlich offenen Prozeß, wie er auch in der Normentwicklung vorliegt. Da zufällige Mutation oder Rekombination bei der Generierung eine Rolle spielen, können verschiedene Optimierungsdurchläufe verschiedene Resultate bringen.

Am Verfahren der evolutionären Optimierung lassen sich folgende Beobachtungen machen:

- Die Selektion von Objekten nach einem komplexen, aber für alle Objekte gleichen Kriterium kann einem evolutionären

Prozeß eine Richtung auf ein Ziel der Anpassung geben, ohne daß die Zieleigenschaften der Objekte bekannt sein müßten.

-   Unabhängig von der Wahl des Selektionskriteriums läßt sich die Generierung von neuen Objekten in verschiedener Weise gestalten und diese Weise bestimmt entscheidend Verlauf und Geschwindigkeit der Anpassung. Bei ungünstiger Weise der Generierung kann eine Anpassung sogar ausbleiben oder zurückgehen (z.B. strikte Kopie oder zu starke Mutation). Es kommt also auf die Strategie an (z.B. in der Natur sexuelle vs. nicht-sexuelle Reproduktion).

Ein Prozeß der evolutionären Optimierung ist in folgenden Hinsichten nicht "blind": Selektionskriterium, Evaluationsverfahren und Generierungsverfahren werden im Hinblick auf die Aufgabe festgelegt und unter Umständen selbst optimiert.

Im Gegensatz zur biologischen Evolution im besonderen sind in evolutionären Prozessen im allgemeinen lamarcksche Generierungsverfahren zulässig. Die lamarcksche Vererbung von im Leben erworbenen Eigenschaften ist im biologischen Bereich ausgeschlossen, da sich biologische Eigenschaften nur über Gene vererben und erworbene Eigenschaften sich nicht in die Gene einschreiben. Dieser Ausschluß ist ein empirisches biologisches Fakt, das nicht auf alle evolutionären Prozesse zutreffen muß. Kulturelle Tradierung ist dagegen ein hochgradig lamarckscher Vererbungsprozeß, der von Artefakten und Sprache getragen wird. Sowohl Artefakte als auch Sprache können erworbene Eigenschaften (genauer Fähigkeiten) transportieren. Für die Normentwicklung kann man zwei lamarcksche Charakteristika leicht erkennen: Eine Individuum kann seine eigenen Normen ändern und es kann sie an bereits existente Individuen weitergeben. Wie ich bereits gezeigt habe, kann das sogar mit einzelnen Normen geschehen.

Die Besonderheiten der evolutionären Optimierung gegenüber der blinden Evolution lassen sich anhand einer Einschätzung der deskriptiven Korrektheit evolutionärer Algorithmen für soziale Prozesse verdeutlichen, wie sie Edmund Chattoe (1998) vorgelegt hat. Seine Abgrenzung gegen die Teleologie der Optimierung in seiner Einschätzung der deskriptiven Korrektheit beleuchtet die Besonderheiten der Optimierung in hilfreicher Weise ex negativo:

> [...] the existence of a fitness function provides both an "invisible hand" and a teleology for the system. The fitness function allows the fitnesses of all individuals in the population to be compared [...]. Whatever properties of an

individual the fitness function indicates as "desirable" are the properties that will become more prevalent in the population. It is this which provides a teleology for the system.[332]

Da Chattoe an deskriptiven Modellen interessiert ist, stellt die Fitnessfunktion der evolutionären Algorithmen für ihn ein Problem dar (Was ist ihr empirisches Korrelat?).[333] Er argumentiert überzeugend dafür, daß bei umsichtiger Interpretation der formalen Strukturen auch die Fitnessfunktion so interpretiert werden kann, daß sich deskriptiv plausible Modelle ergeben. Die ursprünglich für die Optimierung entworfenen Algorithmen werden so zu deskriptiven Modellen gewandelt. Da hier normative Modelle interessieren, ist gerade nicht diese Lösung, sondern die positive Wendung von Chattoes Problem interessant: Die Einführung einer Fitnessfunktion, d.h. eines einheitlichen Selektionskriteriums, in ein reales evolvierendes System gibt diesem System ein Telos und macht es so zu einem normativ gesteuerten System.

Die individuelle und auch die kollektive Setzung eines solchen Kriteriums als einheitlichem und beständigem Kriterium entspricht formal genau dem von Husserl beschriebenen Eintritt in die ethische Lebensform durch Entschluß zur universellen Kritik. Die Husserlsche Teleologie ist also ein Prozeß der evolutionären Optimierung, in den wir eintreten können und dessen Parameter (Selektionskriterium, Evaluations- und Generierungsverfahren) wir bestimmen können. Die Verschachtelung von Ziel und Funktion wird durch die umfassende Zielsetzung der ethischen Lebensform nach oben terminiert. Diese Terminierung ist keine metaphysische, da sich z.B. weiter fragen läßt, welche Funktion diese Zielsetzung in der natürlichen Evolution hat. Derartige metaphysische Fragen kann ich für die Zwecke dieser Arbeit außer acht lassen.

Durch das Kriterium erhält der Entwicklungsprozeß eine Intention auf die Erfüllung des Kriteriums. Mit der Wahl des Kriteriums legen wir also fest, wovon unser Normensystem handeln soll. Die Wahl eines ethischen Kriteriums wird also bestimmen, ob und in welchem Sinn unser Normensystem ethisch ist.

---

[332] Chattoe (1998) 3.3

[333] s. auch Chattoe (1998) 6.3

## 4.3.  Modell der ethischen Normenentwicklung

Es ist nicht sofort einsichtig, wie das Modell der gerichteten Evolution genau auf die ethische Normentwicklung angewendet werden soll. Eine Anleihe bei der evolutionär strukturierten Theorie der "proper functions" (eigentliche Funktionen) von Millikan erweist sich hier als hilfreich:

Millikan definiert "eigentliche Funktionen" ("proper functions") folgendermaßen:

> Where m is a member of a reproductively established family R and R has the reproductively established or Normal[334] character C, m has the function F as a direct proper function iff:

> (1)  Certain ancestors of m performed F.

> (2)  In part because there existed a direct causal connection between having the character C and performance of the function F in the case of these ancestors of m, C correlated positively with F over a certain set of items S which included these ancestors and other things not having C.

> (3)  One among the legitimate explanations that can be given of the fact that m exists makes reference to the fact that C correlated positively with F over S, either directly causing reproduction of m or explaining why R was proliferated and hence why m exists.[335]

Man kann diese Definition in folgender Weise auf Normen anwenden:

R:  Die Normen einer Gesellschaft, die durch Erziehung ihrer neuen Mitglieder reproduziert werden.

m:  Eine spezifische Norm, die einem Mitglied der Gesellschaft bekannt ist, ist ein Mitglied von R.

C:  Befolgt-Werden ist ein durch Erziehung reproduktiv etabliertes Merkmal der Normen R.

---

[334]Millikan schreibt "Normal" groß, um anzuzeigen, daß damit kein statistischer Durchschnitt gemeint ist, sondern Normalität im biologischen oder medizinischen Sinn (s. Millikan (1984) S. 5). Dem entspricht die husserlsche Verwendung von "typisch".

[335]Millikan (1984) S. 28

Damit kann man eine Definition von F folgendermaßen begründen:

F: Die Erfüllung eines spezifischen Zwecks ist die direkte eigentliche Funktion einer spezifischen Norm, denn:

(1) Die Normen, welche die Erziehenden kennen und weitergeben, haben ihren Zweck (unabhängig davon, ob dieser gut oder schlecht ist) erfüllt.

(2) Der Verweisungszusammenhang in dem die Erziehenden stehen verbindet das Befolgen einer Norm mit dem Erreichen ihres Zwecks in einer kausalen Weise, daher korreliert das Befolgen einer Norm positiv mit dem Erreichen des Zwecks bei den Erziehenden und auch bei anderen Mitgliedern der Gesellschaft.

(3) Es ist eine legitime Erklärung für die Ausbreitung von gewissen Normen, daß ihre Befolgung (im Gegensatz zu anderen) zum Erreichen ihres Zwecks führt, da die Erziehenden solche (und nicht andere) Normen weitergeben.

"Erziehung" und "Erziehende" ist hier in einem sehr weiten Sinn zu nehmen.

Die Modellierung der Normentwicklung auf der Grundlage von eigentlichen Funktionen liefert zunächst einmal eine formale Beschreibung der Tradierung. Die Optimierung ist noch nicht darin enthalten. Wenn man sich das Modell zunächst ohne Optimierung klar macht, dann läßt sich später genau feststellen, an welchen Stellen die Setzung einer Teleologie angreift. Die Differenzierung dieser Stellen wird eine Unterscheidung der Zugriffsweisen verschiedener ethische Theorien liefern, auf die ich in 4.4 zurückkommen werde.

Die konkrete Weise der Tradierung ist für das Modell weitgehend irrelevant; einige allgemeine Annahmen müssen allerdings gemacht werden: Das Modell geht von wohlmeinenden und hinreichend informierten Erziehenden aus, indem angenommen wird, daß nur von den Erziehenden für funktional gehaltene Normen weitergegeben werden und daß diese Meinung normalerweise richtig ist. Es ist selbstverständlich denkbar, daß die Erziehenden nicht wohlmeinend sind, also absichtlich dysfunktionale Normen weitergeben und/oder daß sie schlecht informiert sind und so unabsichtlich dysfunktionale Normen weitergeben. In diesen beiden negativen Fällen ist aber für die "erfolgreiche" Weitergabe eine gewisse Isolation von der betreffenden Gesellschaft auf seiten der Empfänger vorausgesetzt. Wenn wir also vom Normalfall ausgehen, daß die Reproduktion nicht in Isolation oder im Rahmen einer Verschwörung geschieht, dann trifft das Modell zu.

Bei der Anwendung des Modells stößt man sogleich auf die Schwierigkeit, daß die Normen der Tradierungsweisen selbst tradiert werden. Die pädagogische Paradoxie der Erziehung zur Mündigkeit ist ein prominentes Beispiel für diesen problematischen Sachverhalt. Die Weise der Tradierung ist ein entscheidender Faktor für die Plastizität eines Normensystems. Wenn die Normenkritik - insbesondere auf seiten der zu Sozialisierenden - ein Bestandteil der Tradierungsweise ist, dann besteht eine hohe Plastizität. Solche funktionalen Erwägungen können ein Grund für die Bevorzugung gewisser Normen der Tradierung gegenüber anderen sein. Aber insbesondere im Fall der Kritik durch die zu Sozialisierenden würden wir doch eher sagen, daß ein Recht auf Selbstbestimmung vorliegt, aus dem sich die Norm der Tradierungsweise ethisch und nicht funktional ergibt. Ich werde allerdings unten zeigen, daß ethische und funktionale Begründung zusammenfallen, wenn der Entwicklung ein ethisches Telos gegeben wird; Rechten wird dabei ein ganz spezifischer Status zugewiesen.

Neue Normen entstehen durch nicht-konforme Entscheidungen von Individuen. Ob und wie verbreitet sich eine neue Norm durchsetzt, hängt von der Position des kreativen Individuums im Verweisungszusammenhang (Rolle, Macht, Einfluß, Ansehen etc.) ab; das gleiche gilt auch für Normen von Gruppen und ihre Ausbreitung in der Gesamtgesellschaft (Verschachtelung). Die Möglichkeiten der Durchsetzung sind durch den Verweisungszusammenhang bestimmt. Gewisse globale Charakteristika des Verweisungszusammenhangs (z.B. Demokratie vs. Diktatur) legen normale Durchsetzungsweisen fest. Die Gestaltung der normalen Durchsetzungsweisen von Neuem ist selbst Gegenstand der ethischen Kritik. Auch die Normen der Erneuerungsweisen werden tradiert und erneuert und auch sie sind ein entscheidender Faktor für die Plastizität eines Normensystems.

Nicht-Übernahme und Nicht-Konformität beruhen zumindest implizit auf Kritik. Im Entwicklungsprozeß sind die Kriterien, die in solcher Kritik an Normen angelegt werden, der entscheidende Faktor für die Richtung der Entwicklung. Die Selektionskriterien bestimmen das Telos, aber ohne das Ergebnis festzulegen. Tradierung und Durchsetzung ohne einheitliches Selektionskriterium sind ebenso blind wie biologische Evolution. Gemäß dem Modell der eigentlichen Funktionen können wir an zwei Stellen optimierend eingreifen und so eine Teleologie hervorbringen:

(a)  Wir können den Reproduktionsvorgang gestalten.

(b)  Wir können den sozial-kausalen Zusammenhang zwischen dem Zweck einer Norm und ihrer Handlungsanweisung ändern.

In der Analogie zur biologischen Evolution entspräche (a) Züchtung, Gentechnik und Reproduktionsmedizin, (b) entspräche die Fähigkeit, die Physik zu ändern. Gemäß den Ergebnissen unserer Diskussion der evolutionären Optimierung müssen wir (a) noch einmal differenzieren in

(a1) Gestaltung des Selektionskriteriums
(a2) Gestaltung des Evaluationsverfahrens
(a3) Gestaltung der Generierung und Verbreitung von Neuem.

Mein Modell der ethischen Normentwicklung beruht auf folgendem Grundgedanken: Unser Handeln nach einer Norm zieht - vermittelt durch die soziale Kausalität des realen Verweisungszusammenhangs - gewisse Konsequenzen nach sich. Diese Konsequenzen werden in einem Evaluationsverfahren dem Selektionskriterium unterworfen. Je nach Ergebnis wird die Norm geändert oder bleibt bestehen. An die Stelle der Änderung der Norm kann auch die Änderung der Konsequenzen durch Änderung des Verweisungszusammenhangs treten, wodurch ein Konflikt zwischen Normen behoben werden kann. Die Unterscheidung dieser beiden Möglichkeiten der Anpassung ist sehr wichtig (vgl. II,2.3.2.6).

Für ein korrektes Verständnis des Modells sind weitere Differenzierungen und Erläuterungen hilfreich: Wir müssen soziale und individuelle Änderung bzw. Beibehaltung von Normen unterscheiden. Eine soziale Änderung schlägt sich auch im realen Verweisungszusammenhang nieder und ändert so auch die Konsequenzen der Befolgung anderer Normen. Mit einem sehr weiten Begriff von Normen kann man den gesamten Verweisungszusammenhang als Normengefüge bezeichnen, so daß der Unterschied der oben genannten Möglichkeiten der Anpassung (a) und (b) mit dem Unterschied von individueller und sozialer Änderung von Normen zusammenfallen würde. Eine solch weite Fassung des Normbegriffs beraubt uns aber wichtiger Unterscheidungsmöglichkeiten. Der Verweisungszusammenhang ist in einer Situation in der wiederholt besprochenen Weise ein relativ unabänderliches Fakt, das zwar letzten Endes auf Normen im weitesten Sinne beruht, aber in einer konkreten Situation als Fakt fungiert. Die individuelle Änderung einer Norm aufgrund von Erfahrung kann auf diversen sprachlichen und nicht-sprachlichen Wegen auf andere Individuen übertragen werden und so den faktischen Verweisungszusammenhang auf lange Sicht ändern.

Man muß auch zwischen dem sozial realen Verweisungszusammenhang und dem vermeintlichen Verweisungszusammenhang unterscheiden. Ich kann mich über die Konsequenzen meiner Handlungen irren; insbesondere wenn ich mich in einer fremden Kultur oder auch Subkultur bewege, wird der Unterschied zwischen vermeintlichem und realem Verweisungszusammenhang deutlich.

Schließlich habe ich bereits festgestellt, daß auch die Kriterien und Verfahren des Entwicklungsprozesses selbst (kybernetisch gesprochen die "Steuerungsebene" der Normentwicklung) der Entwicklung unterworfen sind. Auch auf der Steuerungsebene muß zwischen individueller und sozialer Entwicklung differenziert werden. Individuell besteht die ideale Möglichkeit, die Steuerungsebene durch Entschluß zu ändern; die Habitualisierung der Änderungen ist ein mehr oder weniger lang dauernder Prozeß, der durch kontingente psychosoziale Bedingungen bestimmt wird, die auch zu einer realen Unfähigkeit der Änderung führen können. Sozial kann man nur in einem übertragenen Sinne von einem Entschluß sprechen und zwar dann, wenn eine Gemeinschaft einheitlich genug ist, damit sie als Quasi-Individuum behandelt werden kann. Wenn man eine Gemeinschaft oder Gesellschaft als aus Individuen und deren Relationen bestehend begreift, dann beruht jede soziale Veränderung des Normensystems auf individueller Änderung. Man hat es hier wieder mit einer Verschachtelung zu tun, die nach unten im individuellen Menschen terminiert. Je nach Ebene der Betrachtung werden verschiedene soziale Einheiten (Individuen, Familien, Firmen etc.) als zum Entschluß zur Änderung der Steuerung ihrer internen Normentwicklung prinzipiell fähig betrachtet. Entsprechend ist auch die externe Normentwicklung des Systems, in das die betrachteten Einheiten eingebettet sind, von der (quasi-)individuellen Entwicklung dieser Einheiten abhängig.

Die interne und die externe Steuerungsebene können (partiell) übereinstimmen oder (partiell) einander entgegenlaufen. Besonders interessant ist der Fall, in dem ein Konflikt von interner und externer Steuerung dadurch "gelöst" wird, daß die externe Steuerung sich auf die Entwicklung des Verweisungszusammenhangs beschränkt, während die interne Steuerung innerhalb der faktischen Vorgaben dieses Zusammenhangs Normen entwickelt. Ein konkretes Beispiel ist die soziale Marktwirtschaft, in der die externe Entwicklung des Verweisungszusammenhangs am Gemeinwohl orientiert ist, während die interne Entwicklung von Firmen an der "egoistischen"

Profitsteigerung orientiert ist. Übergriffe auf die Steuerungs-mechanismen wirken systemverändernd, wie z.B. der "neoliberale" Versuch, die direkte Orientierung der externen Steuerung am Gemeinwohl durch eine Ausweitung der internen Orientierung an Profitmaximierung auf die Steuerung des Verweisungszusammenhangs zu ersetzen und die Orientierung am Gemeinwohl indirekt über inhärente Marktmechanismen zu erreichen. Die Diskussion um den "Primat der Politik" ist letztlich eine Diskussion um die Macht über den externen Verweisungszusammenhang, in den die Firmen eingebettet sind.[336]

Ein sich entwickelndes Normensystem paßt sich mit der Zeit in einem unendlich offenen Prozeß immer besser an sein Selektionskriterium an, solange dieses sich nicht ändert und ein neuer Prozeß der Anpassung beginnt. Die Verfahren der Evaluation und Generierung sind selbst der Entwicklung und dem Kriterium unterworfen. Die Kennzeichnung eines Normensystems als ethisches oder unethisches hängt nicht von den konkreten Normen ab, sondern vom Kriterium, das die Entwicklung steuert. Ich wende mich nun diesem Kriterium zu.

Eine ethische Norm ist eine Norm, deren Zweck gut ist, d.h. deren Zweck es ist, Situationen mit negativem Wertmoment für die in der Situation befindlichen empfindenden Wesen zu vermeiden und/oder Situationen mit positivem solchem Wertmoment zu erzeugen. Eine funktionierende Norm ist eine Norm, deren Befolgung tatsächlich ihren Zweck zur Konsequenz hat. Das Funktionieren einer Norm ist relativ auf einen Verweisungszusammenhang, der Befolgung und Zweck verbindet. Eine gute (taugliche) Norm ist eine ethische Norm, deren Befolgung keine normativen negativen Nebenwirkungen hat. Die negativen Nebenwirkungen einer schlechten (untauglichen) ethischen Norm können unter Umständen durch Änderung des Verweisungszusammenhangs vermieden werden, wodurch die schlechte (untaugliche) ethische Norm zu einer guten (tauglichen) ethischen Norm wird.

Diese terminologischen Fixierungen sind keine Analyse des Sprachgebrauchs, sondern Festlegungen für die Zwecke der ethischen Theorie. Der Zweck dieser Theorie ist es, anzugeben, wie wir begründen können, daß es richtig ist, eher das eine als das andere zu tun. Ich habe gezeigt, daß sich eine solche Begründung auf Normen berufen muß, weil unsere Rationalität begrenzt ist.

---

[336] Auch der umgekehrte "sozialistische" Übergriff wirkt natürlich systemverändernd.

Damit ist die Aufgabe der Theorie darauf verschoben, anzugeben, wie wir eine Norm begründen können. Die obigen terminologischen Festlegungen sind entsprechend der Theorie der Normbegründung, die sich aus den Evidenzuntersuchungen ergeben hat, vorgenommen. Das ethische Kriterium ist also, ob es der Zweck einer Norm ist, Situationen mit negativem Wertmoment für die in der Situation befindlichen empfindenden Wesen zu vermeiden und/oder Situation mit positivem solchem Wertmoment zu erzeugen.

## 4.4.    Universalismus, Pluralismus, Relativismus

Die in normativer Hinsicht vermutlich wichtigste Frage der Metaethik ist, wie universell die Gültigkeit ethischer Normen ist. Die Arbeit ist nun soweit vorangetrieben, daß abschließend eine Antwort auf die relativistische Herausforderung gegeben werden kann, die - um es vorwegzunehmen - auf eine bestimmte Form des Pluralismus führt. Einer der Hauptvertreter des moralischen Relativismus, Harman, definiert seine Position folgendermaßen:

> For the purposes of assigning objective truth conditions, a judgement of the form, "it would be morally wrong of P to D", has to be understood as elliptical for a judgement of the form, "in relation to moral framework M, it would be morally wrong of P to D". Similarly for other moral judgments.[337]

Harmans Relativismus ist also eine positive Behauptung der prinzipiellen Abhängigkeit moralischer Urteile über Handlungen von einem moralischen Rahmensystem. In einer negativen Formulierung läßt sich die These des moralischen Relativismus in folgender Weise verallgemeinern: Es gibt nichts, das für sich betrachtet gut oder schlecht wäre. Formal ausgedrückt: "moralisch richtig/falsch" ist ein zweistelliges Prädikat.[338]

Während Harman sich direkt auf Handlungen und damit den Gegenstand der Moral bezieht, gehe ich von Werten aus, und muss daher zunächst die Verknüpfung von Werten und Handlungen erläutern. Dazu treffe ich folgende Sprachregelungen: "moralisch richtig/falsch" bezieht sich auf Handlungen. "Positiv/negativ" bezieht sich auf Werte. "gut/schlecht" bezieht sich auf sonstiges.

---

[337]Harman, Thomson (1996) S. 43

[338]„Enzyklopädie Philosophie" Eintrag „Relativismus"

"Rückblickend richtig/falsch" bezieht sich auf vergangene Handlungen. Man kann dann in einer axiologischen Theorie sagen, daß eine Handlung moralisch richtig/falsch ist, wenn es ihr Ziel ist, einen positiven/negativen Wert zu realisieren. Die moralische Richtigkeit einer Handlung ist also abgeleitet vom Wert des Ziels der Handlung. Die rückblickende Richtigkeit vergangener Handlungen dagegen ist abgeleitet vom Wert ihrer tatsächlichen Konsequenzen. Moralisch richtige/falsche Handlungen können sich also als rückblickend falsch/richtig herausstellen und umgekehrt.

Die Gegenthese zum moralischen Relativismus ist also in einer axiologischen Theorie folgendermaßen zu formulieren: Es gibt etwas, das für sich positiven/negativen Wert hat. Diese Gegenthese wird durch die phänomenologischen Untersuchungen zumindest für negative Werte bestätigt, indem festgestellt wird was das Etwas ist, das für sich Wert hat, nämlich gewisse Situationen. Dem moralischen Relativismus ist also von der Phänomenologie aus entgegenzuhalten, daß es Situationen gibt, die unabhängig von ihrem Kontext ein negatives Wertmoment haben und daß es also auch Handlungen gibt, die unabhängig vom moralischen Rahmensystem falsch sind. Die durchgeführten Untersuchungen gestatten es, genauer anzugeben, welche Handlungen dies sind.

*These über moralisch falsche Handlungen:*

*Handlungen, deren Ziel es ist, eine Situation zu erzeugen, deren Wertmoment negativ und im animalischen Verstehen zugänglich ist, sind unabhängig von der Kultur in der sie stattfinden moralisch falsch.*

Die Beurteilung der Richtigkeit dieser These hängt selbstverständlich davon ab, wie man "Wertmoment", "positiv/negativ", "Situation" und "Ziel" expliziert.[339] Wenn man diese Begriffe so expliziert wie in dieser Arbeit geschehen, dann halte ich die These für unabweisbar. Allerdings muß sie dennoch erläuternd gegen zwei Klassen von Einwänden verteidigt werden, die lauten:

(1) Nebenwirkungen: (a) Ein positives Ziel kann negative Nebenwirkungen haben und (b) die Vermeidung eines negativen Ergebnisses kann negative Nebenwirkungen haben.

(2) Teilziele: Der Kontext kann eine negative Situation als Teilziel verlangen, um (a) ein positives Gesamtziel zu erreichen oder um (b) ein negatives Endergebnis zu vermeiden.

Bei der Verteidigung der These gegen die Einwände (1) und (2) ist wieder zwischen Wertung ohne und mit Vergleich zu

---

[339]Das Problem der Verantwortung für eine Handlung wurde aus der gesamten Arbeit ausgeklammert.

unterscheiden. Bei Wertung ohne Vergleich treffen die Einwände nur eine stillschweigend angenommene positive Umkehrbarkeit der obigen These in eine These über moralisch richtige Handlungen, die allerdings nicht zulässig ist. Im Fall der Wertung mit Vergleich sind die Einwände dagegen berechtigt, führen aber letztlich nicht zu einer Widerlegung der These, sondern auf die bereits herausgearbeitete Notwendigkeit von Heuristiken bei der Entscheidung.

Zur Wertung ohne Vergleich und der unzulässigen Umkehrung der These betrachte ich zunächst die Logik der ursprünglichen These etwas genauer: Wenn die Situation A das Ziel der Handlung H ist, dann ist A ein Teil der typischen Gesamtkonsequenz G von H ($HzA \rightarrow HkG\{A,B,C,...\}$). Des weiteren gilt für nicht vergleichende Wertungen nach dem Prinzip der Priorität, daß wenn eine Teilsituation schlecht ist, auch die Gesamtsituation schlecht ist ($-A \rightarrow -G\{A,B,C,...\}$). Außerdem überträgt sich der Wert der Konsequenz auf die Ursache, d.h. wenn die Gesamtsituation G mit der schlechten Teilsituation A eine Konsequenz der Handlung H ist, dann ist H schlecht ($HkG\{A,B,C,...\}$ & $-A \rightarrow -H$). Daraus folgt auch $HzA$ & $-A \rightarrow -H$, also die These. Wenn man die These für positive Ziele umformulieren will, stößt man auf das Problem, daß das Prinzip der Priorität die obige Argumentation unterbrechen kann, wenn negative Konsequenzen vorliegen, denn $+A \rightarrow +G\{A,B,C,...\}$ gilt nur, wenn nicht $-B$, $-C$,..., was bei der negativen Argumentation gestattet ist. Also gilt selbst unter sonst gleichen Umständen im allgemeinen nicht $HzA$ & $+A \rightarrow +H$. Die Einwände (a) treffen also bei der Wertung ohne Vergleich die These nicht, da sie sich nicht auf positive Ziele bezieht.

Ich betrachte nun die Vermeidung negativer Situationen: Es gilt wieder, daß die Zielsituation $\neg A$ einen Teil der Gesamtkonsequenzen der nun vermeidenden Handlung H' bildet ($H'z\neg A \rightarrow H'kG\{\neg A,B,C,...\}$). Es gilt dann nicht allgemein, daß die Vermeidung negativer Situationen gut ist, denn unter der Voraussetzung $H'z\neg A$ & $-A$ erhält man $H'kG\{\neg A,B,C,...\}$ also abgesehen von Adiaphora $H'kG\{+A,B,C,...\}$. Damit ergibt sich das gleiche Problem wie bei der direkten positiven Umkehrung. Die Einwände (b) treffen also ebenfalls bei Wertung ohne Vergleich die These nicht.

Insgesamt ist gegenüber den Einwänden bei Wertung ohne Vergleich festzuhalten, daß die These über moralisch falsche Handlungen strikt als These über moralisch falsche und nicht über moralisch richtige Handlungen zu verstehen ist.

300

Bei der Wertung mit Vergleich ist zu den Einwänden folgendes zu sagen: Es gibt einen trivialen Fall, in dem die Einwände direkt hinfällig sind, nämlich dann, wenn eine völlig nicht negative Alternative zur Wahl steht; dieser triviale Fall sei nun ausgeschlossen. Es geht dann also immer um eine Wahl, die prima facie ein Dilemma darstellt. Die These legt fest, wann es sich tatsächlich um ein Dilemma handelt, indem gefordert wird, daß es sich um Situationen handeln muß, deren Wertmoment im animalischen Verstehen zugänglich ist. M.a.W die Erzeugung von Situationen, die ein im aV zugängliches negatives Wertmoment aufweisen kann nur durch die Vermeidung von ebensolchen Situationen gerechtfertigt werden. Kontexte des elementaren oder höheren Verstehens, die Gesamtziele vorgeben[340] können die Erzeugung einer animalisch verstehbar negativen Teilsituation nur dann rechtfertigen, wenn sie selbst von der Ebene des aV gerechtfertigt werden können. Nur wenn eine solche Rechtfertigung vorliegt, handelt es sich um ein echtes Dilemma, ansonsten gilt die These ungeachtet der nicht gerechtfertigten Gesamtziele des eV oder hV. D.h. die Erzeugung negativer Situationen ist weder allein aufgrund der Rolle oder des Brauchs im eV zu rechtfertigen, noch allein aufgrund rein ideeller Werte auf der Ebene des hV. Konkret ist demnach z.B. religiös "gerechtfertigte" Zufügung von Leid - wie in der Inquisition oder in gewissen Ritualen - nicht zu rechtfertigen. Rechtsstaatliche Zufügung von Leid wie durch Gefangennahme ist dagegen - z.B. durch den Schutz Dritter vor Gewalt - zu rechtfertigen. Dabei ist stets zu unterscheiden zwischen dem Rekurs auf aV als Rechtfertigung und der faktischen Richtigkeit dieses Rekurses. Wenn beispielsweise die Inquisition dadurch gerechtfertigt wird, daß dem Betroffenen die Hölle erspart wird, dann ist dieser Rekurs qua Rechtfertigung zulässig, denn die Höllenqualen wären sicherlich im aV zugänglich, aber der Rekurs ist faktisch falsch, da es die Hölle nicht gibt. In der Tat bestätigen Konstrukte wie das der Hölle indirekt die hier entwickelte Theorie der Wertevidenz, da, bei festem Glauben an diese animalisch verstehbaren Qualen (vgl. auch Zorn Gottes als Naturkatastrophe u.ä.), die scheinbare Rechtfertigung funktioniert.

Wenn es sich nun aber um eine Wahl in einem echten Dilemma handelt, dann wird der Gültigkeitsbereich der These verlassen, da es dann nicht mehr Ziel der gewählten Handlung ist, die ihr folgende negative Situation zu erzeugen, sondern die andere negative

---

[340]Die normative Vorgabe von Zielen darf nicht mit der faktischen Vorgegebenheit von sozialer Kausalität verwechselt werden.

Situation zu vermeiden. Die Richtigkeit derartiger Entscheidungen kann, wie unter dem Titel der begrenzten Rationalität ausführlich erörtert wurde, nur im Rahmen der Heuristik beurteilt werden, die sogleich behandelt wird.

Sowohl die Einwände unter Hinweis auf Teilziele als auch auf Nebenwirkungen führen, soweit sie berechtigt sind, letztlich auf die Notwendigkeit von Heuristiken. Diese wiederum sind nach ihrer Funktionalität für eine ethische Normentwicklung zu beurteilen. Die moralische Beurteilung von Handlungen nach ihrem Ziel, gemäß der These über moralisch falsche Handlungen, hat also zwei Stufen: Zuerst ist zu fragen, ob die konkrete Zielsituation der Handlung ein negatives Wertmoment aufweist. Wenn dies der Fall ist, dann muß weiter gefragt werden, ob die Handlung dennoch durch eine Heuristik gerechtfertigt ist, die dem Ziel ethischer Normentwicklung dient. Wird die erste Frage bejaht und die zweite verneint, so ist die Handlung moralisch falsch. Im allgemeinen können wir das moralisch Richtige nur ex negativo aus dem moralisch Falschen bestimmen: Es ist moralisch richtig, nicht das moralisch Falsche zu tun. Leider wissen wir damit noch nicht, was zu tun ist. In einer konkreten Situation kann uns die Ethik also nur sagen, was wir nicht tun sollen. Nur in seltenen Fällen bleibt nur eine Alternative übrig, die dann zu wählen ist. Im allgemeinen sagen uns also nur unsere Normen, was wir in einer konkreten Situation tun sollen. Die Normen sind in einem ethischen Entwicklungsprozeß gegenüber dem ethischen Selektionskriterium zu rechtfertigen. Damit stellt sich nun auch die Frage nach der Universalität der Gestaltung eines ethischen Entwicklungsprozesses. Ich komme nun also zu folgender Frage: Gibt es Verfahren der Evaluation und Generierung von Normen, die unabhängig von der Kultur, in der sie wirksam sind, gut oder schlecht sind?

Heuristiken sind immer an gewisse normale Fakten gebunden. Wenn ich z.B. meinen Schlüssel an den Stellen suche, an denen ich ihn normalerweise ablege, dann gehe ich davon aus, daß niemand ihn vor mir versteckt hat, ich ihn nicht unterwegs verloren habe usw. Auch die Verfahren der ethischen Entwicklung sind an derartige Fakten gebunden. Allerdings gibt es Fakten, die über Kulturen hinweg auf Kulturen und in ihnen lebende Menschen zutreffen. Dies können biologische, psychologische, soziologische, aber eben auch phänomenologische Fakten sein. Auf der Grundlage der hier angestellten phänomenologischen Untersuchungen können also Heuristiken kritisch daraufhin überprüft werden, ob sie den phänomenologischen Fakten Rechnung tragen.

Das für ethische Heuristiken zentrale phänomenologische Fakt ist, daß wir einen privilegierten Zugang zum Wertmoment unserer eigenen Situation und nur einen mittelbaren Zugang - über den Ausdruck - zum Wertmoment der Situation von Anderen haben. Die ethische Heuristik der Gerechtigkeit trägt genau diesem Fakt Rechnung, weshalb ihr eine ebenfalls zentrale Stellung in den ethische Heuristiken zukommt. Diese Behauptung bedarf der Erläuterung:

Gegen die Charakterisierung von Gerechtigkeit als Heuristik läßt sich der Einwand erheben, daß Gerechtigkeit nicht "bloß" eine Heuristik sei, sondern das moralische Prinzip schlechthin. Angesichts dieses Einwands ist es wichtig, darauf hinzuweisen, daß im Rahmen des hier vertretenen Modells der Normentwicklung Heuristiken keinesfalls nur ein "bloß"-Status zukommt, sondern vielmehr der eines notwendigen Moments; das Kriterium ist nichts ohne Verfahren. Die Heuristiken sind nicht aus dem Kriterium ableitbar, sondern ergeben sich angesichts von Fakten über die Anwendbarkeit des Kriteriums. Zu diesen Fakten zählt auch das oben genannte phänomenologische Fakt über den Zugang zum Wertmoment. Das Prinzip der Gerechtigkeit hat also in meiner Theorie folgenden Status: Es ist nicht abgeleitet und es ist notwendig unter der Voraussetzung des Ziels kein Leid zu erzeugen und der Grenzen unseres Wissens über fremdes Leid.

Zum privilegierten Zugang zum Wertmoment der eigenen Situation ist anzumerken, daß damit nicht die Unkorrigierbarkeit oder Unkritisierbarkeit desselben behauptet wird. Es geht lediglich um die Feststellung der zuvor ausführlich untersuchten phänomenologischen Tatsache, daß jeder Einzelne das Wertmoment seiner individuellen Situation direkt erlebt, während er entsprechend die der Anderen über den Ausdruck vermittelt appräsentiert. Diesem Fakt trägt die Heuristik der Gerechtigkeit in folgender Weise Rechnung:

Die Existenz von Werten ist an Individuen gebunden, an deren Situation sie auftreten. Zugleich ist dem jeweiligen Individuum der Wert der eigenen Situation in epistemisch ausgezeichneter Weise zugänglich. Wenn man nun Wertevidenz anstrebt, dann wird man aufgrund dieser phänomenologischen Fakten auf Individuen als Orte für das relevante Geschehen verwiesen. In dieser Struktur sind alle Menschen gleich, denn es ist eine universelle Struktur der menschlichen Intersubjektivität, die sich bei allen Verschiedenheiten von Menschen durchhält. Diese ständig vorliegende Struktur bestimmt die vielfältigen materialen Heuristiken der Normentwicklung in der Weise, daß Ungleichheit in der Berücksichtigung des Wertes der Situation von Individuen der besonderen Rechtfertigung bedarf.

Das phänomenologische Fakt über die Zugänglichkeit von Wertmomenten führt aber nicht nur auf Gleichheit, sondern beinhaltet auch eine Art strukturelle Egozentrik. Die Struktur der Intersubjektivität von Werten führt subjektiv auf eine Rangfolge der Relevanz, die von der eigenen Situation über der Situationen der Nahestehenden (derer, mit denen man mitfühlt) zu den Fernen abnimmt. Die strukturelle Egozentrik ist durch das Mitgefühl ein graduelles Phänomen; auch die Gruppe der Nahestehenden kann ein Zentrum bilden, in dem das Ego weitgehend aufgeht. Die Struktur der Intersubjektivität führt also insgesamt zwar objektiv auf Gleichheit, subjektiv aber auf Partikularismus.

Genau an dieser Ambivalenz setzt die Heuristik der Verteilungsgerechtigkeit an. Gleichheit der Berücksichtigung des Wertmoments alleine wäre noch mit einer (naiven) Glückssummenüberlegung vereinbar, denn auch eine Maximierung der Summe durch ungleiche Verteilung berücksichtigt qua Summe alle Wertmomente ungewichtet. Die Heuristik der Verteilungsgerechtigkeit dagegen fordert, daß nicht nur eine Ungleichheit der Berücksichtigung des Wertes, sondern auch eine Ungleichheit in der Verteilung von positiven und negativen bzw. besseren und schlechteren Wertmomenten der besonderen Rechtfertigung bedarf, soweit sie veränderbar ist.

Dies trägt dem subjektiven Aspekt der Struktur der Intersubjektivität von Werten Rechnung, was sich an dem hypothetischen strukturellen Gegenteil einer Gemeinschaft von totalen Empathen aufzeigen läßt: Wenn alle jederzeit originär auch die Wertmomente der Situationen der Anderen erleben würden, dann wäre das so, als hätten alle einen gemeinsamen Leib. Das Verhältnis zum Anderen wäre dann analog strukturiert zum Verhältnis zwischen verschiedenen eigenen Leibteilen, wie wir es tatsächlich kennen. Wenn ich unter irgendwelchen Umständen die Wahl habe zwischen einem mittleren Schmerz in beiden Händen oder einem starken Schmerz in einer Hand, dann wird die "Gerechtigkeit" der Verteilung überhaupt keine Rolle spielen, sondern allein die Summe oder in einem weiteren Kontext die Funktionalität, z.B. eine Hand schmerzfrei benutzen zu können. In einer hypothetischen Gemeinschaft totaler Empathen wäre die Verteilungsgerechtigkeit also schlicht irrelevant.[341] Verteilungsgerechtigkeit macht um so weniger Sinn, je ausgeprägter

---

[341]Vgl. hierzu auch Rawls (1972) §30

das Mitgefühl zwischen den Beteiligten ist. Die Güte der Heuristik der Gerechtigkeit ist also gegenläufig zur Rangfolge der subjektiven Relevanz der Situation von Anderen, die sich aus der strukturellen Egozentrik ergibt. Dieser Sachverhalt produziert ein Problem für die ethische Theorienbildung, denn er läßt zwei entgegengesetzte Idealisierungen zu:

(1) die utilitaristische, in der Mitgefühl und Wohlwollen ausgeweitet werden und

(2) die kontraktualistische, in der Mitgefühl und Wohlwollen ausgeklammert werden.

Bei (1) ist weiter zu unterscheiden in (1a) reine Summentheorien, die in der Idealisierung die strukturelle Egozentrik völlig ignorieren, und (1b) Durchschnittstheorien, in denen durch die Umlegung pro Kopf die strukturelle Egozentrik berücksichtigt wird und lediglich die subjektive Rangfolge der Relevanz fremder Wertmomente aufgehoben wird. Während (1a) phänomenologisch als unzulässige Idealisierung zu kritisieren ist, sind gegen (1b) und (2) auf der hier betrachteten Ebene der Allgemeinheit keine Einwände zu erheben. Nun wäre weiter zu fragen, welche Idealisierung die bessere Heuristik liefert und ob das evtl. vom Anwendungsbereich abhängt. Angesichts der Ausgangspunkte der Idealisierungen liegt es nahe, den paradigmatischen Anwendungsbereich der utilitaristischen Heuristik im Bereich menschlicher Primärbeziehungen (Familie, Partnerschaft, Freundschaft etc.) zu sehen und den paradigmatischen Anwendungsbereich der kontraktualistischen Heuristik im Bereich anonymer gesellschaftlicher Verhältnisse zu sehen. In der Tat beschränkt Rawls seine kontraktualistische Theorie der Gerechtigkeit auf die grundlegende Gesellschaftsstruktur, wie sie z.B. in Verfassungen geregelt ist[342], während Mill die bindende Kraft der utilitaristischen Moral letztlich in den sozialen Gefühlen verwurzelt sieht und daher die reale Durchsetzung der utilitaristischen Moral mit der Ausweitung der Harmonie der Interessen verbindet[343]. Um die Frage nach dem Anwendungsbereich zu beantworten, müßte man allerdings vielfältige weitere nicht-phänomenologische Fakten heranziehen, so daß dieses Thema außerhalb des Gebietes dieser Arbeit liegt.

Wichtig ist allerdings festzuhalten, daß beide Theorien (exemplarisch Mill für (1b) und Rawls für (2)) im Rahmen der in dieser Arbeit entwickelten Theorie der Normentwicklung als

---

[342] s. Rawls (1972) S. 7f., 195

[343] s. Mill (1962) ch. IV Absätze 10,11

305

Heuristiken anzusehen sind, d.h. daß der Streit um ihre Gültigkeit eine spezifische Form annehmen muß: Erstens sind die Theorien nicht beweisbar, sondern wie Mill und auch Rawls in Anlehnung an Mill sagen „Considerations may be presented capable of determining the intellect."[344], und zweitens haben die Theorien einen paradigmatischen Anwendungsbereich, außerhalb dessen sie u.U. stark spezifiziert oder evtl. gänzlich verworfen werden müssen. Allgemein läßt sich sagen, daß normative ethische Theorien elaborierte Heuristiken sind, deren Anwendung eine Verbesserung der Normentwicklung gewährleisten soll. Sie werden abduktiv aus einem Bereich der bisherigen ethischen Normentwicklung gewonnen, sind in ihrer Gültigkeit daher zunächst auf diese Abduktionsbasis beschränkt und können sich in anderen Bereichen bewähren oder nicht. Die Bewährung besteht darin, daß die Anwendung der Theorie de facto eine ceteris paribus (z.B. Naturkatastrophen) Verbesserung der sozialen Realität in der die Einzelnen situiert sind bringt.

Wenn eine normative ethische Theorie also beurteilt werden soll, dann muss die pragmatische Frage nach den Konsequenzen ihrer Anwendung für die Entwicklung der Normen und der sozialen Realität gestellt werden. Diese Frage kann in zwei Weisen gestellt werden, nämlich im Hinblick auf individuelle und auf kollektive Anwendung. Diese Unterscheidung ist eine Besonderheit normativer ethischer Theorien gegenüber naturwissenschaftlichen Theorien, die darin begründet ist, daß die kollektive Anwendung der ersteren wesentliche Aspekte der Realität, auf die sie sich beziehen, verändert, was bei letzteren nicht der Fall ist.

Dieser Sachverhalt führt, wenn man nicht berücksichtigt, daß normative ethische Theorien qua Heuristiken einen paradigmatischen Anwendungsbereich haben, dazu, daß von der Theorie her gefordert wird, daß die soziale Realität so umgestaltet wird, daß der Anwendungsbereich universell wird. Z.B. könnte man fälschlicherweise auf der Grundlage einer utilitaristischen Theorie fordern, daß die Gesellschaft in kleine normativ isolierte Einheiten zergliedert werden muß, deren Größe so gewählt wird, daß sich das Mitgefühl und Wohlwollen jedes Einzelnen auf alle Mitglieder jeweils einer Einheit erstrecken kann. Abgesehen von den Problemen der Realisierbarkeit der Isolierung, kann man sich das Ausmaß sozialer Kontrolle in solchen Gemeinschaften ausmalen, welches den libertarischen Idealen Mills stark widersprechen würde. Ebenso könnte man so auf der Grundlage einer

---

[344]Mill (1962) ch I Absatz 5; Rawls (1972) S. 125

kontraktualistischen Theorie z.B. fordern, daß sich die Erziehung am Ideal des homo oeconomicus zu orientieren hat. Hier kann man sich dementsprechend den Verlust an sozialem Zusammenhalt ausmalen, der sicher nicht mit Rawls Intentionen vereinbar wäre.

Aber unabhängig von solchen Anwendungsfehlern bleibt es bei der Beurteilung einer normativen ethischen Theorie durchaus sinnvoll zu fragen, ob ich in einer Lebenswelt situiert sein will, die durch die Anwendung dieser Theorie bestimmt ist. Eine deskriptive ethische Theorie, wie ich sie hier versucht habe zu entwickeln, hat gegenüber Vorschlägen normativer ethischer Theorien nur die Funktion, notwendige Bedingungen für diese zu formulieren. So genügt z.B. die reine Glückssummenheuristik nicht diesen notwendigen Bedingungen, aber sowohl Mills als auch Rawls' Theorie genügen ihnen, zumindest auf der Ebene der Allgemeinheit, auf der sie hier diskutiert wurden; sie sind insofern "phänomenologisch korrekt" und stehen daher vom deskriptiven Standpunkt soweit gesehen zur Wahl. Wie die breit angelegten Argumentationen von Mill und Rawls zeigen, bedarf eine rationale Begründung der letztlichen Wahl vielfältiger nicht-phänomenologischer Überlegungen.

Um Mißverständnisse dieser Aussagen zu vermeiden ist es wichtig, weiterhin die Aspekte Kriterium, Evaluation und Generierung der Normentwicklung auseinander zu halten. Das Kriterium ist in der Evaluation und Generierung aufgrund unserer begrenzten Rationalität nur heuristisch umzusetzen, aber das Kriterium ist selbst nicht heuristisch. Vielmehr gibt das Kriterium an, worum es in der Normentwicklung geht, nämlich darum, keine Situationen mit negativem Wertmoment zu erzeugen. Dieses "Worum" der Normentwicklung kann als utilitaristisch bezeichnet werden, da es allgemein gesprochen um das Wohlergehen empfindender Wesen geht und nicht z.B. um Traditionsbewahrung, Ehrerhaltung, Machtdurchsetzung etc. in absteigender Reihenfolge der moralischen Dignität per se. Allerdings geht es ja auch Kontraktualisten bzw. Deontologen um das Wohlergehen, wenn auch z.T. nur vernünftiger Wesen, so doch im gleichen Kontrast zu unethischen Kriterien der Normentwicklung. Der Unterschied liegt in der Weise in der es darum geht und diese Weise macht sich in der hier erarbeiteten Theorie der Normentwicklung auf der Ebene der Evaluation und Generierung bemerkbar.

Es bleibt noch die zentrale Heuristik der Generierung zu betrachten, nämlich die Freiheit zur Selbstbestimmung, welche die Freiheit von moralisch ungerechtfertigtem Zwang voraussetzt. Auch die Heuristik der Selbstbestimmung, im Sinne der Freiheit, sich selbst die Ziele der eigenen Handlungen zu setzen bzw. Normen frei von Zwang zu übernehmen oder zurückzuweisen, soweit beides keinem anderen schadet, trägt dem phänomenologischen Fakt über die Zugänglichkeit der Wertmomente Rechnung. Allerdings geschieht dies in einer weitaus komplexeren Weise als bei der Heuristik der Gerechtigkeit, da erstens die Fähigkeit zur Selbstbestimmung und damit die Fähigkeit zum hV der eigenen Geschichte im Kontext des kulturellen eV-hV Systems eine Rolle spielt, und da zweitens die Einschränkung, daß die Ziele keinem Anderen schaden dürfen, auf das Problem der Rechtfertigung von Zwang führt, was detaillierte Abwägungen erfordert.

Es ist hilfreich, zwischen Selbstbestimmung auf der Ebene des aV und auf der Ebene des eV-hV Systems zu unterscheiden:

Auf der Ebene des aV ist gemäß der These über moralisch falsche Handlungen jede physische Zwangsausübung prima facie moralisch falsch, weil physische Zwangsausübung bedeutet, jemanden in eine animalisch verstehbar[345] negative Situation zu bringen bzw. darin festzuhalten. Daß physische Zwangsausübung prima facie moralisch falsch ist, bedeutet, daß sie der besonderen Rechtfertigung bedarf und es wurde oben bereits darauf hingewiesen, daß eine solche Rechtfertigung letztlich ebenfalls auf die Ebene des aV rekurrieren muß. Z.B. ist es direkt gerechtfertigt jemanden mit Gewalt davon abzuhalten, einen Anderen körperlich zu verletzen; hochgradig indirekt wäre dagegen die eventuelle Rechtfertigung einer gewaltsamen Festnahme eines Steuerhinterziehers. Ungerechtfertigter Zwang ist moralisch falsch, jede Rechtfertigung muß letztlich auf das Leiden eines Anderen rekurrieren, also ist Selbstbestimmung, solange sie keinem Anderen schadet, eine gute Heuristik für das moralisch nicht Falsche.

Auf der Ebene des eV-hV Systems beinhaltet die Heuristik der Selbstbestimmung nicht mehr nur, grob gesagt, anderen ihren Willen zu lassen, sondern selbst einen Willen zu entwickeln, sich Ziele zu setzen, u.U. einen Lebensentwurf zu haben etc. Die Freiheit von ungerechtfertigtem Zwang auf der Ebene des aV ist die notwendige Voraussetzung für die Freiheit zu höherer Selbstbestimmung. Im übrigen ist auch umgekehrt die Ausübung ungerechtfertigten Zwangs die reale Voraussetzung für die Verhinderung höherer Selbstbestimmung, so daß die - zunächst recht beschränkt erscheinenden - moralischen Forderungen auf der Ebene des aV sich über die Fundierung moralisch verwerflicher

---

[345]nicht unbedingt animalisch nachvollziehbar

höherstufiger kultureller Praktiken in niedrigstufigen Zwangspraktiken nach oben hin weitreichend auswirken.

Die Heuristik der Selbstbestimmung geht davon aus, daß jedes Individuum selbst am besten weiß, was gut für es ist, wodurch dem phänomenologischen Fakt des privilegierten Zugangs zum Wertmoment der eigenen Situation Rechnung getragen wird. Zu diesem Wissen gehört aber auch das hV der eigenen Lebensgeschichte im Kontext des kulturellen eV-hV Systems. Dieses hV wird aber selbst erst im Laufe der Lebensgeschichte erworben, so daß auch die Fähigkeit zur höheren Selbstbestimmung erst im Laufe des Lebens erworben wird. Die kulturelle Ausgestaltung dieses Prozesses ist ein hochkomplexer Gegenstand der normativen Ethik. Die in unserer Kultur am weitesten ausgearbeitete Form der Ausgestaltung ist das Bildungsideal.

Zusammenfassend ergibt sich folgendes Gesamtbild im Hinblick auf Universalismus, Pluralismus und Relativismus: Es gibt zwei Ebenen, auf denen die phänomenologische Evidenzkritik auf einen ethischen Universalismus führt, nämlich zum einen die Ebene des Wertmoments von im aV zugänglichen Situationen und zum anderen die Ebene der Steuerung der Normentwicklung. Gewissermaßen "dazwischen", also auf der Ebene von Werten kontextueller Situationen und konkreter Normen, die nur im jeweiligen eV-hV System einer Kultur zugänglich sind, führt die phänomenologische Evidenzkritik auf einen Pluralismus ethischer normativer Systeme. Soweit verschiedene kulturelle Normensysteme einer Kritik im Hinblick zum einen auf ihre Konsequenzen an animalisch verstehbaren Situationen und zum anderen einer Kritik im Hinblick auf ihre Weise der Umsetzung des Selektionskriteriums in der Evaluation und Generierung von Normen standhalten, aber auch nur soweit, kann kein universeller ethischer Vorzug zwischen verschiedenen kulturellen Normensystem festgestellt werden. Für die Entwicklung der gesamten Menschheit ist Vielfalt innerhalb dieser universellen Grenzen förderlich.

# Bibliographie

AUDI, Robert: *Intuitionism, Pluralism, and the Foundations of Ethics.* Aus: Sinnott-Armstrong, Walter; Timmons, Mark (Hrsg.): *Moral Knowledge? New Readings in Moral Epistemology.* Oxford (Oxford University Press) 1996. S. 101-135.

AYER, Alfred J.: *Language, Truth and Logic* London 1955.

BEHNKE, Elizabeth A.: *Edmund Husserl's Contribution to Phenomenology of the Body in Ideas II.* Aus: Nenon, T.; Embree, L. (Hrsg.): *Issues in Husserl's Ideas II.* Dordrecht 1996. (=Contributions to Phenomenology. 24) S. 135-160.

BERNET; KERN; MARBACH: *Edmund Husserl - Darstellung seines Denkens* Hamburg 1989.

BLACKBURN, Simon: *Spreading the Word Groundings in the Philosophy of Language* Oxford (Clarendon Press) 1984.

BLACKBURN, Simon: *Supervenience Revisited* Aus: Blackburn, Simon (Hrsg.): *Essays in Quasi-Realism.* Oxford (Oxford University Press) 1993. S. 130-148.

BLACKBURN, Simon: *Securing the Nots: Moral Epistemology for the Quasi-Realist.* Aus: Sinnott-Armstrong, Walter; Timmons, Mark (Hrsg.): *Moral Knowledge? New Readings in Moral Epistemology.* Oxford (Oxford University Press) 1996. S. 82-100.

BOER, Theodore De: *The Development of Husserl's Thought* Den Haag 1978. (= Phaenomenologica. 76)

BOYD, Richard N.: *How to Be a Moral Realist.* Aus: Sayre-McCord, Geoffrey (Hrsg.): *Essays on Moral Realism* Ithaca, London (Cornell University Press) 1988. S. 181-228.

BRANDT, Richard B.: *Science as a Basis for Moral Theory.* Aus: Sinnott-Armstrong, Walter; Timmons, Mark (Hrsg.): *Moral Knowledge? New Readings in Moral Epistemology.* Oxford (Oxford University Press) 1996. S. 200-214.

BRANSEN, Jan; SLORS, Marc: *Introduction.* Aus: Bransen, Jan; Slors, Marc (Hrsg.): *The Problematic Reality of Values* Assen (Van Gorcum) 1996. S. 1-12.

CHATTOE, Edmund: *Just How (Un)realistic are Evolutionary Algorithms as Representations of Social Processes? Max-Planck-Institute for Research into Economic Systems Workshop: Agent-Based and Population Based Modelling of Learning in Economics* Jena 1998.

CLAESGES, Ulrich: *Edmund Husserls Theorie der Raumkonstitution.* Den Haag 1964.

CONDIE, Bradley O.: *Towards a transcendental phenomenolgical ethics.* Ann Arbor Mich. (University Microfilms International) 1988.

COUTURE, Jocelyn; NIELSEN, Kai: *Introduction: The Ages of Metaethics.* Aus: Couture, Jocelyn; Nielsen, Kai (Hrsg.): *On the Relevance of Metaethics New Essays on Metaethics* Calgary (University of Calgary Press) 1996. (=Canadian Journal of Philosophy, Supplementary volume. 21) S. 1-30.

DARWALL, Stephen; GIBBARD, Allan; RAILTON, Peter: *Toward Fin de siècle Ethics: Some Trends.* In: *The Philosophical Review,* 101. Jg. (1992), S. 115-189.

EMBREE, Lester: *Advances Regarding Evaluation and Action in Husserl's Ideas II* Aus: Nenon, T.; Embree, L. (Hrsg.): *Issues in Husserl's Ideas II.* Dordrecht 1996. (=Contributions to Phenomenology. 24) S. 173-198.

FEICK, Hildegard 1991: *Index zu Heideggers >Sein und Zeit<. 4., neubearbeitete Auflage von Sussanne Ziegler.* Tübingen (Niemeyer) 1991.

FISHBURN, Peter C.: *Decision and Value Theory* New York (Wiley) 1964.

FØLLESDAL, D.: *Husserl and Heidegger on the Role of Actions in the Constitution of the World.* Aus: Saarinen; Hilpinen; Niiniluoto (Hrsg.): *Essays in Honour of J. Hintikka.* Dordrecht 1979. S. 365-378.

FORREST: *Husserlian Intersubjectivity: A Brief Guide* Aus: Mohanty, J. N.; Mc Kenna, W. R. (Hrsg.): *Husserl's Phenomenology. A Textbook.* Washington 1989.

FRANKENA, William K.: *Moral Philosophy at Mid-Century* In: *The Philosophical Review,* 60. Jg. (1951), S. 44-55.

FREGE, Gottlob: *Grundgesetze der Arithmetik.* Darmstadt 1962.

FREGE, Gottlob: *Kleine Schriften.* Hildesheim 1990.

FRINGS, Manfred S.: *Person und Dasein. Zur Frage der Ontologie des Wertseins.* Den Haag (Nijhoff) 1969.

FUNKE, Gerhard: *Phänomenologie - Metaphysik oder Methode* Bonn 1966.

FUNKE, Gerhard: *Kritik der Vernunft und ethisches Phänomen* Aus: Orth, E. W. (Hrsg.): *Neuere Entwicklungen des Phänomenbegriffs* Freiburg i. Br. 1980. (=Phänomenologische Forschungen.) S. 33-89.

FUNKE, Gerhard: *Letztbegründung und Ethik des Denkens* Aus: Embree, Lester (Hrsg.): *Essays in memory of Aron Gurwitsch.* Washington D.C. 1984. S. 79-95.

GIBBARD, Allan: *Wise Choices, Apt Feelings A Theory of Normative Judgement.* Oxford (Clarendon Press) 1990.

GIBSON, James J.: *The Ecological Approach to Visual Perception* Hillsdale New Jersey (Lawrence Erlbaum Associates) 1986.

GIGERENZER, Gerd; GOLDSTEIN, Daniel G.: *Reasoning the Fast and Frugal Way: Models of Bounded Rationality.* In: *Psychological Review,* 103. Jg. (1996), H. 4, S. 650-669.

GURWITSCH, Aron: *Die mitmenschlichen Begegnungen in der Milieuwelt.* Berlin (de Gruyter) 1977.

HARE, Richard M.: *The Promising Game.* Aus: Foot, Philippa (Hrsg.): *Theories of Ethics.* Oxford (Oxford University Press) 1967. S. 115-127.

HARE, Richard M.: *Moralisches Denken seine Ebenen, seine Methode, sein Witz* Frankfurt a.M. (Suhrkamp) 1992.

HARE, Richard M.: *Objective Prescriptions.* Aus: Griffiths, A. P. (Hrsg.): *Ethics.* Cambridge (Press Syndicate of the University of Cambridge) 1993. (=Royal Institute of Philosophy supplement. 35) S. 1-17.

HARE, Richard M.: *Foundationalism and Coherentism in Ethics* Aus: Sinnott-Armstrong, Walter; Timmons, Mark (Hrsg.): *Moral Knowledge? New Readings in Moral Epistemology.* Oxford (Oxford University Press) 1996. S. 190-199.

HARMAN, Gilbert; THOMSON, Judith J.: *Moral Relativism and Moral Objectivity* Oxford (Blackwell Publishers) 1996.

HART, James: *Axiology as the form of purity of heart. A reading of Husserliana XXVIII* In: *Philosophy Today*, 34. Jg. (1990), H. 3, S. 206-221.

HART, James: *I, We, God: Ingredients of Husserl's Theory of community* Aus: Ijsseling, S. (Hrsg.): *Husserl-Ausgabe und Husserl-Forschung*. Dordrecht 1990. S. 125-149.

HART, James: *The person and the common life. Studies in a Husserlian social ethics* Dordrecht 1992. (= Phaenomenologica. 126)

HEIDEGGER, Martin: *Sein und Zeit. 10. unveränd. Aufl.* Tübingen (Niemayer) 1963.

HUSSERL, Edmund: *Cartesianische Meditationen und Pariser Vorträge*. Den Haag (Martinus Nijhoff) 1950. (= Husserliana I)

HUSSERL, Edmund: *Ideen zu einer reinen Phänomenologie und phänomenologischen Philosophie. Zweites Buch: Phänomenologische Untersuchungen zur Konstitution*. Den Haag (Nijhoff) 1952. (= Husserliana IV)

HUSSERL, Edmund: *Analysen zur passiven Synthesis. Aus Vorlesungs- und Forschungsmanuskripten 1918-1926*. Den Haag (Martinus Nijhoff) 1966. (= Husserliana. XI)

HUSSERL, Edmund: *Phänomenologische Psychologie. Vorlesungen Sommersemester 1925 - 2. verb. Auflage* - Dordrecht 1968. (= Husserliana. IX)

HUSSERL, Edmund: *Ideen zu einer reinen Phänomenologie und phänomenologischen Philosophie. Drittes Buch: Die Phänomenologie und die Fundamente der Wissenschaften*. Dordrecht 1971. (= Husserliana. V)

HUSSERL, Edmund: *Die Idee der Phänomenologie*. Dordrecht 1973. (= Husserliana II)

HUSSERL, Edmund: *Zur Phänomenologie der Intersubjektivität. Texte aus dem Nachlass. Erster Teil. 1905-1920*. Dordrecht 1973. (= Husserliana XIII)

HUSSERL, Edmund: *Zur Phänomenologie der Intersubjektivität Texte aus dem Nachlass. Zweiter Teil. 1921-1928*. Dordrecht 1973. (= Husserliana. XIV)

HUSSERL, Edmund: *Zur Phänomenologie der Intersubjektivität. Texte aus dem Nachlass. Dritter Teil. 1929-1935*. Dordrecht 1973. (= Husserliana. XV)

HUSSERL, Edmund: *Ding und Raum. Vorlesungen 1907*. Dordrecht 1973. (= Husserliana. XVI)

HUSSERL, Edmund: *Formale und transzendentale Logik. Versuch einer Kritik der logischen Vernunft* Den Haag (Nijhoff) 1974. (= Husserliana. XVII)

HUSSERL, Edmund: *Logische Untersuchungen. Band 1: Prolegomena zur reinen Logik*. Den Haag (Nijhoff) 1975. (= Husserliana. XVIII)

HUSSERL, Edmund: *Ideen zu einer reinen Phänomenologie und phänomenologischen Philosophie Erstes Buch: Allgemeine Einführung in die reine Phänomenologie*. Den Haag (Nijhoff) 1976. (= Husserliana. III, 1)

HUSSERL, Edmund: *Die Krisis der Europäischen Wissenschaften und die transzendentale Phänomenologie. Eine Einleitung in die Phänomenologische Philosophie - Nachdruck der 2. verb. Auflage*- Dordrecht 1976. (= Husserliana. VI)

HUSSERL, Edmund: *Vorlesungen zur Phänomenologie des inneren Zeitbewußtseins. 2. Aufl.* Tübingen (Niemeyer) 1980.

HUSSERL, Edmund: *Logische Untersuchungen. Band 2: Untersuchungen zur Phänomenologie und Theorie der Erkenntnis. (Teil 1 u. Teil 2)* Den Haag (Nijhoff) 1984. (= Husserliana. XIX (1, 2))

HUSSERL, Edmund: *Erfahrung und Urteil. Untersuchungen zur Genealogie der Logik. 6. verb. Auflage.* Hamburg (Meiner) 1985.

HUSSERL, Edmund: *Vorlesungen über Ethik und Wertlehre 1908-1914.* Dordrecht (Kluwer) 1988. (= Husserliana. XXVIII)

HUSSERL, Edmund: *Aufsätze und Vorträge 1922-1937.* Dordrecht 1989. (= Husserliana XXVII)

HUSSERL, Edmund: *Wert des Lebens. Wert der Welt. Sittlichkeit (Tugend) und Glückseligkeit.* In: *Husserl Studies*, 13. Jg. (1996), H. 3, S. 201-235.

IRIBARNE, Julia V.: *Husserls Theorie der Intersubjektivität.* Freiburg 1994.

JORDAN, R. W.: *Edmund Husserl, Vorlesungen über Ethik und Wertlehre 1908-1914* In: *Husserl Studies*, 8. Jg. (1991), S. 221-232.

KANE, Robert: *Free Will and Values.* Albany (State University of New York Press) 1985.

KIM, Jaegwon: *Concepts of Supervenience* In: *Philosophy and Phenomenological Research*, XLV. Jg. (1984), H. 2, S. 153-176.

LEE, Nam-In: *Phänomenologie der Instinkte* Dordrecht 1993. (= Phaenomenologica. 128)

LEWIS, David: *Dispositional Theories of Value.* In: *Proceedings of the Aristotelian Society (Supplement)*, 63. Jg. (1989), S. 113-137.

LOMBARDO, Thomas J.: *The Reciprocity of Perceiver and Environment. The Evolution of James J. Gibson's Ecological Psychology.* Hillsdale New Jersey (Lawrence Erlbaum Associates) 1987.

MACKIE, John L.: *Ethics - Inventing Right and Wrong* o.O. 1977.

MAZIS, Glen: *Emotion and Embodiment: Fragile Ontology.* New York 1993.

MCDOWELL, John: *Values and Secondary Qualities.* Aus: Sayre-McCord, Geoffrey (Hrsg.): *Essays on Moral Realism* Ithaca, London (Cornell University Press) 1988. S. 166-180.

MELLE, Ullrich: *Zu Husserls und Brentanos Ethikansatz. Die Analogien zwischen den Vernunftarten* In: *Brentano Studien*, Jg. 1988, H. 1, S. 109-120.

MELLE, Ullrich: *Objektivierende und nicht-objektivierende Akte* Aus: Ijsseling, S. (Hrsg.): *Husserl-Ausgabe und Husserl-Forschung.* Dordrecht 1990. S. 35-49.

MELLE, Ullrich: *The development of Husserl's ethics* In: *Études Phénoménologiques*, Jg. 1991, H. 13-14, S. 115-135.

MILL, John S: *Utilitarianism* London (William Collins Sons & Co. Ltd) 1962.

MILLER, Richard W.: *Ways of Moral Learning.* In: *The Philosophical Review*, 94. Jg. (1985), S. 507-556.

MILLIKAN, Ruth G.: *Language, Thought, and Other Biological Categories New foundations for realism* Cambridge Massachusetts (The MIT Press) 1984.

MISHARA, Aaron L.: *Phenomenology and the Unconcious.* o.O. (Pennsylvania State University) 1989.

MOORE, George E.: *Principia Ethica.* Cambridge 1959.

MÜLLER, Gisela: *Die Struktur der vorprädikativen Erfahrung und das Problem einer phänomenologischen "Ursprungskärung" des Erkenntniswillens.* Mainz (Universität Mainz) 1982.

NAGEL, Thomas: *The Possibility of Altruism.* Princeton (Princeton University Press) 1978.

NAGEL, Thomas: *The View from Nowhere.* o.O. 1986.

NAKHNIKIAN, George: *On the Naturalistic Fallacy* Aus: Castaneda, Hector-Neri; Nakhnikian, George (Hrsg.): *Morality and the Language of Conduct* Detroit (Wayne State University Press) 1963. S. 145-158.

PUTNAM, Hillary: *Vernunft, Wahrheit und Geschichte.* Frankfurt (Suhrkamp) 1982.

QUINE, Willard V.: *Two Dogmas of Empiricism.* In: *The Philosophical Review*, 60. Jg. (1951), S. 20-43.

RAILTON, Peter: *Moral Realism: Prospects and Problems* Aus: Sinnott-Armstrong, Walter; Timmons, Mark (Hrsg.): *Moral Knowledge? New Readings in Moral Epistemology.* Oxford (Oxford University Press) 1996. S. 49-81.

RAWLS, John: *A Theory of Justice* Oxford (Oxford University Press) 1972.

ROHR-DIETSCHI: *Zur Genese des Selbstbewußtseins* o.O. 1974.

RÖMPP, Georg: *Husserls Phänomenologie der Intersubjektivität.* Dordrecht 1991.

SAYRE-MCCORD, Geoffrey: *Introduction: The Many Moral Realisms* Aus: Sayre-McCord, Geoffrey (Hrsg.): *Essays on Moral Realism* Ithaca, London (Cornell University Press) 1988. S. 1-26.

SAYRE-MCCORD, Geoffrey: *Coherentist Epistemology and Moral Theory* Aus: Sinnott-Armstrong, Walter; Timmons, Mark (Hrsg.): *Moral Knowledge? New Readings in Moral Epistemology.* Oxford (Oxford University Press) 1996. S. 137-189.

SEARLE, John R.: *How to Derive "Ought" from "Is"* In: *The Philosophical Review*, Jg. 1964, S. 43-58.

SEEBOHM, Thomas M.: *Wertfreies Urteilen über fremde Kulturen im Rahmen einer transzendental-phänomenologischen Axiologie* In: *Phänomenologische Forschungen*, Jg. 1977, H. 4, S. 52-85.

SEEBOHM, Thomas M.: *The Other in the Field of Consciousness.* Aus: Embree, Lester (Hrsg.): *Essays in memory of Aron Gurwitsch.* Washington D.C. 1984. S. 283-303.

SEEBOHM, Thomas M.: *Transcendental Phenomenology* Aus: Mohanty, J. N.; Mc Kenna, W. R. (Hrsg.): *Husserl's Phenomenology. A Textbook.* Washington 1989. S. 345-385.

SEEBOHM, Thomas M.: *The Preconscious, the Unconscios and the Subconscius A Phenomenological Critique of the Hermeneutics of the Latent.* In: *Aquinas. Revista Internazionale di Filosofia*, 35. Jg. (1992), S. 247-271.

SEEBOHM, Thomas M.: *Intentionalität und passive Synthesis. Gedanken zu einer nichttranszendentalen Konzeption von Intentionalität* Aus: Gerlach; Sepp (Hrsg.): *Husserl in Halle* Frankfurt a. M. 1994. S. 63-84.

SEEBOHM, Thomas M.: *Zum Problem des Verstehens.* Aus: Bermes, C.; Jonas, J.; Lembeck, K.-H. (Hrsg.): *Die Stellung des Menschen in der Kultur.* Würzburg (Königshausen und Neumann) 2002. (=Trierer Studien zur Kulturphilosophie)

SEEBOHM, Thomas M.: *Hermeneutics. Method and Methodology.* Dordrecht (Kluwer) 2004. (=Contributions to Phenomenology 50)

SIMON, Herbert A.: *Theories of Bounded Rationality.* Aus: Simon, Herbert A. (Hrsg.): *Models of Bounded Rationality.* Cambridge (MIT Press) 1982. S. 408-423.

SIMON, Herbert A.: *Invariants of Human Behaviour.* In: *Annual Review of Psychology*, 41. Jg. (1990), S. 1-19.

SMITH, Barry: *Objects and Their Environments: From Aristotle to Ecological Ontology.* Aus: Frank, Andrew (Hrsg.): *The Life and Motion of Socioeconomic Units.* London (Taylor and Francis) im Erscheinen.

SMITH, Barry; CASATI, Roberto: *Naive Physics: An Essay in Ontology.* In: *Philosophical Psychology*, 7. Jg. (1994), H. 2, S. 225-244.

SMITH, Q. P.: *Husserl and the Inner Structure of Feeling Acts.* In: *Research in Phenomenology*, 6. Jg. (1976), S. 84-104.

SMITH, Barry; VARZI, Achille C.: *The Niche* In: *Noûs*, 33. Jg. (1999), H. 2, S. 198-222.

SOKOLOWSKI, Robert: *The Formation of Husserl's Concept of Constitution.* The Hague 1964. (= Phaenomenologica. 18)

STIKKERS, Kenneth W.: *Values as Ontological Difference.* Aus: Hart, James G.; Embree, Lester (Hrsg.): *Phenomenology of Values and Valuing.* Dordrecht (Kluwer) 1997. (=Contributions to Phenomenology. 28) S. 137-154.

STRASSER, Stephan: *Welt im Widerspruch. Gedanken zu einer Phänomenologie als ethischer Fundamentalphilosophie* Dordrecht u.a. (Kluwer) 1991. (= Phaenomenologica. 124)

STURGEON, Nicholas L.: *Moral Explanations* Aus: Sayre-McCord, Geoffrey (Hrsg.): *Essays on Moral Realism* Ithaca, London (Cornell University Press) 1988. S. 229-255.

TIMMONS, Mark: *Outline of a Contextualist Moral Epistemology.* Aus: Sinnott-Armstrong, Walter; Timmons, Mark (Hrsg.): *Moral Knowledge? New Readings in Moral Epistemology.* Oxford (Oxford University Press) 1996. S. 293-325.

TUGENDHAT, Ernst: *Vorlesungen über Ethik.* Frankfurt a.M. (Suhrkamp) 1993.

VALORI, Paolo: *Moral Experience and Teleology* Aus: Tymieniecka, Anna-Theresa (Hrsg.): *The Teleologies in Husserlian Phenomenology. The Irreducible Element in Man. Part III: 'Telos' as the Pivotal Factor of Contextual Phenomenology.* Dordrecht 1979. (=Analecta Husserliana. IX) S. 185-191.

WARREN, William H.: *Perceiving Affordances: Visual Guidance of Stair Climbing.* In: *Journal of Experimental Psychology: Human Perception and Performance*, 10. Jg. (1984), H. 5, S. 683-703.

WARREN, William H.; WHANG, Suzanne: *Visual Guidance of Walking Through Apertures: Body Scaled Information for Affordances.* In: *Journal of Experimental Psychology: Human Perception and Performance*, 13. Jg. (1987), H. 3, S. 371-383.

WELTON, Donn: *The Origins of Meaning.* The Hague 1983. (= Phaenomenologica. 88)

WELTON, Donn: *Der andere Husserl.* In: *Phänomenologische Forschungen*, 24/25. Jg. (1991), S. 116-148.

WHITMYER, Virgil G.: *Ecological Color.* In: *Philosophical Psychology*, 12. Jg. (1999), H. 2, S. 197-214.

WRIGHT, Crispin: *Realism, Antirealism, Irrealism, Quasi-Realism.* In: *Midwest Studies in Philosophy*, 12. Jg. (1988), S. 25-49.

YAMAGUCHI, I.: *Passive Synthesis und Intersubjektivität bei Edmund Husserl.* Den Haag 1982. (= Phaenomenologica. 86)

## Nachschlagewerke

BURKHARDT, Hans; SMITH, Barry (Hrsg.): *Handbook of Metaphysics and Ontology* München 1991.

CRAIG, Edward (Hrsg.): *Routledge Encyclopedia of Philosophy* London (Routledge) 1998.

DROSDOWSKI, Günther (Hrsg.): *Duden. Das große Wörterbuch der deutschen Sprache* Mannheim 1993.

BECKER, Lawrence C.; BECKER CHARLOTTE B.: *Encyclopedia of Ethics* New York (Garland) 1992.

DRUMMOND, John (Hrsg.): *Encyclopaedia of Phenomenology* Dordrecht 1997. (= Contributions to Phenomenology. 18)

MITTELSTRASS, Jürgen (Hrsg.): *Enzyklopaedie Philosophie und Wissenschaftstheorie.* Stuttgart (Metzler) 1995.

SANDKÜHLER, Hans J. (Hrsg.): *Enzyklopädie Philosophie* Hamburg (Felix Meiner Verlag) 1999.